1964

do golpe à democracia

copyright Hedra
edição brasileira© Hedra 2015
organização© Angela Alonso e Miriam Dolhnikoff

edição Luis Dolhnikoff
coedição Jorge Sallum
assistência editorial Luan Maitan
revisão Hedra
capa Ronaldo Alves

ISBN 978-85-7715-403-6

Grafia atualizada segundo o Acordo Ortográfico da Língua Portuguesa de 1990, em vigor no Brasil desde 2009.

EDITORA HEDRA LTDA.
R. Fradique Coutinho, 1139 (subsolo)
05416–011 São Paulo SP Brasil
Telefone/Fax +55 11 3097 8304

editora@hedra.com.br
www.hedra.com.br

Foi feito o depósito legal.

1964: DO GOLPE À DEMOCRACIA

Angela Alonso e Miriam Dolhnikoff (*organização*)

1ª edição

hedra

São Paulo_2015

Sumário

Introdução
Angela Alonso e Miriam Dolhnikoff 7
Nota 23

1964 — DO GOLPE À DEMOCRACIA 25
O Brasil na encruzilhada
Argelina Cheibub Figueiredo 27
O golpe faz 50 anos
Jorge Ferreira 43
Brevíssimas considerações sobre o Estado e a política
José Arthur Giannotti 71
Depoimento de Fernando Henrique Cardoso 79
Depoimento de Francisco de Oliveira 95
Depoimento de Paul Singer 111
Depoimento de Elza Berquó 145
A política universitária da ditadura e as ciências sociais
Rodrigo Patto Sá Motta 153
Depoimento de Isaura Botelho 169
Depoimento de José Carlos Dias 195
História e memória da resistência cultural durante o regime militar brasileiro
Marcos Napolitano 201
O momento do golpe, as primeiras reações e o percurso do cinema de oposição no período da ditadura
Ismail Xavier 213
Notas sobre a (re)democratização
Brasílio Sallum Jr. 233

Conservadorismo em chave democrática
Marcos Nobre 247
As bases institucionais da democracia no Brasil
Fernando Limongi 267
A experiência democrática recente
Maria Hermínia Tavares de Almeida 289
Preparação à política
Wanderley Guilherme dos Santos 305
Depoimento de Paulo Sérgio Pinheiro 323
Justiça de transição e a comissão da verdade
Glenda Mezarobba 343
Depoimento de Paulo Vannuchi 359

APÊNDICES 381
Cronologia
Flávia Rios e Rafael de Souza 383
Sobre os autores 401
Notas 407

Introdução

Angela Alonso e Miriam Dolhnikoff

O GOLPE de 1964, ao depor o presidente João Goulart, colocou fim ao regime democrático então vigente no Brasil e, ao instaurar uma ditadura militar de cerca de 20 anos, impactou profundamente a sociedade e a política brasileiras. O Cebrap nasceu deste contexto, quando o acirramento da repressão, de que o AI-5 é emblema, atingiu a universidade com aposentadorias forçadas, prisões e cerceamento da liberdade de expressão. Em 1969, vários desses professores expurgados da universidade buscaram outro espaço onde desenvolver suas pesquisas e atuar no debate público nessa hora difícil da vida brasileira, e reuniram-se num núcleo de resistência intelectual, que ganhou nome anódino: Centro Brasileiro de Análise e Planejamento. Essa origem deu ao Cebrap duas marcas, que ainda mantém e que o definem: a interdisciplinaridade – até hoje abriga antropólogos, cientistas políticos, demógrafos, filósofos, historiadores, juristas, sociólogos – e a intervenção no debate público. Com este perfil e esta história, que se mistura com a da resistência ao autoritarismo e da redemocratização, o Cebrap não podia deixar de se pronunciar nos 50 anos do golpe de estado de 1964 e de fazê-lo de uma perspectiva multidisciplinar. Como cebrapianas, embora não especialistas no assunto ou no período, assumimos este desafio.

Este livro é desdobramento do seminário 1964: 50 ANOS DEPOIS, que organizamos em março de 2014, em parceria com o Sesc-SP, patrocínio do BNDES e apoios do Instituto Moreira Salles e da Univesp,[1] do qual participaram especialistas no tema e atores políticos do período, discutindo desde a crise do governo de João Goulart até a implantação da Comissão Nacional da Verdade. Na ocasião foram lançadas duas coletâneas, *De Médici a Geisel*, com trabalhos publicados na *Estudos*

Cebrap ao longo dos anos 1970, e *De Figueiredo à Nova República*, com artigos saídos na *Novos Estudos Cebrap* durante o processo de redemocratização. Este volume complementa essa série de publicações cebrapianas.

Aqui se combinam depoimento e análise. Comparecem textos de especialistas das diferentes áreas das ciências humanas, autores de trabalhos clássicos no tema; pesquisadores que, em trabalhos recentes, vêm trazendo novos materiais e perspectivas para o debate; e depoimentos de intelectuais que vivenciaram o golpe de estado e os anos de chumbo e de figuras públicas que participaram dos eventos e/ou trabalham agora na restauração do sentido dos acontecimentos e no apontamento dos responsáveis pelos atos de exceção perpetrados pela ditadura militar.

O conjunto objetiva lançar luz sobre dois momentos cruciais da história brasileira: de um lado, o contexto pré-1964, o golpe de estado e seus desdobramentos mais imediatos; de outro, seu rescaldo no longo prazo, o modo pelo qual as instituições políticas e os atores lidaram com o "entulho autoritário" desde a Redemocratização até o final dos trabalhos da Comissão Nacional da Verdade e o legado desta experiência histórica para a democracia brasileira contemporânea. Depoimentos mais confessionais e escritos mais interpretativos se misturam nas duas sessões que, assim, integram memória e análise. Como se verá a seguir, uma dimensão ilumina a outra.

O livro é organizado, portanto, em duas sessões, uma sobre o contexto do golpe de estado e os períodos imediatamente anterior e posterior, e outra que aborda a redemocratização e a democracia brasileira hoje.

A primeira sessão trás especialistas responsáveis por interpretações já clássicas sobre o assunto ou que, por meio de pesquisa recente, oferecem novas abordagens. É o caso de "O Brasil na encruzilhada: democracia ou reformas?", de Argelina Cheibub Figueiredo. Em seu texto, a autora analisa o contexto político que possibilitou a vitória do golpe militar em 1964 a partir de uma questão central: no governo de João Goulart não foi possível a construção de um compromisso que combinasse democracia e reformas em um projeto político consistente. Para os principais atores políticos do período, democracia e reformas sociais eram objetivos conflitantes, de modo que consideravam a necessidade de escolher entre um e outro. Argelina Figueiredo examina os acontecimentos que marcaram o governo Goulart, desde a tentativa de grupos militares de impedir sua posse na presidência da República, depois da renúncia de Jânio Quadros em 1961, até sua deposição em 1964. Seu foco é a atuação dos partidos, dos grupos organizados, dos militares, de modo a demonstrar como a crescente radicalização, que opunha uma esquerda reformista a uma direita conservadora, transformou uma crise política em ruptura da democracia. As opções dos diversos atores a cada momento explicam, segundo a autora, a impossibilidade de resolução da crise nos quadros institucionais da democracia.

O capítulo seguinte, "O papel de João Goulart na crise da década de 1960", de Jorge Ferreira, detém-se no mesmo período, o governo de João Goulart, para compreender o golpe de 1964 e a ditadura instaurada por ele. Seguindo a linha de interpretação também adotada por Argelina Figueiredo, Jorge Ferreira começa por negar a inevitabilidade do golpe, considerando-o como resultado da ação e escolhas dos diversos atores políticos e sociais, para em seguida salientar que a democracia não estava ameaçada desde o início de seu governo. Apesar da dificuldade inicial, quando militares tentaram impedir sua posse na presidência, Ferreira aponta para o acordo entre partidos e distintos grupos sociais que garantiram não apenas a posse, mas também cerraram fileiras em defesa da democracia. A ruptura institucional só se tornou uma possibilidade a partir de setembro de 1963, com a crise econômica e a radicalização política. Ferreira analisa as oportunidades perdidas, em função das escolhas feitas pelos atores envolvidos, para conciliar democracia e reformas sociais: a opção parlamentarista, o Plano Trienal formulado pelo ministro Celso Furtado, a negociação no Congresso do projeto de reforma agrária e a tentativa de organizar a Frente Progressista. O fracasso de cada uma destas opções, motivado pela crescente radicalização à esquerda e à direita, resultaria na crise política de fins de 1963. O golpe que decorreu dessa crise teria sido um golpe contra o crescimento da esquerda e nele, segundo Ferreira, não estava inscrita necessariamente a ditadura militar que se instauraria depois e foi resultado de difíceis negociações e imposições, ocorridas, após o golpe, entre facções das Forças Armadas e entre elas e lideranças políticas.

José Arthur Giannotti, também ex-presidente do Cebrap, em seu texto "Brevíssimas considerações sobre o Estado e a política" analisa o contexto do golpe de 1964 do ponto de vista de quem o vivenciou como professor de filosofia da USP. Para ele, a radicalização entre esquerda e direita durante o governo João Goulart, que teve por consequência o golpe de 64, resultou da visão de cada um dos grupos de que a realização de seu projeto só seria viável com a exclusão do outro. Para a esquerda, estava em pauta a luta de classes e uma agenda de reformas sociais que não seriam possíveis no quadro da democracia, uma vez que o fim último era a revolução. A direita defendia reformas que preservassem privilégios e, para isso, era preciso calar a esquerda. A política vista como a destruição do adversário abriu o caminho para a ditadura, exercício de poder em que adversário se torna inimigo a ser destruído. Giannotti propõe uma reflexão, na qual a lógica da democracia não é a da imposição de modelos universais previamente formulados, e sim a criação de mecanismos de convivência da contrariedade. Não basta que as instituições garantam a voz da maioria, é preciso que a contradição radical de interesses e identidades seja reconhecida como legítima e incluída no processo decisório.

Essa sessão contempla também falas de atores que viveram o período como ativistas ou como intelectuais forçosamente afastados de seus ofícios, dentre eles vários membros do Cebrap, incluído um de seus presidentes, Fernando Henrique Cardoso, cuja biografia por si mesma vincula a história do Cebrap à história da redemocratização brasileira. Cardoso argumenta que, para entender o golpe de estado de 1964, é preciso levar em conta três "vertentes": a tradição intervencionista das Forças Armadas brasileiras, que remonta à guerra contra o Paraguai e se prolongou como presença ativa até o governo João Goulart; o cenário internacional de polarização política produzida pela Guerra Fria; e a fragilidade histórica da democracia brasileira, dado seu funcionamento oligárquico. O contexto pré-golpe teria adensado a instabilidade, produzida por modernização econômica, mobilização social e inflação alta, e intensificada pela proposição de reformas de base, um conjunto de fatores que produziu incerteza política, abrindo campo para a intervenção militar. Esta dimensão mais analítica se combina com a memória dos eventos do golpe e dos dias subsequentes, a perplexidade dos intelectuais – alguns dos quais julgaram que o golpe fosse de Jango, e não contra ele –, a expectativa compartilhada e malograda do retorno rápido à democracia, a experiência no exílio e as pesquisas no Cebrap, já nos anos 1970 – que resultariam no clássico *São Paulo, crescimento e pobreza*. Por fim, avalia a democracia brasileira contemporânea, seus problemas e dilemas.

Francisco de Oliveira, outro cebrapiano, oferece um depoimento com uma narrativa sob um olhar distinto, de quem viveu o golpe militar em Pernambuco, como funcionário da Sudene. Nesta condição, afirma ele, vendo o governo por dentro e a partir do Nordeste, a imagem na época do governo João Goulart era a de um governo fraco, incapaz de resistir à intensa oposição. No Nordeste, essa oposição se deu em um ambiente que Francisco de Oliveira considera como marcado pelo ódio de classe, o que impediu qualquer solução conciliatória. Narra a impossibilidade de resistência aos militares em Pernambuco por ausência de liderança, a prisão do governador Miguel Arraes, a reação de Celso Furtado, que lá se encontrava, e a forma como os militares assumiram o controle da Sudene. Sua proximidade com Celso Furtado na instituição e sua postura a favor do governo de Jango contra o golpe resultaram em sua prisão. Libertado 45 dias depois, trabalhou fora do Brasil até 1968. No seu retorno, estabeleceu-se no Rio de Janeiro, já que não podia voltar ao Recife, onde seria alvo da repressão. Fato interessante que também aparece no depoimento de Paul Singer, o de exilados políticos regionais: opositores da ditadura que permaneceram no Brasil, mas foram obrigados a sairem de seus estados para escaparem da repressão. Outro dado em comum aos dois depoimentos é a alternativa de emprego na iniciativa privada quando se fecharam as portas dos órgãos públicos. Para Francisco de Oliveira, essa alternativa foi de breve duração. Demitido por suas convicções, encontrou no Cebrap a instituição que o abrigou durante os anos mais duros da ditadura militar. Os anos de redemocratização são narrados do ponto de vista de quem participou de reuniões com Ulysses Guimarães e Tancredo Neves, embora nunca tenha integrado o MDB. Como um dos fundadores do PT, analisa a diversidade dos grupos que compunham a direção do partido em seu início.

Segue-se o depoimento de Paul Singer, que conta a história do país a partir de sua experiência pessoal. A democracia, após a ditadura Vargas, ganha cores vivas com seu depoimento sobre o sentimento de liberdade então experimentado e o caminho trilhado no aprendizado da política, primeiro no movimento sionista, depois no Partido Socialista, em busca de alternativas de esquerda ao Partido Comunista. Singer avalia contradições e desafios enfrentados nas disputas políticas de então, examinando o governo Vargas (1950–1954) e a oposição da UDN, o suicídio do presidente, a reação popular, o governo Juscelino Kubistchek e suas dificuldades em eleger um sucessor. Singer trata da renúncia de Jânio Quadros, que qualifica como ato irresponsável, da crise política e do período João Goulart, quando um governo de esquerda chega pela primeira vez ao poder, seu projeto político e o papel de Celso Furtado na formulação de um plano para enfrentar a crise econômica. Um governo reformista, que foi classificado como comunista por americanos e militares, na chave da Guerra Fria, colocando militares legalistas contra a parede, incapazes de reagir ante a possibilidade de uma guerra civil. Sua narrativa frisa as incertezas pós-golpe, quando militares e civis que os apoiavam se dividiram quanto à natureza do regime a ser organizado e sua duração. Soma-se à narrativa política a de sua própria formação como intelectual autodidata, que desaguou no ingresso na universidade e no convite, em 1958, para integrar um grupo organizado por José Artur Giannotti, Fernando Henrique Cardoso, Octavio Ianni e Fernando Novaes, entre outros, que se dedicava a estudar *O capital,* de Karl Marx. Este seria o núcleo de origem do Cebrap. Como professor da USP, participou do movimento de professores e alunos contra a ditadura, até ser aposentado compulsoriamente em 1969. Em seu relato, a fundação do Cebrap, da qual participou, resultou da decisão desse grupo de permanecer no Brasil, o que, inclusive, resultou em sua prisão em 1974. Com a redemocratização, retomou a militância partidária como um dos fundadores do PT, em cujos governos tem trabalhado em seu projeto de economia solidária.

Outra cebrapiana a relatar sua experiência do golpe de estado é Elza Berquó. Professora da Faculdade de Saúde Pública, crítica dos indicadores sociais do regime militar em sala de aula, foi atingida pela aposentaria compulsória em 1968. Com vários colegas de igual destino, mas formação disciplinar diversa, confluiu para o Cebrap, criado em 1969, como polo de aglutinação dos que decidiram permanecer no país, apesar de convites de universidades estrangeiras. Nesse ambiente interdisciplinar e engajado, nasceu uma área de estudos de população, sob sua liderança, projeto que a ditadura a impedira de levar a cabo na USP, instituição que apenas em 2014 lhe ofereceu uma reparação simbólica, com o título de professora emérita. Elza Berquó narra episódios pitorescos da vida cotidiana sob a ditadura, como a memorização do "Hino Nacional", mas também o medo, a bomba que explodiu nas dependências do Cebrap e a guarida a perseguidos políticos em sua casa – aliás projetada por Artigas.

Em "A política universitária da ditadura e as ciências sociais", Rodrigo Patto Sá Motta analisa a complexidade da política universitária implementada pela ditadura militar, abordando a área das ciências sociais. Nos anos 1960 e 1970, a área concentrava grande número de professores, pesquisadores e estudantes identificados com o marxismo, repudiado pelos militares. Foram, por esta razão, vítimas da repressão, e muitos professores, compulsoriamente aposentados e presos. Mas a política da ditadura para a universidade, salienta Motta, seria uma mistura de impulsos repressivos e modernizadores. Embora estes últimos tenham privilegiado as ciências tecnológicas e naturais, parte menor dos recursos para ensino e pesquisa acabou beneficiando também as ciências sociais. Os professores e pesquisadores marxistas dessa área, que alinhavam o pensamento marxista à oposição à ditadura, encontraram algum espaço de atuação de duas formas. Primeiro, os professores expurgados da universidade puderam contar com apoio da Fundação Ford, que desta forma manifestava seu descontentamento com o recrudescimento da repressão ditatorial a partir do AI-5. O financiamento de pesquisas do Cebrap em São Paulo e do Iuperj no Rio de Janeiro foi, assim, uma forma de viabilizar a continuidade do trabalho desses cientistas sociais, que se opunham à ditadura tanto politicamente quanto em razão de sua formação teórica. Para Motta, a fundação norte-americana desejava fortalecer polos intelectuais de oposição ao Estado autoritário. Os pesquisadores desses centros de fato, segundo ele, teriam sido capazes de torná-los instituições críticas da ditadura, na medida em que se converteram em importantes produtores de conhecimento. Mas também na universidade, afirma o autor, foi possível para os docentes manterem viva a tradição do pensamento marxista. Ao contrário do que aconteceu no Chile e na Argentina, a ditadura brasileira procurou manter certa tolerância, com o objetivo de evitar ser tachada de totalitária. Eram proibidos autores que faziam explicitamente a defesa de ideias revolucionárias ou o proselitismo da luta de classes. Mas o estudo dos livros de Marx e de alguns outros autores marxistas era consentido, o que fortaleceu uma sólida tradição marxista em universidades como a USP e a ufmg durante os anos 1970. Movimento intelectual que se articulava à oposição política à ditadura militar.

Essa sessão se encerra com dois depoimentos, de Isaura Botelho e de José Carlos Dias, que focalizam o desaparecimento de ativistas políticos, vitimados pela repressão estatal durante o regime militar.

Em seu testemunho, José Carlos Dias descreve sua atuação como advogado de cerca de quinhentos perseguidos políticos ao longo de todo o regime militar, as dificuldades que essa atuação impunha – as ameaças e a prisão, de que foi ele próprio vítima –, reduzindo o número dos que se arriscavam à tarefa (menciona apenas doze advogados desse tipo em São Paulo). Advogou por muitos que não sabia se estavam presos ou mortos, e conta o caso dramático de Heleny Ferreira Telles Guariba, cuja prisão preventiva conseguiu revogar, mas cuja morte não pôde impedir. Narra também sua destemida leitura, em sessão do Superior Tribunal Militar, de depoimento de Rodolfo Konder, em que se detalhavam as circunstâncias da morte de Vladimir Herzog. E, ao fim, faz um balanço de sua atuação na Comissão Nacional da Verdade, cuja missão, ressalta, é revelar a violência do regime militar e "reescrever a história do Brasil com todos os acentos".

Já Isaura Botelho ingressou na Ação Popular – grupo que operava na clandestinidade, mas que não se envolveu na luta armada – com apenas 16 anos, durante a ditadura. A narrativa de Isaura Botelho oferece um quadro do que foi a experiência de muitos jovens que viveram na clandestinidade durante a ditadura militar. Permanentemente escondida, mudando sempre de casa, esses anos foram vividos com o marido

Honestino Guimarães. Descreve a forma surpreendente como conseguiu conciliar a militância com a gravidez e os cuidados de uma filha recém-nascida. Por opção pessoal, para preservar a filha, mas também por um olhar crítico em relação ao projeto revolucionário, saiu da ap para viver em uma espécie de semiclandestinidade. Isaura Botelho relata a dor da prisão e do desaparecimento de Honestino Guimarães, em 1973. A partir do governo Geisel, quando se inicia uma lenta distensão e a militância adquiriu novo conteúdo, Isaura Botelho ingressou na Funarte para trabalhar com gestão cultural, área a que se dedica até hoje. O luto vivido pelo desaparecimento de Honestino Guimarães seria reavivado quando do seu engajamento no Comitê de Anistia, antes da promulgação da Lei de Anistia. Investigar, junto com outros familiares, o que havia acontecido aos presos políticos significaria reviver histórias amargas.

São dois registros intimistas do modo pelo qual a repressão foi vivida pelos que para ela perderam pessoas próximas.

Ao fim dessa sessão, o leitor encontrará análises de dois especialistas nas manifestações culturais durante o regime militar. Marcos Napolitano, em "História e memória da resistência cultural durante o regime militar brasileiro", propõe uma reflexão que supere as dicotomias que marcaram a maneira como usualmente é lembrada a produção cultural do período. Argumenta que é preciso considerar toda a complexidade da produção dos anos 1960 e 1970, para além da censura e da repressão que se abateu sobre artistas e intelectuais, limitando drasticamente sua liberdade de expressão, e a existência de uma arte politizada que contestava a ditadura. A ditadura militar, com sua política de modernização capitalista, precisou investir na indústria cultural, e não pôde prescindir de artistas comprometidos com a oposição e a chamada arte engajada. Estes, por sua vez, não abandonaram suas agendas ao se integrarem à indústria da cultura. Napolitano examina as contradições e sutilezas dessa relação, assim como salienta a necessidade de reconhecer o intercâmbio de formas e significados entre obras de autores usualmente classificados como nacional-populares, portanto engajados, e autores de vanguarda, como os tropicalistas, muitas vezes acusados de alienação política. Estes são exemplos das questões propostas pelo autor, cujo objetivo é revisitar a cultura de oposição produzida durante a ditadura.

O Cinema Novo é objeto de análise de Ismail Xavier em "O momento do golpe, as primeiras reações e o percurso do cinema de oposição no período da ditadura", no qual aponta os dilemas enfrentados pelos cineastas diante da censura imposta pela ditadura, principalmente depois do AI-5. Diversas foram as estratégias escolhidas para manter em vigor a produção cinematográfica. As opções dos diferentes grupos de cineastas estavam articuladas a questões estéticas e a concepções sobre o papel político e social do cineasta, temas centrais presentes antes mesmo do golpe, e que estiveram no cerne do nascimento do próprio Cinema Novo. A análise de Ismail Xavier ilumina a gama de escolhas e possibilidades presentes na produção cinematográfica dos anos 1960 e 1970, focalizando um grande número de diretores, em uma reflexão que aborda tanto o ritmo das transformações pautadas pela estética como as situa no contexto histórico e na sua relação com a política. O texto termina com o exame do papel da Embrafilme no governo Geisel, quando a política de abertura gradual possibilitou o investimento público em filmes de autores até então de oposição à ditadura.

A segunda parte do livro agrupa um conjunto de reflexões de intelectuais e atores políticos que, embora trate também do golpe e da ditadura militar, enfoca a transição democrática, o funcionamento da democracia contemporânea e o modo pelo qual instituições e atores políticos lidam hoje com os resquícios e aprendizados dessa longa e traumática experiência histórica.

O primeiro texto dessa sessão, "Notas sobre a (re)democratização", de Brasílio Sallum Jr., analisa o processo que dá nome ao artigo, mostrando como se gestaram dois projetos diferentes de saída do regime militar-autoritário: um, de "liberalização *controlada*", que naufragou com a crise do próprio regime, ao passo que, na década de 1980, vingaria o outro, que a oposição chamava de "redemocratização", mas que, ao trazer um conjunto de propostas de ampliação da cidadania, cristalizadas na Constituição de 1988, acabou por ganhar um sentido de *democratização.* De outro lado, Sallum problematiza a literatura que tratou da transição política, por ter enfatizado apenas a face positiva do processo, sem atentar para a incerteza que as crises políticas sempre trazem. Além disso, argumenta que houve uma sobreposição de crises, de governo, de regime, de estado, cada uma com sua temporalidade própria. Se as duas primeiras se resolveram no curto prazo, a última só ganharia desfecho muito adiante, já na metade da década de 1990.

Em seguida, Marcos Nobre, em "Conservadorismo em chave democrática", aborda um período mais longo, dividindo a redemocratização em duas fases. Na primeira, da crise da ditadura militar e do nacional-desenvolvimentismo até o Plano Real, teria predominado uma cultura política do "progressismo", que traria consigo uma agenda de reformas democratizantes. Já na segunda fase, da estabilidade econômica até as vésperas dos protestos de junho de 2013, haveria vicejado outra cultura política, com foco na governabilidade, novo tipo de "conservadorismo democrático", que o autor nomeia como"pemedebismo". Os protestos de 2013 seriam uma ruptura com esta segunda cultura política, ao trazerem ao primeiro plano o"social-desenvolvimentismo", que teria ficado em posição subordinada ao longo da redemocratização.

Os três textos seguintes, de cientistas políticos, analisam, cada qual de um ângulo, a democracia brasileira contemporânea. Fernando Limongi, em "A transição política brasileira", faz isso recorrendo a uma comparação entre os dois períodos de vigência democrática no país, pré e pós ditadura militar. Identifica menor sucesso legislativo dos presidentes de 1946 a 1964, vis-à-vis os governos pós Constituição de 1988, e se pergunta pela razão da diferença. A explicação residiria na mudança no padrão da relação entre Executivo e Legislativo (aumento dos poderes legislativos do Executivo e centralização do comando dos trabalhos legislativos nos líderes partidários), que teria incrementado a disciplina partidária e o sucesso dos governos em aprovar seus projetos. Assim, mudanças do quadro institucional no sentido da centralização decisória seriam a chave da estabilidade democrática pós-1988 e condição de possibilidade da aprovação de várias reformas. De outro lado, o artigo matiza a tese da instabilidade política crônica da experiência democrática 1946–1964, apontando a inexistência de razões institucionais que levassem inevitavelmente a um golpe de estado.

Já Maria Hermínia Tavares de Almeida, em "A experiência democrática recente: resultados e percepções", avalia a democracia brasileira contemporânea, argumentando, contra diagnósticos pessimistas dos anos 1990, que o sistema político brasileiro passou pelo teste de crises políticas e da alternância de partidos no poder e facultou a estabilização econômica assim como o avanço de políticas sociais e redistributivas. Deste ângulo, funciona e bem. Contudo, diagnostica um descolamento entre tais resultados e a percepção muito desfavorável da população brasileira em relação aos políticos, às instituições políticas e à lógica do presidencialismo de coalizão, no qual há muitos partidos. Percepção que alimentaria ideias de reforma política no sentido de estreitar o círculo dos participantes do jogo eleitoral. Daí poderia advir, a autora adverte, o incentivo a candidatos avulsos, não submissos aos partidos tão mal vistos, mas também sem compromisso com a manutenção da própria democracia.

Wanderley Guilherme dos Santos, em "Preparação à política – infraestrutura e conflito na sociedade contemporânea", vai em direção parecida, ao discutir os desafios que a modernização da sociedade brasileira impõem às instituições políticas democráticas. Contra a distinção entre modelos de modernidade, argumenta que o Brasil é tão moderno quanto outras nações do Ocidente, urbano, socialmente heterogêneo, com ampla gama de associações civis de representação de interesses e instituições políticas democráticas, que, desde 2002, produziram inclusão social, política e econômica. Não obstante, a entrada na agenda pública de temas advindos do modo de vida citadino – mobilidade, transporte, educação etc. –, e as críticas, à direita e à esquerda, ao sistema representativo, junto à emergência de novas formas de participação política, via novas tecnologias digitais, colocariam em questão a capacidade das instituições políticas democráticas de processar tantos interesses diversos e competitivos entre si.

O bloco de textos que fecha a segunda sessão da coletânea se compõe de dois depoimentos e um artigo que abordam o modo pelo qual a democracia brasileira contemporânea vem processando o histórico da violência do estado contra os dissidentes durante o regime militar.

O depoimento de Paulo Sérgio Pinheiro, membro da Comissão Nacional da Verdade, que investiga os crimes cometidos pelo estado durante o regime militar, situa a estratégia repressiva utilizada pelos governos brasileiros tanto no contexto latino-americano, fazendo paralelos com a Argentina e o Chile, quanto na longa duração, ao mostrar que, em parte, o aparato repressivo dos governos militares valeu-se de institucionalidades disponíveis desde o Estado Novo. Pinheiro assevera que, ao contrário do que muitos supunham, a repressão institucional se configura desde o início do regime e obedece a uma cadeia centralizada de comando, que chegava à presidência da República. Seu depoimento também historia o processo político que viabilizou a instauração da Comissão Nacional da Verdade, aponta os ganhos do processo democrático e denuncia sobrevivências do autoritarismo no Brasil contemporâneo, evidentes na organização da polícia e na violação de direitos humanos dos presos.

Glenda Mezarobba, também membro da Comissão Nacional da Verdade, discute a noção de justiça de transição, que vige em situações de transição de autoritarismo para democracia como busca de respostas legais a crimes passados de regimes estatais repressivos, mas que se define por uma noção ampla de justiça, aí incluída o direito à verdade, já ratificado por vários organismos e leis internacionais e inscrito na Constituição brasileira de 1988. A reconstrução dos crimes cometidos pelo estado brasileiro durante a ditadura militar se ampara nisto, mas também, registra a autora, em iniciativas tanto da sociedade civil quanto dos governos democráticos, de que são emblemáticos o livro *Brasil: Nunca Mais* (1985), a Comissão Especial sobre Mortos e Desaparecidos Políticos (1995), a Comissão de Anistia (2001), a publicação de *Direito à memória e à verdade*, pela Secretaria Especial dos Direitos Humanos (2007) e o portal Memórias Reveladas – 1964–1985, do governo federal (2009). Tudo isso teria preparado o terreno para a criação da Comissão Nacional da Verdade, em 2012, cujos trabalhos se concluirão em dezembro de 2014. Mezarobba pontua que a CNV enfrentou certa incompreensão sobre seu sentido, que não seria punitivo, mas o de dar voz às vítimas e registrar as violações aos direitos humanos, sobretudo a tortura, cometidos durante a ditadura militar.

O último depoimento é de Paulo Vanucchi, atualmente membro da Comissão de Direitos Humanos da OEA e ex-membro do governo Lula responsável por conduzir o processo político que redundaria na implantação da Comissão Nacional da Verdade, já no governo Dilma. Vanucchi rememora sua atuação na resistência ao regime militar, como membro da ALN, os cinco anos como prisioneiro político e o reingresso na militância, uma vez em liberdade, quando se dedicou ao registro das violações de direitos humanos cometidos durante o regime militar. Narra a maneira artesanal e semiclandestina como participou, como membro de pequena equipe apoiada pela Igreja Católica, do levantamento sistemático de casos de tortura mencionados em processos judiciais, que culminaria na publicação, em 1985, de *Brasil: Nunca Mais*, um marco na história da redemocratização. Conta também sua experiência, entre 2005 e 2011, à frente da Secretaria Nacional de Direitos Humanos do segundo governo Lula, e celebra a Comissão Nacional da Verdade. A CNV e os vários eventos e publicações de discussão crítica dos 50 anos do golpe de 1964, julga, seriam o marco de uma virada interpretativa, que passou a apresentar o golpe e a ditadura como experiências deletérias para o país.

Em todos os depoimentos e interpretações que compõem este livro se vislumbra uma visão renovada sobre a história brasileira. De sua parte, os analistas trazem novas evidências e novas abordagens, construindo uma visão que procura compreender a complexidade, em seus diversos ângulos, tanto do golpe e do regime militar quanto da democracia contemporânea, no que ela tem de continuidade e de ruptura com seu passado. De outro lado, os depoimentos trazem relatos vívidos não só da luta política de resistência ao autoritarismo, como da vida cotidiana dos que a ele resistiram: as questões comesinhas do dia a dia, onde morar, como cuidar dos filhos, como menciona Isaura Botelho; o contrabando de livros – como *O capital* – para dentro da prisão, que Paulo Vanucchi relembra; o papel das redes de sociabilidade no amparo mútuo dos resistentes, como relatam Fernando Henrique Cardoso e Elza Berquó; e a intensidade desigual da repressão entre as regiões do país, que transparece no relato de Chico de Oliveira. Em conjunto, os depoimentos registram uma dimensão ainda pouco explorada pelos estudiosos do regime militar: a constituição de uma rotina em tempos de exceção, por mais paradoxal que isto soe. Em várias falas, surge também a importância da contingência, do acaso, que alcança seu ápice dramático no relato emocionado de José Carlos Dias ao reportar sua impotência como advogado de presos políticos, ante a prisão e o subsequente desaparecimento da ativista que defendia.

Esse tom dos depoimentos se completa com imagens de época, fotografias, charges, caricaturas, manchetes de jornais, fruto de pesquisa iconográfica original produzida para este volume por Mariana Rosell, Rafael de Souza e Flávia Rios, os dois últimos responsáveis também pela cronologia, que visa orientar o leitor sobre os principais fatos que marcaram o período. Somos particularmente gratas a Ana Carolina Andrada, pelo auxílio prestado desde a concepção até a finalização do projeto. Agradecemos também aos colegas do Cebrap, pelo apoio logístico, em particular a Mariza Nunes e Francisco Passareli, e ao BNDES, pelo patrocínio, imprescindível para a realização deste livro. Somos gratas, também, aos colegas que gentilmente produziram artigos especialmente para esta publicação, e aos que partilharam conosco a experiência vivida, muitas vezes dolorosa, em seus depoimentos.

Nosso objetivo, com este livro, é contribuir para aprofundar o debate sobre o golpe de estado, a ditadura que se seguiu e a reconstrução da democracia brasileira. Na medida em que mantém viva a memória dos anos de chumbo e transmite às novas gerações uma discussão crítica desses acontecimentos e da reconstrução democrática, o livro se inscreve na tradição do Cebrap de intervenção no debate público e participa dos esforços de fortalecimento das instituições democráticas brasileiras. Visa, assim, contribuir para a consolidação de uma opinião pública democrática e para que fatos como o golpe de estado de 1964 não se repitam.

Nota

O livro *1964 – do golpe à democracia* faz parte de um grupo de projetos patrocinados pelo BNDES, que analisam e resgatam a história dos movimentos de resistência durante o período da ditadura militar no Brasil, em sintonia com o compromisso do Banco com os valores democráticos e o respeito aos direitos humanos.

Uma publicação que tem como proposta não apenas analisar esse período histórico em suas diversas perspectivas, mas também recontar essa história com as palavras daqueles que vivenciaram de perto as arbitrariedades cometidas durante o período da ditadura militar.

O debate e a reflexão sobre essa experiência brasileira integram os esforços de fortalecimento das instituições democráticas atuais, na medida em que mantêm viva a memória das gerações que vivenciaram esse período e transmitem para as novas gerações uma visão crítica sobre aqueles acontecimentos.

Em seus mais de 60 anos de história, o BNDES tem participado ativamente da construção de um país melhor e mais justo para os brasileiros. Orientado para fomentar o desenvolvimento sustentável da economia nacional, o banco apoia iniciativas e projetos nos mais diversos setores, capazes também de promover a inclusão social, a geração de renda e a criação de oportunidades para toda a sociedade.

Apoiar esta iniciativa representa uma oportunidade de rever nossa História, analisando retrospectivamente um enredo em que os verdadeiros protagonistas foram a sociedade civil e a população brasileira, com vistas à construção de um futuro mais justo e democrático.

BNDES
O banco nacional
do desenvolvimento

Cildo Meireles. Exposição "Secret codes" (foto Edouard Fraipont)

1964 — Do golpe à democracia

O Brasil na encruzilhada
Democracia ou reformas?

Argelina Cheibub Figueiredo

No início dos anos 1960, a democracia brasileira enfrentou o desafio de atender à crescente demanda por reformas socioeconômicas. A incorporação política da população havia sido bem maior do que a melhoria das condições de vida e a ampliação dos direitos sociais. O movimento reformista carecia de fortes raízes organizacionais, mas seu apelo encontrava eco na população. Ao longo do governo João Goulart, as forças políticas organizadas falharam em selar compromissos visando chegar a uma solução aceitável para a crise que se agravava. As instituições democráticas ruíram sob a pressão de forças polarizadas e radicalizadas a favor e contra a mudança social.

A tensão entre democracia política e desigualdade social não é peculiaridade brasileira. A existência de procedimentos e instituições democráticas não assegura maior igualdade e uma repartição justa de bem-estar. Pelo contrário. O recente aumento da desigualdade na mais longeva experiência de democracia ininterrupta no Ocidente, os Estados Unidos, aí está para comprovar.

A cinquenta anos do golpe que pôs fim à democracia inaugurada em 1946, temos bons motivos para comemorar. Nossa democracia já é mais longeva do que o regime instaurado pelo golpe de 1964. Nenhum movimento daquela natureza parece ameaçá-la. E mais importante ainda, sob governos democráticos, a maioria da população goza hoje de melhores condições de vida do que o modelo de desenvolvimento burocrático-autoritário foi capaz de promover. Dois indicadores básicos, comparando o legado dos governos militares com resultados recentes, mostram avanços incontestáveis na qualidade de vida. Em 1980, apenas 10% da população tinham entre 11 a 14 anos de estudo, porcentual que subiu para 32% em 2010, tornando-se a faixa majoritária. Em 1980, a taxa de mortalidade infantil era de 69 crianças em mil, em 2010 caiu para 16 em mil. Por sua vez, no mesmo período, o ganho em expectativa de vida subiu de 62,6 para 73,4 anos (dados do Centro de Estudos da Metrópole [CEM]).

Certamente a atuação do estado e dos governos ainda não foi capaz de superar os resultados perversos do modelo de desenvolvimento excludente do regime militar. Nem foi capaz superar carências seculares que ainda aguardam reparação. O longo caminho a percorrer exigirá novas escolhas. O momento atual me parece apresentar alternativas que definirão o rumo do desenvolvimento futuro do país. As alternativas hoje não são tão divergentes, como no início dos anos 60, quando a revolução e o socialismo de estado eram opções reais. Mas nem por isso as consequências das nossas escolhas terão menos impacto. Daí a importância, não apenas acadêmica, mas política da discussão sobre o golpe de 64.

Durante o governo Goulart, tornou-se impossível a construção de um compromisso que combinasse democracia e reformas em um projeto político consistente. Os principais atores políticos percebiam democracia e reformas como objetivos conflitantes. Em diferentes momentos na conjuntura política que vai da tentativa de impedir a posse de Goulart em 1961 ao golpe de março de 1964, diferentes coalizões se formaram em torno de um desses objetivos em detrimento do outro. A realização de um deles implicava, em graus variados, concessões em relação ao outro. Por que não foi possível alcançar uma solução que combinasse democracia e reformas?

Ao tentar responder essa questão, tomo como dadas as condições estruturais, político-institucionais e econômicas.[2] Afinal estas não diferiam das condições vigentes em 1961 quando, após a renúncia de Jânio Quadros, a tentativa de golpe de seus ministros militares fracassou. Procuro analisar as alternativas que estavam abertas aos atores políticos em conjunturas específicas e as condições para o seu sucesso. Em cada uma dessas conjunturas, diferentes fatores – relacionados aos cálculos e às estratégias dos atores políticos e de seus recursos políticos e organizacionais – contribuíram para o fracasso em alcançar um equilíbrio aceitável entre regras democráticas de competição política e a demanda por mudança socioeconômica. O fracasso em cada uma dessas conjunturas foi reduzindo o leque de escolhas disponíveis para os diferentes atores políticos em novas tentativas levando a uma radicalização crescente que culminou com a ruptura da institucional.

A história pode ser assim resumida. (Com base em Figueiredo, 1993). Em agosto de 1961, uma coalizão democrática se formou contra a tentativa dos ministros militares de Jânio de impedir a posse de João Goulart. A mudança para o sistema parlamentarista de governo surge então como solução de compromisso. Os grupos de esquerda e pró-reformas haviam liderado o movimento de resistência ao golpe e, embora não tenham participado do acordo, decidiram não radicalizar a luta pela legalidade, ou seja, a posse do vice-presidente com plenos poderes presidenciais. O parlamentarismo, porém, teve vida curta, pois foi solapado por todos os grupos políticos que uniram forças para garantir a volta ao presidencialismo.

A decisão de aceitar o acordo, visto pelos grupos pró-reformas como um "golpe branco", baseava-se em uma avaliação realista do equilíbrio de poder prevalecente. O movimento pró-reformas podia esperar resultados bastante limitados em relação ao seu programa, tendo em vista sua frágil representação no Congresso e as garantias adicionais que o novo sistema oferecia contra a implementação de mudanças. No âmbito das regras vigentes ainda havia duas oportunidades de ampliar o seu poder e, com isso, também aumentar a probabilidade de obter mudanças mais significativas. A primeira era a eleição de 1962 pela qual poderia, e de fato conseguiu, ampliar sua representação parlamentar. A tática de luta por reformas radicais e de mobilização política servia a seus propósitos eleitorais, além de ampliar e consolidar o seu apoio extraparlamentar.

A segunda oportunidade para o movimento reformista era a restauração dos plenos poderes do presidente por meio da volta ao presidencialismo. A campanha de retorno ao presidencialismo poderia aumentar sua influência sobre Goulart. Ao vincular a restituição de plenos poderes presidenciais à implementação de um programa de reformas, os grupos de esquerda obrigavam Goulart a um comprometimento mais forte com o programa. Em suma, considerações não imediatas ditaram as ações empreendidas pela coalizão pró-reformas durante a experiência parlamentarista. Não era racional fazer concessões, aceitar mudanças pequenas e graduais, se novas oportunidades para mudanças mais profundas poderiam ser criadas sob o arcabouço institucional vigente.

Mas fracasso do parlamentarismo e o retorno ao presidencialismo não se deveu apenas ao movimento reformista de esquerda. Os grupos políticos conservadores também contribuíram para isso, mas ao contrário desses, agiram por mero interesse eleitoral e de sobrevivência política de curto prazo. Já tendo seus candidatos definidos, as lideranças dos principais partidos estavam de olho nas eleições presidenciais de 1965. Movido por seu interesse em permanecer no cargo e controlar fontes de clientelismo, um número crescente de políticos conservadores se mostrou dispostos a abrir mão das salvaguardas que o regime lhes proporcionava na definição do rumo e do ritmo das reformas.

O exame de pesquisas de opinião pública realizadas em julho de 1962 mostra que as expectativas dos grupos de esquerda de ampliação de seu apoio eleitoral não eram infundadas. Pesquisa de amostragem realizada pelo Ibope em quatro dos maiores colégios eleitorais – São Paulo, Guanabara, Rio Grande do Sul e Pernambuco – mostram uma população politizada, que apoiava a reforma agrária e candidatos reformistas. Dentre os 75% que declaravam ter preferência por algum partido, 26% indicava o PTB (Relatório do Ibope, 1962).

Essa tendência foi confirmada na eleição de 1962. Goulart, candidato do partido a vice-presidente, teve uma vitória extraordinária, superando em quase um milhão os votos obtidos pelo general Lott, candidato do PSD à presidência, e não ficando muito atrás de Jânio Quadros, o candidato vencedor a presidente. Na eleição anterior, Jango já havia superado na vice-presidência os votos obtidos por JK. Na Câmara dos Deputados, o PTB obteve 28% do total de cadeiras. Como a CD aumentou de 326 para 409 o número total de deputados, praticamente dobrou sua bancada, de 66 para 116 deputados. Com um número de cadeiras quase equivalente ao do PSD (118), passou a ser o segundo partido. Este percentual somado ao dos demais partidos trabalhistas e de esquerda, dava às forças reformistas cerca de 40% das cadeiras na câmara baixa.

Os resultados do plebiscito, por sua vez, legitimaram o mandato do presidente: cinco em cada seis eleitores foram favoráveis ao retorno ao presidencialismo. Esses dois eventos deram novo ímpeto ao movimento por reformas. Mas também definiram os limites dentro dos quais elas deveriam ocorrer. Dentro do quadro institucional existente não restava nenhum outro recurso de poder a ser conquistado. As desejadas reformas ainda dependiam de um legislativo majoritariamente conservador.

Se o parlamentarismo foi incapaz de produzir resultados na agenda de mudanças, seu desempenho na economia foi ainda mais desanimador. O crescimento per capita do PIB caiu de 7,2% de 1961 para 2,3% em 1962 e a inflação subiu de 42,9% para 55,8%. Os resultados da eleição e o desempenho da economia balizaram o curso das políticas governamentais no começo de 1963.

Investido de plenos poderes presidenciais, Goulart anunciou suas iniciativas de reformas em Mensagem ao Congresso Nacional, no início da nova legislatura. Para enfrentar a difícil situação econômica o governo propunha um plano de estabilização, o Plano Trienal, e para iniciar as reformas apresentava, em linhas gerais, um projeto de reforma agrária. Ambas as medidas requeriam intensa negociação e forte compromisso. As condições para o sucesso de cada uma delas, contudo, eram diferentes. O Plano Trienal gerava a expectativa de benefícios para todos, mas exigia sacrifícios imediatos de grupos específicos, particularmente os trabalhadores e os empresários. O próprio governo também deveria ser capaz de conter os seus gastos. Seu sucesso, portanto, requeria um acordo sobre os custos a serem arcados por cada grupo e dependia da capacidade de cada um deles cumprir o compromisso. A reforma agrária, por sua vez, era uma medida redistributiva, algum grupo, inevitavelmente, sairia perdendo. Sua resolução dependia da construção de uma coalizão sobre um projeto capaz de aglutinar uma maioria no legislativo.

Pela própria natureza das medidas de estabilização compreendidas no Plano Trienal, era difícil obter a concordância voluntária dos grupos por elas afetados, particularmente os empresários e trabalhadores. O plano exigia sacrifícios certos no presente para que benefícios incertos fossem obtidos no futuro. Visando obter a cooperação de trabalhadores e empresários, o governo podia fazer uso da coerção ou da persuasão. Para usar uma política coercitiva, teria que possuir um aparato efetivo para controlar aumentos de salários e preços. A legislação corporativista dava ao governo instrumentos para conter o movimento trabalhista e manter dentro de limites aceitáveis as reivindicações por maiores salários. Mas lhe faltavam mecanismos de sanção necessários para impor uma política de controle de preços. Sem a contrapartida empresarial, seria muito arriscado usar a coerção contra as organizações de trabalhadores, sua principal base política. O presidente optou pela persuasão. Mas essa dependia do nível de confiança de que dispunha.

Apostando em sua capacidade de mobilização para obter maiores benefícios econômicos imediatos, os sindicatos resistiram em abrir mão de aumentos salariais. A liderança do Comando Geral de Trabalhadores (CGT), principal organização política dos trabalhadores, por sua vez, aumentava a pressão sobre o governo em favor de reformas e de uma política nacionalista mais agressiva. Porém, se o CGT tivesse decidido apoiar o plano, é pouco provável que fosse capaz de obter a anuência dos trabalhadores. Sua estrutura organizacional e das organizações sindicais que dele faziam parte, não dispunham de uma base de apoio sólida que lhe permitisse conter demandas por aumentos salariais. Os principais grupos econômicos, que inicialmente prometeram apoio, acabaram também se negando a pagar os custos requeridos. Finalmente, o próprio governo não cumpriu a sua parte, cedendo às reivindicações salariais dos funcionários públicos e o plano fracassou de vez.

Com o insucesso do Plano Trienal, o governo se concentrou na tentativa de aprovar a reforma agrária. O projeto proposto pelo governo previa o arrendamento compulsório que obrigava a renovação dos contratos vigentes de parceria e arrendamento, como um estágio transitório para a desapropriação e a indenização das terras desapropriadas com títulos da dívida pública sujeitos à correção monetária de no máximo 10% ao ano. A proposta exigia a aprovação de emenda constitucional, pois a constituição vigente previa o pagamento das apropriações em dinheiro. De acordo com a constituição de 1946, a apresentação de emendas era uma prerrogativa exclusiva do legislativo. O presidente dependia então do seu partido.

O projeto que o PTB apresentou à Câmara dos Deputados, além dos dois pontos controvertidos do projeto do governo, estendia às propriedades urbanas a possibilidade de desapropriação por interesse social, pretendendo assim dar início à reforma urbana. A tramitação do projeto na Câmara dos Deputados foi marcada pela intransigência. Tal como apresentada a emenda do PTB era inaceitável. A UDN cerrou posição contrária a qualquer mudança constitucional, declarando a constituição intocável. Mas no PSD, que já aprovara em convenção o pagamento das desapropriações com títulos da dívida pública, ainda havia espaço para alterações que levassem à aprovação da emenda. Mas apesar da necessidade de negociar, caso quisesse aprovar a emenda, o PTB se negou a fazer qualquer alteração na sua proposta. Em maio, o projeto é rejeitado na comissão.

Após a derrota na comissão, governo e oposição passaram a disputar a iniciativa pela reforma. A UDN, evitando aparecer como um obstáculo à reforma agrária, reabre a discussão com um projeto já apresentado por Milton Campos que não exigia emenda constitucional. A derrota desse projeto foi selada pela aliança PTB-PSD, na última vez que votaram em plenário da mesma forma. O governo ainda busca uma solução de compromisso: a aprovação do princípio do pagamento com títulos, que exigia quórum de dois terços, deixando para a legislação ordinária a definição dos aspectos mais polêmicos da reforma. Nesse ínterim, no interior do PSD, os grupos que se opunham à reforma constitucional conseguiram obter a convocação de uma nova convenção nacional e reverter a posição oficial do partido a favor da reforma constitucional. A emenda do PTB é levada à votação e derrotada no plenário da Câmara.

Com sua atitude radical o PTB explorava ao máximo as possibilidades do momento em detrimento da criação de novas oportunidades (Elster, 1978: 144). Ignorava o fato de que não podia contar mais com a obtenção recursos políticos adicionais no quadro institucional vigente, ao contrário do que ocorrera com a oposição feita ao parlamentarismo. Não era racional manter uma estratégia maximalista.

O comportamento radical dos partidos parlamentares se mostrava totalmente dissociado das tendências gerais da opinião pública. Em julho de 1963, pesquisa por amostragem em oito capitais revela que a reforma agrária era vista como necessária por 72% dos respondentes. Esse apoio não se restringia às classes mais baixas, 62% das classes média e rica (A e B) concordavam. Não havia consenso sobre a forma de realizá-la, mas a maioria (40%) achava necessária a reforma da constituição, enquanto porcentuais iguais (30%) de respondentes a achavam desnecessária ou não tinham opinião.

Nessa pesquisa, a maioria dos respondentes se definia como de centro, quando perguntados sobre sua posição política a partir da menção das principais lideranças partidárias de diferentes perfis ideológicos. A maioria, 45%, declarou seguir uma linha de centro, como Magalhães Pinto e Juscelino Kubistchek; 23% se identificaram como de direita, seguindo a posição de Carlos Lacerda e Adhemar de Barros; apenas 19% se declararam de esquerda, como Leonel Brizola e Miguel Arraes; e 13% não opinaram.

Por ter sido aplicada em capitais a pesquisa podia refletir viés no sentido de uma posição mais progressista. No entanto, pouco antes da derrota da emenda constitucional no Congresso, pesquisa realizada em Minas Gerais, Estado cuja bancada parlamentar fazia a mais radical oposição à reforma agrária, revelou que 50% dos mineiros declaravam preferir um candidato favorável à reforma agrária e 51% declaravam desejar uma aliança entre JK e Jango na eleição de 1965. Isso mostra que a direita parlamentar não ficava a dever á esquerda na incongruência com suas bases eleitorais.

Nesse contexto polarizado, Goulart oscilava em suas tentativas de obter soluções negociadas, mas enfrentava resistências, tanto à direita quanto à esquerda, tanto no parlamento como fora dele. Sua tentativa de criar um apoio mais moderados no movimento sindical, só fomentou a desconfiança dos sindicatos de esquerda. Em outubro, seu pedido de autorização ao Congresso para declarar estado de sítio gerou tamanha reação dos grupos políticos, tanto de esquerda quanto de direita, que o retirou imediatamente. A tentativa de obter poderes emergenciais alimentou a desconfiança sobre suas intenções de manter as regras do jogo político. Esse episódio serviu para aumentar o isolamento do presidente e aprofundar a crise política.

Em dezembro, Goulart se vê sob fogo da esquerda para mudar a política econômica. Demitiu o Ministro da Fazenda, mas não satisfez a demanda da Frente de Mobilização Popular de indicar seu substituto. Tentou vencer a paralisia do governo ao anunciar o decreto da

Supra (Superintendência de Reforma Agrária), prevendo a desapropriação das terras localizadas dentro de um raio de dez quilômetros à margem de rodovias federais, ferrovias, barragens e projetos de irrigação e drenagem. Porém, antes de assinar o decreto ainda procura absorver críticas e negociar com o PSD, com a intermediação do grupo mais favorável às reformas dentro do partido.

No início de 1964, já havia sinais de que a crise política ia se resolver de forma violenta. Já era tarde demais para a formação, tentada por Santiago Dantas, de uma coalizão de centro-esquerda de apoio às reformas para conter a radicalização política e obter um acordo sobre um programa de reforma agrária. A radicalização já dominava a cena política. A busca independente de seus objetivos tornou-se a estratégia dominante.

Não sei se Goulart pretendia de fato dar um golpe como acusavam grupos de esquerda e de direita. Mas é certo que Goulart diante do rumo dos acontecimentos não aceitaria reprimir os sindicatos e o movimento pró-reformas. Sendo assim, o presidente – "conciliador", como o acusavam os grupos de esquerda radical – optou também pela radicalização. A estratégia do risco calculado foi substituída pela do risco sem previsão. O comício da Central do Brasil deslanchou a nova estratégia. Mas Goulart estava consciente das reações que poderia provocar. Horas antes do comício disse: "Hoje vou correr todos os riscos. O máximo que pode me acontecer é ser deposto. Não renunciarei, ou cometerei suicídio. De agora em diante governarei apenas com o povo [...]" (Callado, 1964: 256).

Falando no comício Goulart pediu urgência para a mudança da constituição "arcaica" e Brizola exigiu "a eleição de um Congresso Popular com a participação de trabalhadores, camponeses, sargentos e oficiais nacionalistas, do qual as raposas velhas da política tradicional fossem eliminadas".[3] O leque de mecanismos institucionais propostos no comício só serviu para exacerbar ainda mais as suspeitas quanto às intenções de Goulart e dos grupos pró-reformas.

O clima político estava tomado por suspeitas, acusações e contra acusações. Avultava o espectro de um golpe, seja de direita ou de esquerda. Enquanto a direita responsabilizava o presidente por fomentar a revolução, a esquerda aguçava seus ataques à "política de conciliação" tentando sempre empurrar o governo para posições mais radicais. As palavras de ordem radicais, porém, não tinham contrapartida organizacional que as sustentassem. Tanto o CGT, como as alas mais radicais do PTB, manifestavam pouca preocupação com a organização de suas bases. Como braço político do movimento sindical, o CGT se apoiava inteiramente nas entidades superiores da estrutura corporativista, as federações e confederações sindicais. Os grupos mais radicais do PTB também se apoiavam na estrutura do partido, ainda que preterissem a atividade estritamente parlamentar.

O movimento golpista, ao contrário, tinha se organizado e procurava ampliar seu apoio militar e civil. Todos os grupos e setores da sociedade estavam divididos e os militares e empresários não eram exceção. Grupos importantes do setor empresarial se mantinham alheios ao movimento conspiratório. Algumas medidas tomadas pelo governo levaram empresários individuais e associações corporativas para a oposição política aberta. Uma delas foi a demissão de Carvalho Pinto, visto como um fiador do governo, do Ministério da Fazenda. O apoio de Jango aos comunistas nas eleições da CNTI (Confederação Nacional dos Trabalhadores na Indústria) levou a Fiesp a romper com Goulart. Os que já se estavam na oposição passaram a desafiar o governo e seus aliados abertamente. Na Convenção da Confederação Nacional de Associações Comerciais do Brasil, com 300 participantes, o Presidente da Associação Comercial do Rio de Janeiro conclamou seus pares: "Armai-vos uns aos outros porque nós já estamos armados".[4]

Os conservadores radicais também se sentiram à vontade para ameaçar o governo com retaliações e com a sua derrubada em reação a iniciativas de reformas. Nas palavras do deputado mineiro do PSD, Último de Carvalho, "a sorte de nossas propriedades [...] está cingida à sorte do mandato do Presidente da República [...] se o presidente confiscar nossas propriedades [...] haverá também quem confisque o seu mandato [...] (Castello Branco: 1975, 2° tomo, p 177). Em meados de janeiro o presidente da UDN, Bilac Pinto, denunciou uma "guerra revolucionária" iminente, que segundo ele, teria o apoio tácito, quando não o envolvimento ativo do presidente. Por isso, conclamava publicamente as forças de oposição à reação armada. A alternativa legal, a saber, o impeachment, não foi sequer aventada. O governo, porém, não tinha tomado nenhum passo ilegal. O fato de que o argumento fora construído a partir de uma ameaça imputada, e não real, como em 1961, tornou-se irrelevante diante de seus efeitos.

No front militar, a tese da defesa da legalidade, forneceu um forte argumento para quebrar a resistência dos setores legalistas das Forças Armadas e para unificar os militares. O primeiro sinal de que os setores militares, que anteriormente apoiavam apenas uma estratégia defensiva, haviam sido convertidos para uma posição ofensiva veio de uma ordem do dia de Humberto Castelo Branco, chefe do estado maior do Exército e indicava que a intervenção militar era iminente. Dizia: "Os instrumentos militares nacionais e permanentes não devem ser usados em defesa de um programa de governo, muito menos para sua propaganda, mas para garantir os poderes constitucionais, seu funcionamento e o cumprimento da lei".[5]

O argumento de que "a defesa da democracia" exigia a ruptura das regras democráticas ganhou apoio na opinião pública. Os golpistas de 1961 já não estavam mais sós. O aguardado apoio da população não tardou. A classe média foi às ruas com a Marcha da Família, com Deus, pela Liberdade. O grupo golpista minoritário foi convertido em uma ampla coalizão de apoio à derrubada do governo constitucional. Havia se formado um consenso negativo quanto à continuidade do governo democrático.

Estava armado o cenário para um golpe de baixo custo. A situação experimentada em 1961 foi revertida. Dessa vez, a coalizão que se formou voltou-se contra o governo constitucional. Os pedidos de intervenção militar se sucederam. O presidente do Congresso, Auro de Moura Andrade, reiterou a prontidão do Congresso para "fazer o que fosse necessário" para defender a democracia e a liberdade "com a Nação e as Forças Armadas".[6]

Em 31 de março, editorial de *O Correio da Manhã*, jornal de centro e pró-reformas, exigia a renúncia de Goulart. A reação armada começou no mesmo dia. Os principais comandantes do Exército se juntaram às forças sediciosas. A defesa do governo ficou restrita ao II Exército, no Rio Grande do Sul, depois que o comandante do II Exército, Amaury Kruel, tido como leal a Goulart, se juntou ao movimento. Goulart partiu para o Rio Grande do Sul, de onde pretendia repetir o movimento de resistência de 1961. Dessa vez, entretanto, a bandeira da legalidade já havia sido capturada pela coalizão golpista. Aproveitando a ausência de Goulart da capital, o próprio Congresso desfechou o golpe final no governo ao declarar vaga a presidência da República.

Com este resumo procuro mostrar que a radicalização é um fator crucial para explicar a passagem de uma crise política aguda para a quebra das regras do jogo democrático. A ocorrência de um evento histórico obviamente é resultado de vários fatores. Mas a importância de um fator específico na determinação do curso dos acontecimentos pode ser avaliada por meio de um contrafactual. A análise do início dos anos 60 nos permite afirmar que sem a escalada da radicalização muito dificilmente a crise chegaria à derrocada do governo constitucional.

O retorno de Jango ao governo com plenos poderes presidenciais deu aos grupos de esquerda que tentavam empurrá-lo para posições mais radicais um senso irrealista de poder. Muitas de suas decisões foram tomadas com base em uma avaliação errônea de seus próprios recursos políticos e dos de seus adversários.

O CGT, principal órgão político dos trabalhadores, confundia sua capacidade mobilizatória com força organizacional. Ignorava sua dependência da estrutura corporativa dos sindicatos e dos recursos por ela propiciados que ampliavam o papel dos líderes e encobriam o déficit de participação nos sindicatos. Reivindicações econômicas, particularmente aumentos salariais, passaram a ser incorporadas ao discurso do CGT, até então exclusivamente político. A deteriorada situação da economia e, consequentemente, das condições de vida da população, lhe garantiam ampla participação nas manifestações promovidas.

Da mesma forma, o PTB ao rejeitar alterações para viabilizar a aprovação de seu projeto de emenda constitucional – e assim possibilitar mudanças posteriores por legislação ordinária sem exigência de maioria qualificada – ignorava sua condição minoritária e assim favorecia a oposição às reformas. Sua recusa mostrava a convicção, bastante difundida entre os grupos de esquerda e da coalizão pró reformas, de que a atividade parlamentar não era uma via efetiva para a implementação de reformas, mas mera plataforma para a propaganda radical. Era mais importante expor o legislativo como um obstáculo às reformas do que obter uma vitória parcial.

Para esses grupos, fazer concessões para se chegar a alguma solução negociada era visto como uma forma de conciliação inaceitável. Suas lideranças alegavam sempre as "vitórias" já obtidas (a posse de Jango e o retorno ao presidencialismo) na luta pelas reformas. Não percebiam, porém, que essas vitórias não dependeram apenas de sua atuação, mas da influência do próprio Goulart e também da atuação de políticos e grupos conservadores, tanto os ligados ao governo, como os de oposição a Goulart. Pareciam acreditar que o confronto com as forças de oposição os favoreceria.

Todos desses aspectos ficaram claros nas conclusões do encontro, em 24 de março de 1964, do comando nacional dos Grupos dos Onze, tentativa de Brizola (iniciada em fevereiro de 1964) de organizar grupos armados de onze pessoas. O grupo reconhecia, em primeiro lugar, que a organização da esquerda revolucionária era muito frágil e, por isso, não seria capaz de enfrentar sozinha um golpe. Em segundo lugar, concluiu que se Goulart desse um golpe, não haveria oposição, pois ele levantaria a bandeira das reformas e tiraria vantagem do ódio popular a Lacerda. Nesse caso, seria necessário empregar as mesmas táticas utilizadas no comício de 13 de março, ou seja, participar e tentar assumir a direção dos eventos, transformando o golpe no início de uma revolução. Finalmente, no caso de um golpe de direita, hipótese menos provável para a maioria dos participantes, achavam que as chances de resistência dependiam do remanescente apoio militar ao governo. [7]

Um fator adicional contribuía para o comportamento dos grupos de esquerda que pretendiam fazer reformas "na lei ou na marra". A revolução cubana contribuía para fomentar a crença na revolução. O socialismo era uma alternativa real e, com Cuba, muito mais próxima. As teorias vanguardistas da revolução alimentavam a ideia de que o apoio das massas decorreria da habilidade de lideranças aguerridas. Daí talvez a negligência com a organização das bases.

A guerra fria, por outro lado, e o potencial apoio das potências que dividiam o mundo, dava credibilidade tanto à suposta organização de uma revolução armada da esquerda, anunciada algumas vezes pelos próprios grupos radicais, como servia de pretexto para justificar sua própria reação (também armada) da direita. Em uma explicação que se apoia nas intenções e estratégias dos atores, esse fator produz efeitos que ajudam entender as escolhas feitas. Assim, a existência de uma forma de organização econômica e política alternativa e sua inserção na área de influência de cada um deles, alimentam as crenças e condiciona os cálculos a serem feitos pelos diferentes atores.

A tão propalada crise do sistema partidário não tem lugar na minha explicação. Como mostra de forma irrefutável, o estudo de Lavareda (1993), este apresentava sinais claros de consolidação: sistema partidário "estava cumprindo de modo cada vez mais efetivo o primeiro papel básico de qualquer sistema partidário democrático, que era o de imprimir organização e regularidade a parcelas significativas das escolhas eleitorais" e, dessa forma, "estruturar e canalizar a maior parte da participação político eleitoral" (1991:97). Sua análise mostra o surgimento de eleições competitivas e que a cada eleição diminuía o impacto do processo do desenvolvimento econômico e social na competição partidária. Gláucio Soares já tinha apontado essa tendência que Lavareda reforça com evidências empíricas mais robustas. A partir de 1950 o resultado da eleição presidencial se descola da estrutura socioeconômica. Ao longo do tempo, aumenta também a articulação entre as eleições majoritárias nacionais e estaduais, assim como entre as eleições para deputados federais e estaduais. Da mesma forma, se estreitava a relação entre distribuição das votações majoritárias nacionais e locais nos estados (a tarefa de mostrar isso no nível dos municípios ainda está por ser feita). Utilizando várias pesquisas de opinião realizadas pelo Ibope o estudo de Lavareda verifica ainda altas taxas de identificação partidária e constata congruência não só entre preferência partidária e intenção de voto, mas também entre preferências partidárias e votos de fato dados aos partidos. Constata, finalmente, razoável grau de enraizamento social dos partidos (Lavareda, 1993).

Hoje o sistema partidário ainda é o principal alvo dos críticos das instituições políticas brasileiras. No entanto, desde a promulgação da constituição de 1988, o sistema partidário e o legislativo constituíram as principais vias pelas quais as demandas da população foram canalizadas para o sistema político. As mudanças socioeconômicas desde então promovidas podem ser insuficientes, mas não são poucas. E foram alcançadas por meio do voto e de sua representação no executivo e no legislativo. Nesse período, testemunhamos também o surgimento e a expansão da organização da sociedade e de sua participação na demanda, formulação e fiscalização de políticas públicas que é, comparativamente, bastante significativo.

Apesar disso, à primeira manifestação mais ampla de insatisfação social – talvez devido às aspirações crescentes das camadas ascendentes na estratificação social – o usual suspeito é prontamente apontado: o sistema partidário e o sistema político de que é parte. Talvez não seja bem isso. Como não foi em 1964. Seria mais profícuo procurar identificar no confronto de valores que emergiu das manifestações do ano passado aqueles que constituem real ameaça à democracia. Não só pelo seu conteúdo substantivo, mas pela intolerância que revelam, pelo desprezo ao adversário e à política que neles estão presentes. Enfim, pelo seu potencial de agressão às regras do jogo democrático.

BIBLIOGRAFIA

FIGUEIREDO, Argelina. *Democracia ou reformas? Alternativas democráticas à crise política: 1961–64.* São Paulo: Paz e terra, 1993.

ELSTER, Jon. *Logic and Society.* New York: John Wiley, 1978.

LAVAREDA, Antônio. *A democracia nas urnas: o processo eleitoral partidário brasileiro.* Rio de Janeiro: Rio Fundo, 1991.

SANTOS, Wanderley Guilherme dos. *O cálculo do conflito: estabilidade e crise na política brasileira.* Belo Horizonte: UFMG, 2003.

SOARES, Glaucio Ary Dillon. *Sociedade e política no Brasil: desenvolvimento, classe e política durante a Segunda República.* São Paulo: Difusão Europeia do Livro, 1973.

SCHILLING, Paulo. "Como se coloca a direita no poder". In *Os protagonistas.* São Paulo: Global, 1979, vol. 1.

O golpe faz 50 anos
Cinco questões sobre o governo Goulart e a crise política de 1964

Jorge Ferreira

Em março de 2014, o golpe de estado civil e militar que derrubou o presidente João Goulart da presidência da República alcançou os 50 anos. Muitos eventos foram programados por universidades, instituições de pesquisa, museus, entre outros, com o objetivo de discutir e refletir sobre o golpe e a ditadura. Vários livros foram publicados.

Se retornarmos dez anos atrás, em 2004, eventos também foram patrocinados por universidades e centros de pesquisas, bem como livros editados, mas não com a quantidade e amplitude como ocorreu em 2014. E se recuarmos vinte anos atrás, em 1994, poucos foram os debates sobre o golpe que, na época, fazia 30 anos.

Há algo inquietante nessa comparação: quanto mais distante a sociedade brasileira se afasta do golpe no tempo, mais próximo ele parece estar. O golpe civil-militar de 1964 é evento ainda mal resolvido pela sociedade brasileira e, por isso, continua tão presente.

Meu objetivo neste artigo é contribuir com cinco questões que considero importantes sobre o governo Goulart, a crise política e o golpe de 1964. Uma dessas questões merecerá maior aprofundamento.

O GOLPE DE 1964 ERA INEVITÁVEL?

São diversas as interpretações que garantem a inevitabilidade do golpe de 1964. Mas afirmar que o golpe era inexorável é recair em erro que os historiadores devem evitar: a teleologia. Quando estudamos a história de uma sociedade sabemos o final do processo que estamos analisando. O historiador conhece o futuro das sociedades do passado. No entanto, ele deve ficar atento porque dominar essas informações pode confundir suas percepções e sensibilidades na compreensão desse próprio passado. O que aconteceu no passado é irreversível e não pode ser mudado. Mas isso não deve, absolutamente, nos levar a supor que era inevitável de ocorrer. Não era. Nada é inevitável na história das sociedades. O futuro é um campo aberto de possibilidades, em contínua construção pelas decisões tomadas pelos atores históricos em seu presente. Determinadas escolhas e estratégias resultarão em certo futuro; outras escolhas e estratégias permitirão outro futuro. O futuro é espaço aberto de alternativas e será constituído de acordo com as ações que os sujeitos sociais tomam no seu presente.[8]

Um dos mais evidentes exemplos de narrativa teleológica na história brasileira do século XX é dizer que Vargas, ao se suicidar em agosto de 1954, "adiou o golpe por dez anos". Ora, em agosto de 1954 ninguém sabia, e nem poderia saber, que haveria um golpe em 1964. Somente quem está no futuro – após 1964 – pode dizer isso. Não houve golpe militar em 1954 e, se houvesse, não poderia ser como o de 1964. A começar pelo contexto político interno do país: na época de Vargas as esquerdas eram débeis, o Partido Trabalhista Brasileiro (PTB), era pequeno e fraco, enquanto o Partido Comunista do Brasil (PCB) estava isolado da sociedade. Em 1954, para as direitas, o perigo era Getúlio Vargas – e não as esquerdas. Diferentemente ocorreu em 1964, quando as esquerdas adquiriram tamanho e musculatura. Os trabalhistas chegaram à segunda bancada no parlamento, Brizola liderava uma grande frente de esquerda – a Frente de Mobilização Popular (FMP) –,[9] enquanto o Partido Comunista, após alterar sua linha política, cresceu em todo o país. Havia ainda fortes movimentações no campo, com as Ligas Camponesas, o Movimento dos Agricultores sem Terra (Master) e a União dos Lavradores e Trabalhadores Agrícolas do Brasil (Ultab). As esquerdas, em 1964, amedrontaram as classes dominantes. No contexto externo, havia o fantasma da revolução cubana, vista como ameaça às direitas brasileiras e aos interesses do governo dos Estados Unidos na América Latina no contexto da Guerra Fria.

Portanto, se houvesse um golpe em 1954 não seria o mesmo de 1964. E nem mesmo se pode garantir que haveria uma ditadura militar substituindo Vargas no poder. Trata-se de afirmação de claro viés teleológico. Interpreta-se a história a partir de um futuro que o historiador sabe, mas que ninguém sabia e nada garantia que fosse acontecer.

A abordagem teleológica encontra o golpe de 1964 em vários episódios da experiência democrática que se abriu com a Constituição de 1946. A mais conhecida é a crise de agosto de 1954. Mas omite, porque é contraditória com a narrativa teleológica, o que houve em novembro de 1955. No dia 11 daquele mês, o Exército brasileiro, sob a liderança do general Henrique Teixeira Lott, deu um golpe de Estado para garantir a continuidade do processo democrático no país. Como explicar que o Exército, em agosto de 1954, estivesse pronto para instalar uma ditadura no país, mas um ano e três meses depois, em novembro de 1955, atuou para manter a ordem legal e democrática no país?

Não há destinos traçados para as sociedades. O historiador deve se esforçar para narrar e compreender a história de maneira processual. E não narrar a história da sociedade convergindo para um fim que ele próprio, o historiador, conhece, mas que era ignorado pelos personagens dessa história– que não poderiam saber de maneira alguma. O historiador sabe o que aconteceu, mas ele precisa ter no horizonte de sua análise que ninguém que vivia aquele passado poderia saber. Mais ainda, que o futuro poderia ser diferente, dependendo das tomadas de decisões dos atores sociais no seu presente.

Os que vivenciaram o governo Goulart, como partidos políticos, movimentos sociais, organizações sindicais, instituições estatais, lideranças políticas, bem como elites empresariais e políticas, não tinham como prever que o resultado de suas ações e as estratégias políticas que adotaram resultariam em um golpe de Estado. E muito menos poderiam supor que o rompimento democrático resultaria em uma ditadura de 21 anos que tornou a tortura política de Estado. Nós, que estamos no futuro, é que sabemos o que ocorreu naquele passado. Se os personagens históricos tivessem se comportado de outra maneira, se tivessem adotado outras estratégias políticas, a história seria outra. O futuro seria outro Nunca saberemos que outra história seria essa. Mas se o golpe de 1964 aconteceu – e isso é irreversível – poderia não ter acontecido.

Nesse sentido, repito, o golpe de 1964 aconteceu e trata-se de algo que não pode ser alterado. Mas alternativas democráticas ao golpe poderiam surgir diante da crise política daquele ano. Nunca saberemos o que ocorreria se elas fossem efetivadas, tomando o lugar do golpe. Mas elas existiram e poderiam ser viabilizadas.

O GOVERNO GOULART: UM GOVERNO SITIADO DESDE O INÍCIO?

Muito comum é a versão de que o governo Goulart nasceu de um golpe de Estado, viveu toda a sua existência sitiado pela conspiração direitista e anticomunista, sofrendo oposição sistemática de meios de comunicação golpistas.

Trata-se de interpretação equivocada. Se usarmos uma máquina fotográfica para estudar o governo Goulart e centrar nosso olhar sobre o que ocorreu no final do mês de março de 1964 encontraremos, certamente, essa imagem. Mas se tivermos o trabalho de substituir a máquina fotográfica por um rolo de microfilme, conhecendo a história do governo Goulart desde o início, em interpretação processual, teremos compreensão bastante diversa.

O governo Goulart nasceu de grandes lutas democráticas. É verdade que os ministros militares vetaram sua posse após a renúncia do presidente Jânio Quadros, coagindo o Congresso Nacional a votar o *impeachment* do então vice-presidente. Se os parlamentares se submetessem aos chefes militares, a crise política chegaria ao fim, mas ao custo de uma imposição militar sobre o Poder Legislativo – um golpe. No entanto, o que ocorreu? Todos os partidos políticos, incluindo a União Democrática Nacional (UDN), se insurgiram contra a coação militar e apoiaram a posse de Goulart. Ou seja, a primeira instituição a defender a legalidade foi o Congresso Nacional.[10] No embate entre os ministros militares e o Poder Legislativo, o governador do Rio Grande do Sul, Leonel Brizola, com a Campanha da Legalidade, desatou o nó reforçando o poder do Congresso Nacional.

O que se viu, a seguir, foi a sociedade brasileira ciosa da manutenção da legalidade e do regime democrático: federações de indústrias e associações comerciais publicaram notas exigindo a continuidade do processo democrático; inúmeros sindicatos de trabalhadores urbanos declararam greve, cujo resultado foi, mais adiante, a formação do Comando Geral dos Trabalhadores (CGT); movimentos camponeses no nordeste brasileiro fecharam estradas; a diretoria da União Nacional dos Estudantes (UNE) declarou greve geral; a Confederação Nacional dos Bispos do Brasil (CNBB), a Ordem dos Advogados do Brasil (OAB) e a Associação Brasileira de Imprensa (ABI) exigiram o cumprimento da Constituição; majoritariamente os meios de comunicação apoiaram a legalidade – com exceção de três jornais: *O Estado de S Paulo*, *Tribuna da Imprensa* e *O Globo*. Ao final, as próprias Forças Armadas se dividiram.[11]

Portanto, o governo Goulart nasceu sob lutas democráticas que mobilizaram diversos setores da sociedade brasileira e, ao assumir a presidência da República em 7 de setembro de 1961, dispunha de grande apoio político. Não sem razão o historiador Rodrigo Patto Sá Motta afirma que não se pode falar em campanha anticomunista contra Goulart logo após a sua posse. Depois da grande resistência democrática da sociedade brasileira aos golpistas, os movimentos conspiradores se limitavam a "confabulações de grupos radicais à margem do processo políticos".[12]

É equivocada, portanto, a imagem de um governo sitiado desde seu início. Goulart assumiu com grande apoio político, inclusive de setores conservadores da sociedade. Basta ler o editorial redigido por Roberto Marinho no jornal *O Globo*, em abril de 1963, intitulado "Olhando para o futuro":

O país está vivendo um período de pacificação política e de esforço quase geral em benefício do regime. [...] Seria injusto deixar de reconhecer que para isto muito tem contribuído a atuação ponderada do Sr. João Goulart, que tem sido na presidência uma revelação de comedimento, moderação e prudência. Fosse outra a atitude de S Exª. e a Nação não teria conseguido tão rapidamente recuperar a confiança em si mesma, no seu futuro, em seu desenvolvimento pacífico e democrático. [...] A obrigação de todos é ajudar o Sr. João Goulart a conduzir-se bem, aplaudindo quando acertar e com ele manter as relações e os diálogos que o serviço do Brasil exige. O Sr. João Goulart é o Chefe do Estado e nesta qualidade deve ser considerado e respeitado por todos os brasileiros e, especialmente, pelo que dispõem de outros mandatos populares, tão autênticos e dignos de reverência como do próprio presidente da República.[13]

Devemos ler, também, o editorial publicado no jornal *Folha de S Paulo* em dezembro de 1962, um mês antes do plebiscito que deu a Goulart poderes presidencialistas. Com o título "Movimentação impatriótica", o jornal denunciava:

Voltam os boatos de golpes a intranquilizar o país. [...] É necessário frisar o caráter altamente impatriótico de qualquer movimentação que venha a por em risco a estabilidade política e social do país. [...] Nada, ademais, justificaria neste momento qualquer tentativa de solução extralegal dos nossos problemas. O governo que obteve o que desejava – a antecipação do plebiscito – não tem razões para atos que apenas lhe poderiam causas dificuldades, quanto mais próxima parece estar a data de sua "libertação" (isto é, a provável volta do presidencialismo). A oposição, de sua parte, não tem de que se queixar. Entre os defeitos que podem ser com razão imputados ao atual governo da República, não se incluem, felizmente, a prepotência e a intolerância. Inteira liberdade têm os oposicionistas para apontar à opinião pública as falhas do governo federal. Podem fazer, como quiserem, a pregação contra o presidencialismo. Não há quaisquer direitos ameaçados. [...] Os brasileiros têm consciência de que suas dificuldades deverão ser resolvidas dentro da linha de respeito às instituições. Qualquer tentativa em sentido contrário merece a mais formal condenação.[14]

Dois jornais conservadores, um da Guanabara e outro de São Paulo, apoiaram o presidente João Goulart, bem como o elogiaram em termos pessoais. Defenderam a legitimidade de seu mandato e recusaram alternativas golpistas. Esses editoriais podem parecer estranhos ao leitor acostumado ao recurso metodológico da máquina fotográfica que reproduz manchetes dos jornais em março de 1964. Mas, aqui, a opção metodológica é outra, a do uso da manivela do microfilme. A análise processual permite demonstrar que, ao longo do governo Goulart, ocorreram mudanças e alterações de posições e estratégias políticas entre os atores políticos – como no caso da imprensa.

Goulart assumiu a presidência da República e durante grande parte de seu mandato recebeu apoio dos setores conservadores da sociedade, incluindo empresários e meios de comunicações. Mas os apoios políticos não são incondicionais. Rodrigo Sá Motta demonstra em suas pesquisas que os grupos políticos e empresariais conservadores enviaram claros sinais a Goulart: "ele gozaria de apoio tranquilo, desde que a esquerda radical fosse afastada do círculo do poder". Além disso, conservadores e políticos moderados de centro esperavam que o presidente enfrentasse dois problemas considerados muito sérios. "A crise política, derivada principalmente da radicalização à direita e à esquerda, e a crise econômica, identificada em especial com a crescente alta da inflação".[15] Foi o que Jango tentou fazer, pelo menos até o segundo semestre de 1963.

A imagem que temos do governo Goulart de crise permanente, acuado pela campanha anticomunista e sitiado por uma imprensa hostil é datada historicamente: a partir de setembro de 1963. O governo já enfrentava graves dificuldades econômicas, com inúmeras greves e desabastecimento de mercadorias. Mas foi a partir de setembro de 1963 que a crise política se avolumou e se aprofundou: a revolta dos sargentos e o pedido de estado de sítio desgastaram profundamente o governo – entre as esquerdas e as direitas – isolando-o politicamente. A partir daí, a radicalização política tomou rumo crescente até o rompimento institucional em março de 1964. A própria campanha anticomunista que, até então, somente fazia sucesso entre os grupos sociais que já adotavam essa ideologia, tomou amplitude.[16]

Portanto, a imagem de um governo sitiado pela direita golpista e por uma mídia hostil não ocorreu durante todo o governo de Goulart, mas, sim, a partir de um período delimitado historicamente.

A REFORMA AGRÁRIA FOI O MOTIVO PARA O GOLPE?

Uma das explicações mais disseminadas para explicar os motivos do golpe militar é a questão da reforma agrária. Ao propor alterar os fundamentos da propriedade da terra, Goulart enfrentou inimigos poderosos. O golpe, nesse sentido, teria sido uma reação de latifundiários e empresários na defesa da propriedade privada. Ampla campanha publicitária foi implementada para convencer a sociedade brasileira de que a reforma agrária era iniciativa "comunizante".

É preciso refinar mais a análise. A reforma agrária não era tema tabu na sociedade brasileira da época. O Brasil rural não era como hoje. Havia o minifúndio que mal alimentava uma família e imensos latifúndios improdutivos. Produzia-se café em larga escala para exportação. Mas até então não houve investimentos públicos e privados na produtividade agrícola, a exemplo de fertilizantes, defensivos e mecanização. O Plano de Metas de Juscelino Kubitschek, por exemplo, não considerou o desenvolvimento da agricultura. Neste quadro fundiário, a reforma agrária não era tema assustador, mas uma necessidade técnica para a própria reprodução do capitalismo brasileiro. Nada, por exemplo, que assustasse os setores conservadores da sociedade. Leiamos o texto abaixo:

A reforma da estrutura agrária brasileira, atrasada de mais de um século, é uma exigência dos tempos. O desenvolvimento deve subentendê-la. A industrialização deve pressupô-la. [...] Não é possível recuperar o homem do campo no Brasil, isto é, 65% de sua população, sem lhe dar o instrumento por excelência que é a propriedade da terra. [...] A reforma agrária é um instrumento eficaz de democratização e promoção social de que lançam mão hoje os governos dos mais diversos matizes, com maior ou menor sucesso, mas todos obedientes à necessidade de ascensão das massas camponesas, que é uma das constantes de nossa época. A democracia não se exerce no vácuo. O exercício do voto exige certas condições mínimas [...]. A miséria, a doença, a subnutrição são outras tantas formas de dependência, incompatíveis com o regime democrático.[17]

Pode-se supor que o texto foi publicado em algum jornal de organização de esquerda. Não. Trata-se de trecho de documento que resultou de simpósio nacional promovido pelo Instituto Brasileiro de Ação Democrática, o IBAD, em que participaram políticos e especialistas no tema. Ou seja, mesmo os setores mais conservadores da sociedade consideravam a necessidade da reforma agrária. É evidente que a reforma agrária admitida pelo IBAD não era a mesma reforma agrária defendida por Leonel Brizola, Francisco Julião ou pelo Partido Comunista. Mas o texto que resultou do simpósio nacional do IBAD demonstra, no mínimo, que a reforma agrária não era tema tabu na sociedade brasileira.

Mesmo entre as cúpulas militares, o tema era visto como uma necessidade. Os três ministros militares do Gabinete de Tancredo Neves opinaram sobre a necessidade de o governo implementar a reforma agrária no país. Em notícia publicada em fevereiro de 1962, lia-se nas páginas do *Jornal do Brasil*:

> Os ministros militares, em manifestação unânime na última reunião do Conselho em Brasília, recomendaram providências urgentes do governo no sentido de obter do Congresso a votação de uma lei de reforma agrária capaz de atender aos reclamos da opinião nacional, cada vez mais influenciada pelas revelações que se fazem em torno da situação das populações rurais. [...] Os ministros militares não ignoram que organizações como aquelas [Ligas Camponesas e Associações dos Lavradores Sem Terra], tanto no Nordeste como no Sul e no Centro do país, estão sendo ou podem ser utilizadas como instrumentos de agitações política, por comunistas e outros grupos interessados em substituir o regime em que vivemos; mas acham que seria erro, de consequências fatais para a segurança do próprio regime, desconhecer que os movimentos camponeses estão tomando corpo e alastrando-se, porque se firmam num fundo de verdade política e social a ser encarado objetivamente pelo governo.[18]

Ou seja, os ministros militares denunciavam movimentos comunistas no campo. Mas eles existiam devido à "verdade política e social" sobre a "situação das populações rurais". Para os ministros militares, portanto, era preciso que o governo providenciasse um projeto de lei de reforma agrária e sua aprovação pelo Congresso Nacional. Trata-se de texto redigido pela cúpula militar das três Forças Armadas exigindo do governo iniciativa sobre a reforma agrária que, aliás, era, segundo texto dos ministros militares, um dos "reclamos da opinião nacional".

Mas quais eram os reclamos da opinião nacional nessa questão? As pesquisas do Ibope nos ajudam a compreender que o tema da reforma agrária não causava nenhum alarde negativo para a sociedade da época.

Em junho de 1963, o jornal *Correio da Manhã* publicou pesquisa do Ibope sobre a reforma agrária. A pesquisa foi realizada em nove capitais do país e a pergunta era: você é favorável ou contrário à reforma agrária?[19] [ver tabela 1]

Em todas as capitais os números favoráveis eram altos. Em algumas dessas cidades alcançavam os 70%, como é o caso da Guanabara, de São Paulo, Porto Alegre e Recife. A mesma pesquisa foi refinada pelo

Tabela 1

Capital	Favorável	Contrário	Sem opinião
Guanabara	73%	14%	13%
São Paulo	70%	12%	18%
Porto Alegre	76%	7%	17%
Curitiba	51%	17%	32%
Belém	47%	15%	38%
Niterói	49%	12%	39%
Belo Horizonte	53%	12%	35%
Recife	71%	7%	22%
Fortaleza	61%	9%	30%

Tabela 2

Capitais	Ricos/ classes médias favoráveis	Ricos/ classes médias contrários	Pobres favoráveis	Pobres contrários
Guanabara	72%	17%	73%	11%
São Paulo	70%	15%	70%	8,5%
Porto Alegre	85%	8%	71,5%	7%
Curitiba	49%	22%	50,5%	12,5%
Belém	59%	20%	42,5%	13%
Niterói	58%	19%	44,5%	9%
Belo Horizonte	60%	17%	50,5%	9,5%
Recife	69%	13%	72%	4,4%
Fortaleza	63%	16%	60%	6,5%

A tabela ignorou os que não têm opinião formada.

Ibope, revelando resultados ainda mais surpreendentes e que mostram o grande apoio social à reforma agrária. Com a mesma pergunta, a renda dos entrevistados foi tomada como variável central. Assim, pela metodologia do Ibope, encontramos ricos e classes médias favoráveis e contrários, junto com pobres favoráveis e contrários. Os números são reveladores.[20] [ver tabela 2]

Diversamente da imagem de classes médias reacionárias e refratárias a reformas, sobretudo a agrária, a pesquisa revela que ricos e classes médias das nove capitais eram altamente favoráveis à reforma

Tabela 3

Cidades	Necessária	Desnecessária	Não sabem
São Paulo	66%	13%	21%
Rio de Janeiro	82%	9%	9%
Belo Horizonte	67%	16%	17%
Porto Alegre	70%	17%	13%
Recife	70%	7%	23%
Salvador	74%	9%	17%
Fortaleza	68%	13%	19%
Curitiba	61%	11%	28%
TOTAL	72%	12%	16%

agrária. Na cidade de São Paulo, ricos e classes médias que apoiavam a reforma chegavam a 70%. Entre os pobres, os números favoráveis eram ainda maiores.

Mesmo se citarmos pesquisa do Ibope sobre a reforma agrária realizada em março de 1964, no mês do golpe,[21] os índices de aprovação continuaram altos. [ver tabela 3]

Os números surpreendem pelo amplo apoio à reforma agrária, mesmo no último mês do governo Goulart. Demonstram, também, que a campanha anticomunista contra a reforma agrária não teve o efeito desejado. A propaganda política anticomunista contra a reforma agrária não encontrou ressonância na sociedade.

Sobre o tema, a grande questão, como veremos mais adiante, não era fazer ou não a reforma agrária. O que dividia as elites políticas de esquerda e direita era como fazê-la. A reforma agrária seria apenas em terras improdutivas ou também nas produtivas? No caso de terras improdutivas, seria em toda a extensão do latifúndio ou em parte dele? A reforma agrária seria sem indenização, com indenização a preço de mercado ou indenização com deflator do preço ao longo de muitos anos? Estas eram as questões que dividiam esquerdas e conservadores.

DURANTE O GOVERNO GOULART EXISTIRAM OPORTUNIDADES PARA REALIZAR AS REFORMAS, AINDA QUE MODERADAS, DENTRO DO REGIME DEMOCRÁTICO?

Desde 1946 a sociedade brasileira vivia sob regime de democracia liberal, ou democracia representativa. Os setores golpistas tramavam contra o regime, como em agosto de 1954, novembro de 1955 ou agosto de 1961. Mas eram minorias civis e militares que não conseguiam convencer o conjunto da sociedade brasileira a romper com a legalidade e as regras democráticas. A resistência democrática de agosto e setembro de 1961 demonstra a importância da legalidade para a sociedade brasileira.

Desde o início do governo Goulart, personagens, instituições, partidos políticos, movimentos sociais, entre outros atores políticos, tomaram decisões e implementaram estratégias acreditando que faziam as melhores escolhas. Não sabiam que suas decisões e estratégias estavam delineando o futuro – um golpe de Estado. Mas ninguém poderia prever o que ocorreria em fins de março de 1964 e muitos deles não esperavam e nem queriam esse futuro.

Democracia e reformas eram palavras de ordem durante o governo Goulart. Evidentemente que ambas tinham sentidos diversos para os vários grupos políticos envolvidos: democracia e reformas não tinham o mesmo significado para grupos de direita e organizações de esquerda. Mas havia um significativo setor de centro político, liberais e conservadores, que admitiam reformas, ainda que moderadas, e que apostavam no regime democrático. Existiram oportunidades para aprovar as reformas, mesmo que moderadas, sem golpes de Estado. Pelo menos quatro dessas oportunidades foram perdidas

PRIMEIRA OPORTUNIDADE: O GOVERNO PARLAMENTARISTA

O governo parlamentarista foi instituído às pressas para chegar a um acordo sobre a posse de Goulart. Seu objetivo era o de impedir que Jango governasse com plenos poderes. No entanto, o regime parlamentarista permitiu a continuidade do processo democrático e seu primeiro Gabinete era formado pelos partidos políticos mais importantes do país: PSD, PTB e UDN. Mas também incorporou partidos menores, como o Partido Democrata Cristão (PDC), o Partido Socialista Brasileiro (PSB) e o Partido Social Progressista (PSP). No Gabinete de Tancredo Neves estavam representadas as mais diversas forças políticas do país. Com um governo com esse perfil, quais seriam os argumentos da direita golpista? Qual era, afinal, o "perigo comunista" com Tancredo Neves no governo e auxiliado por ministros como Ulysses Guimarães, San Tiago Dantas, Franco Montoro e Walter Moreira Salles? O discurso anticomunista para surtir efeito necessita de algo básico: a existência de comunistas. E não havia comunistas no governo.

Os comunistas, nesse período, estavam na oposição ao governo Jango. Basta ver editorial do jornal *Novos Rumos*, porta-voz do PCB, sobre a visita de João Goulart aos Estados Unidos, em abril de 1962. Com título de "Discurso entreguista", o editorial fazia críticas contundentes a Jango:

"O discurso pronunciado pelo sr. João Goulart no almoço que lhe ofereceu a Câmara de Comércio Americana revela uma orientação entreguista que merece a repulsa de todos os patriotas. É mais um passo – e muito sério – que o presidente da República dá no rumo sem futuro e sem glória da capitulação ao imperialismo norte-americano. [...] No que diz respeito, particularmente, às empresas concessionárias de serviços públicos, o presidente da República portou-se como ardoroso advogado dos interesses dos monopólios ianques. [...] O discurso do sr. João Goulart merece, pois, a repulsa de todos os patriotas. Não foi à toa que o carcomido 'O Estado de São Paulo', acompanhado de 'O Globo', bateu palmas afoito, pedindo que se passasse 'das palavras aos fatos' ".[22]

Na fase parlamentarista do governo, entre setembro de 1961 e janeiro de 1963, a direita golpista anticomunista não tinha argumentos contra o governo. Tratava-se de um Gabinete de perfil centrista cujo regente era o PSD, enquanto o Partido Comunista estava na oposição ao presidente da República. Não havia propaganda política anticomunista contra o governo que pudesse sustentar, minimamente, seus argumentos. Goulart ainda contava com o apoio do governo dos Estados Unidos naquele momento. Sua viagem a Washington foi, em termos políticos, um grande sucesso.

A documentação, portanto, corrobora a tese de que o golpe que ocorreu em março de 1964 não era inevitável. Durante o governo parlamentarista, ninguém podia prever que ocorreria um rompimento institucional, sobretudo pelo apoio dos setores conservadores a Goulart e a oposição que ele sofria da esquerda comunista, mas também de Leonel Brizola, Miguel Arraes e Francisco Julião.

Naquele momento, havia uma alternativa democrática e reformista no horizonte: as diversas forças políticas poderiam apoiar o regime parlamentarista e aprovar reformas, ainda que moderadas.[23] Mesmo com a resistência das esquerdas e direitas radicais.

Contudo, os atores políticos envolvidos naquele processo tomaram decisões que inviabilizaram o regime parlamentarista. A começar pela dificuldade de entendimento entre os partidos políticos. Goulart adotou a estratégia de unir o centro e a esquerda, reforçando a tradicional aliança entre o PSD e o PTB. O presidente esperava aprovar as reformas pela negociação e pactuação no Congresso Nacional. Reformas que não poderiam ser tão acanhadas, como queriam os pessedistas, mas também não tão radicalizadas como defendiam setores mais esquerdistas do PTB. Ocorre que pessedistas e trabalhistas não eram os mesmos da época de Juscelino Kubitschek. O PTB conheceu forte guinada à esquerda em fins dos anos 1950 e passou a interpretar seu antigo aliado, o PSD, como partido de direita e reacionário. Trabalhistas e pessedistas não mais se entendiam.[24]

Ao mesmo tempo, praticamente todas as forças envolvidas no processo político conspiravam contra o parlamentarismo. A começar pelo presidente da República que tudo fez para sabotar o regime de gabinete, demonstrando sua inviabilidade política e administrativa. Os presidenciáveis de 1965 também estavam contra o parlamentarismo: Juscelino Kubitschek pelo PSD e Carlos Lacerda e Magalhães Pinto pela UDN. Eles poderiam esperar o plebiscito marcado para nove meses antes do término da posse de Goulart. O Ato Adicional que instaurou o parlamentarismo garantia a consulta popular. Tratava-se de algo arbitrário visando impedir Goulart de exercer poderes presidencialistas, mas permitindo ao seu sucessor governar naquele regime, caso houvesse aprovação no plebiscito. Mas os presidenciáveis de 1965 preferiram não esperar. As esquerdas e o movimento sindical também eram contra o regime de gabinete. Em setembro de 1963, os próprios comandantes militares manifestaram sua contrariedade com o regime parlamentarista.[25] As diversas forças envolvidas no processo político, como lideranças partidárias, sindicalistas, organizações de esquerdas, comandantes militares e o próprio presidente da República elegeram como estratégia por fim à experiência do parlamentarismo.

O regime parlamentarista, de orientação política de centro, teria evitado a mobilização e o crescimento das direitas radicais anticomunistas. Poderia, também, aprovar as reformas, ainda que moderadas. Mas isso se os atores envolvidos apostassem no regime de gabinete. Suas escolhas foram outras: a de por fim à experiência parlamentarista.

SEGUNDA OPORTUNIDADE: O PLANO TRIENAL

O regime parlamentarista chegou ao fim com o plebiscito, no dia 6 de janeiro de 1963, com votação expressiva no presidencialismo. Com exceção, novamente, dos jornais *O Estado de S Paulo* e *Tribuna da Imprensa*, os meios de comunicação apoiaram o retorno ao presidencialismo, inclusive *O Globo*. A própria Federação das Indústrias do Estado de São Paulo, a poderosa Fiesp, contribuiu financeiramente para a campanha favorável ao presidencialismo.[26] Goulart, nesse momento, tinha a confiança dos setores conservadores. Ele era visto com capacidade de conter a inflação e a radicalização entre direitas e esquerdas. O *Jornal do Brasil* deu seu apoio ao novo governo:

"Agora, o ambiente não é mais das mudanças de resultados imprevisíveis, mas o de consolidar as conquistas obtidas nesta fase em que iremos arrumar a casa. É o que se percebe com a instalação do novo Congresso, com a reestruturação ministerial em bases definitivas. Mas, principalmente, com a elaboração de planos de governo devidamente amadurecidos e exequíveis, com profundidade e de largo alcance. Planos sem ranços, sem maiores controvérsias, sem devaneios. [...] Planos nos quais se conjugam o idealismo renovador com o realismo adulto. Como se viu com o Plano Nacional de Educação e, nestas últimas horas, com o Plano Trienal de Desenvolvimento Econômico e Social. Ressaltando-se que, tanto um quanto o outro, tiveram dois representantes da nova geração como os seus principais responsáveis, o ministros Darci Ribeiro e Celso Furtado, a cujo valor soube o presidente Goulart dar mão forte, sem se intimidar com as suspeitas campanhas publicitárias que se levantaram, em certos círculos, contra esses dois homens de Estado, mais jovens que o próprio presidente. [...] Já é tempo de os homens que têm o papel de fazer a oposição ao governo se remoçarem também, mudando o estilo, abandonando os seus gastos e desmoralizados processos de atuação política."[27]

Goulart saiu fortalecido com o plebiscito. Dos 11,5 milhões de eleitores, 9,5 milhões votaram pelo retorno ao sistema presidencialista. O presidente, então, apresentou ao país o seu plano de governo: o Plano Trienal. O ministro da Fazenda, San Tiago Dantas, e o ministro extraordinário para Assuntos do Desenvolvimento Econômico, Celso Furtado, defendiam teses cepalinas e acreditavam na necessidade de reformas estruturais da sociedade, sobretudo a reforma agrária. Contudo, a crise econômica era tão grave que o governo havia perdido os instrumentos básicos de controle dos gastos públicos e da política monetária. De fato, a situação econômica do país era de descalabro, com a inflação chegando a 50% e com o desabastecimento de mercadorias.

Dantas e Furtado formularam o Plano Trienal, um plano de estabilização econômica. Ele teria duas etapas. A primeira era a de retomar o controle da economia e debelar o processo inflacionário. Para isso, esta fase do plano requeria medidas conservadoras: acordos com o Fundo Monetário Internacional (FMI), controle dos gastos públicos, corte nos subsídios ao trigo e à gasolina, controle dos reajustes salariais, cortes nos créditos. Com a economia estabilizada, entraria em vigor a segunda fase do Plano Trienal: as reformas de base. Com a economia sob controle, a reforma agrária permitiria um novo patamar no crescimento econômico do país.[28]

A grande questão era convencer as partes envolvidas a apoiar o plano: empresários e sindicalistas sobretudo, mas também organizações de esquerda e de direita, além dos meios de comunicação. Novamente com exceção de *O Estado de S Paulo* e *Tribuna da Imprensa*, o jornais apoiaram o Plano Trienal. O jornal *Folha de S Paulo*, em editorial, afirmou:

"Na exposição feita pelo ministro da Fazenda, deputado San Tiago Dantas, foram apresentados de maneira clara, concisa e objetiva, os principais pontos da política econômico-financeira do novo governo.

[...]. Essa coerência entre as manifestações de vários setores da mais alta direção político-administrativa do país revela uma unidade de comando que sem dúvida contribui para o restabelecimento da confiança no governo, uma confiança indispensável à colaboração geral para o êxito da política anti-inflacionária. Pela primeira vez, também, o governo está revelando capacidade de mobilizar, através das exposições principalmente dos ministros San Tiago Dantas e Celso Furtado, a opinião pública para a compreensão de uma política de sacrifícios gerais e sobretudo para que essa política tenha o apoio de setores particulares."[29]

Roberto Marinho, em editorial publicado em *O Globo*, também apoiou o plano de estabilização:

"Não há como negar que a exposição televisionada do ministro San Tiago Dantas levantou o tom do debate político. [...] Não titubeou o Sr. San Tiago Dantas em desenrolar aos olhos dos telespectadores, em toda a sua crueza, o deplorável quadro de nossas finanças públicas. Impressionou logo aos mais informados entre as astronômicas magnitudes negativas reveladas pelo ministro e as cifras com que foi pintada, no Plano Trienal, a mesma infeliz conjuntura. Para enfrentar essa calamitosa situação é que o ministro ofereceu um roteiro de ação administrativa que nos parece capaz de acender um lume de esperança nas trevas dos dias correntes. Proclamou o Sr. San Tiago Dantas que o governo deseja realizar o saneamento de nossas finanças durante o curso de 1963, pretendendo para isso lançar mão de drásticas medidas de austeridade e disciplina. [...] A palestra do ministro da Fazenda despertou uma expectativa favorável no ânimo dos brasileiros. Os nossos votos são para que Sua Excelência se revista de coragem, do vigor de espírito e da determinação que a grande empreitada exige do seu executor."[30]

O apoio de *O Globo*, *Jornal do Brasil* e *Folha de S Paulo* podem surpreender o leitor acostumado à cantilena de que a imprensa montou cerco golpista ao governo de Goulart desde seu início. O cerco ocorreu, mas a partir de um certo momento de seu governo – segundo semestre de 1963. O que encontramos antes são jornais conservadores apoiando Goulart e as iniciativas de seu governo.

Sobre o Plano Trienal, o presidente não encontrou o mesmo apoio entre os empresários. Eles estavam divididos Mas contou com o grupo empresarial mais poderoso do país, a Fiesp. A Federação das Indústrias do Estado do Rio Grande do Sul (Fiergs) e a Confederação Nacional da Indústria (CNI) também apoiaram o plano de estabilização econômica. Mas Jango não encontrou a mesma receptividade nas representações comerciais.

A oposição sistemática ao Plano Trienal veio das esquerdas. Francisco Julião, Leonel Brizola, Luiz Carlos Prestes e líderes do Comando Geral dos Trabalhadores (CGT) e da União Nacional dos Estudantes (UNE) usaram todo o jargão esquerdista para desqualificar o Plano Trienal: antipopular, antinacional e a serviço dos monopólios internacionais, do latifúndio e do imperialismo.[31]

Nos primeiros meses de 1963, golpe de Estado não estava no horizonte dos setores conservadores, seja da imprensa, seja da Fiesp. Goulart não tinha era o apoio das esquerdas, que o fustigavam de maneira incessante. O golpe estava, sim, nos planos de minorias golpistas de extrema-direita, mas que não alcançavam repercussão na sociedade. É importante repetir: como convencer a sociedade brasileira do perigo comunista quando o governo patrocinava um plano de estabilização econômica apoiado pela imprensa e pela Fiesp, com o aval do FMI, e ainda sofria ataques das esquerdas?

O Plano Trienal foi uma importante oportunidade para enfrentar a crise econômica, aprovar as reformas de base e garantir a continuidade do processo democrático.[32] Mas as partes envolvidas no apoio ao plano tomaram escolhas diversas: o movimento sindical e as esquerdas recusaram, terminantemente, o plano de estabilização. Os empresários, no início divididos, logo também passaram para a oposição. Pressionado por poderosos grupos industriais e comerciais para liberar créditos e pelo movimento sindical por reajustes salariais, Goulart não encontrou sustentação política para levar adiante o Plano Trienal.

Em maio, ele liberou os créditos e decretou aumentos dos salários. Quatro meses, de janeiro a maio, foi quando durou o plano de governo de João Goulart. Os grupos sociais que poderiam dar apoio ao plano de estabilização tomaram a decisão de se opor às medidas. O presidente, por sua vez, poderia ter a iniciativa de levar o plano adiante, mesmo enfrentando a contrariedade de empresários e sindicalistas – algo que lhe custaria a popularidade nas eleições presidenciais de 1965. Jango, no entanto, tomou a decisão de abandonar o Plano Trienal. Mas ao abandonar seu plano de governo, o único que tinha, ele ficou sem plano algum. Não casualmente a inflação, em 1963, chegou a 78%, enquanto o crescimento econômico foi de 1%.

Em apenas quatro meses de regime presidencialista, o governo Goulart estava à deriva. Perdeu o apoio empresarial. Perdeu o apoio que tinha da imprensa. Desde o início de seu governo não tinha apoio do movimento sindical e das esquerdas. O Plano Trienal foi mais uma oportunidade perdida para aprovar as reformas de base dentro do regime democrático.

TERCEIRA OPORTUNIDADE: O DEBATE SOBRE A REFORMA AGRÁRIA NO CONGRESSO NACIONAL

Anteriormente, vimos debates sobre a reforma agrária no Brasil. A grande questão que dividia esquerdas e conservadores não era fazer ou não a reforma fundiária no país, mas como fazê-la. As esquerdas defendiam o "programa máximo" de reforma agrária: em terras improdutivas, mas também nas produtivas sem indenização alguma ao proprietário. No entanto, o programa das esquerdas tinha como impedimento o parágrafo 16 do artigo 141 da Constituição que dizia: "É garantido o direito de propriedade, salvo o caso de desapropriação por necessidade ou utilidade pública, ou por interesse social, mediante prévia e justa indenização em dinheiro". Logo, para a realização do programa máximo das esquerdas, era necessário retirar o artigo 141 da Constituição, o que implicava em reforma constitucional. Algo muito difícil de ocorrer porque exigiria o voto de dois terços do Congresso Nacional.

Para Goulart, a alternativa era a negociação. Uma reforma agrária pactuada entre o centro e a esquerda que, sem alterar a Constituição, também não indenizasse o proprietário "mediante prévia e justa indenização em dinheiro". Desse modo, o presidente, em março, enviou mensagem ao Congresso Nacional com proposta de reforma agrária.

Quando havia boa negociação, as propostas presidenciais eram aprovadas pelos parlamentares. Foi o caso do Estatuto do Trabalhador Rural, estendendo as leis sociais ao campo. Também foi o caso da Lei de Diretrizes e Bases da Educação, reservando 12,5% do orçamento da União para a área da educação. Ou, ainda, a Lei de Remessa de Lucros das empresas estrangeiras ao exterior. Com acordos políticos em que as partes cediam para avançar, programas defendidos inclusive pelas esquerdas eram aprovados. Nesse sentido, não havia, como é bastante disseminado na historiografia, um Congresso Nacional hostil às iniciativas de Goulart e nem o governo se encontrava paralisado.

A proposta enviada pelo presidente ao Congresso tinha várias alternativas para a reforma agrária, mas o importante era a maneira de indenizar o proprietário.[33] Ele receberia títulos da dívida pública com reajuste de 10% ao ano. Com a inflação em alta, chegando a quase 80% naquele ano, em pouquíssimo tempo a indenização seria praticamente nominal. Para os pessedistas, o reajuste de 10% era pouco. Eles aceitavam a proposta, mas queriam um índice maior. Os trabalhistas defenderam de maneira intransigente os 10%, a expropriação também das terras produtivas e acrescentaram algo que não constava na proposta presidencial: a reforma não seria apenas agrária, mas também urbana. Algo inaceitável para o PSD. E os trabalhistas sabiam disso. Os pedessistas estavam dispostos a negociar a reforma agrária, desde que fosse apenas no campo e nas terras improdutivas. E que o índice de reajuste fosse corrigido pela inflação do período.

Os parlamentares de diversos partidos sabiam que a proposta presidencial e as alterações propostas pela bancada do PTB seriam recusadas no Congresso Nacional – o próprio presidente e os trabalhistas sabiam disso. Era necessário um acordo, um pacto, uma negociação entre as partes para chegar a um projeto consensual. Nem o "programa máximo" das esquerdas, nem contemplar os latifundiários com o reajuste integral da inflação. As partes teriam que ceder para alcançar um acordo em comum, como ocorreu em outros projetos aprovados.

Foram os udenistas que tentaram chegar a uma proposta que atendesse as partes. O senador Milton Campos retomou antigo projeto de lei de sua autoria. A UDN propôs a seguinte alternativa para a reforma agrária: desapropriação de terras improdutivas a mais de dez anos. O que não faltava no Brasil eram terras improdutivas a mais de uma década. Sobre a indenização, o projeto udenista previa o pagamento em dinheiro pelo valor declarado nos tributos. Todos sabiam que os proprietários rurais declaravam valores irrisórios de suas propriedades. O projeto da UDN demostra, mais uma vez, que a reforma agrária não era tema tabu na sociedade brasileira e que os conservadores estavam dispostos a aprova-la. Desde que fosse uma reforma moderada. O projeto da UDN, comparado com o "programa máximo" das esquerdas era, de fato, moderado. Mas liberaria amplas extensões de terras para a reforma agrária.

Diante da proposta da UDN, o PSD, em junho, retomou a discussão sobre o tema, apresentando alternativa à proposta presidencial e a do PTB: a reforma seria agrária e não urbana; o reajuste das indenizações ficaria entre 30% e 50% da inflação; a reforma seria apenas nas terras improdutivas, considerando este tipo de terra aquele que tivesse mais de 50% de sua área sem cultivo. Novamente surgiu uma proposta moderada de reforma agrária apresentada pelos conservadores pessedistas. O que demonstrava a disposição deles de realizar a reforma agrária.

A radicalização, no entanto, tomou o Congresso Nacional. PTB e PSD se uniram e derrotaram a proposta da UDN. A seguir, os trabalhistas se insurgiram contra a proposta apresentado pelos pessedistas. Leonel Brizola, nas ruas, liderou a oposição contra o projeto do PSD. Em agosto, os trabalhistas recusaram qualquer acordo que não fosse o "programa máximo" e rejeitaram a proposta dos pessedistas. Naquele mês, foi enterrada a possibilidade de se aprovar a reforma agrária no Congresso Nacional, mesmo que moderada. Sem acordos, sem entendimentos, sem negociações, em ambiente tomado pela radicalização e pela intolerância, pela incapacidade de ceder para avançar, perdeu-se a oportunidade de aprovar a reforma agrária preservando regime democrático.

QUARTA OPORTUNIDADE: A FRENTE PROGRESSISTA

Goulart chegou ao segundo semestre de 1963 em situação muito difícil. Ele não tinha mais plano de governo quando abriu mão do Plano Trienal. Também não conseguiu aprovar a reforma agrária no Congresso Nacional. A inflação continuava em processo de aceleração. O desabastecimento de mercadorias de primeira necessidade, como feijão e açúcar, e as greves que se multiplicavam devido à necessidade dos trabalhadores de reporem as perdas salariais desgastavam ainda mais seu governo.

Embora bastante prejudicial a Goulart, não foi a crise econômica o motivo central para o golpe de Estado que o destituiu. A crise econômica era grave, mas o maior problema era de ordem política. Com o fracasso em alcançar um acordo pactuado para a aprovação da reforma agrária "na lei" em agosto, os grupos de esquerda que tinham o objetivo de aprová-la "na marra" ganharam força.

A radicalização política tomou outro rumo no mês seguinte, em setembro de 1963. A revolta dos sargentos no dia 12 daquele mês foi muito prejudicial ao governo. Cerca de 600 sargentos e fuzileiros navais tomaram a capital da República e prenderam o presidente do Supremo Tribunal Federal e o presidente da Câmara dos Deputados. Os presidentes de dois poderes da República foram detidos por subalternos das Forças Armadas. Depois eles convocaram os colegas de outros estados a se sublevarem.[34]

Para os grupos conservadores e de direita tratava-se de algo merecedor de profunda reflexão. Se um grupo mal organizado de sargentos e fuzileiros tomou a capital do país e prendeu os presidentes de dois poderes da República, o que não poderia fazer a ala janguista do Exército, com generais e toda uma média oficialidade com comando de tropa? Havia também os "almirantes do povo" e os fuzileiros navais adeptos de Jango e de Brizola. Na Aeronáutica encontravam-se muitos oficiais comunistas e os sargentos eram, em grande parte, janguistas, brizolistas e comunistas. Para as direitas e os conservadores, tudo isso era, no mínimo, temerário. Segundo pesquisas de Alzira Alves Abreu, "a revolta dos sargentos pode ser tomada como o momento de inflexão da posição da imprensa em relação ao governo Goulart. A partir dela começou o afastamento e se aceleram as críticas à política do governo e ao presidente."[35] É a partir de setembro, com a revolta dos sargentos, que grande parte da imprensa passou para a oposição ao governo Goulart com críticas em ritmo crescente.

Mas a crise continuaria no mês seguinte. Para defender a honra do presidente dos insultos proferidos por Carlos Lacerda, os três ministros militares pediram ao presidente a instalação do estado de sítio. O objetivo era depor e prender o governador da Guanabara Carlos Lacerda e o de São Paulo Ademar de Barros. Novamente as direitas perceberam o perigo que significava João Goulart na presidência da República. Se o estado de sítio fosse aprovado, a direita civil seria desbaratada, sobretudo duas grandes lideranças de oposição em governos de importantes estados, como a Guanabara e São Paulo.

No Congresso Nacional, os conservadores não aceitaram a possibilidade de decretação do estado de sítio. Mas as esquerdas se uniram a eles. Desconfiados do presidente, Leonel Brizola, Miguel Arraes, Luiz Carlos Prestes, dirigentes do Comando Geral dos Trabalhadores e os próprios trabalhistas no Congresso Nacional recusaram a alternativa do estado de sítio. Não confiavam no presidente. Acreditavam que depois de dizimar com as direitas, seriam as esquerdas as próximas a sofrerem perseguições.[36]

Percebendo que seu pedido seria derrotado no Congresso, Goulart recuou. Mas ao fazer isso, ele encontrou-se isolado politicamente. As direitas cresceram, ganharam novos aliados e partiram para o golpe. Enquanto isso, as esquerdas reunidas na Frente de Mobilização Popular romperam com o presidente. Nesse contexto político de crescente radicalização política, Lucia Hippolito avalia que "de outubro a março de 1964 verifica-se a acelerada agonia do regime, provocada por uma falsa demonstração de força das esquerdas, que gera como reação o recrudescimento da conspiração civil e militar".[37]

Goulart estava isolado politicamente e sem plano de governo. A imprensa o hostilizava, as direitas cresciam e as esquerdas o acusavam pela crise. O deputado San Tiago Dantas foi aquele que avistou o perigo no horizonte. A continuar o ambiente de radicalização entre direitas e esquerdas, teríamos o pior dos mundos: nem a aprovação das reformas; nem a continuidade do processo democrático. Foi com esta percepção que ele propôs a formação de uma frente política, a Frente Progressista de Apoio às Reformas de Base. A frente seria formada pelo PSD, pelo PTB que seguia Jango e partidos menores de centro. Mas teria o apoio também de sindicalistas que não concordavam com a linha do Comando Geral dos Trabalhadores e de esquerdas que San Tiago Dantas chamava de "positiva": o grupo político de Miguel Arraes e o Partido Comunista. Como "positiva" Dantas considerava as esquerdas que queriam as reformas preservando o regime democrático. Como "negativa" eram as esquerdas que também queriam as reformas, mas não se importavam com a questão democrática, caso de Leonel Brizola e Francisco Julião.

Com a frente política no Congresso Nacional formada por aliança de centro-esquerda, San Tiago Dantas pensava em isolar os radicais de esquerda e de direita, como Leonel Brizola e Carlos Lacerda. O presidente teria maioria de centro-esquerda moderada, obrigando os radicais a ficarem à parte do processo político. As reformas de base poderiam ser aprovadas, ainda que moderadas, e o regime democrático seria preservado.[38]

Em contraposição à Frente Progressista de San Tiago Dantas, Brizola propôs a formação da Frente Única de Esquerda, composta pela Frente de Mobilização Popular, o Partido Comunista, o grupo político de Miguel Arraes e o Comando Geral dos Trabalhadores. A estratégia seria extraparlamentar, com comícios, manifestações e greves cujo objetivo era o de pressionar o Congresso Nacional a aprovar as reformas de base.

A proposta de Brizola de formar uma frente exclusiva de esquerdas atraiu Luiz Carlos Prestes e Miguel Arraes. Desse modo, a Frente Progressista ficou restrita ao PSD e ao PTB moderado. A falta de uma referência importante de esquerda – como Miguel Arraes ou o PCB – certamente influenciou a decisão de Goulart. Sem eles, o regente da Frente Progressista seria o PSD. O presidente ficaria refém dos pessedistas. No início de 1963, Goulart decidiu-se pela Frente Única de Esquerda. A Frente Progressista proposta por San Tiago Dantas foi abortada. E com ela a oportunidade final de realizar as reformas preservando o regime democrático.

A CRISE POLÍTICA DE 1964

A bibliografia sobre o golpe militar converge no sentido de afirmar que no comício da Central do Brasil o presidente selou sua aliança com as esquerdas e o movimento sindical. Foi o que ocorreu. Contudo, foi mais do que isso. A partir daí, o presidente iria governar exclusivamente com as esquerdas. O PSD, por exemplo, realizou grande esforço para continuar apoiando o governo, somente rompendo com Goulart no dia 10 de março, três dias antes do comício. A partir de 13 de março o presidente adotaria a estratégia reclamada pelas esquerdas desde o início da fase presidencialista de seu governo, em janeiro de 1963: romper com o PSD e partidos de centro no Congresso Nacional e governar exclusivamente com as esquerdas. Para as direitas, no entanto, a decisão presidencial de governar exclusivamente com as esquerdas foi intolerável. Após o comício da Central as direitas partiram para o golpe.

É importante observar que não houve da parte do presidente, nem das esquerdas, qualquer iniciativa que possa ser definida como "golpista". O que ocorreu é que o presidente da República, no início de 1964, abandonou sua estratégia de governar com a coligação entre o PSD e o PTB no Congresso Nacional, adotando outra, a de governar exclusivamente com as esquerdas e aprovar as reformas com mobilização nas ruas. Nesse sentido, a deposição de Goulart da presidência da República não foi um contragolpe contra o golpe das esquerdas, como afirmam os partidários e defensores da ditadura militar. Não havia golpe das esquerdas em curso. O golpe da direita foi contra o governo das esquerdas instituído no comício de 13 de março.

Vários comícios foram programados em comum acordo entre o presidente e a Frente Única de Esquerda. Além de 13 de março na Guanabara, estavam previstos outros para abril: dia 3 em Santos; 10 em Santo André; 11 em Salvador; 17 em Ribeirão Preto; 19 em Belo Horizonte e 21 em Brasília. A mobilização culminaria com o comício de 1º de maio, em São Paulo, quando o CGT deflagraria uma greve geral exigindo do Congresso Nacional a aprovação das reformas de base. Enquanto isso, as movimentações entre civis e militares avançaram para a deposição de Goulart.

Outra atitude de Goulart gerou desconfianças generalizadas nos meios políticos e militares, e no Congresso Nacional em particular. Dois dias depois do comício da Central do Brasil, o presidente enviou Mensagem ao Congresso. As propostas geraram dúvidas sobre os propósitos do presidente. Além de medidas que já faziam parte do programa presidencial – como alteração no artigo 141 que exigia indenização para fins de reforma agrária e a extinção da cátedra universitária – Goulart propôs aos parlamentares o direito do voto aos analfabetos e modificações na Constituição permitindo que Leonel Brizola pudesse se candidatar à presidência da República e que, na prática, fosse instaurada a possibilidade de reeleição. No caso do voto dos analfabetos, era do conhecimento de que eles votariam no PTB, partido muito popular naquele momento. Além disso, as mudanças na legislação eleitoral também beneficiariam o PTB que disporia de dois nomes bastante competitivos para a eleição presidencial que ocorreria no ano seguinte.

As propostas contidas na Mensagem foram interpretadas no Congresso Nacional como medidas que visavam beneficiar o PTB nas eleições presidenciais de 1965. Mas o que mais gerou desconfianças foi na parte da Mensagem em que Goulart pedia que o Poder Legislativo delegasse seus poderes ao Poder Executivo. No Congresso Nacional, a pergunta que percorreu as galerias era: o que o presidente queria com esta medida? Afinal, no Brasil, o único presidente que usufruiu dessa prerrogativa foi Getúlio Vargas na época do Estado Novo. Muitos parlamentares ainda duvidosos ou hesitantes aderiam aos conspiradores que afirmavam, com argumentos assustadores, que haveria um plano golpista em curso planejado por Goulart e Brizola.

No clima política de grande radicalização e desconfiança, restava a gota d'água para transbordaria o copo. Mas o que veio não foi a gota d'água, foi uma torneira aberta: a revolta dos marinheiros.

A revolta desestabilizou o governo. Goulart e as esquerdas não souberam lidar com a crise. Para as Forças Armadas, a hierarquia e a disciplina, fundamentos da instituição militar, estavam sendo subvertidos com o apoio do presidente e das esquerdas.

NO GOLPE QUE DESTITUIU GOULART HAVIA A PROPOSTA DE IMPOR UMA DITADURA?

Há poucos estudos sobre o golpe de Estado que se iniciou no dia 31 de março e foi consumado nas primeiras horas do dia 2 de abril quando o presidente do Senado, Auro Moura Andrade, declarou vago o cargo de presidente da República. Muitos estudos existem sobre a conspiração civil e militar. Mas trabalhos dedicados ao golpe como um evento são poucos.[39] Talvez isso ocorra porque é comum interpretar o golpe apenas como o início da ditadura. O golpe teria vindo para impor o governo militar e projetos econômicos de interesses empresariais. Daí a pouca importância do golpe como um evento.

No golpe de Estado que retirou Goulart da presidência da República não estava contido o que viria depois: um regime político autoritário cujo poder estava com as Forças Armadas e que impôs a violência e a tortura como política de Estado. O estudo mais pormenorizado do golpe demonstra que muitos que apoiaram a deposição de Goulart não pensavam em governo militar. O apoio de diversos brasileiros ao golpe, muitos deles sinceramente comprometidos com o regime democrático, não deve ser confundido com o apoio a um regime autoritário, violento e ditatorial que se impôs posteriormente.

O caso mais conhecido é dos redatores do jornal *Correio da Manhã*. Defensores do regime democrático até fins de março de 1964, os redatores decidiram apoiar a deposição de Jango. Mas não estava nos planos deles a instituição de uma ditadura. Mesmo os líderes civis golpistas, como Carlos Lacerda e Magalhães Pinto, eram candidatos à presidência da República no ano seguinte. O golpe que destituiu Goulart não foi o início da ditadura. Durante o golpe, não havia projetos definido de poder.[40] O projeto de instituir um governo militar veio depois, em difíceis negociações e imposições entre facções das Forças Armadas e entre elas e lideranças políticas.

Trata-se de algo difícil de compreensão quando se trabalha com uma percepção teleológica da História. Nós, hoje, sabemos que o golpe resultou em ditadura. Mas os personagens da época não tinham como saber. Ninguém conhecia o futuro. Nós é que conhecemos aquele futuro.

Brevíssimas considerações sobre o Estado e a política

José Arthur Giannotti

Em 1964 o golpe estava no horizonte. A luta política se radicalizava, cada lado via o outro como empecilho a ser removido. E os lados eram muitos. Novas demandas, novos agentes entravam em cena sem que tivessem seus papéis previamente delineados. Em que medida o jogo político deveria ser ampliado para que fossem reconhecidos como interlocutores legítimos?[41]

Eu e muitos de meus colegas que giravam em torno das Faculdades da Rua Maria Antônia víamos essa crise sobretudo pelo prisma da luta de classes, resultante de um processo de modernização capitalista da economia e da sociedade brasileira, que lançava na arena novos interesses e novos agentes. Mas permanecia no horizonte, mesmo depois da crítica de Marx, o modelo hegeliano de que o universal, quebrado pela instalação da propriedade privada, haveria de ser retomado, num plano superior onde essa desigualdade seria superada. A história haveria de neutralizar a política.

Desde a posse de João Goulart, cada dia se tornava mais evidente que uma ruptura da legalidade se impunha para que as reformas de base pudessem ser feitas, permitindo que novas demandas e novos agentes pudessem participar do jogo político. E aos poucos essa radicalização assumia a forma de um confronto entre esquerda e direita reformulando entre nós a polarização da guerra fria. Sob esse aspecto, a primeira fase do golpe foi uma espécie de reação de um grupo que temia ser excluído da cena política. Excluiu com medo de ser excluído, esperando implementar reformas sem tocar na estrutura política profunda, sem ameaçar os privilégios instituídos. Excluindo os novos agentes – as organizações camponesas, o sindicalismo iniciante, os estudantes e até mesmo os militarem insubordinados– tornava-se possível reformar a agricultura, lançar a indústria num novo patamar, fazer a reforma universitária. A radicalização da luta política transformara o outro num empecilho a ser removido. A política ambígua de João Goulart poderia abrir as portas para que novos agentes e novas demandas entrarem em cena desestabilizando o *status quo ante*. E para não ampliar o jogo político, o golpe, do ponto de vista dos golpistas, deveria ser rápido, cirúrgico, repondo a ordem social num suave caminho de transformação. Em contrapartida, a esquerda golpeada imaginava ser possível transformar o País sem ouvir os interesses contrários. A democracia não estava no horizonte, a contrariedade política entre aliados e adversários se transformava na contradição entre amigos e inimigos. A luta era inevitável. Não porque as forças fossem equiparáveis, mas, sobretudo, porque Jango passa a se apoiar numa esquerda que não sabia medir suas forças.

Note-se que os dois lados, cada um à sua maneira, namoravam com os quartéis. Jango apostava no seu esquema militar fantasioso comandado pelo general Assis Brasil; seus adversários, de Carlos Lacerda, Adhemar de Barros, Julio Mesquita e tantos outros se aproximavam dos grupos militares acostumados a depor governos mal eleitos, em particular aquele da Escola Superior de Guerra, chefiado por Castelo Branco. Depois de algumas manifestações públicas descabeladas de Brizola e de Prestes e, sobretudo, depois que Jango forçou a estrutura disciplinar do Exército, participando do comício dos sargentos, a sorte estava lançada: os revoltosos civis receberam um apoio substancial das classes médias e das Forças Armadas, e Jango foi simplesmente deposto. Os adversários de esquerda eram então os inimigos a serem abatidos. Mas na medida em que o Golpe se enrijecia e se apropriava por completo do aparelho do Estado, configurava-se como uma ditadura, perdendo assim seus aliados liberais mais próximos como Julio de Mesquita ou Paulo Egydio Martins. O próprio governo se aprisionava nas redes da repressão, imbuindo-se de poder total a partir da proclamação do AI-5, em 13 de dezembro de 1968.

Desde o primeiro Ato Institucional o grupo instalado no poder se vê autorizado a legislar em nome "da autêntica ordem democrática, baseada na liberdade, no respeito à dignidade humana etc.", mas instituindo-se legítima e legalmente como instrumento de destruição daqueles que tramam contra a ordem revolucionária. Sabemos que o Estado possui o monopólio do uso da força legal. Mas quando um de seus poderes, o Executivo, passa a definir o inimigo, ele se transforma em Estado totalitário. A divisão dos poderes é essencial para a democracia. Somente ela assegura que o inimigo seja posto tão só como adversário. Somente ela assegura que a diferença entre governo e oposição se mantenha no nível da contrariedade e não desande para o nível da contradição. Noutros termos, a divisão de poderes na democracia coloca entre parênteses a contradição entre amigos e inimigos, entre o nós e o outro absoluto, permitindo que eles convivam num plano comum, o plano da contrariedade.

Não estou brincando com a lógica ao insistir que a política democrática depende de uma boa formação da oposição entre aliados e adversários, que bloqueie a contradição entre amigos e inimigos. Também não estou pensando a contradição simplesmente como a oposição formal radical entre duas proposições *p* e *não-p*, como se já existisse o domínio prévio formado pelo conjunto das proposições. O contradizer político abre a clareira da luta e desenha os inimigos como aliados e adversários. Contradizer que tem sempre no horizonte a eliminação do oponente configurado como inimigo. A guerra é mais do que a continuidade da política, desenha o limite da aglutinação dos indivíduos humanos em grupos sociais, a diferença radical que nos coloca no plano da humanidade, do animal que se faz humano porque se ajunta pelo discurso, pela abertura de um modo de vida particular. Por isso, não tem sentido para mim procurar na sociedade uma universalidade que não se reduza a uma semelhança de família, que venha a ser apenas um aspecto, *eidos*, de uma unidade que necessita da diferença para subsistir.

Por isso, não tem sentido para mim, assentar uma política unicamente na base de um terreno comum, como se fosse possível uma aliança nacional, por exemplo, entre PT e PSDB, visando o bem público, pois esse bem público é desenhado pela própria contra-dição. A democracia é um dos arranjos possíveis, o melhor deles, que coloca entre parênteses a possibilidade de uma guerra civil, na medida em que idealiza esse bem comum como resultado do trabalho de todos. Insisto nessas considerações lógicas na tentativa de mostrar que a política é mais do que um fato positivo, porquanto entrelaça decisões que precisam ser pensadas segundo uma lógica própria. A lógica geral que exclui a contra-dição e a lança no limite do pensável, pensa o jogo político enquadrado no horizonte de uma universalidade limitante, seja sob a forma de um contrato social, seja sob a forma de uma autoridade de princípio encarnada na polis, em Deus, no *Führer*. Nesses dois casos desaparece o contra-dizer como possibilitação inerente à luta política, que passa assim a ser pensada como fato natural. Mas os leões não fazem política.

O sistema político é uma luta que exclui o ideal de uma racionalidade totalmente transparente. O regime democrático instala a comum-idade em que as outras diferenças sociais podem se digladiar. Somente a partir desse comum o grupo derrotado continua a pertencer à unidade do Estado e da Nação, na medida em que a contradição radical de interesses e de identidades vem a ser encapsulada na convivência da contrariedade. Somente assim a unidade espiritual do Estado não se desfaz na guerra civil.

Nos longos anos em que vivemos sob o tacão da ditadura não me parece que havia condições de se pensar a democracia nos termos em que acabei de aludir. À esquerda ou à direita, continuávamos antevendo a revolução no horizonte, isto é, a radicalização dos conflitos até que as contrariedades assumissem a forma revolucionária da contradição, mas capaz de abrir uma nova universalidade, uma convivência além do Estado nacional. Muitos de nós, à esquerda, não apostávamos no liberalismo nem acreditávamos que a história seguisse um curso linear. Não nos esquecíamos da oposição "Socialismo ou barbárie". Mas ao pensar a política unicamente a partir da luta de classes antevendo a Revolução, tomávamos a política como um espaço menor a ser suprimido com a supressão do conflito de classes. Muitos já tinham perdido as ilusões sobre a União Soviética, reconhecíamos que a Revolução de Outubro, traída ou não, desembocara num capitalismo de estado fantasiado, cuja sobrevivência dependeria de uma nova relação com os mercados e da invenção de modelos inéditos de representação política, capazes de destruir o império da burocracia. Já não acreditávamos que, ainda que a clássica luta de classe terminasse, o Estado e sociedade civil poderiam se confundir, porquanto, mesmo que o Estado venha a controlar democraticamente o capital, as indefinições do mercado configuram dados indispensáveis para o desenho desse controle. Mas não tínhamos instrumentos para pensar a lógica da política democrática. E pensá-la unicamente como fato positivo bloqueia a compreensão de sua lógica, da sua racionalidade própria. E hoje sabemos que essa lógica não pode seguir os passos da lógica clássica, formulada por Platão e Aristóteles. Aliás, não foram eles sempre contra a democracia? E a democracia moderna é muito diferente da democracia antiga.

Além do mais, a crença na Revolução impedia que percebêssemos que a crise brasileira, por certo em consonância com os movimentos políticos da América Latina, encontrava limites intransponíveis desenhados pela Guerra Fria. Alguns de nós já duvidávamos da possibilidade de criar vários Vietnãs ou de seguir o modelo cubano, pois a economia brasileira se recuperava da crise e o País estava comprometido com uma enorme transformação conservadora. Isto já nos anos que se seguiram ao AI-5, na fase mais violenta da repressão.

Somente na medida em que se esfumava no horizonte o ideal da Revolução, que haveria de abolir o Estado e redesenhar a política a partir de interesses coletivos, é que fomos obrigados a dar maior atenção ao sistema e ao jogo político como tal, cujas condições de possibilidade se enraízam numa economia que não dispensa mecanismos de mercado. Passamos a falar na autonomia do político, a reconhecer que jogo democrático tem como pano de fundo a responsabilidade de assegurar o bem estar da população, por certo historicamente definido. De uma forma ou de outra o Estado se torna provedor, mas de tal modo que a riqueza venha a ser distribuída politicamente, isto é, mediante o confronto de interesses de grupos e de classes integrados direta ou indiretamente aos interesses nacionais.

A democracia se mostra então mais do que uma forma do sistema político. Tudo depende de como as decisões são tomadas. Aquelas tomadas na base da regra da maioria funcionam somente se estiverem ligadas ao bom equilíbrio dos três poderes e ao delineamento entre aliados e adversários. Quando o jogo político dilui essa contrariedade, verificam-se dois casos extremos. Primeiro, quando quase todos se tornam aliados e desaparece a diferença entre os adversários, a democracia se converte num fazer de conta, os processos eleitorais se reduzem a atos formais de consulta popular sem que seus resultados intervenham no efetivo processo decisório. Segundo, se a contrariedade se radicaliza em pura contradição, ela pode vir a ser meramente formal, alimentando, o perigo guerra civil ou simplesmente consolida a ditadura. E em ambos os casos a decisão se faz pela violência sem o jogo do contraditório.

Mas é preciso ir além. O golpe de 64, depois do AI-5, se converteu, em nome da democracia, numa ditadura declarada do poder executivo militarizado. Demoramos décadas para reconquistá-la no sentido pleno da democracia formal, o que inclui a divisão dos poderes e a tomada de decisões na base da lei da maioria. No Brasil de hoje não está no horizonte um golpe como o de 64, mas ele pode se dar seguindo o modelo invertido. Em vez da força decisória do autoritarismo apoiado nos militares, teríamos a decisão fibrilada. No lugar do nítido desenho do Estado democrático representativo, teríamos a fluidez das instituições monitoradas por interesses particularizantes. O sistema político, para a glória dos politicólogos, manteria o ritual das eleições, mas se converteria numa farsa democrática onde tudo passa a ser representado, por conseguinte, nada sendo afigurado explicitamente. E a sociedade, sem o espelho que a representa como estando bem arrumada, mergulharia na violência desatinada.

Em termos propriamente conceituais, é possível dizer que nossa tarefa é manter uma contrariedade democrática que com-preenda a contradição. Mas para isso é preciso pensar a contradição na efetividade de seu contra-dizer efetivante. Impossível pensar a democracia mantendo-nos fiéis a uma lógica tradicional, que não nos permite efetivar a com-vivência com a contra-dição. E nessa com-vivência dos grupos contrários está pressuposto que cada um a seu modo assegure a possibilidade de sua sobrevivência ainda que sempre se transformando. Sob esse aspecto, a democracia contemporânea, ao contrário da democracia antiga, pressupõe que o Estado assegure a justiça social, a possibilidade dos cidadãos participarem da produção e do controle da riqueza social. Numa sociedade capitalista, onde a produção do excedente econômico depende da produção de novas tecnologias e das ciências que as possibilitam, o controle dessa produção se torna eminentemente político. Mas desde já é preciso reconhecer que esse controle passo a passo deixa de ser feito através do controle da propriedade dos meios físicos de produção para se concentrar na semeadura da inovação.

Depoimento de Fernando Henrique Cardoso

Para entendermos como foi possível o golpe de 64 nas consequências que teve, é preciso lembrar de pelo menos três vertentes: primeiro que as Forças Armadas no Brasil, desde a República, sempre tiveram um papel intervencionista, sempre. Não só em 1889, como é sabido, a presença militar foi essencial para mudar a forma do regime, da monarquia para a república, como depois, em plena república, sempre houve um componente militar muito ativo que mais adiante se transformou em algumas movimentos do tipo revolucionário em 1922, 1924, depois em 1930. Em todos eles, na verdade, uma parte das Forças Armadas tentava se aproximar de algumas forças políticas, criticavam as forças dominantes, que chamavam de oligarquias ou cartolas mais expressivamente, e houve sempre também certa divisão dentro das Forças Armadas.

Depois de 1930, outra vez, vitorioso o movimento de outubro de 1930 (uma junção de setores militares que vinham lutando desde antes contra as oligarquias e se juntaram depois com as oligarquias – Getúlio foi a expressão disso), continua havendo uma divisão grande nas Forças Armadas e um papel muito ativo delas durante todo o período do Getúlio, basta ler as memórias dele, o tempo todo está falando de "conspiração aqui", "conspiração ali", "um regimento que vai se sublevar", "um militar que vai querer fazer isso ou aquilo", o tempo todo até que o Brasil entrou na Segunda Guerra Mundial e, de fato, a partir da mudança do sistema global, com a presença do exército brasileiro na Itália, e com a vitória das forças democráticas sobre as forças do Eixo, é que se voltou a ter dentro das Forças Armadas uma visão de uma ideologia liberal democrática mais ativa. Derrubam Getúlio, e não por acaso, talvez o governo que tenha sido mais imune a esses golpes e contragolpes militares foi o do Dutra, que era general. Ele próprio tinha o apoio automático. Ele tinha sido chefe militar, um dos principais no tempo do presidente Vargas, e foi eleito presidente da República. Logo em seguida volta Getúlio e se vê de novo os militares com o sentimento dividido entre eles, e um sentimento de que cabia a eles o papel de conduzir o país. Essa ideia é antiga, isso vem desde o fim da Guerra do Paraguai. É uma ideia de que os militares são como que sacerdotes da pátria, e que eles se opõem aos políticos porque os políticos não são capazes de levar a pátria aos seus verdadeiros destinos.

[Os militares] têm desconfiança do mercado, porque o negócio é uma contradição para eles, que não aceitam o mercado. É o Estado. E o Estado tem que se ligar ao povo. Isso é uma ideologia que permeava muito as Forças Armadas e a essa ideologia se contrapôs, depois da Segunda Guerra, a ideologia liberal democrática de um outro setor das mesmas Forças Armadas. Mas mesmo no período do Getúlio, o tempo todo houve essa tensão muito grande: a política se desdobrava nos quartéis e mais simbolicamente nos Clubes Militares, especialmente no Clube do Exército. E nesse período houve também nas Forças Armadas uma briga muito séria, porque houve a decisão de fazer o acordo militar Brasil-Estados Unidos, que foi feito, se eu não me engano, em 1952; e curiosamente foi assinado pelo Ministro da Guerra, o então general Estilac Leal, que era um dos expoentes da corrente nacionalista e chamada "democrática". Não obstante, a política levou Getúlio a assinar esse acordo com os Estados Unidos e a partir daí houve uma modificação grande, que já começara antes.

Eu assisti (até por razões familiares), na época da Segunda Guerra Mundial, quando os militares brasileiros, que estavam muito mais inclinados a apoiar o Eixo do que os Aliados, pouco a pouco foram sendo ganhos pelos Aliados, sobretudo pelos americanos, que mandaram muitos oficiais ao Brasil que falavam português e de origem americano-portuguesa, para conversar com os militares brasileiros. Eu assisti isso em minha casa, assisti minha família conversar com militares brasileiros, para tentar levar o Brasil a uma posição contra o Eixo. E o Getúlio manobrando, e por razões de interesse nacional, fez de conta que ia apoiar o Eixo para pôr a questão da siderúrgica nacional, finalmente fez o acordo com os americanos, fez o acordo com o Roosevelt, mas essa tensão foi permanente. Quando o Getúlio voltou eleito popularmente, de novo, não só houve o acordo militar com os Estados Unidos, como houve dentro das Forças Armadas uma luta muito grande e uma mudança de ministério, saiu o Estilac Leal, que veio comandar São Paulo, saiu do comando do Ministério da Guerra, e a partir daí houve uma luta muito forte dentro das Forças Armadas, um primeiro expurgo contra militares considerados comunistas. Alguns eram, poucos, ligados ao Partido Comunista, outros não. Aquilo era muito forte, muito marcante, ainda em pleno regime do Getúlio, nos anos 1950, muito antes do golpe.

Quando ganha o Juscelino [Kubitschek], de novo vamos ver que ele governou sob ameaça de rebeliões: Jacareacanga, Aragarças, o tempo todo nós temos a presença ativa, só que dessa vez de militares, digamos, mais de orientação pró-americana do que propriamente nacionalistas. O Juscelino conseguiu contornar esse aspecto, mas logo depois veio o Jânio Quadros que, por outras razões às quais irei me referir daqui a pouco, não teve continuidade. E quando o vice-presidente, que era o Jânio Goulart, foi para o governo, de novo os militares tiveram uma ação muito constante. Então só se surpreendeu pela existência dessa pressão militar quem não conhece a história do Brasil, porque o tempo todo foi assim. Bom, esse é um vetor. Portanto, para entender o golpe militar é preciso entender que os militares brasileiros até aquela época (e isso perdurou) estavam o tempo todo inseridos na vida política. Muito mais do que se preocupar com as questões da caserna, estavam preocupados com as questões do Estado e tinham uma visão sobre qual seria o papel do Estado brasileiro. E se dividiram, o tempo todo se dividiram entre o grupo mais nacional-estatizante e o grupo mais liberal, mas também não democrático, autoritário. Outra vertente importante para entender o que aconteceu é o jogo internacional. O golpe de 1964, na forma que tomou, só se entende melhor porque estávamos na Guerra Fria. Hoje é difícil imaginar o que era a Guerra Fria. Uns estão para cá, outros estão para lá. Quem não está com os Estados Unidos está com a Rússia, com a União Soviética, na simbologia interna. O "perigo comunista" era isso o tempo todo. Agora estamos vendo a Venezuela: o que aconteceu ali seria impensável no tempo da Guerra Fria sem intervenção americana, sem que houvesse realmente um propósito forte de desestabilizar o governo. Na época da Guerra Fria eu vivia no Chile, o [Salvador] Allende era um social-democrata tradicional, não tinha nada de ultraesquerdista. E acabou assumindo papéis porque, na situação de tensão da Guerra Fria, basta ver os depoimentos existentes, a ação dos americanos foi imensa. E também essa ação do Fidel, que foi para o Chile e ficou um mês lá. Então 1964 foi, por um lado, a questão dessa forte presença militar na política brasileira; em segundo lugar, houve o fato de que o mundo estava polarizado em termos de Guerra Fria, no imaginário: democracia ou comunismo; em terceiro lugar, a qualidade da nossa democracia sempre foi frágil. O que se considerou como democracia até os anos 1930 foi uma oligarquia, o voto era uma coisa minoritária e a política dos governadores era uma política tranquila, de que as classes dirigentes produtoras se entenderam: o presidente da República era o chefe dos chefes, era o chefe natural, e essa chefia natural, teoria do Campos Sales, tinha vigência na medida em que o chefe natural também respeitava as chefias locais. E todo o sistema democrático era muito viciado não só pelo "bico de pena", ou seja, o voto aberto, sob controle pelos cabos eleitorais, como havia comissão de validação dos poderes. Quer dizer, a pessoa era eleita e dependia na Câmara de uma eleição que decidia se a eleição daquela pessoa valia ou não. Foi o tempo todo assim.

Mas o fato é que se nós não entendermos qual era o contexto em que se desenrolava o golpe, o contexto não só dos fatos do dia a dia, mas em termos daquilo que está subjacente a esses fatos, é difícil entender como aconteceu o golpe de 1964. É óbvio que a partir de certa altura já havia processos de mobilização social mais intensos. Basicamente a partir da Segunda Grande Guerra, o processo de industrialização e urbanização avançou muito no Brasil. Então se tinha presença de massas nas ruas. A pobreza do campo veio para a cidade: começa o favelamento, populações marginais. Isso ganhou um aspecto de presença muito grande e era um fator que não tinha expressão direta no jogo político oficial, mas tinha que ser levado em consideração. E claro que, quando Getúlio percebeu isso, e o Jango também, se apoiavam nessas forças até certo ponto, mas era tudo muito mais simbólico do que efetivo. Como já foi dito aqui, na fantasmagoria de 1964, nós estávamos na eminência da formação de um governo no mínimo de um cunho sindicalista, peronista, mas mais provavelmente de cunho esquerdista. E o [Leonel] Brizola era a expressão maior disso, porque tinha uma retórica muito poderosa, o que substantivava para o outro lado "olha o perigo aí", "o perigo é vermelho". O presidente João Goulart, estão aí todos os depoimentos, hesitava o tempo todo sobre tudo isso. Poderia ter reagido..., mas dificilmente, como foi dito, pois não havia o dispositivo militar. E também, por outro lado, ele não tinha tanta força, tanta certeza de que iria ganhar. Mas não podemos esquecer, como eu disse, que depois da Segunda Guerra Mundial houve uma mudança estrutural enorme no Brasil, migração rural-urbana, formação da classe trabalhadora, uma classe média que na época estava muito ativa na política, e estávamos também em processo inflacionário. Não se pode esquecer que no governo do Juscelino, no momento em que se dava a impressão de que íamos firmar finalmente as formas democráticas, que seria possível a definição de outros que não eram inimigos a serem eliminados, mas partícipes de um jogo que não podia ser de antemão previsto (o Juscelino conseguiu até certo ponto, com a construção de Brasília, imantar o Brasil), foi também o momento em que as pressões inflacionárias cresceram muito – uma das razões da crise que houve no governo Getúlio com o ministro do Trabalho de então, o João Goulart, figura desconhecida que foi nomeada pelo Getúlio (porque ele também nomeava "postes", poderia fazer de um "poste" ministro e depois presidente da República). Um dos motivos eminentes da crise que aconteceu quando o Goulart era ministro do trabalho é que houve uma proposta de aumentar o salário mínimo em 100%, porque a inflação era galopante. O Jango não conseguiu se manter, fez a proposta mas não conseguiu se manter. Tínhamos uma profunda inquietação também na sociedade. E isso persistiu o tempo todo. Quando veio o Jânio Quadros, ele foi eleito por forças populares expressivas, com apoio dos setores mais conservadores também, sobretudo a UDN, ele era candidato da UDN, mas tinha o apoio de muita gente. Ele foi eleito prefeito de São Paulo com apoio dos socialistas e trotskistas, não dos comunistas, mas foi eleito com apoios populares mesclados. E o Jânio tentou, como antes já se tinha tentado, fazer um programa econômico que desagradou a muitos, mas ele tinha que fazer alguma coisa porque a situação da economia era calamitosa: ele teve que desvalorizar, teve que tomar medidas anti-inflacionárias, e o Jânio (discute-se muito isso, mas eu não tenho muita dúvida a respeito) provavelmente tentou o quê? Voltar à tradição de um Estado forte para ele resolver as questões. Se enganou em um ponto: depois da redemocratização, o Congresso passou a ser parte do sistema de poder, e os presidentes que não souberam avaliar isso – como até hoje alguns não sabem avaliar a força do Congresso – correram um risco grande, porque o Congresso, em certos momentos, tem a capacidade de bloquear o governo. Então o Jânio não se deu conta de que o Congresso poderia manobrar, escreveu uma carta de renúncia, que era para ser lida e discutida, mas o presidente do Congresso fez uma declaração dizendo que aquilo não existia, que não há vazio do poder, a demissão seria um ato unilateral que não se discute, que estava vago o poder e que o presidente da Câmara deveria assumir. Então foi um golpe no golpe. Mas daí adiante não houve mais possibilidade de uma estabilização de toda aquela ebulição que surgira com o desenvolvimento urbano e industrial, com a formação de novas classes. E quando o Jango percebeu isso a certa altura, quando o Celso Furtado era ministro do Planejamento e fez um programa de austeridade, um programa para colocar ordem na economia, foi derrubado pelos próprios homens do Jango, como meu amigo Almino Afonso [Almino Monteiro Álvares Afonso], líder na Câmara dos Deputados do PTB; e por quê? Porque se não destrói o plano, cai o Jango, porque o plano aparecia como algo que contrariava os interesses das massas que apoiavam o Jango. Então era uma situação de muita instabilidade, e nessa instabilidade surgiram todas as ideias que se notabilizaram nas reformas de base em 1963–64. A visão naquela época era muito diferente do que se pode imaginar hoje. A esquerda achava basicamente o seguinte: estamos na Guerra Fria, a luta fundamental é a luta anti-imperialista. Quem são os representantes do imperialismo no Brasil? São os latifundiários. Os latifundiários e os americanos eram os inimigos da esquerda. Quem são as forças progressistas? São os que fazem o desenvolvimento industrial, os empresários industriais, e os trabalhadores. e tem que haver uma aliança. Isso era a visão comunista da época. Eu por acaso estava fazendo uma pesquisa sobre empresários industriais, conversei com muitos deles, nenhum deles era favorável absolutamente à reforma agrária, vários deles tinham fazenda e todos estavam preocupados, porque queriam se associar a empresas internacionais. E não obstante a esquerda estava orientada por essa ideia, porque predominava a contradição principal, que era anti-imperialista, a luta entre a União Soviética e os Estados Unidos. Esse era o contexto em que nos debatíamos. Eu não posso me excluir, porque estava nisso também, todos nos debatíamos dentro desse contexto. Então a ideia de reforma de base era: "Bom, vamos resolver esses impasses rompendo essa aliança fatídica e vamos nos apoiar na classe camponesa (não sei que nome se dava na época), nos trabalhadores do campo, na classe média urbana e nas cidades. Vamos fazer uma reforma". Que reforma? Reformas de base, urbana, rural. Não se tinha realmente muita noção sobre o que seriam essas reformas. Sentia-se a necessidade de fazer alguma coisa porque ninguém estava contente. Uns porque temiam o comunismo, outros porque achavam que o governo era ineficiente, outros porque achavam que o custo de vida era muito elevado, outros porque os sindicatos não eram ouvidos, outros porque havia luta no campo. Enfim, era uma situação geral de insatisfação. A reforma agrária, por exemplo: nunca se chegou a um pensamento real nessa época sobre o que seria isso. O Jango assinou um decreto no comício de 13 de maio desapropriando refinarias, desapropriando 50 quilômetros de cada área (em tese, ele não disse isso especificamente) e dando autorização para desapropriar 50 quilômetros em cada margem das estradas federais. A reforma urbana, tampouco ninguém sabia o que era. "Vão tomar minha casa? O que é isso?", essa era a visão da classe média assustada. Ninguém sabia, eram palavras, não tinham realmente consequência. Era um momento realmente de muita incerteza. Essa incerteza existia em todos os lados. Nem os militares tinham certeza se iam ganhar ou não: "O general tal é amigo ou inimigo?", "É meu compadre? É compadre do Jango?", era chamado ao telefone, "Vem para cá ou vai para lá?". E o [general Olympio] Mourão Filho, que não era muito considerado como chefe importante. E o [general] Castelo [Branco], que dizia ser integralista. Era tudo muito incerto, muito duvidoso. E obviamente havia forças atuando por trás, impelindo tudo isso, essa nova sociedade, que não se acomodava, e a institucionalidade vigente não dava conta do recado. Então, do ponto de vista da análise, acho que é importante entender esse conjunto.

Quando acontece o golpe, ele vem pleno de contradições. E isso teve consequências. Nunca eles reconheceram que eram uma ditadura, sempre fizeram uma eleição do presidente no Congresso, a cada "não--sei-quanto-tempo" faziam uma eleição de um general que era indicado, que era homologado pelo Congresso, mas faziam a eleição. O Congresso permaneceu aberto quase todo o tempo, e sempre havia a simulação de partidos. Ou seja, isso teve consequências na forma da transição depois. Nunca assumiram propriamente. E havia sempre essas duas tendências que vêm lá de trás: "Nós vamos salvar o Brasil, porque só nós somos capazes de salvar o Brasil, então não dá para ser assim porque há outros interesses, temos que compor...". A ideia de democracia estava aí, estava presente o tempo todo. A "linha dura" e a "linha branda". Ditadura ou "ditabranda". Isso era real dentro das Forças Armadas e também na sociedade, e as pessoas foram mudando de posição com o tempo. Obviamente, sobretudo depois do AI-5. Na verdade desde o começo, mas depois do AI-5 era óbvio que estávamos em uma ditadura e que a base do poder era militar, ao qual se acoplaram as forças econômicas – e também tiveram consentimento popular. Vejam as eleições, a Arena ganhava em toda parte. A Arena ganhou até 1974 em toda parte. Isso não se expressava como se fosse uma posição de classe, embora o fosse, mas não se expressava, pois havia o controle da população. Depois passou a haver uma espécie de mitificação do porquê do golpe: "era para salvar a democracia"; não era, era para arranjar uma situação de poder dentro do caos preexistente. Alguns eram democratas, outros não, e na prática ninguém foi.

Pouco a pouco aquilo foi se transformando em um regime autoritário. Totalitário nunca chegou a ser, nunca organizou partido próprio, não queriam. Os militares mais linha dura não acreditavam em partido, acreditavam em Estado – neles próprios. Nunca houve propriamente uma clareza sobre esse processo, mas se foi caminhando indiscutivelmente nessa direção, e com o apoio, como eu já disse aqui, de setores empresariais importantes e com as bênçãos internacionais, porque era a Guerra Fria. "Mas os americanos não chegaram a descer do Equador com o navio...". Não chegaram a descer do Equador porque eles ganharam aqui. Se não tivessem ganhado, desceriam do Equador para cá porque era uma questão de Guerra Mundial, essa era a concepção. Nunca podemos perder de vista esse jogo de poder, que não é só um jogo local, é um jogo global. E quando se esquece disso, fica-se pensando: "Fulano falou com Beltrano, esse era a favor, aquele era contra...", mas é mais complicado que isso. O fato é que essa indefinição da linha dos que iniciaram o golpe se perpetuou o tempo todo.

Isso se refletia em todos nós. Vou dar um exemplo concreto: eu estava no Rio de Janeiro em 13 de março de 1964, na casa do meu pai, que morava no Arpoador. Eu ia tomar um trem para São Paulo. Passei pelo comício do 13 de Março. Copacabana inteira, a orla toda do Rio de Janeiro, ou seja, a ala onde morava a classe média e a classe média alta do Rio de Janeiro, os ricos, todos tinham velas acesas na janela (quase todos, meu pai não tinha). Por quê? Estavam contra o Jango. Quando passamos pelo comício, ele era gigantesco. Eu tomei o trem (vou contar uma pequena história, porque são detalhes saborosos) e, por acaso, estavam lá vários amigos. Estavam o José Gregório, que depois foi meu ministro da Justiça, o Plínio de Arruda Sampaio, que tinha sido meu colega no curso primário, e o Marco Antônio Mastrobuono, que mais tarde se casou com a filha do Jânio. E nós no trem considerando o que iria acontecer. Alguns achavam que o golpe era do Jango. Nós todos achávamos que íamos acabar mal, e acabamos. Pelo menos eu e o Plínio fomos exilados, o Plínio foi parar lá em casa seis meses depois que eu cheguei ao Chile. E eu voltei para São Paulo. Nas antevésperas do golpe, na USP, na Maria Antônia, houve uma reunião dos professores e dos assistentes, exaltados. Bom, eu tinha uma certa influência sobre os professores e sobre os assistentes que foram meus alunos, e fiquei assustado. Não vou citar nomes porque muitos são dos meus mais chegados amigos. A maioria achava que o golpe era do Jango! Eu telefonei para um amigo meu que era professor da Medicina, Luiz Hildebrando Pereira da Silva, e que era ligado ao Partidão: "Luiz, vem para cá porque vai sair um manifesto contra o Jango. Na USP, na Maria Antônia". Ninguém sabia muito bem... Achávamos que "a situação, como está, não vai ficar, vem um golpe". E foi isso mesmo... Houve especulações, e talvez algumas pessoas quisessem reforçar o dispositivo militar do Jango, prender o Carlos Lacerda e, para compensar, prendia o [Miguel] Arraes também. O Jango não concordou com nada em nenhum momento, nem para cá e nem para lá, mas sempre temeroso. Nunca foi também de ir contra as forças populares. Era esse o clima. O clima era tão louco que o Bento Prado (já falecido), o Leôncio Martins Rodrigues, eu e o Paulo Alves Pinto (que era genro do Caio Prado), nessa madrugada tomamos um jipe para ir para o Campo de Marte, porque o Paulo Alves Pinto era sobrinho do general Osvino Alves, que era um forte homem pró-Jango, e dizia que havia uma reação no Rio Grande do Sul. E nós, que nunca demos um tiro em ninguém, íamos tomar um avião para ir para o Rio Grande do Sul para lutar. Pessoas tão pacíficas quanto as que eu citei aqui. Alguém imagina o Bento dando um tiro? Ou eu? O Leôncio é mais troglodita, poderia dar. Mas esse era o clima que vivíamos, de incerteza. O que vai ser o dia de amanhã? Para ver o clima psicológico em que estávamos, não vou entrar em detalhes, no final eu fui embora, fui para a Argentina, protegido por um amigo, Maurício Segall, que arranjava todos os nossos mecanismos de saída do Brasil. Fui para a Argentina, daí fui convidado para ir para o Chile, fui para o Chile, daí chegou o Celso Furtado lá e o [Francisco] Weffort, que já estava no Chile. O cônsul do Brasil no Chile era meu primo, então nos encontrávamos na casa do cônsul, comíamos feijoada, aquela coisa de brasileiro no exterior, e de repente chegou lá uma pessoa que era um personagem, que eu não conhecia, Samuel Wainer, não sei se vocês já ouviram falar, mas era um homem importante no getulismo, jornalista do *Última Hora*. Uma noite o Samuel saiu comigo e fomos tomar uma sopa que tinha lá, em uma taverna de Santiago. O Samuel estava muito triste, ele chorava. "Eu já fui exilado uma vez pelo Getúlio, agora outra vez..." Em uma reunião na casa desse meu primo, cujo pai foi ministro da Guerra pelo Getúlio, estávamos discutindo se o regime militar ia durar ou não ia durar. O mais pessimista e realista de todos, o mais sabido de todos nós sempre foi o Celso Furtado, que disse: "Isso é coisa para dois anos". Nós ficamos loucos com ele: "Como dois anos? Não vai durar!". Era essa a sensação, e aqui também. Pouco a pouco nós fomos vendo que as coisas eram diferentes. E aí começa uma outra etapa, começam as explicações do golpe.

A primeira explicação que deram, e que foi muito popular na época, era que o golpe foi dado pelos americanos. Não foi, eles apoiaram, mas o golpe foi dado pelas forças daqui, com ligações, mas por forças daqui. E na verdade a teoria da esquerda e de parte da centro-esquerda é a seguinte: esse golpe seria para parar a industrialização brasileira, nós iríamos para uma economia agrária. Pessoas importantes – vou citar uma que é meu amigo e está vivo até hoje, o Hélio Jaguaribe – achavam isso, que o golpe era das forças do atraso agrário. Para reconhecer que estava havendo crescimento industrial levou muito tempo. E estava! Eu fui uma vez em um seminário no México, em Wahaca, com o Octavio Ianni, eu e o Octavio brigávamos muito lá porque eu dizia: "O golpe é verdade, mas dizer que é para fazer uma República Agrária não é verdade, é o contrário". Estava lá também um senhor chamado Ernesto Mandel, que era um dos líderes da Internacional Socialista, trotskista. Eu paguei um preço alto por ter estado nessa reunião, porque como eu era mais ou menos gentil, carreguei a mala desse senhor até o aeroporto e tiraram uma fotografia. Quando eu fui para a Oban [Operação Bandeirante], olharam para a minha cara e acharam que eu era trotskista, porque estava lá com o Ernesto Mandel. Não tinha nada a ver com isso. O fato é que essa discussão durou muito tempo. Até nós entendermos qual era o processo, o que estava acontecendo, foi muito difícil para processar na nossa consciência intelectualmente que o golpe era o golpe, mas que o golpe não era para levar o Brasil para o atraso, era por outras razões, e como é que isso foi se transformando. Enfim, foi um processo muito penoso para todos nós. E nessa altura, quando o golpe já estava adiantado, tínhamos um regime autoritário avançado em meado dos anos 1970. Quando estávamos crescendo a 7% ao ano consistentemente durante uma década, falava-se do "milagre brasileiro". Fizemos um trabalho no Cebrap a pedido do cardeal dom Paulo Evaristo Arns sobre "São Paulo, Crescimento e Pobreza". Então está todo mundo gabando o golpe, os que são conservadores. E os dados mostravam que em São Paulo naquela época, tudo o que era social foi para trás, tudo foi para trás. O grande crescimento da década de 1970 foi porque o Estado tinha a capacidade de impor impostos, recolhia esses impostos, não dava nada para o social e investia isso produtivamente nas grandes empresas estatais. Então foi um grande salto, mas o custo foi altíssimo. O custo social foi muito elevado. Independentemente do custo político da repressão que nós todos, ou muitos de nós passamos em graus diferentes por ela, o povo pagou um preço alto também. A educação não melhorava, a saúde não melhorava. O que melhorava? A economia crescia. Aquela visão (isto é até uma injustiça) "soviética", produtivista, o importante era o PIB. O PIB em 1970 disparou. E evidentemente, quando o PIB dispara, alguma coisa sobra para a população, melhora, crescem novas forças e tal, mas isso era uma ilusão.

"O golpe era indispensável": um amigo nosso, que já morreu, o Guilhermo O'Donnel, grande sociólogo que trabalhou no Cebrap, argentino, desenvolveu uma teoria sobre regimes burocrático-autoritários; que era burocrático era, que era autoritário, também era. E a teoria era o seguinte: esses regimes só existem assim porque é uma fase da acumulação do capital, é preciso que haja esse regime para que o capital se acumule. É outra falácia, quer dizer, é um mecanicismo. Coincidiu que sim, acumulou capital, mas nem foi feito para isso, nem era inevitável que fosse burocrático-autoritário para haver acumulação de capital. O que houve foi uma transformação do mundo, que hoje se chama de globalização, e que gerou um enorme momento produtivo, de investimento, o preço das mercadorias se alternam. Muito do que acontece na economia não são os governos que fazem, são circunstâncias que são mais globais, o momento do capital e tudo mais.

Também houve um momento de queda do regime militar quando da crise do petróleo, e quando a inflação, que começara antes, foi contida no período do Castelo Branco mas voltou a crescer. Mais adiante há dois fatores: a inflação e a crise do petróleo. E o Brasil nesse tempo não produzia petróleo, até hoje importa, mas naquele tempo importava muito mais, e tínhamos menos recursos para importar. Isso levou a divida externa ao infinito. Agora acabou, por quê? Porque houve uma mudança, porque a China subiu e mudou a relação entre commodity e produto industrializado e todos os países da América Latina se livraram da dívida. Naquela época todos ficaram endividados. A gente fala em "governo tal", "governo tal", mas são circunstâncias mais gerais. Então, quando chegou a primeira crise do petróleo, curiosamente no governo Geisel, em 1978, e em 1982 a segunda crise, não mais com o Geisel, mas com o Figueiredo, houve aumento da inflação e aí se criou uma instabilidade que ninguém aguentava mais, e deu em "Diretas Já", greve de Osasco, greve do ABC, essa coisa toda, e se criaram condições para outra vez se tentar criar um regime democrático.

Eu espero que o regime democrático estabelecido na Constituição de 1988 tenha maior consistência. Outro dia dei uma entrevista, acho que foi para a *Folha*, e disse: "Olha, eu espero que dure, mas essas questões a gente tem que olhar com atenção", não porque possa haver um outro golpe sob a forma militar. A antiga ideologia militar foi superada pelo crescimento da sociedade brasileira. A ideia de que só os militares podem levar o Brasil para diante não tem mais o apelo que tinha em um país pobre como era o nosso e que dependia só do Estado. Agora não é só o Estado. E além disso (não vou detalhar), houve a mudança na formação dos militares.

Mas também é verdade que a forma pela qual a nossa democracia está se consolidando é uma forma complicada. Eu tenho repetido isso porque é muito simples de perceber: vinte e tantos partidos no Congresso, mais de trinta partidos e 39 ministérios, como é que faz? Como é que isso funciona? Então temos de prestar bem atenção, porque temos que melhorar as instituições. Embora eu não creia que possa haver [interrupção do processo político], não vejo no horizonte um retrocesso no sentido de volta ao passado, até porque a imprensa ganhou muito mais consistência, as forças sociais cresceram, a força popular também, mas as formas institucionais estão incompletas. A demora de decisões e a dificuldade de fazer com que o Congresso entre na agenda nacional, ou que a agenda nacional seja realmente nacional, que seja debatida. De novo nós temos tendências parecidas com a do período Geisel, de grandes projetos de impacto. Naquela época se fez a Transamazônica, a Ferrovia do Aço. Eu cito só um: o trem-rápido Campinas-Rio, que devia estar pronto há dois anos. São projetos para incentivar a retórica internacional; não é que as pessoas não queiram, querem, assim como queriam a Transamazônica queriam tudo, mas não tem consistência. Isso demonstra que realmente não conseguimos criar um sistema político que tenha uma correspondência mais adequada com a realidade nacional, com as aspirações e tudo mais. Não digo isso para desanimar, acho que melhoramos muito, nós temos regime de liberdade, isso é indiscutível, não há ninguém conspirando contra o regime democrático, as instituições estão funcionando, foi falado aqui dos po-

Comício pelas "diretas já" reúne 70 mil pessoas na praça da Sé. Governadores José Richa, Leonel Brizola e Franco Montoro discursam

OPOSIÇÕES UNIDAS DIRETAS JÁ
AVARÉ UNIDA QUER DIRETAS JÁ
CONTRA O FMI - DIRETAS JÁ
Aeroviários de São Paulo Exigem DIRETAS JÁ
SÃO PAULO EXIJE DIRETAS JÁ
OPOSIÇÕES UNIDAS DIRETAS JÁ
MARILIA PELAS DIRETAS JÁ
Trabalhadores da FEBEM
pelas DIRETAS JÁ!
COLÉGIO
PELAS DIRETAS
PRESIDENTE
ASSOCIAÇÃO SABESP

deres separados, mas é preciso que nós sigamos persistindo na melhoria das instituições e na criação e na difusão de certos valores. E obviamente o grau de desigualdade, apesar de ter diminuído, ainda é muito elevado no Brasil. E a ideia básica da democracia, que é a igualdade perante a lei, até hoje é um "quase": estamos chegando lá, mas ainda longe de tê-la. Nós não somos totalmente iguais perante a lei. Quando se condena alguém que é importante, o país comemora. O que é isso? Devia ser rotina, mas ainda não é. Mas nós temos que continuar lutando muito.

Eu nunca fui da UDN, não tenho nada com isso, ao contrário, mas acho que a liberdade requer a eterna vigilância, e a democracia requer a eterna reconstrução. E nós estamos vendo agora, não vou entrar nisso, é outro tema, mas a sociedade hoje é outra. As demandas são diferentes e demandam mais, com mais qualidade, e ninguém pode mais responder sozinho, vai ter que ter mais escuta, mais capacidade de ouvir. Isso dá trabalho, é difícil, é institucionalmente difícil, pessoalmente difícil para quem comanda o Estado se submeter à crítica contínua, e vai ter que ser assim, isso não é pior, é melhor, e vai ter que ser assim. E eu espero que o que aconteceu em 1964, agravado em 1968, sirva de exemplo.

Acho muito importante que a Comissão da Verdade, porque está se vendo que é possível apurar mais coisa, inclusive quando se pensa que não dá. Eu mesmo achei que era impossível, não tinha mais o que apurar se está apurando. Eu apoiei a Comissão da Verdade, obviamente. Mas eu acho que é importante não por *vendetta*, mas é importante para a memória, para que não se repita, e também para que a ideia de impunidade não seja uma ideia compatível com uma sociedade verdadeiramente democrática e livre.

Depoimento de Francisco de Oliveira

A percepção do governo João Goulart, na época, era muito negativa. Eu mesmo, que que não sou uma pessoa mal informada, vim a ler depois sobre Jango e ele era o oposto do que a imagem dele dizia. Jango era um político preparado, não um bobão despreparado, um político preparado. As leituras de Jango, nem se imagina quais eram. Ninguém imagina. Ele lia filosofia. Durante a vida, não era o brucutu que a UDN pregou. Mesmo para quem era de esquerda e estava contra a UDN, a gente se surpreende. Ele era muito preparado. A imagem que ficou dele foi do estancieiro, gauchão, folgado. Não era nada disso. Mas a imagem que ele passava realmente era muito negativa. Não era fácil ter um adversário como o Carlos Lacerda. O Lacerda é difícil de imaginar hoje, porque também já não se faz política nem oposição como antigamente. Lacerda sabia que era um destruidor de reputações. Lacerda já fazia oposição a [Getúlio] Vargas, mas Vargas tirou de letra, tirou de letra até o último lance. Quer dizer, quando Vargas se suicida, Lacerda está dentro do Almirante Barroso, porque era o único lugar onde ele poderia ficar, se ele ficasse em qualquer outro lugar seria estraçalhado. A minha visão era a de alguém que morava no Nordeste, era funcionário público no Nordeste e fazia política (a pouca que eu fazia) no Nordeste. O PTB era forte em alguns locais, mas não ideologicamente. O PTB, como quase todos, era um partido de ocasião. Quer dizer, era um partido do poder. No Nordeste não era diferente. Então a imagem dele e do governo, para quem estava mais ou menos metido em política de alguma forma, era de um governo fraco e de uma personalidade que o encabeçava também fraca. Isso fazia um certo contraste, para nós de Pernambuco, com o [Miguel] Arraes. Não muito porque Arraes tampouco era um político incisivo, de declarações taxativas. Arraes, a gente dizia, era o mais mineiro dos políticos pernambucanos. Mas de qualquer forma, a imagem de Arraes não era a de

Jango, era uma imagem de alguém popular e com algumas realizações, coisa que a Jango não se concedia. Aí pelos dias do golpe, a oposição a Jango era muito forte. Ele não deu uma de Vargas porque há os dados de personalidade, embora ambos estancieiros, eram bastante diferentes. Mas a oposição era muito intensa, muito forte. Não havia quase quem conseguisse ser a favor de Jango nos dias do golpe.

O próprio Celso Furtado, que era um alto funcionário federal, porque Celso era o superintendente da Sudene, criação dele, e também era Ministro do Planejamento, acumulava as duas funções, não era nem janguista nem antijanguista, era um verdadeiro enigma. Saímos do palácio do governo do Arraes, até então ele ainda era governador (no minuto seguinte ele não era mais), Celso e eu, e fomos ao gabinete do general Justino Alves Bastos, o comandante da Zona Militar, no próprio dia 31. Os comandantes militares do Nordeste eram os piores, ou porque eram desqualificados na própria arma, ou porque o Nordeste era um desterro para militares importantes. O Castelo Branco foi comandante lá, por desterro. O Justino foi comandante, mas aquilo era um castigo, pois ele era um general sem muita expressão. A gente saiu direto para o gabinete dele. No curto caminho entre o palácio do governo e o gabinete do Justino, não era muito longe entre o Palácio das Princesas e a Rua do Hospício, onde ficava o gabinete militar, o Celso olhou para mim e perguntou "O que você faria, Francisco?". Eu disse: "Eu arribava daqui e ninguém me pegava", mas imagine se o Celso seria capaz de fugir de alguma coisa. A gente foi para lá e o Justino quis passar um sabão no Celso, e disse "É, ministro, o senhor não fez muito esforço para nos ajudar...", e o Celso, que era um homem muito discreto, não era discreto quando tinha que falar em público, mas era um homem muito discreto cujas opiniões pessoais mal se conheciam, deu um tal "esporro" no Justino que eu saí de lá pensando: "Hoje eu morro". Ele disse: "General, os senhores depuseram um presidente legitimamente eleito, assumam a sua responsabilidade e não venham me pedir a minha opinião". E eu pensei: "Daqui a gente sai direto para a cadeia". Ele não saiu, mas eu saí.

Levaram mais seis dias para me prender. O Celso não, o Celso tinha muito prestígio no exército. Ele tinha sido "febiano" [integrante da FEB, Força Expedicionária Brasileira], e com uma qualidade a mais, ele fora voluntário.

Então dali ele voltou para o apartamento dele, depois foi conduzido ao Rio por um general do exército. Eu fui para a minha casa. Seis dias depois eles chegaram, bateram na porta e me levaram. Mas o ambiente era de ódio de classe. Quer dizer, você quase pegava com as mãos. Naquele momento, como acontece sempre, os oportunistas pularam todos para o lado da reação, e quem era pró-Jango, pró-Arraes, estava em evidente minoria e acuado. O ambiente nos meses anteriores foi se acirrando de uma forma palpável.

Sem querer ser esquemático, a burguesia saltou toda para o outro lado. Eles já eram insignificantes em si mesmos, porque à medida que a economia brasileira se integrava, as regiões passaram a não apitar muito e a burguesia do Nordeste, que era sobretudo açucareira, era decadente, era decadente porque São Paulo avançava no setor do açúcar. Então, sob um conjunto de fatores que era muito difícil de se discernir, o ambiente era de ódio de classe, havia muito pouco terreno, conjuntura, onde se pudesse tentar a velha conciliação brasileira; não funcionou dessa vez. O exército era quem mais intervia. Mas quem deu ordem de prisão ao Arraes foi o comandante da marinha do Recife. A marinha no Recife não tinha em si a menor importância, sua importância estava em ter um batalhão de fuzileiros navais, que é o que conta na marinha. Marinheiro não briga... Acho que é um pouco o modelo americano dos fuzileiros navais. Eles são, na verdade, os soldados da marinha. Então o comandante da marinha, eu me lembro bem, deu voz de prisão ao Arraes, mas eles não conheciam o terreno, foram avançando esperando encontrar resistência, e como não havia resistência, eles avançavam mais, até dar o xeque-mate.

O Recife era um mito, o Recife tinha sido quase sempre um lugar importante nas revoluções brasileiras. Era um mito por causa de 35: em 35 houve Recife, Natal e Rio, mais nada pelo Brasil. Então a resistência no Recife era um mito. Se houvesse uma liderança forte, talvez ela se concretizasse, mas Arraes não era uma liderança para impedir o golpe. Ele era, como eu falei, o mais mineiro dos pernambucanos. Aliás, ele era cearense. Sempre conciliador, covarde não; eu assisti de perto as coisas que se passaram, ele era muito corajoso, tanto que nessa resposta ao comandante da marinha que o prendeu, dizendo que ele a partir daquele momento passava a ser hóspede das Forças Armadas, ele respondeu com muita coragem, mas sem querer ofender, que "não podia ser hóspede dele mesmo, posto que o palácio do governo era sua casa". O almirante disse alguma coisa como "Assim também é demais". Mas ele não foi preso imediatamente, só o levaram para Fernando de Noronha, ele e Seixas Dória, seis dias depois. Enquanto isso ele ficou guardado pelo regimento de infantaria. Todas as cidades principais tinham um regimento de infantaria do exército, foi onde ele ficou nos primeiros dias. No que me concerne, terminou ali a entrevista com o general Justino, eu saí de lá "pê da vida" e voltei para a Sudene, que era meu local de trabalho, e seis dias depois do golpe foram me buscar.

Era tudo muito conturbado. A Sudene tinha uma quinta coluna dentro dela, não era uma quinta coluna propriamente, é que as Forças Armadas, o exército e a marinha, tinham quadros técnicos, os melhores do Brasil, porque eles precisavam de quadros técnicos. Eles tinham os melhores geólogos, geógrafos, engenheiros, mas sem utilidade na tropa, então a Sudene usava muitos deles. Requisitava-se. Tínhamos muitos coronéis, muitos majores, muitos capitães nos quadros da Sudene, realizando funções técnicas, de modo que, naquela conjuntura, o que eles fizeram foi apenas "virar". Quer dizer, eles estavam lá dentro em funções técnicas, e com o golpe eles viraram militares de novo e ocuparam postos importantes da Sudene. Mas não houve maior resistência nos próprios quadros da Sudene, esses majores, coronéis, "mudaram a chave", estava tudo sob controle. Onde houve alguma tentativa de resistência foi exatamente entre os fuzileiros navais, eles tinham um quartel no porto e, segundo dizem, tudo isso tem muito de lenda, quiseram levar o Arraes para o porto para liderar a resistência. Mas talvez seja mais folclore do que coisa real. O fato é que houve uma tentativa de resistência.

Quanto à Sudene, estava já sob controle dos militares que faziam parte dos quadros técnicos e logo depois sob controle direto do exército, mas apesar de estar em todo canto, o exército conhecia mal a Sudene. Então eles quiseram dar ao sucessor do Celso o mesmo estatuto do Celso, coisa que era difícil. Os quadros do estado não tinham dois Celsos. E trouxeram um sujeito que era secretário-geral da OEA, em Washington. Um tipo completamente anódino, o levaram para o Recife, e ele logo fez a sua grande realização: como não tinha o que fazer, comprou um prédio na Cidade Universitária, que então ainda era muito remota, e tinha um enorme prédio que o IAPI tinha construído mas não sabia o que fazer com ele, estava vazio, e o Celso antes de ser demitido conseguiu que esse prédio do IAPI fosse alugado simbolicamente à Sudene. Enfim, todo mundo se transferiu para lá, eu não porque eu estava gradeado. Mas a Sudene ficou por lá, até hoje, na Cidade Universitária.

A minha experiência na prisão é uma lenda. Não foi uma lenda para 99% dos que foram presos. Eu tive a sorte, como acontece na maior parte das "boas famílias", de ter um irmão "milico". Então fui preso "nas horas furta-cor", que é quando eles prendem, e levado para o gabinete de um sujeito cuja fama era a de que arrancava unha de comunista. Era membro de uma família de policiais com tradição no Recife, isso quer dizer que eles arrancavam unhas mesmo. Aliás, tinha um sujeito lá que sempre foi dos quadros do Estado, João Roma, famoso por duas coisas: primeiro, por ter o cartório mais importante da cidade, segundo, por arrancar unhas. E eu fui levado para o gabinete do Álvaro da Costa Lima, espécie de sósia do João Roma. As técnicas de tortura são fantásticas, porque você pensa que vai diretamente para o pau de arara, mas às vezes não vai. Eu não fui. Ele me colocou no gabinete, sentado numa cadeira em que passei 24 horas. Ele não parava no gabinete, porque estava dirigindo a repressão, mas quando sentava ali, era na minha cara. Até que meu irmão soube, foi lá e me tirou. Esse Álvaro da Costa Lima espumava. Porque tinha perdido uma presa. Eu fui levado ao quartel da Polícia Militar, onde não me fizeram absolutamente nada. Fiquei lá 45 dias. Até engordei! Porque tudo era muito perto, a minha mulher levava meu almoço todos os dias, então eu comia a "boia da casa", como se diz na gíria militar.

Fiquei lá junto com o João Guerra, que era o secretário de finanças do estado, um dos sujeitos mais inteligentes que já conheci, e só tinha o curso primário. Éramos presos de primeira classe, ficamos no gabinete do chefe do Estado-maior da Polícia Militar. Isso não quer dizer nada, porque o gabinete do chefe do Estado-maior era pior que aquele canto. Não fazíamos nada, a gente jogava firo o tempo todo, o João era melhor do que eu, sabia jogar xadrez, eu não sabia. Até que a ditadura não sabia mais o que fazer com a gente, que não tinha pegado em armas. Foi quando veio o [marechal Humberto de Alencar] Castelo Branco e pôs na chefia do aparato de repressão, na verdade, na coordenação, um general (nunca me esqueço dele porque foi meu colega na Cepal, o exército mandava oficiais fazerem curso na Cepal), Estevão Tauvino de Rezende. E um dia, não sei por qual circunstância, ele me encontrou, perguntou o que eu estava fazendo ali e eu respondi: "Estou preso, general". Mas ele desconversou, não quis mais saber de nada. Ficamos 45 dias e nada, não aconteceu nada, absolutamente nada. Sequer um interrogatório. Na segunda vez em que eu fui preso, em 1974, houve um interrogatório, aliás meio fajuto, mas em 1964, nada. Então nos libertaram. Eu voltei para a Sudene e não me davam nem uma folha de papel, para eu não escrever nada. Grande ameaça! Então resolvi que não ia ficar ali, porque podia ser chamado a qualquer momento para interrogatório, mesmo que fosse banal. Depois o regime endureceu, mas era realmente era tudo mais ou menos isso, banal. O sucessor do Celso foi essa figura que trouxeram de Washington, e logo o exército se convenceu de que ele não era adequado, então nomearam um general para o lugar do Celso. Esse general era funcionário da Sudene, era daqueles requisitados, especialista em cartografia, portanto já conhecia a Sudene.

Nessa época a Cepal estava recrutando muita gente. Então fui para o Chile. O Chile era onde se coordenava a assistência técnica das Nações Unidas na América Latina, que a Cepal fazia. Fui para o Chile porque eu queria pegar carona... Eles, Fernando Henrique, Chico Weffort, estavam sendo contratados, e eu ia pegar uma carona ali. Mas não deu. Me ofereceram o Haiti e a Bolívia, e eu disse que preferia as prisões do marechal Castelo Branco, aí voltei para o Brasil. Em determinado momento, uns dois meses depois, me convidaram. Eu fui bater na Guatemala, país que a gente só conhecia pelos manuais de geografia. Ninguém nunca tinha ido lá, não sabia o que era. Aqueles países todos que a gente chamava da América Central eram completamente desconhecidos para nós, e eu fui para lá em uma missão das Nações Unidas. Foi ótimo, é um país lindo, aliás ele era conhecido como o "país da eterna primavera", porque a temperatura média era de 18 graus o ano todo. Um país lindo, florido, uma cultura autóctone muito viva, muito forte, foi um ótimo período, passei um ano lá. Nesse um ano, um amigo meu, mexicano, que dirigia o Centro de Estudos Monetários no México [Centro de Estudios Monetarios Latinoamericanos – CEMLA] soube que eu andava por lá. Daí fui para o México, em 1966. Eu passei no México o fim de 1966, 1967 e um pedaço de 1968, nesse Centro de Estudos Monetários, onde eu era um estranho no ninho, porque eu não sou monetarista, mas o BID [Banco Interamericano de Desenvolvimento] tinha um curso de desenvolvimento econômico que recrutava estudantes da América Latina, estudantes já de curso superior. Fiquei lá dois anos. O México para mim era uma maravilha! Ao fim de dois anos, o diretor do CEMLA, que era um velho republicano espanhol, uma figura extraordinária, me convidou para ser funcionário da OEA. Eu ainda tinha alguns rompantes de independência e disse: "Ser funcionário do Ministério das Colônias não me apetece"; pura bravata mesmo! Pura bravata! Daí eu rompi o contrato e vim para o Brasil, com uma mão na frente e outra atrás.

Fui para o Rio. Ninguém gostava de São Paulo, na verdade São Paulo era o destino dos operários nordestinos, mas intelectual não vinha para São Paulo, intelectual ia para o Rio. Intelectual ou assemelhado... O Rio fez a cabeça do Brasil. A nossa referência nacional, principalmente para as pessoas do Norte e do Nordeste, era o Rio, não São Paulo. Ninguém vinha para São Paulo.

Isto foi antes do AI-5. Com o AI-5, felizmente também não mexeram comigo. Mas não exageremos: eu não era perigo nenhum. De quê? Afinal de contas, nem a Sudene tinha feito nada demais. Era isso: a luta de classes estava muito acirrada. Dá para imaginar o Celso praticando subversão? É inimaginável! Ele era um homem de Estado por inteiro: de cima abaixo. Jamais... Em outro tempo talvez, poderia ser até um subversivo, mas naquela conjuntura não. Então a Sudene não fazia nada, a Sudene era um repositório do que de melhor o Estado brasileiro tinha no Nordeste. Porque era dirigido por Celso, e ele não fazia concessão. A gente se enfrentava com os governadores locais, era um horror. Eu, montado nas costas do gigante, estava de "baraço e cuTelo". O Aluízio Alves era um desses que mandavam no Rio Grande do Norte... Ele era um político de lá, e o mais arrogante que se possa imaginar. Tive vários atritos com ele, que dizia na minha cara: "Você é um comunista vagabundo", porque, detalhe irônico e banal, ele queria levar o cheque de um convênio que a Sudene tinha, ela tinha convênio com todos os estados, mas não dava o dinheiro diretamente, passava por um certo "planejamento", entre aspas. Não era nada, na verdade era uma instância que a gente aproveitava e tentava fazer uma correção. A Sudene distribuía dinheiro para o estado do Rio Grande do Norte comprar banana para o lanche escolar. Isso era função de planejamento? Pois é o que a gente fazia. E o jogo era pesado, no resto do Brasil eu não sei, mas no Nordeste era pesado. Eu tinha uns auditores que eram ossos duros de roer. Punha-os no encalço dos convênios e um desses topou no Rio Grande do Norte com o Aluízio Alves em uma viagem do Rio para Natal. E ele foi para cima de mim. "Seu comunista miserável que está prendendo o dinheiro do meu estado". Não dá mais para imaginar como era, porque o Brasil hoje é uma maciez! Eu disse para ele com o dedo na cara, eu não era assim tão tranquilo não: "O senhor é um constituinte de 46 e devia saber que o governador não é o tesoureiro do estado, de modo que eu não pagarei nada diretamente ao governador, pagarei ao tesoureiro do estado! Se o senhor me trouxer o decreto dizendo que o senhor é o tesoureiro do estado do Rio Grande do Norte, está aqui o cheque, senão não tem". Ele subiu pelas paredes! E se vingava, quando podia se vingava. Mandava um funcionário dele, que era funcionário da Sudene, e que depois levou para secretário de planejamento, o Geraldo Melo, para me "amaciar". Aí eu mandei um recado: "Diga ao seu governador, que é um homem de bem: pouco mal se pode fazer. O máximo que vocês podem fazer é mandar me matar, mas aí terminou tudo". "Você é maluco? Eu vou dar um recado desses ao governador?". "Pois não dê!". E estou aqui. O clima era esse, de guerra total, porque eles não eram de "fritar bolinho". Quem me disse, quando eu fiz o curso na Cepal, que eu iria administrar bananas? Em geral os governadores eram dóceis, mas os que eram da UDN, como o Aloizio Alves e o Virgilio Távora, do Ceará...

No Rio eu mantive um vínculo com a Sudene, eu era funcionário. Mas estava trapaceando. Eu era vinculado, mas morando no Rio. Você tece relações que são extraoficiais... O meu chefe da administração, enquanto eu era da Sudene, na verdade era funcionário do Banco do

Brasil, pois o banco tinha um dos melhores quadros do funcionalismo brasileiro. Os do Banco do Brasil e do Itamarati eram os melhores do Estado brasileiro. O Antonio Pinto era funcionário do Banco do Brasil cedido à Sudene. Então eu estava no Rio de araque, porque estava clandestino, mas todo mundo sabia. Ele ia lá e me contava: "Dr. Francisco, está se passando isso e isso, o que o senhor acha?". Eu continuava a dar instruções, mas isso logo passou, eles reconstituíram tudo. Eu ficava lá, ainda tinha esse vínculo formal com a Sudene, eles não podiam me demitir, salvo por algum dos chamados capítulos, salvo se eu estivesse fazendo alguma coisa contra o Estado. Então eu continuava lá, eu era um feliz desocupado, não tinha a quem prestar contas e não tinha o que fazer. Um grande amigo meu, Zé Maria Aragão, que tinha servido à Sudene, tinha escritório no Rio, o Celso pediu e eu fiquei no escritório de Zé, pegávamos um ou outro projeto... Ele não, ele tinha o emprego dele no Banco do Brasil, eu não tinha nenhum. Então os projetos que ele pegava, projeto de indústria, nós fazíamos juntos.

O AI-5 só afetava quem fazia política. Eu não fazia nada, isso não me atingia porque as coisas no Brasil são assim: se você está fazendo política, você é afetado, senão passa normal, passa batido, como se não estivesse acontecendo nada. E olha que não acontecer nada no Rio era difícil, porque o Rio era o centro. Você não via alteração nas coisas. Como eu não estava em nada, fui muito pouco afetado. Fui afetado no sentido que não podia voltar para o Recife, se voltasse era cana. Eu não podia fazer trabalho nenhum para nenhuma repartição do Rio, então fiquei por ali, zanzando e fazendo coisas que o escritório do Aragão pegava.

Eu só vim para São Paulo algum tempo depois. Na verdade, primeiro fui para a Bahia, convidado pelo Roberto Santos, que veio a ser depois Ministro da Educação. Ele era reitor da Universidade da Bahia. Era da oligarquia. O pai dele, o velho Edgar Santos, foi reitor da Universidade da Bahia durante vinte anos. Tinham "feudos". O Roberto Santos era filho dele e foi reitor também, e me contratou para o Instituto de Economia da Bahia. Era um instituto meio lá, meio cá, pertencia à universidade mas não era exatamente... Uma coisa ambígua. Ele me contratou através de um instituto que havia na universidade, fui para lá, tive uma entrevista com ele, era uma pessoa muito educada, e eu disse: "O senhor sabe que eu tenho problemas com o Estado...", e ele mandou eu me calar. De uma forma elegante, ele disse "Dr. Francisco, eu já arrisquei muito mais. Eu já convidei até o Celso Furtado para trabalhar conosco", e eu percebi que estava sendo besta. Fiquei em Salvador e estava muito infeliz, ser infeliz em Salvador é complicado, mas lá não tinha nada para fazer, porque esse instituto era uma ficção. Aí um amigo meu, Sebastião Simões, um velho amigo do Recife, que era "cria" da Coperbo [Companhia Pernambucana de Borracha], me convidou para vir para São Paulo, e eu vim trabalhar com ele aqui em São Paulo, em uma firma francesa chamada Ceret, que tinha uma filial brasileira dirigida por ele. Mas do jeito que você cria amigos, cria inimigos. E ali na Ceret eu encontrei Walter Rocha (ele não tem importância e já deve ter morrido), e quando o "Bastião" viajou para um seminário, o Walter aproveitou... Ele era o diretor-geral, o "Bastião" era diretor da SD, uma espécie de direção executiva; mandou chamar a mim e ao Gabriel Bolaffi, que tinha entrado lá também, e demitiu nós dois. "Você está demitido, você sabe por que está demitido?". "Sei". "Por quê?". "Porque você é corrupto e eu não". Tudo isso parece bravata, mas, com alguma fantasia, foi o que se passou. "Por que eu sou corrupto?". "Porque você fajutou a concorrência da represa do Maranhão e eu vetei. Por isso você me tem ódio até agora. Então se vingue, me demita e acabou". Foi o que ele fez.

Eu fui para o Cebrap convidado pelo Otavio Ianni. O Cebrap formou um grupo de estudos para executar um projeto para a Academia Brasileira de Ciências. Então havia um programa sobre planejamento geral, que ficou a cargo de Otávio, e ele me convidou para o planejamento regional. A gente tinha levado Otávio muitas vezes para dar curso no Nordeste. Demorou pouco tempo essa associação... Mas foi através do Otávio que eu me aproximei do Cebrap e acabei ficando lá por uma circunstância: a turma do Cebrap não tinha nenhuma experiência administrativa. Bom, eram todos acadêmicos. E eu tinha alguma, porque tinha trabalhado na Sudene e conhecia um pouco, não muito também. Daí se vê como o Estado brasileiro é frágil: qualquer aventureiro faz o que quer. Enfim, eu tinha alguma experiência, alguns macetes, e me entrosei. Era o Fernando Henrique, o Otávio, o Juarez [Brandão Lopes], o Rubens [Murillo Marques], e fui ficando por ali.

Entrar no Cebrap era mergulhar na política. Às vezes não de forma relevante, mas no Cebrap se fazia política 24 horas por dia. Por quê? Porque Fernando foi se tornando uma pessoa importante no MDB. Gente do MDB frequentava o Cebrap, como Marcos Freire, Ulysses [Guimarães]... Foi havendo essa aproximação.

Aliás, acho que eu não tenho nenhum artigo científico desta época, devem ser todos "roçando" ou entrando direto em temas políticos. Mas era uma turma muito interessante. O Chico Weffort estava lá. O menos político era o Juarez, ele era mais sociólogo mesmo. Teve o Vinicius Caldeira Brant... Era um grupo muito interessante.

Por surpreendente que pareça, eu nunca entrei no MDB. Tinha o pé muito atrás, era preconceito, na verdade. Mas eu colaborava intensamente. A gente dava cursos, quer dizer, não o Cebrap, o Fernando sempre teve esse cuidado de não aparecer, porque era a ditadura ainda, a repressão poderia cair matando. Mas o Fernando, habilidade é o nome dele, sempre procurou contatos com a ala admitida pela ditadura (não quer dizer necessariamente que eram os colaboracionistas, de jeito nenhum): Ulysses Guimarães, Franco Montoro... Essa foi a ligação. Para mim era uma coisa importante. A gente fazia estudos que não tinham o nome do Cebrap, uma série de estudos que depois virou quase um manual do MDB. Éramos eu, Chico Weffort, Fernando Henrique, Maria Hermínia Tavares de Almeida, Luís Werneck Vianna, uma turma muito boa... O Werneck nessa época estava em São Paulo, estava mal arrumado no Rio...

O Fernando, como eu disse, era o senhor habilidade, ele se relacionava com o Ulysses, se relacionava com o Franco Montoro, com [Paulo] Egydio Martins, que foi governador [de São Paulo]. Ele tratou de desfazer aquilo que a ditadura pensava que a gente era, um bando de comunistas disfarçados! Há poucas coisas menos verdadeiras do que isso. Na verdade o Cebrap tinha *alguns* marxistas, alguns! Essa é uma boa afirmação. Os outros já estavam querendo sair desse foco, o Fernando mesmo, ninguém podia dizer mais "trata-se de uma liderança marxista". Ele era bastante discreto. A ditadura pensava que tudo era igual, isso facilitava o trabalho da repressão, mas ao mesmo tempo falhava, porque os grupos importantes no caso do Cebrap eram os grupos da religião, [Cândido] Procópio [Ferreira de Camargo], Antonio

Flávio [Pierucci] e Reginaldo Prandi. Era o grupo mais consistente. Os outros não... Apenas durante certo tempo Chico Weffort coordenou o grupo de classe operária. Os outros, que eram talvez os melhores quadros do Cebrap, de marxista não tinham nada: Bolívar Lamounier e Wilmar Faria queriam ver o diabo mas não queriam ver Marx. Eles eram talvez os melhores quadros, do ponto de vista da sociologia, junto com o Juarez. Os outros eram mais ativistas do que sociólogos: eu, o Vinicius Caldeira Brant... Eu ia às atividades do MDB. Onde a gente ia, encontrava com ele. Era um grupo que, para quem tinha olho clínico, tinha vinculação, senão passava ao largo. Éramos eu, Chico Weffort, Maria Hermínia, Luiz Werneck... Eu achava que o caminho para a redemocratização era a revolução, depois fui aprendendo que revolução é um raio de sol no céu azul: não ocorre todo dia, felizmente. Eu não achava [que o MPB era o caminho para a redemocratização], mas era com quem a gente tinha diálogo.

A história contada depois é mais fácil. Eu nunca achei que o Lula fosse o caminho da revolução, aliás, quem acertava em cheio no Lula era o Roberto Freire, o "partidão" nunca apostou no PT. Um pouco por ciumeira, porque o PT passou o trator. Um pouco porque, como se dizia antigamente, a boca "entronchada", o "partidão" tinha uma teoria sobre o Brasil, coisa que o PT não tem e nunca teve, e nessa teoria sobre o Brasil o Lula não se encaixava bem. Eles nunca apoiaram o PT. Eu estava mais para o lado do "partidão", embora nunca tivesse entrado no partido, achava o Lula um pouco farsante. Para mim era muito estranho que um líder operário não conhecesse a história operária. Ele não conhecia nada, nem conhece, na verdade ele foi empurrado para lá pelo irmão dele, que o povo chamava de frei Chico. Esse era militante. O Lula não.

Mas participei da fundação do PT. Ninguém fazia restrições ao Lula, eu estou dizendo isso mais em caráter pessoal. Mas todo mundo entrou. Na saída do Colégio Sion, onde se deu a famosa reunião de fundação do PT, foi surpreendente. As pessoas saíam alegres como crianças: José Arthur Giannotti, Leôncio Martins Rodrigues, eu... A gente saiu rindo, porque o Colégio Sion concretizava aquilo que a esquerda pensava que era o caminho, quer dizer, reunir intelectuais e trabalhadores. Saímos de lá em estado de graça. Mas o PT real não tinha nada disso. Também havia o Chico Weffort, que foi o primeiro secretário do partido. A história é bastante confusa. Fernando Henrique, se quisesse, o que informa essas decisões dificilmente se sabe, mas, se quisesse, teria fundado o PT.

Quem tinha discurso socialista eram algumas facções do PT, mas a que vinha pela Igreja não tinha, a dos sindicalistas não tinha, quem tinha um discurso mais socialista eram os mais propriamente políticos, os outros em geral não. Discurso socialista e sindicalista de São Paulo... O único que tinha de fato era Paulo Scromov, mas Paulo era escolado, era um quadro trotskista muito conhecido, ele não dava a linha do PT, mas era uma das facções. Terminou expurgado. Os outros não... Quer dizer, quem conhece a liderança sindical, poria fé nesse socialismo? Socialismo de Lula, de Djalma Dutra, de Rubão, me poupe! Eles faziam atividade sindical, mas não tinham nenhuma palavra de ordem socialista. Não entre eles. Tinha nas alas, fora do movimento sindical. Foi aí que a mosca caiu no mel: a esquerda pensava, fiando-se em Marx, que a vitória da classe operária seria tarefa da classe operária.

Direi uma coisa heterodoxa: quem menos liderou a redemocratização foi a classe operária. É que a gente, por causa do velho Marx, tem essa adulação. Quem derrotou a ditadura foi a classe média. Derrotou não como classe, derrotou entrando no MDB, derrotou fazendo todo tipo de política que era possível fazer, não foi a classe operária, isso é uma adulação boba, e já está na hora, não de desfazer qualquer coisa, mas de entender o movimento real da história que houve no Brasil. Você não tinha grandes movimentações. Quando chegou ao auge em que essa panela já borbulhava por fora, aí você tem o Comício de Vila Euclides, mas se você olhar antes o trajeto, peguem fotografias da época, quem está liderando as passeatas? Ulysses Guimarães, Fernando Henrique, são eles que estão lá na frente. Mesmo porque a visibilidade política dessa fração da classe média sempre foi maior. Mas nos momentos de auge, no famoso Comício da Vila Euclides, aí se projetam também outras imagens. Mas na maior parte dos casos, sem nenhum desdouro, as figuras eram da classe política.

Me lembro de uma entrevista que a gente foi ter com o Ulysses Guimarães. Não sei como Dona Amora se apaixonou por ele, ele era a antipaixão, nunca vi ninguém mais desengonçado, mais frio, todo formal. Ulysses nos recebeu, eu estava com Fernando Henrique nessa ocasião, a gente já era bastante calejado, já tinha feito política, já tinha entrado na esquerda, já tinha saído da esquerda, e nos disse: "Jovens, o mundo marcha para o socialismo". O mundo estava indo na direção contrária... Como ele não tinha traquejo nisso, essa era a forma que ele encontrava de se aproximar da esquerda – que passou a ser a grande colaboradora dele. Um texto que a gente fez virou programa (eu, Chico Weffort, Maria Hermínia, Luiz Werneck, quem menos tocou nele foi Fernando Henrique), virou bíblia. A gente foi para Brasília discutir esse documento, a reunião em Brasília foi uma coisa antológica, nós fomos para o apartamento de ninguém menos que [Ernâni do] Amaral Peixoto. Amaral Peixoto, o famoso genro de Vargas, era tudo o que você podia pensar em oposição ao socialismo. Pois foi Amaral Peixoto quem nos recebeu no seu apartamento para um jantar. As figuras desse jantar são uma coleção brasileira sem igual. Ele era melhor do que a gente pensava. Enfim, havia o próprio Amaral Peixoto, Ulysses Guimarães, Tancredo Neves, uma outra figura que já morreu e que tinha tudo para se pensar contra, Thales Ramalho. Ele foi durante muito tempo, enquanto isso não tinha importância, o secretário geral do MDB. Era um político de Pernambuco, tinha sido líder estudantil, não era uma figura anódina; era daqueles que pensam o futuro. O futuro para ele foi casar-se (é verdade; é por aí que passa a história) com a filha de um grande empresário em Pernambuco. Esse empresário era simplesmente dono do cimento na metade do Brasil. Um detalhe, para ver como Thales Ramalho pensava: a mulher dele era negra. Não era o negro brasileiro clássico, era mais o moreno. O Thales Ramalho era loiro de olhos azuis, o que em Recife é uma façanha...

Isso ainda foi na ditadura, ela não tinha terminado. Fomos todos para Brasília para essa reunião. Alguém refazendo essa história hoje de trás para frente pode levar a sério um bando de mentecaptos? Estava-se fazendo política, porque quase qualquer coisa que você fizesse no Brasil era fazer política.

Os lugares mais quentes eram o Rio Grande do Sul e Pernambuco. Uma coisa fantástica, a liderança no Rio Grande do Sul era Pedro Simon! Quer dizer, Pedro Simon é um democrata, e era a liderança inconteste dos poucos que conseguiram fazer a travessia do PTB para o

MDB. E era de verdade, não era oposição de mentirinha. A gente ia muitas vezes ao Rio Grande do Sul, porque era um dos estados onde a oposição à ditadura era mais consistente. Pedro era a figura principal, junto com André Forster.

O outro lugar era Pernambuco, pela liderança de Marcos Freire e Fernando Lyra. São Paulo mesmo era muito anódino. Quem era liderança de oposição naquele tempo? A gente já sumiu na poeira, os emedebistas de São Paulo. Depois é que veio o Montoro... Antes era o Lino de Melo, um senador por São Paulo sem a menor expressão.

O Ulysses tinha dificuldade para se eleger. Se elegia deputado federal ralando as costas, era difícil fazer campanha para Ulysses. A gente fez sua campanha na Zona Leste, imagine o que era tornar o Ulysses conhecido na Zona Leste de São Paulo. Era uma coisa ingrata. Ele teve 4% de votos... O que é uma enorme injustiça, porque ele era um grande político brasileiro, desses de articular... Igual não tinha. Engraçado, eles morreram juntos, ele e o Severo Gomes, que era da oposição, depois passou para o MDB e virou um mito. Como diz o hino brasileiro: "Já podeis da pátria filhos...".

Depoimento de Paul Singer

Eu tenho de escolher algum ponto de partida para este depoimento. E vou tomar como ponto de partida maio de 1945, em que terminou a Segunda Guerra Mundial. Nessa altura eu era estudante em um ginásio estadual, os professores eram muito bons, eram todos concursados, e entramos em classe e todos os professores começaram a falar sobre democracia e constituição, em vez da aula de latim, história e geografia, eles decidiram – obviamente, combinaram antes, porque era o dia em que a guerra acabou com a vitória da democracia. Isso foi muito emocionante, o Brasil estava fazendo parte, o corpo expedicionário lutando na Itália. Agora, nós éramos meninos, eu tinha treze anos, nem percebi que a guerra tinha terminado, provavelmente não lia jornal naquela altura ainda, não tinha acesso. E aí foi aquela surpresa, quer dizer, eu me politizei naquele instante. Eu gostava muito do professor de história, ele contou histórias sobre democracia e sobre a ditadura no Brasil. De repente, podia-se falar tudo, porque a ditadura caiu em virtude da Segunda Guerra Mundial. A ditadura do Getúlio [Vargas] foi indo, havia oposição interna, mas reprimida, e assim por diante. Mas os generais e os oficiais brasileiros que lutaram na Itália tinham consciência de que estavam lutando contra a ditadura, embora a nossa não fosse uma ditadura fascista, era de outra natureza, mais nacionalista, eventualmente mais desenvolvimentista; mas, enfim, eles voltaram para o Brasil depois da guerra e praticamente forçaram o Getúlio a redemocratizar [o país]. Obviamente, no dia em que isso aconteceu, ninguém sabia que isso iria acontecer, mas os professores, por iniciativa deles, decidiram que daí por diante voltaríamos à democracia. E isso para nós foi uma surpresa enorme.

Para mim foi um abrir de luzes, porque não havia discussão política alguma no Brasil, era como se não existisse a política. Havia muita discussão sobre a guerra, sobre o que estava acontecendo na Europa, eu era um refugiado no Brasil com a minha família, obviamente isso era um assunto [central], tínhamos parentes espalhados pelo mundo, éramos judeus. Quer dizer, eu tinha alguma politização em casa, mas muito restrita a essa sina nossa. E de repente passou a ser a questão brasileira. E o resto do ano houve eleições presidenciais e o [Eurico Gaspar] Dutra foi eleito, o Getúlio não pôde mais ser candidato, acabou inclusive sendo deposto. Mas já tinha dado anistia total, incluindo o Partido Comunista. Descobri que um dos meus melhores amigos era do Partido Comunista, nunca soube antes. Enfim, o início do meu relacionamento com a política se deu nessas circunstâncias – que eu diria muito felizes, para mim.

Era uma coisa a que de alguma maneira eu estava aspirando e que veio de repente. E aí, essa politização repentina nos pegou a todos, por causa das eleições – éramos diferentes. Eu tendia mais para o brigadeiro Eduardo Gomes, a oposição democrática ao Getúlio. Mas no final, conversando com o Jorge Moreira, que era do Partido Comunista... Conheci inclusive as irmãs dele, quando eu fiquei de segunda época em música, mas não sabia que eles eram... e nem podia dizer! Na ocasião ser do PCB era rigorosamente estar na ilegalidade.

Pulando mais para adiante, eu cursei o ginásio no centro da cidade, o colégio era no Parque Dom Pedro II, ainda tem um prédio lá. E a gente subia a pé o pedacinho da Rangel Pestana até a Praça da Sé, só que a hora que terminávamos as aulas era impossível tomar qualquer condução, era o auge do tráfego, como hoje. Não tinha lugar em bonde, muito menos em ônibus, eu tinha que ficar fazendo hora ali na Praça João Mendes até conseguir ir embora. Aí eu descobri que o Partido Socialista tinha a sua sede na Praça da Sé, eu passava em frente a ela. Daí aproveitei e, um dia, entrei. Um prédio antigo, meio caindo aos pedaços. Mas estava lá. E adquiri o hábito de passar diariamente ali para fazer hora, para poder depois tomar a condução e ir para casa. No partido, não tinha ninguém para me atender e eu ficava sozinho por ali fuçando, tremendamente curioso.

Eu devia ter treze ou quatorze anos. E aí descobri uma pilha de publicações socialistas que vinham de vários países, em espanhol, italiano, português, alemão. Porque havia uma internacional socialista. A guerra tinha acabado, mas não havia muita notícia, e eu estava com uma curiosidade enorme. Aí ficava lá de pé, lendo. Porque ninguém lia aquelas coisas, elas ficavam por ali. Aí adquiri uma certa cultura política, a gente aprende lendo jornais, principalmente, mas também as revistas. Bem, esse foi o início. Aí comecei a conhecer também as lideranças intelectuais do Partido Socialista, apesar de muito jovem. Mas na época era um início de politização da minha parte.

Aos dezesseis anos, em 1948, fui recrutado pelo Dror, um movimento de jovens socialista chalutziano-kibutziano, ou seja, era a juventude de um partido judeu, sionista, chamado *Poalei Tzion*, que existia em muitos países, e no Brasil também, em São Paulo. Tinha a sede, os militantes e tudo mais. Mas eu não entrei no partido, fui diretamente convidado para a juventude do partido que estava se formando naquele momento. E foi o ano em que foi criado o estado de Israel. Isso polarizou a comunidade, que se dividiu praticamente entre os que eram sionistas e almejavam eventualmente morar lá, e os que não eram. Minha família não era nem um pouco. Minha família era totalmente apolítica. E como teve que fugir de [nosso] país (éramos austríacos) por causa da "maldita política", de que eles não entendiam nada, nem queriam saber. Eu, de casa, não levava nenhum aporte sobre isso, me politizei apesar dos meus pais, porque eles achavam perigoso: "Judeu e refugiado não tem de se meter nisso". Foi um conflito ao longo da minha juventude, e mais tarde também.

Esse movimento foi importante para mim porque éramos adolescentes... Havia de tudo, de crianças a adolescentes (era dividido por grupos de idade) até alguns mais velhos, que já eram quase adultos, gente com dezessete, dezoito, dezenove anos. Estes foram primeiro para Israel e criaram um kibutz em 1950, foi então um período curto que eu estive com eles, com essas lideranças. Um deles felizmente ainda está vivo, chama-se Dov, aqui era Bernardo, era um rapaz de Santos, judeu evidentemente, o principal líder do nosso movimento. E ficamos muito amigos, conversávamos bastante, foi um momento de grande educação política, político-ideológica. Líamos avidamente também, todos líamos. A gente se encontrava e a primeira pergunta era: "O que você está lendo?". Tínhamos uma vida intelectual bastante forte, independentemente da escola (estávamos todos na escola, tudo isso foi no meu tempo de ginásio). Em 1950, a geração que fundou o movimento foi para Israel (não todos, mas um bom grupo, umas trinta pessoas), e um grupo um pouco mais jovem ficou no lugar deles. Eu era, digamos, da terceira geração. Ainda não tinha dezoito anos nessa altura. Mas então o segundo grupo foi para lá e eu acabei designado como secretário-geral, que era a liderança do movimento. E cá fiquei nessa posição esperando a minha vez, do meu grupo ir para lá. Mas aí eu tive um problema, porque eu era uma espécie de arrimo de família. minha mãe tinha casado de novo... A gente era relativamente pobre, minha mãe era costureira, trabalhava muito e ganhava pouco, e ela se casou de novo com outro refugiado judeu que, na Alemanha, tinha sido comerciante de peles, mas aqui não conseguiu nem aprender português direito. Então ele trabalhava em estabelecimentos de judeus, geralmente no almoxarifado. Era almoxarife. Na época ganhava um pouco mais do que um salário mínimo, suponho. Nunca soube direito. Mas, enfim, a família era modesta. Havia um imperativo de economizar o máximo possível, não desperdiçar e assim por diante. Eu tinha direito de ir ao cinema a cada duas semanas, coisas dessa natureza.

Mas aí passei a liderar o movimento, que era totalmente de jovens, não havia adultos. Eu me lembro de que recebemos um *sheliach*, um enviado de Israel. O movimento era mundial, então a central do movimento em Israel mandava gente para ajudar, para politizar. Neste nosso caso, nós o politizamos, ele acabou "brasileiro", aprendeu português com a gente, era um homem jovem também – e éramos todos de esquerda, marxistas.

Era bastante interessante, sou muito feliz de ter conseguido passar por essa experiência. E havia muitos amigos meus ainda que ficaram aqui. O regime do kibutz não tem aposentadoria, as pessoas ficam até morrer. Claro, quando ficam mais velhos trabalham menos, e se ficarem doentes não trabalham nada. Mas a minha família trabalhava, então achava que podia levá-los, como outros fizeram. Aí fui falar com a minha mãe. "Olha, queria que vocês fossem comigo, vocês terão a vida assegurada no kibutz, o kibutz já existe...". Ela me deu uma resposta que foi extremamente surpreendente para mim. Ela disse: "O quê? Eu passar o resto da minha vida entre judeus? Antes a morte!". Com isso se encerrou a conversa, ela não iria para Israel de nenhum modo. Deixá-los aqui, sem poder sustentá-los ou ajudar a sustentá-los, eu senti que não era possível, ficaria arrependido o resto da vida, seria um gesto extremamente egoísta meu, pelo menos naquela época isso estava na minha cabeça. Aí eu decidi não ir para Israel, e ficar aqui e lutar pelo socialismo aqui no Brasil. Essa foi a minha decisão de vida. E como era usual no movimento, e eu era secretário-geral, chamei uma reunião-geral.

Houve uma grande assembleia, muita gente veio, e eu dei uma explicação sem falar da minha mãe, isso eu estou contando agora; agora eu posso. Expliquei que chegara à conclusão de que se os judeus querem lutar contra o antissemitismo, evitar que um novo holocausto aconteça, era mais inteligente lutar contra o fascismo e a favor de uma coisa melhor, do que todo mundo ir para um mesmo país. Mesmo por que, nem todo mundo ia. Nessa altura, 1952, já estava claro que quem iria já fora, e quem não quis ir, não iria mais. Então a maior parte dos judeus brasileiros, americanos, não foi. Eu acabei sendo um desses.

Afinal formei uma dissidência no movimento de duas pessoas. Outro jovem, estudante de física, acabou se convencendo de meus argumentos, e os dois decidimos pela militância no Brasil. Esta é a parte [fundamental] da minha juventude, vamos dizer, o *background*. Depois disso eu comecei a militar no Partido Socialista, me tornei membro da direção municipal aqui de São Paulo, enfim, fui me politizando, lendo, evoluindo. O Partido Socialista dava uma educação antistalinista, que me formou também. Não se tratava de ser contra o stalinismo, mas de ser a favor da democracia, eles valorizavam a democracia. Hoje em dia esse é um dos meus mais importantes valores: estou convencido de que a democracia é a maior invenção da humanidade, e que, portanto, aquele pseudossocialismo não era socialismo coisa nenhuma. Fiz a minha vida política no Brasil. Depois de sair do movimento, acabei fundando a Polop, não sozinho, claro, mas com um monte de gente.

A Polop era um movimento de estudantes marxistas (não eram trotskistas), que tinham uma ideologia do tipo "Vamos lutar pelo socialismo no Brasil, vamos lutar pelos interesses dos mais pobres", coisas dessa natureza. E a Polop teve bastante influência no movimento estudantil. O movimento estudantil sempre foi, na minha experiência, de esquerda. Havia um forte agrupamento católico, a juventude católica, havia um agrupamento ligado ao Partido Comunista, que era o maior partido de esquerda então existente, e havia um grupo também não pequeno ligado ao Partido Socialista, a Polop. A Polop não era do Partido Socialista, era um agrupamento independente. Nós apoiamos o Jânio [Quadros] para prefeito e depois para governador, e depois uma parte do partido tornou-se partidária do Jânio, mais do que do próprio partido. E eles conseguiram ser maioria em São Paulo e nós perdemos as eleições, o que nos levou a deixar o partido. Não abandonar formalmente, mas na prática não tinha espaço nenhum para nós. Então fazíamos reuniões – lembro que uma época participei de um grupo que era ex-trotskista. Enfim, houve várias coisas que não deram grandes frutos na minha época. Até a morte do Getúlio.

A grande polarização política surgiu, na realidade, no período após o "golpe" do Jânio Quadros, aquela renúncia, era claramente uma tentativa de prender todos os opositores a ele, que estava se sentindo muito criticado pelo Carlos Lacerda, com seu jornal, *A Tribuna da Imprensa*. Então houve um aguçamento entre oposição e governo em 1954 que não tinha nenhuma matriz ideológica, na realidade. Não era esquerda contra a direita, mas eram posições muito ainda ligadas à ditadura do Vargas. A udn, que era o grande partido de oposição, era a oposição que tinha sido feita ao Vargas quando ditador, no Estado Novo. Agora, quando o Getúlio se elegeu em 1950, democraticamente, concorrendo com todo mundo, inclusive com o Eduardo Gomes mais uma vez, ele ganhou legitimamente. E nessa ocasião a gente apoiou o João Mangabeira, do Partido Socialista, para presidente da República.

Lembro de que participei ativamente. O Dror também, um pouco por minha iniciativa, mas também porque o pessoal queria participar. Na época, era importante distribuir cédulas, não havia urna eletrônica, e as pessoas precisavam de cédulas para saber em quem elas iam votar. Os partidos imprimiam cédulas com o nome dos candidatos. Porque era preciso distribuir nas ruas. Então eu ficava junto com centenas de outros em bancas, de todos os partidos, e a gente distribuía cédulas. Era um partido pequeno, comparativamente, mas estava crescendo.

Então o Jânio fez sua renúncia... "Um minuto" antes, em 1954, o Getúlio foi deposto porque houve um atentado contra o Lacerda, um atentado a tiros, que não matou o Lacerda, o feriu na perna, mas matou o tenente da aeronáutica que de alguma forma era guarda-costas dele. Deviam ser amigos, companheiros, para evitar eventualmente uma coisa como essa. Os fados se resolveram o pior possível para o Getúlio, que foi matar o oficial e poupar aquele que realmente lhe interessava ver morto. Não há nenhuma prova de que o Getúlio tenha sabido que isso iria acontecer. É bem provável que o chamado "anjo negro", o chefe da guarda pessoal do presidente [Gregório Fortunato], tivesse tomado a iniciativa por ele. Os insultos... O Lacerda era extremamente agressivo (havia outras figuras assim), ele malhava o Getúlio insistentemente, mencionava um "mar de lama" e um monte de coisas. Então os militares fizeram um levante, os da aeronáutica em particular, porque o morto era da aeronáutica, criaram o inquérito deles, prenderam gente. O golpe militar começou desse jeito, como reação ao atentado. E no final, prenderam o Getúlio. Ainda não se sabia quem tinha sido, mas havia uma grande suspeita... A controvérsia era essa: quem tinha maior interesse em matar o Lacerda era o Getúlio, ou eram pessoas do governo ao redor dele. E o Getúlio resolveu dar o golpe dele se suicidando. Foi trágico. A carta de despedida dele é muito boa, não sei se vocês leram, é linda, tanto do ponto de vista da forma quanto do conteúdo. Também ele se sentiu vítima de um golpe, ele pelo menos delimita dessa forma, e há uma reação popular fantástica. Foi o primeiro grande momento em que o povo do Brasil inteiro foi às ruas.

Haveria um golpe militar, a ditadura militar começaria em agosto de 1954, e não começou porque foi detida por um levante, eu diria, de milhões de brasileiros, do Nordeste até o Sul do país, principalmente no Sul e no Rio de Janeiro, onde o Getúlio era realmente muito popular. Enfim, os militares tiveram que recuar e permitiram que houvesse uma eleição, o mandato de Getúlio, quando ele se suicidou, estava já terminando, foi em agosto de 1954, ele fora eleito em 1950, e havia eleições marcadas para 1955. Nesse período, eu me lembro de que éramos da esquerda do Partido Socialista e houve eleições e o Partido Socialista, para a minha surpresa, não apoiou o Jânio, com quem ele sempre esteve, mas o marechal [Henrique Teixeira] Lott, que tinha garantido que não houvesse ditadura na ocasião... Ele tornou-se um ministro militar, ministro do Exército, e garantiu a democracia, as eleições, e o Juscelino [Kubitschek] fez dele depois o seu ministro da Guerra. É normal que isso acontecesse. Eu tenho a impressão de que o partido apoiou mas nós votamos em branco.

O Lott foi apoiado pelo Partido Comunista, pelo Partido Socialista, pelo ptb e também pelo psd. Enfim, foi eleito o Jânio, não o Lott, e o Jânio não era nem de direita nem de esquerda, seria como o Kassab. E com uma grande popularidade. Essas coisas aconteceram, pela minha análise, porque a situação econômica que o Juscelino deixou era muito precária. Ele fez o Brasil progredir, como se diz, "cinquenta anos em cinco". Foi a primeira vez que um plano de metas como base eleitoral foi integralmente cumprido em cinco anos [um mandato]. É uma coisa notável, poucos países conseguem, e o Brasil jamais tinha conseguido. Nesse sentido, o mérito do Juscelino foi enorme. Ele conseguiu fazer tudo o que tinha prometido, e a proeza maior foi Brasília, evidentemente. Ele construiu uma nova capital em cinco anos, no centro do país e com apoio total, inclusive dos parlamentares da antiga capital. Os deputados do Rio de Janeiro votaram todos a favor de Brasília, uma coisa espantosa, mas aconteceu, e era de se esperar que ele fizesse seu sucessor, que seria o marechal Lott. Acontece que o Lott era um militar muito sério, muito íntegro e totalmente anticomunista. Então ele fez uma campanha contra quem o apoiava, e perdeu. Imagine um militar com ideologia concorrendo com um "Kassab", que não é de direita, nem de esquerda, nem de centro, é o que você quiser que ele seja. O Jânio tinha essa postura (ele se dizia de esquerda).

O Lott tinha um discurso anticomunista na campanha. Em comícios em que a maior parte das pessoas tinha sido trazida pelo Partido Comunista, acabavam vaiando ele. Ele era muito paradoxal: era sério, não estava fazendo isso para se "suicidar", mas ele não queria enganar os outros, eu acho. Era um homem muito respeitável, a verdade é essa, mas era anticomunista. E havia razões para ser anticomunista sem ser de direita. Os comunistas eram extremamente autoritários, ditatoriais, tanto assim que depois de noventa e poucos caiu todo mundo sem guerra. Todos esperavam que haveria a Terceira Guerra Mundial, mas não aconteceu, felizmente.

A explicação que eu posso oferecer, inclusive porque na época eu já estava envolvido na política, é que o Lott era um candidato contraditório. A favor da democracia, e por isso nós o apoiamos com entusiasmo. Ele salvou a democracia por dez anos, porque depois veio o golpe militar, mas por dez anos tivemos ainda democracia no país, sobretudo o governo do Juscelino, que foi muito bom. Mas ele deixou dívidas, uma dívida externa razoavelmente grande. E o Jânio a herdou e tentou manipulá-la diversas vezes. O Jânio era um Kassab perfeito. Quando condecorou o Che Guevara, que veio por Cuba na história da "Aliança para o Progresso", ele se mostrava de esquerda, talvez. Na verdade, não se sabe. Começou a ser candidato pelo Partido Democrata-Cristão, que tinha muita gente de esquerda... As pastorais da Igreja tendiam a apoiar. O André Franco Montoro, que era a principal figura (não a única, mas bastante importante; eu o conheci anos depois, éramos colegas na universidade, dávamos aula no sábado, e a gente se encontrava), poderia ter vindo para o Partido Socialista, e não faria nenhuma má figura. O Partido Socialista da minha época tinha várias lideranças religiosas, espíritas, era bem interessante. Vários parlamentares, o Cid Franco, que era um radialista bastante de esquerda e espírita. O jornalista que deu nome a um auditório municipal, se não me engano, e que depois foi deputado também, esqueci o nome dele agora, também era espírita. Ser religioso no Brasil, naquela altura, era ser meio de esquerda. Em termos, eu diria, bastante idealistas, de acabar com a pobreza, com as injustiças, "igualar" o capitalismo, se possível, coisas assim. E essas pessoas tinham muita força no Partido Socialista,.

Mas eu ia falar da renúncia do Jânio. O Jânio praticamente não fez nada, porque não deu tempo. Ele tomou posse em março, era quando começava o governo, agora começa em janeiro, mas na época começava em março e em agosto renunciou. Mas como foi logo depois da morte do Getúlio, ele imaginou que haveria o mesmo levante, não com o suicídio dele, mas com a renúncia. Ele sentiu-se enfraquecido porque o Carlos Lacerda era o governador do Rio, com aquela agressividade enorme dele, e [Jânio] não tinha base partidária forte, não tinha nem o partido dele, e resolveu ver se o povo se levantaria, como aconteceu com a morte do Getúlio, e ele voltaria reforçado nos braços do povo. Ele pretendia intervir na Guanabara, retirar o governador, há provas disso. Só que não deu certo.

Nesse momento, eu tinha saído da Polop e voltado para o Partido Socialista. Não só eu, mas todos nós que estávamos fora do partido porque não havia espaço, voltamos e assumimos a direção nacional do partido.

E o Partido Socialista, enfim, depois da renúncia do Jânio, participou do governo do Jango [João Goulart]. O Jango convidou as principais figuras... Acho que o ministro da Justiça era do Partido Socialista, se bem me recordo. Enfim, pela primeira vez estávamos no governo. O Partido Socialista tinha sido sempre de oposição, agora estava no governo. E o Jango colocou como seu principal ministro o Celso Furtado, um dos maiores economistas brasileiros. O Celso é o fruto do BNDES e também da Cepal. A história do Celso Furtado merece pelo menos uma menção. Celso Furtado é paraibano, família classe média de lá, e foi do Corpo Expedicionário [Brasileiro], foi oficial, e depois foi estudar economia em Cambridge. Ele tinha formação em direito também, como o Caio Prado, todo mundo fazia direito. Mas ele estudou economia e quando eu comecei a estudar economia, em 1956, começamos a ler os livros dele, e ele tinha um pensamento muito interessante. Eu me lembro de que a professora de história, Alice Canabrava, quando eu já era assistente, me chamou para ajudá-la a entender o "economês" e tudo [mais] do Celso, porque era realmente muito bom. O Jango primeiro o chamou para fazer a Sudene, que foi realmente muito bom, ela poder continuar, porque ela começou com o Juscelino, mas depois ele virou ministro do Planejamento. E eles tiveram que enfrentar aquela dívida externa de que não tínhamos os dólares para pagar. Um pouco como a Argentina está agora. Além disso, havia muita inflação, em parte porque o movimento dos trabalhadores, dos sindicatos, tornara-se bastante ativo, havia condições para isso, e criou-se o que eu chamo de espiral preços-salários. Os trabalhadores conquistavam aumentos, a economia estava crescendo, então fazendo greve os patrões davam os aumentos que eles queriam, porque era bom para eles que eles trabalhassem e não estivessem em greve, e porque podiam passar imediatamente para os preços os custos, assim eles não abriam mão de nada. Mas isso levou a uma inflação, eu diria, extremamente grande. Ela pulou de algo em torno de 20% para 30%, 40%, 50%, e isso angustiou a todos. Estou falando exatamente do curto período em que o Jango presidiu o Brasil. A coisa desembocou em uma crise relativamente grave em 1963. Aí o Celso Furtado fez um plano trienal para o Jango.

O Jango tomou posse como presidente de um regime parlamentarista, foi o único jeito de os militares deixarem. O Jânio Quadros fez a tal renúncia (*fake*, totalmente *fake*) em um momento em que o vice-presidente, o Jango, estava na China. Estava na China comunista, mas não por conta dele, estava como vice-presidente do Brasil, negociando coisas com o governo chinês, mas o Jânio percebeu que era uma oportunidade de ouro, porque os militares vetariam que o Jango assumisse a Presidência. Ele criou um impasse político, só que não saiu do jeito que ele queria, porque ele mandou a carta de renúncia ao parlamento, ao Congresso Nacional, se eu não me engano à Câmara dos Deputados, e a câmara imediatamente aceitou. Era o que o Jânio não queria.

O que se contou à época foi que o Jânio renunciou e veio para São Paulo, que era o feudo dele, onde ele tinha sido prefeito e governador, e onde tinha deixado o sucessor, o Carlos Alberto Alves de Carvalho Pinto, então o governador. Jânio desceu do avião, o governador foi recebê-lo, e ele queria saber "onde estava o povo". Carvalho Pinto respondeu: "Não tem povo nenhum, ninguém se mexeu". O Jânio ficou tão indignado, e ele era disso mesmo, que deu um grande pontapé no pobre do governador, como se ele tivesse alguma culpa. Mas era um fato consumado: ele saiu do governo. Não podia voltar e ninguém pediu a volta dele, literalmente ninguém pediu.

Não que ele estivesse muito impopular, mas foi obviamente uma enorme irresponsabilidade, ele mesmo depois deu um depoimento dizendo que "no poder, você nunca sabe o que realmente está acontecendo, você se engana"; e ele se enganou. Com isso a história do Brasil mudou, porque agora havia um governo de esquerda. O Jânio não, o Jânio foi eleito pela udn, tinha compromissos com a direita mas também, na cabeça dele, ele era algo de esquerda, ele jogava com isso. O Jango era mais consistente, era o herdeiro do Getúlio, tinha sido ministro do Trabalho do Getúlio. Getúlio fizera uma política a favor dos trabalhadores, claramente, dobrou duas vezes o salário mínimo, o que contribuiu para a inflação crescer. O golpe militar veio, enfim, para retificar as coisas que o golpe falido do Jânio havia deixado, digamos, na incerteza.

O Jango tentou fazer um governo que tivesse políticas de esquerda. E como a conspiração para depor o Jango foi praticamente pública, quando [o golpe] começou a ficar maduro, em março de 1964, praticamente a imprensa brasileira toda estava pedindo que os militares interviessem e depusessem o Jango. E o Jango não tinha feito nada que ferisse os interesses [de ninguém], não estatizou coisa nenhuma. [Mas] os americanos resolveram que ele era do Partido Comunista, ou que ele era disfarçadamente do partido, era uma hipótese forte que havia, ou não era do partido (e eu acho que no fundo não era mesmo), mas dependia do Partido Comunista. O Partido Comunista era muito maior que o Partido Socialista, dependia dos dois, mas o Partido Comunista era mais forte. E criou-se esse impasse. Quer dizer, foi um golpe inteiramente anunciado, não pegou ninguém de surpresa, pelo menos ninguém como nós, que estávamos vivendo a política.

Nessa altura éramos professores da universidade, a universidade é sempre bastante politizada, o movimento estudantil também e assim por diante. Não sabíamos nem as dimensões do golpe e nem que tipo de ditadura surgiria. E há coisas interessantes a dizer sobre isso, porque no momento em que se deu o golpe, que foi lá de Minas Gerais, não havia uma armação clara de que lado ficaria o exército. Havia uma parte legalista que na verdade não queria que o Jango fosse deposto, inclusive não havia motivo maior [para isso], o máximo que ele fez foi regular a remessa de lucros para os Estados Unidos e propor que uma certa faixa junto às estradas federais fosse destinada à reforma agrária. Mas nada disso, digamos, seria revolucionário, nem poria em perigo o regime democrático. Mas havia muito medo entre as classes dominantes.

Era a época da Guerra Fria, fortemente tensa, os americanos tinham muito medo, praticamente fomentaram o golpe, ajudaram, mandaram uma esquadra para cá. Se houvesse guerra civil eles teriam intervido, não há a menor dúvida disso. Bom, não houve. Minha impressão, não tenho provas disso, é de que o grupo legalista, que se disporia a defender não só o mandato do Jango mas principalmente a democracia, foi colocado na parede, porque o outro lado ia para a guerra. Então esses que queriam defender [a legalidade] seriam, de certa maneira, corresponsáveis por uma sangrenta guerra civil, sabe-se lá que resultado ela teria. Uma grande parte do exército, principalmente os sargentos, os cabos, eram contra o golpe, foram expurgados depois pelos militares, foram colocados aos milhares para fora. Isto fez parte desse triste episódio, a meu ver, que foi a ditadura militar durante 21 anos.

No que se refere ao meu depoimento pessoal, minha principal atividade intelectual e política era "estudar o Capital". O grupo formou-se em 1958, e eu era estudante nessa altura, estava no terceiro ano de economia, e o grupo que se formou por iniciativa do professor José Artur Giannotti, da filosofia, era basicamente de cientistas sociais: Fernando Henrique Cardoso, Octavio Ianni, uma série de outros, mas não havia nenhum economista, e quando começaram a ler *O capital*, perceberam que é um tratado de economia, não somente, mas sobretudo. O Fernando Novaes, que era professor de história e fazia parte do grupo, tinha sido meu professor, e sabia que eu era autodidata em economia, conhecia alguma coisa de economia marxista, conhecia, na verdade, bastante até. Tinha lido Rosa Luxemburgo, por causa da minha trajetória no Partido Socialista. Éramos todos marxistas, e ler o Marx para mim era particularmente fácil porque eu leio alemão, e pude ler no original. Enfim, o que eu posso dizer é que o golpe nos pegou de surpresa, não o golpe, mas a vitória do golpe. E de repente toda a ala legalista aderiu ao golpe, no sentido de que ou aderiam ou seriam expurgados.

O primeiro presidente da república depois do golpe militar, o marechal [Humberto de Alencar] Castelo Branco, era um dos principais oficiais legalistas, ele não entrou na conspiração a não ser no momento em que o golpe já estava dado, era "dá ou desce", ou você adere ou você luta. E houve votações. Vários dos nossos soldados do exército e marinha iam votar, mas só os oficiais votaram. A grande maioria não queria luta. Quer dizer, o golpe começou no exército mas acabou sendo de todas as forças armadas brasileiras, não apenas do exército. E eles escolheram o Castelo Branco para ser o presidente porque ele tinha sido legalista até a última hora, e a intenção era corrigir a situação, não fazer uma ditadura de vinte anos, de jeito nenhum! O interesse deles, do próprio Castelo Branco e do pessoal que ele colocou no governo, era reduzir ao máximo o tempo que eles ocupariam o governo, eles não tinham a intenção de ficar lá anos a fio. Mas as coisas não acontecem como se planeja.

O que aconteceu é que começou a haver uma forte reação popular à ditadura, menos à deposição do Jango, o Jango passou, mais ou menos como o Jânio. "Saiu? Paciência...". O Jango renunciou, ele não quis a guerra. Quando descobriu que se não renunciasse o [Leonel] Brizola, particularmente, estava com a intenção de resistir no Rio Grande do Sul, que tinha sido mobilizado, Jango resolveu renunciar, mandou uma carta de renúncia, se eu não me engano, e depois se exilou no Uruguai. Então esse é o início do golpe, e os militares inicialmente não foram muito repressivos.

Durante os primeiros meses do regime militar não houve uma repressão maior. Eles chamaram as pessoas que iam ser cassadas, inclusive várias pessoas da direção do Partido Socialista, e os que eram chamados eram interrogados por algumas horas e depois mandados embora. Nem tortura nem coisa nenhuma. Mas eles viam a lista dos que ainda iam ser chamados e vários me avisaram, eu recebia telefonemas, "Olha, acabei de voltar do DOPS, não há nada, não se preocupe, você vai ser chamado". E aí os meus amigos mais íntimos me chamavam diariamente: "Você ainda está aqui? Não chamaram você?". Por alguma razão, eles pararam de chamar antes de chegar a minha vez, provavelmente porque eu não era tão importante. Eles devem ter chamado por ordem de importância pública das pessoas, deputados, senadores, pessoas que tinham participado do governo, eu era relativamente jovem a essa altura, tinha trinta e poucos anos, e não aconteceu nada comigo.

Quando as coisas se agravaram foi que surgiu a luta armada, se não houvesse a luta armada provavelmente a ditadura teria sido menos sangrenta e criminosa como acabou sendo. Seria difícil evitar que houvesse a luta armada porque os estudantes estavam de fato com a intenção de se opor efetivamente à ditadura, e os grandes movimentos... Eu me lembro de que, no início do regime militar, a gente fez uma greve pela renovação da universidade, pela reforma universitária... Greve de professores e alunos, juntos. E eu participei da greve também, a USP inteira, eu não fui uma liderança da greve, era um dos participantes, só que os alunos me convidaram a dar cursos e eu dei. Mas a universidade não ousou abrir espaço, a acolher esses cursos, e um curso que eu dei foi nessa época, no início do golpe militar, deve ter sido em 1965–66, acabou sendo no Teatro de Arena. Foi uma das minhas primeiras aparições públicas, vamos dizer, de maior volume, porque vários cursos estavam paralisados pela greve, mas convocaram os alunos para ir ao Teatro de Arena no sábado, para ouvir um curso meu sobre economia política. Hoje ele é um livro publicado e bastante usado no ensino de economia. Mas [então] foi muito emocionante para mim, porque era numa arena mesmo, ou seja, eu ficava no meio do círculo enorme de gente e ficava inteiramente as escuras, tinha a impressão de que havia alguma luz sobre mim porque eu estava falando, mas eu não via o público. Dei vários meses de curso, tanto assim que depois virou um volume. As aulas foram gravadas, também foram gravadas as perguntas e as minhas respostas, ficou um volume bem interessante. Recentemente, na Faculdade de Educação da USP, esse curso foi repetido por iniciativa de uma professora da Educação, e me pediram para ir lá e falar com os alunos, para inclusive fazer a crítica, e eu fiz. Não tinha lido o livro há algum tempo, e quando o li, vi que estava ultrapassado, eu tinha mudado de opinião... Eu tinha uma posição na época de que o [John Maynard] Keynes e os keneysianos eram parte da economia formal, vamos dizer, neoliberal, mas não eram. Obviamente, eu estava errado. Mas era a minha posição lá por volta de 1966. Na verdade, o meu curso era de economia falando sobre as grandes polêmicas que surgiam, não havia uma verdade absoluta, mas havia posições. Isso tornou o curso bastante popular, incluindo o livro

Mas depois do início da luta armada, foi uma enorme infelicidade para todos nós. Não que eu seja contra, algumas vezes precisa lutar mesmo, mas era gente muito jovem, meninos de quinze, dezesseis, dezessete anos pegando em armas, foram heróis se se quiser, mas em definitivo nunca tiveram nenhuma chance, foram rapidamente infiltrados pelo serviço secreto do exército, da marinha e assim por diante, e foram praticamente todos presos ou mortos, ou presos e torturados depois, enfim, as mais diferentes coisas que aconteceram. Eu tive convites para fazer parte disso e tive o bom senso de não aceitar. Não é que eu não achasse que não ia dar certo, mas era muito mais velho nessa altura, já tinha trinta e poucos anos, e os que me convidaram eram bem mais jovens, e eu teria obviamente um cargo de liderança, e eu não tenho nenhuma vocação para a luta militar, a verdade é essa, para a luta armada. Então eu recusei. Mas a minha posição hoje é que teria sido mil vezes melhor se não tivesse havido essa luta armada, que não contribuiu, pelo contrário, ela tornou a chamada "linha dura" a dominante do regime militar.

O regime teve grandes diferenças dentro dele. Tanto assim que o [general Ernesto] Geisel depois resolveu acabar com a ditadura militar de cima para baixo. E fez isso. A "linha dura" resistiu, houve quase uma guerra civil no Brasil entre as alas totalmente opostas. A 'linha dura" jamais teria acabado com a ditadura militar, eles achavam que deveria ser assim mesmo, mas uma grande parte dos militares queria a volta da democracia. Tanto que, por maioria, eles acabaram entrando na "abertura", depois a "abertura" foi lenta mas aconteceu, a anistia total e a volta da democracia. Nós lutamos contra a ditadura militar, mas ela não foi vencida, ela se autoliquidou e fez uma transição, tanto assim que todos eles estão no exército, estão no generalato, dominam em grande medida politicamente as forças armadas. Existe hoje, com certeza, um grande número de pessoas nas forças armadas contra isso, mas elas se dividiram. A minha opinião é essa, quer dizer, havia um setor que queria efetivamente a volta da democracia e assim a promoveu. E havia um setor violento, que de armas na mão se opôs a isso. O atentado no Rio de Janeiro, na comemoração do Primeiro de Maio, em que a bomba explodiu no colo do pobre do sargento que morreu na hora, o outro oficial se machucou também, aquilo era um crime, mas fazia parte da luta armada. Se havia uma luta armada clandestina contra o regime militar, havia uma luta armada clandestina a favor do golpe militar. E o Brasil viveu esse dilema e nós com ele. A luta armada e a luta política se aguçavam, e em uma certa altura, em 1969, o regime decidiu fazer um expurgo nas universidades. Por que nas universidades? Bem, minha interpretação: porque a alma da oposição, tanto armada quanto não armada, eram as universidades. Não só as universidades, a Igreja evidentemente, os sindicatos evidentemente, e muitos outros, mas a alma viva que criava, escrevia, falava eram as universidades.

Antes do AI-5, meu trabalho na universidade seguiu normal. Havia total liberdade para nós na universidade, e discutíamos o que tínhamos de discutir, e os que eram contra o regime diziam abertamente que eram contra o regime.

O PSB foi liquidado como todos os partidos brasileiros em 1965. Houve então um novo ato institucional, acho que o segundo, porque houve eleições, eleições regionais, e os militares perderam algumas delas e acharam que isso não era suportável. Então fecharam todos os partidos, simplesmente. O Partido Socialista já tinha sido 90% liquidado, porque toda a sua bancada tinha sido cassada. Nós não tínhamos mais parlamentares, mas o partido continuava existindo, se eu não me engano eu era secretário-geral aqui de São Paulo, tinha um cargo de direção. De qualquer forma, em abril de 1969 saiu uma lista em que estava o meu nome, junto com outras pessoas que também iam ser aposentadas. Nós não fomos cassados, é interessante observar isso, mas fomos aposentados. Por motivos ignotos, não se deram ao trabalho de explicar o porquê de cada um. Os motivos podiam ser exatamente os mesmos como podiam ser diferentes, mas eu me senti honrado, falando honestamente. Porque era admirador de um homem como o Florestan Fernandes, de poetas como Vinicius de Moraes, eu me senti muito honrado de estar com gente que achava bastante mais elevada, como intelectuais, como artistas, como poetas e assim por diante. Estava em muito boa companhia. E nós esperávamos ser cassados ou aposentados, não sabíamos a forma, mas sabíamos que iria acontecer. Então o grupo que tinha estudado *O capital* se reuniu várias vezes, conversando sobre o que nós queríamos fazer, e o ponto unânime era que não queríamos deixar o Brasil. Uma opção era ir para o exterior, e muita gente que seria aposentada realmente foi, Florestan entre; ele acabou sendo professor no Canadá. Não teria sido nenhuma tragédia, mas nós nos achávamos necessários no Brasil, tínhamos um papel a desempenhar no país, tínhamos uma obrigação com o país. Então provocar nosso exílio seria fugir dessa responsabilidade. Foi unânime. Nos reunimos e resolvemos que criaríamos alguma entidade, algum lugar para nós ficarmos fazendo o trabalho intelectual no Brasil, era isso o que nós queríamos. Aí surgiu o Cebrap, eu diria que no pior momento da ditadura militar, não havia nada de abertura ainda no horizonte.

Em 1969, o presidente era [o general Artur da] Costa e Silva, que foi quem fez a aposentadoria, e em seguida foi substituído pelo [general Emílio Garrastazu] Médici. O Médici foi o auge da repressão, da luta armada, da força no regime da chamada “ala dura”. Seus quatro anos foram os mais fortes e repressivos, os mais cruéis se vocês quiserem. Nós fomos aposentados e, só para contar um pouco a história do Cebrap, obtivemos o apoio da Fundação Ford, porque era uma fundação democrática, embora ligada a uma grande indústria. A Ford resolveu dar apoio aos perseguidos de várias ditaduras pelo mundo, inclusive nós da ditadura brasileira. Foi um apoio muito importante para nós, porque não tínhamos recurso algum naquele momento. Mas éramos apoiados pela Fundação Ford enquanto professores e pesquisadores. Nessa altura, quando fui aposentado, eu era professor da Faculdade de Saúde Pública, antes fora professor da Faculdade de Economia, Administração e Contabilidade. Eu estava lá com outros professores quando houve o golpe militar, o regime militar, e o meu professor (era a época dos catedráticos, e eu era assistente do prof. Mario Wagner Vieira da Cunha) tinha a intenção de deixar a cadeira para mim, tínhamos boas relações, mas quando houve o golpe, o [Antonio] Delfim [Netto] passou a ter uma posição no governo e avisou o Mario Wagner de que ele não poderia fazer isso. Ele já podia se aposentar, mas não tinha se aposentado esperando eu fazer o doutorado para depois passar a cadeira para mim. Eu estava inscrito para o doutorado, tinha escrito uma parte da tese, e ele [não] chegou à conclusão, porque o Delfim avisou que eu não tinha a menor chance de assumir a cadeira se ele se aposentasse. Ele estava "fazendo tempo" para eu chegar lá e desistiu. E estava certo, sabe-se lá quanto tempo duraria, e acabou durando 21 anos. Como catedrático, ao renunciar, os assistentes também tinham que renunciar. Ele se aposentava e nós tínhamos que pedir demissão na universidade, era um cargo de confiança dele. Então ele me chamou e chamou também os pais da Lenina Pomerantz, outra pessoa que se formou na mesma época e que trabalhava na mesma cadeira. Só que a Lenina estava na Polônia estudando, depois foi para União Soviética continuar seu estudo e fazer o doutorado. Ela é hoje doutora em economia pela Universidade de Moscou. E quem a representava aqui eram seus dela. Então eu pedi demissão em função da aposentadoria do meu catedrático, mas a Lenina não, porque estava lá, aí os pais dela pediram sua demissão sem perguntar a ela. E não adiantaria nada perguntar, teria que sair de qualquer forma, era melhor que ela pedisse demissão.

Eu pedi demissão e fui trabalhar, trabalhei na Hidroservice, foi também uma experiência interessante. Era a maior empresa de projetos, como diz o nome, hídricos. Desenvolvimento através do uso da água: canalização de rios, represas, principalmente conjuntos de geração de energia hidroelétrica. Fizeram um anúncio perguntando por alguém que podia assumir o planejamento e eu me apresentei. Eu estava desempregado e fui aceito pelo Henry Maksoud, que era o dono da Hidroservice na época (depois virou hoteleiro e infelizmente já faleceu). Trabalhei na Hidroservice alguns anos, mas também era professor em outras universidades, de Araraquara e Rio Claro. Na verdade eram faculdades, não universidades, que foram criadas pelo Estado e hoje fazem parte da Unesp. Então eu trabalhava na Hidroservice alguns dias por semana e em outros ia para o interior de trem e dava aula em Araraquara, depois tomava outro trem, ia para Rio Claro e dava aula lá.

Foi quando a universidade, a Faculdade de Saúde Pública da USP, me convidou para voltar, no Departamento de Estatística da Faculdade de Saúde Pública, que estava sendo criado com o apoio da Organização Mundial da Saúde [OMS], voltado para a demografia. Naquele momento, não havia no Brasil nenhum curso superior de demografia. Demografia poderia ser matéria de algum curso, mas não havia um curso para demógrafos, portanto não havia a profissão ainda. Mas a Elza Berquó, que era professora catedrática da Faculdade de Higiene e Saúde Pública, conseguiu recursos da OMS para formar um centro de estudos de população. Para isso ela precisava convidar pessoas, e eu fui indicado pelos meus amigos do grupo de *O capital*, que trabalhavam com o Florestan Fernandes – naquele momento ainda ninguém tinha sido aposentado, eu aceitei o convite e deixei a Hidroservice para voltar para a USP. Me demiti, portanto.

O que eu posso dizer da minha experiência na Hidroservice, política inclusive, é que nós tínhamos contratos, vários contratos grandes, e portanto tínhamos mais pessoas para empregar, e de repente descobri que eu estava conseguindo empregar pessoas que vinham de outras partes do Brasil, sobretudo do Nordeste. E nós os empregamos, eu era o chefe do setor de planejamento, e acabei os recebendo, não só os recebendo mas me tornando mais próximo deles, conhecendo a história. Eles eram refugiados políticos. Ou seja, eram pessoas de esquerda que, muitas vezes, tiveram de deixar o trabalho em universidades, e que tinham vindo para São Paulo, então eram refugiados políticos "informais". E a Hidroservice os empregou, como eu próprio, e formamos equipes. Hoje eles voltaram à universidade, com a anistia, e continuam sendo meus companheiros.

Voltando ao Cebrap, foi uma experiência, eu diria, tão importante na minha vida quanto o Dror... Só percebi isso agora, que houve dois momentos da minha vida em que eu aprendi intensamente, dos dezesseis aos vinte, lá no movimento juvenil, e depois no Cebrap.

O Cebrap foi uma experiência, eu diria, ótima, porque era o segundo tempo do grupo de *O capital*. Eu achei os anos que eu estudei *O capital* junto com aquela gente absolutamente maravilhosos, guardo uma lembrança muito agradável. Porque eram reuniões que a gente fazia em casa, aqui foram várias, mas também na casa do Fernando Henrique, do Giannotti, do Octavio Ianni. Então nós nos tornamos amigos também, mas tínhamos muito o que aprender, muito. Porque éramos de áreas diferentes, e cada um trouxe a esse trabalho comum a sua contribuição. A contribuição de um filósofo é bem diferente da de um economista, que é diferente de um antropólogo, como a Ruth Cardoso, que é diferente dos cientistas políticos, como o Fernando Henrique Cardoso. Éramos realmente um grupo multidisciplinar. E a melhor forma de aprender é aprender junto, somando, porque isso, na minha opinião, nunca deveria ter se dividido. Economia não tem sentido nenhum sem política. O que um economista faz é basicamente analisar política pública de economia, e também, evidentemente, o comportamento das classes sociais. Agora, você analisar a política pública de economia sem saber de política, é uma coisa meio cretina. Então quando nós entramos no Cebrap, eu de brincadeira propus imediatamente inaugurar um grande retrato em homenagem ao Costa e Silva, que tinha nos reunido!

Já tínhamos feito isso anos a fio por nossa conta, mas aí começamos a fazer profissionalmente. Nós continuamos literalmente o que nós estávamos fazendo antes, mas agora com o propósito de produzir análises e propostas e assim por diante, tínhamos um objetivo muito maior, então foi muito bom, foram excelentes esses anos que eu passei no Cebrap. Eu comparo com os do Dror, onde eu também aprendi um monte de coisas que antes não sabia. E vocês me permitam agora uma ilação filosófica, eu acredito, não só por mim, mas por muita gente: não há nada que nos deixe mais felizes do que aprender alguma coisa que você não sabia, mas que era importante para você saber. Passar profissionalmente, ganhar a vida fazendo isso, não há nada melhor. E eu saí do Cebrap extremamente contra a vontade pela anistia, só por isso. Nós fomos anistiados e eu voltei para a universidade sem sair do Cebrap por algum tempo, mas depois eu percebi que, enfim, eu estava em tempo integral na universidade, não estava dando certo. Eu não estava cumprindo as minhas obrigações no Cebrap, que era inclusive gerar recursos para sustentar o centro, e tampouco fazendo tudo o que eu deveria fazer como professor em tempo integral. Daí eu fui convidado para ser Secretário de Planejamento do governo de São Paulo, pela primeira vez elegemos um governo de esquerda, de esquerda mesmo, pra valer, de uma mulher, Luiza Erundina de Sousa, e ela era realmente uma mulher de esquerda, não há a menor dúvida a respeito disso, e construiu um governo muito interessante. As outras pessoas do governo, acabamos todos amigos.... Deus do céu, ter podido trabalhar com o Paulo Freire, ter me tornado amigo dele, foi uma alegria. Quando acabou o governo da Luiza Erundina, nós não elegemos o sucessor, nosso candidato era o Eduardo Suplicy, foi eleito o Paulo Maluf, então eu tentei voltar para o Cebrap, a coisa mais lógica a se fazer era voltar para o Cebrap. Mas aí eu descobri que para voltar para o Cebrap eu deveria me reencaixar no ritmo que eles estavam e assumir tarefas, quando eu não tinha necessidade de fazer isso porque eu poderia ficar na universidade. Não havia mais necessidade do Cebrap, embora fosse uma coisa muito atraente. Então eu tentei, conversei com várias pessoas para ver se eu me encaixava em alguma cosia interessante no Cebrap e que não fosse incompatível com a minha volta à universidade. Percebi que não daria. Levou algum tempo, levei alguns meses alimentando a ideia de voltar simultaneamente para a universidade e para o Cebrap. Aí eu percebi que não daria.

No Cebrap nós mesmos inventávamos a nossa militância. Em uma certa altura resolvemos dar cursos para lideranças de movimentos sociais. Quem quisesse. O assunto era Brasil. Eu me lembro que recebi líderes do movimento negro muito jovens, muito interessante, eram todos intelectuais, tinham todos feito universidade, tinham muito conhecimento, era uma coisa de igual para igual. Nada melhor! Como dizia o Paulo Freire, "Você aprende lecionando", ao ensinar, você aprende. E é verdade. Então eu passei um período extremamente feliz da minha vida fazendo o que eu sempre quis fazer, no Cebrap, na universidade. Eu nunca saí inteiramente do Cebrap, tanto assim que a gente continuou sendo parte de um conselho, e algumas vezes participando inclusive de decisões que o Cebrap tinha que tomar, mas com o tempo uma nova geração surgiu no Cebrap, como tinha que ser, todos nós envelhecemos. Hoje eu acho o Cebrap uma instituição bastante importante no Brasil e fico orgulhoso, sem estar participando diretamente, mas como fui um dos responsáveis por desenvolvê-lo, fico feliz dele estar aqui e dar contribuições extremamente significativas a tudo o que nós precisamos no país.

No que se refere à redemocratização, que eu acho que foi um ponto extremamente interessante na vida do Cebrap e na nossa vida, na vida do país, o Geisel de alguma maneira anunciou o fim do regime militar, mas devagar. O que ele fez bem. Quer dizer, não houve lutas, guerra civil, não houve nada. Houve um processo gradativo, eu diria que o ponto chave da restauração da democracia foi aceitar as greves. A greve da Scania foi a primeira greve que surgiu de repente e que não foi reprimida. O regime militar reprimia prendendo todos os grevistas, e torturando vários para saber quais eram os cabeças. Quer dizer, era uma ousadia, fazer uma greve, você não sabia onde ia parar. De repente se faz uma greve e não há nenhuma repressão, e a greve continua até ser vitoriosa, e com isso se gerou uma enorme onda de greves no país, e aí o [Luis Inácio Lula da Silva] Lula surge como uma grande liderança e assim por diante. O Lula era o presidente do sindicato que assumiu a greve, a primeira greve foi aquela ousadia, mas foi o Geisel que resolveu que agora haveria o direito de se fazer greve. Depois ele aboliu a censura à imprensa, não no mesmo ano. Então, digamos, esse período de abertura foi também muito interessante. Foi também uma reconstituição da democracia no país ainda sob a ditadura militar. Porque os militares admitiram e defenderam isso e por essa razão, eles não foram punidos. Eles souberam deixar o poder no momento oportuno, de uma forma decente (pararam de reprimir) até se eleger um novo presidente que acabou sendo o [Fernando] Collor [de Mello], mas poderia por muito pouco ter sido o Lula. Essa forma de sair foi a melhor imaginada. Agora estamos fazendo as comissões da verdade, uma série de crimes tenebrosos estão sendo trazidos à luz. Esse militar que acabou sendo morto confessou ele mesmo ter assassinado o então deputado [Rubens] Paiva. Enfim, eu acho que o Brasil foi beneficiado por uma saída, eu diria, decente para o regime democrático. Diferente de outros países em que houve necessariamente muita luta e, consequentemente, todo um processo também de punição a quem cometeu crimes e assim por diante. Hoje há uma polêmica no Brasil, indiscutivelmente é uma polêmica, tem gente que exige que a lei de anistia que os militares impuseram seja mudada, porque torturar e matar, mesmo no regime militar, é crime. Então, se você quiser punir pelo que estava em vigor pelo próprio regime militar, você pode punir. Em tese, sim. Eu não sou jurista, mas para mim isso é uma artificialidade jurídica. Nada contra os juristas, mas... Fui amigo do Rubens Paiva, o que aconteceu com ele foi uma injustiça gritante, ele não estava na luta armada, não estava em nada. Mas eu acho correto não punir. Aproveitar, vamos dizer assim, a boa fé democrática dos próprios militares. Quando eles aboliram a ditadura, eles estavam se expondo a isso. Se eles se expuseram em prol de a democracia voltar decentemente no país, eu acho que seria uma injustiça aproveitar para puni-los agora. Isso é a minha posição pessoal, mas há muitas posições.

Tão logo a abertura ficou marcada, iria acontecer e todo mundo sabia, a esquerda começou a entrar em ebulição para se reorganizar e voltar a participar [da política] do país. Então surgiram várias propostas e o Cebrap foi um ponto focal nisso. Fernando Henrique já era uma figura política importante, tenho a impressão de que o Fernando Henrique nessa altura já era senador.

A fundação do PT foi em 1980, e o Fernando Henrique tornou-se suplente do André Franco Motoro, quando o Motoro foi eleito para governador em 1982, ele foi para o Senado. Deixou, portanto, o Cebrap (nem poderia fazer as duas coisas ao mesmo tempo) e assumiu um papel importante de liderança. Aí houve, digamos assim, um processo de decantamento: o que que nós íamos fazer juntos? Houve a proposta de refundar o Partido Socialista, o Partido Socialista Popular, tinha vá-

Protestos contra a censura no Teatro Municipal de São Paulo (13.02.1968)

rias ideias. Eu me lembro do Chico de Oliveira escrever um programa para esse novo partido. E o Lula, por seu lado, como liderança do movimento operário, também achando que deviam criar um partido. E no final tivemos que optar, e a opção não era entre um novo Partido Socialista e o PT, mas era entre o pt e o PMDB. Ele estava aí, tinha obviamente grandes méritos na luta contra o regime militar, Ulysses Guimarães era uma figura admirável. Então era essa a opção. E havia dois argumentos, eu me lembro bem, na época o argumento a favor do PT era criar um partido independente, da classe trabalhadora, o Partido dos Trabalhadores não deveria ter uma ala capitalista, burguesa ou qualquer coisa, só de trabalhadores. E o PMDB, que por ter massa e conseguir, na verdade, superar o regime militar, aceitava todos. Nessa ocasião, a gente publicou no Cebrap um livro, uma coletânea de estudos, sobre a direção do Vinicius Caldeira Brant, infelizmente já morto, e minha. Nós dois organizamos esse livro. E nesse livro a gente pediu que o Fernando Henrique escrevesse um capítulo sobre os partidos políticos, e ele escreveu um artigo em que ele chamou o PMDB de "partido ônibus". Não era para xingar, era para dizer que "no ônibus cabe quem quiser". E aí houve, eu diria, muita quebra de cabeças, não lutas, mas dúvidas de consciência "porque devemos ir...", "devemos ficar...", porque o Fernando Henrique era membro do PMDB, era senador do PMDB, tinha sido candidato pelo PMDB. Eu não era do PMDB. Era eleitor do PMDB, evidentemente, mas não membro do partido, não tive ocasião de fazer isso, poderia ter feito mas não fiz. Mas como eu, muitos outros. Então, os que não éramos do PMDB acabamos aderindo ao PT. O [Francisco] Weffort, o Vinicius [Caldeira rant] , o Chico [de Oliveira], eu mesmo, enfim, um grupo relativamente grande optou pelo PT. E um grupo seguiu o Fernando Henrique, não estou dizendo que seguiu, não era por causa do Fernando, era por eles próprios, e ficaram no PMDB. Então o Cebrap, se você quiser, rachou. Mas como o PT e o PMDB não eram adversários, não afetou em nada até onde eu posso perceber, de fora; eu já não estava mais no Cebrap.

O fato é que o Cebrap se tornou um lugar em que havia pela primeira vez dois partidos diferentes, e era preciso que convivêssemos. Necessariamente nós não tivemos nenhuma dificuldade, basta praticar a democracia. E agora eu não conheço mais as pessoas do Cebrap, por falta de tempo e de oportunidade, mas eu imagino que deva ter gente pertencendo a vários partidos políticos, e isso não deve atrapalhar ninguém, isso é um direito das pessoas e, eu diria, mais do que isso, é uma obrigação. Eu não estou dizendo que todo mundo é obrigado a entrar em partido, eu estou dizendo que seria ótimo para a democracia brasileira se todos entrassem em algum partido, nós precisamos que cidadãos participem ativamente da política, eu acho isso bom, seria bom. E o PT é só um exemplo disso, acho que o PMDB é outro, há uma série de partidos: Partido Comunista, PCdoB, tem muitos partidos hoje no país, que ao meu ver têm uma contribuição importante para essa etapa do Brasil.

Gostaria de terminar falando da economia solidária, faz parte da minha vida e se eu não falasse seria uma falha, seria uma lacuna. A origem da economia solidária para mim, meio como um criador da economia solidária, não fui o único, o ponto nevrálgico, digamos, foi a queda da União Soviética, ou seja, 1991, em que formalmente a União

Soviética desaparece, seus diferentes componentes tornam-se países independentes e o tal de comunismo, de alguma maneira... Ele não desaparece, porque continua na China, continua em Cuba, continua em uma série de países que se consideram comunistas, mas eles estão mudando, e principalmente Cuba. Cuba é muito próximo a nós, todos nós defendemos a revolução cubana na época, eu presidi um pequeno comitê em defesa de Cuba, depois, quando eu fui preso, nem mencionei esse episódio da minha vida, eu fiquei preso uma semana no DOI-CODI em 1974. Dez anos depois do golpe militar.

Eu posso explicar por que eu fui preso, mas quando fui preso eu perguntei por que e me disseram: "Você sabe por que foi preso, agora você vai nos contar". Eu disse a eles: "Não, a única coisa que eu sei é que vocês me buscaram em casa de madrugada e estou aqui". Mas, enfim, eles queriam uma confissão. A razão imediata foi a seguinte (e isso afetou ao Cebrap inteirinho): nós tínhamos um colega, que depois saiu do Cebrap, ele era professor de política na USP, e ele conseguiu uma bolsa para a Escócia, na Universidade de Edimburgo. E aí ele resolveu mandar pelo correio materiais que tinha enterrado no jardim na casa dele, era o chamado "material subversivo" ou o nome que se queira dar. E ele então tirou do solo, fez um pacote e entregou ao menino que levava as coisas ao correio para nós no Cebrap.

Eu não me lembro do nome dele, ele já não vive. Ele foi professor até há pouco tempo, professor do departamento de política da universidade, um professor até importante. Mas a única coisa que ele fez foi isso: ele mandou esse material para si próprio em Edimburgo, ele estava no Brasil ainda, mas ele sabia que dali a algumas semanas ele estaria lá. Então ele achou mais interessante, em vez de passar pela revista, mandar pelo correio. Só que quando chegou no correio, o pacote estava molhado, e você não pode mandar uma coisa que está vertendo água, e aí o pessoal do correio abriu para ver o que tinha dentro, e quando viram o que tinha, chamaram a polícia, e aí prenderam esse nosso colega que mandou esse material, ele foi torturado, e prenderam também o Vinicius Caldeira Brant e prenderam a mim. Nós fomos presos alguns dias depois do coitado do autor dessa infeliz remessa. O Vinícius foi torturado, eu ouvia os gritos dele, que eram terríveis, só que não sabia que era ele, a gente estava de capuz o tempo todo. Num momento em que eles me tiraram da cela sem capuz eu o vi longe. Eu não tinha ideia de que era ele, que estava preso e que foi torturado. Ele tinha sido enormemente torturado antes e depois foi preso, ele foi preso político, se você quiser, do regime. Depois que ele saiu da prisão veio trabalhar no Cebrap, ficou amigo de todos nós. E o Vinícius entrou nessa história como eu: sem nenhuma razão direta, quer dizer, nós não tínhamos nada a ver nem com o pacote nem com o companheiro que mandou o pacote. Por que que nos escolheram? A única explicação que eu deduzo (é dedução, não tenho prova nenhuma e nem quero) é que fomos presos pelo nosso currículo, tínhamos sido militantes com um dossiê relativamente grande. Não tinha outra explicação. Eles não quiseram nos dizer até o fim o porquê de termos sido presos, e também não tinham nada a perguntar, esse era o problema. Eu não estava metido em nada ilegal, eu fiz oposição ao regime militar no Cebrap, na universidade, escrevendo em revistas, em um jornal da época que era mais lido do que a imprensa formal... Todos nós escrevíamos, eu, o Vinícius e muita gente mais escrevíamos incessantemente, do Cebrap, o Chico, o Fernando Henrique, provavelmente o Giannotti, o Octavio Ianni, escrevíamos para a imprensa legal, no regime militar havia imprensa legal que era de esquerda mas, claro, a gente tomava cuidado, não queríamos que ela fosse fechada, então levávamos nossas críticas até certo limite. E nós censurávamos a nossa linguagem. Não tinha sentido provocá-los citando Marx e assim por diante. Então escrevíamos objetivamente sobre as políticas do governo e criticando eventualmente, o que que estava acontecendo no país, havia uma margem em que você podia fazer isso sem ser perseguido. Ninguém dizia exatamente qual era essa margem, mas a gente acabava conseguindo. Eu devo ter ultrapassado alguma margem porque acabei preso, e o Vinícius, coitado, também. Quando nós saímos da prisão, imediatamente fizemos uma reunião no Cebrap, até para contar para os outros o que tinha acontecido com a gente. Não era só contar por contar, mas porque era fundamental eles saberem o que estava acontecendo, eventualmente evitar de ser preso se fosse possível, e assim por diante. Lembro que o Vinícius contou que quando começaram a lhe interrogar, ele disse: "Vocês me torturaram quinze dias em seguida, eu não abri a boca, não disse nada pra vocês. Não adianta me perguntar agora, eu vou continuar não dizendo nada", era um desafio. Obviamente foi torturado. Ele assumiu a culpa, e a atitude dele era compreensível, eu no lugar dele eu provavelmente faria o mesmo. Enfim, esses são um pouco os episódios da minha visita ao DOI-CODI.

Eu fiquei praticamente uma semana preso, mas a luta que já estava aberta entre a "linha dura" e o regime do general Geisel, eu fiquei sabendo às minhas custas, porque se fez força para que eu fosse libertado. O cardeal aqui de São Paulo se empenhou realmente, houve um ministro, pessoa amiga da gente, era ministro do Geisel e também se empenhou. Se eu não me engano, o Delfim fez uma espécie de atestado de caráter a meu favor (depois eu agradeci a ele). Mas, enfim, em certa altura houve uma ordem para que eu fosse libertado, e nesse dia minha mulher recebeu essa notícia. Havia gente que estava ligada ao DOI-CODI através desse supermercado... como se chama... Pão de Açúcar. Um amigo nosso, o [Luis Carlos] Bresser [Pereira], vocês todos conhecem, era diretor do Pão de Açúcar. E o Pão de Açúcar dava apoio direto, acho que financeiro, ao DOI-CODI. Então, através disso, havia circulação. Minha mulher soube que eu fui solto, só que eu não tinha sido solto, aí ela perdeu totalmente as estribeiras, telefonou para a pessoa com que ela tinha contato e disse "Olha, vocês soltaram o meu marido mas ele não chegou", aí o cara respondeu "É que ele foi para a casa da outra". Aí a minha mulher perdeu mesmo as estribeiras: "Vocês mataram o meu marido", já tinha sido morto o Vlado [Vladimir Herzog] e tantos outros. "Vocês mataram meu marido, isso não vai ficar assim", ela ameaçou, perdeu completamente o controle. E no dia seguinte eu apareci. Eu não sabia de nada, eu estava preso, ninguém tinha me dito que eu devia ter sido solto e não fui. Mas obviamente houve uma ordem do presidente para me soltar, e a "linha dura" resolveu mostrar que não, que ela solta quando acha que deve ou quer.

Voltando para a economia solidária, em 1991 o chamado comunismo desabou, sem luta. A população se revoltou, o muro de Berlim caiu na Alemanha Oriental, depois na Tchecoslováquia, na Polônia, na Hungria, enfim todos aqueles países. E isso levou evidentemente a esquerda mundial a uma certa crise, quer dizer, nós todos tínhamos ideia de que aquilo não valia nada, mas formalmente o comunismo sumiu, foi chamado de dilúvio, porque aconteceu o dilúvio e tudo sumiu. Todos nós começamos a pensar "Graças a Deus", eu pelo menos fiquei feliz, eu achei que aquilo devia mesmo desaparecer, porque estávamos justificando uma coisa injustificável, então foi bom. Agora, era preciso, digamos, ter alguma proposta de socialismo. Se não é aquela, qual? Então isso é a origem da economia solidária. Tanto eu quanto outras pessoas começamos a pensar: "Qual é a proposta socialista? O que nós queremos realmente? Acabar com o capitalismo? Sim. Mas como? Como se acaba com o capitalismo?". Hoje em dia, depois de quase vinte anos de economia solidária, eu diria que nós queremos acabar com o capitalismo apenas democraticamente. Quando a população em maioria não quiser mais o capitalismo, estaremos do seu lado, mas não antes. Usar a força significa perder a democracia, e aí o que vem no lugar dela é pior do que ela. Antes o capitalismo democrático do que qualquer coisa não democrática.

Essa é a origem, quer dizer, começamos a nos preocupar em como formular uma utopia, ou o nome que queiramos dar, de um regime que passa um socialismo por voto, por convicção, dentro de uma democracia que não sofre nenhuma solução de continuidade. O capitalismo, a meu ver (e isso eu defendo até hoje), deve existir enquanto houver gente a favor dele, não precisa ser maioria, se houver alguém que quer ser empregado do outro e alguém que quer empregar essa pessoa, impedi-los de fazer isso, o que era regra na União Soviética, é uma violentação dos direitos humanos, não há por que fazer isso. Até porque o capitalismo fica sendo a vítima, e aí não é justo. Então eu defendo o direito de haver capitalismo enquanto houver pessoas que querem isso, é um direito que eles têm. Se o capitalismo, digamos, hegemônico, nos dá o direito de fazer a economia solidária, que é o socialismo de verdade, nós só podemos responder na mesma moeda. Se eles nos respeitam, nos respeitam mesmo, não há por que não respeitá-los também. O capitalismo, isso eu tenho dito, não é o pior dos regimes, não é o nazismo, é apenas um regime que tem uma forma de existir com dificuldades com a democracia, não é muito congruente, mas eles convivem, mesmo porque isso foi imposto a eles. Mas de alguma forma eu acho que teremos por muito tempo o capitalismo e a economia solidária juntos, já estão agora no Brasil há vinte anos. E coexistem, sem lutas abertas. É lógico que ideologicamente temos oposição, enquanto economia e enquanto seres humanos que convivem no mesmo país. Nós temos lutas políticas com a OCB [Organização das Cooperativas Brasileiras], por exemplo, que é o agronegócio. No que se refere à representação, nós exigimos que as cooperativas tenham o direito de se representar como quiserem, isso é um direito que a Constituição prevê, tem um artigo da Constituição que diz abertamente, literalmente, "É livre a constituição de associações, inclusive cooperativas". Por quê? Porque há uma lei da época da ditadura que dá à OCB o monopólio. Eles queriam que houvesse uma instituição que supervisionasse, vigiasse as cooperativas. Aí surge a OCB, está aí até hoje, ela sobreviveu ao regime militar, existe, mas tem grande número de cooperativas que não quer nem ouvir falar de OCB. Esses não têm o direito de ser representados, ou são obrigados a se filiar à OCB, então essa é uma luta política que temos. Mas que é travada democraticamente: na Câmara, no Senado, na imprensa. Enfim, os dois lados tendo os mesmos direitos. Então a economia solidária surge como uma proposta de socialismo, mas sob medida para ser desenvolvida dentro de regimes democráticos capitalistas. E é o que nós estamos fazendo agora, quero dizer, eu estava cogitando sobre isso, estava escrevendo sobre isso, estava conversando com outras pessoas da esquerda, quando surgiu uma oportunidade, que foi a enorme crise dos anos 1980, com muito desemprego, miséria, foi um trauma social enorme, e não só no Brasil, em toda a América Latina: a crise da dívida externa, os choques do petróleo. Aí, de repente, descobri que havia economia solidária à beça no Brasil, promovido pela Caritas, e que estava começando a ser promovida também pelos sindicatos e pelas universidades. Eu peguei o carro andando. Quando eu descobri, evidentemente aderi imediatamente, e começamos a discutir na universidade, criamos depois uma incubadora na universidade. Tudo isso já existia.

Talvez valha a pena lembrar de uma coisa que nós fizemos: éramos um pequeno grupo de professores, chamado Unitrabalho, que é uma fundação relativamente grande de universidades, que tem um programa de estudos do trabalho, ou para o trabalho. Significa leis do trabalho, saúde do trabalho, regulação do trabalho. E a Unitrabalho é isso, são núcleos universitários cujo foco é o trabalhador. Tudo bem, a Unitrabalho começou a se interessar pela economia solidária, enquanto eu descobri a Caritas, que já havia um movimento de economia solidária. Aí gente resolveu fazer uma reunião na PUC. Por que na PUC? Porque tinha lugar lá e tinha gente interessada. Nessa reunião, ninguém tinha um tostão para nada, então quem veio, veio com os seus próprios meios, cerca de trinta pessoas apareceram. Apareceu o mst, apareceu a Caritas, apareceram as incubadoras, apareceu a CUT. Não éramos poucos, e tínhamos valores comuns. O que eu estou falando aqui não é invenção minha, eram os valores de um movimento que já existia e que a gente não sabia onde encontrar. Encontramos.

A partir daí a história é uma história normal, quer dizer "antes de Lula" e "depois de Lula": antes de Lula, era um movimento fora do governo, o governo não era nem contra e nem a favor, simplesmente ignorava, e era basicamente cooperativista, mas com forte envolvimento da CUT e com forte envolvimento de outras centrais sindicais. Havia já uma porção de gente reunida, e eu fui um pouco polarizador dessa gente, em termos de realmente criar a tal da utopia, ou seja, uma bandeira socialista inteiramente democrática, comprometida com a democracia, e comprometida com o próprio capitalismo enquanto ele é o outro lado. Nós somos contra o capitalismo, mas isso não quer dizer que nós vamos destruí-lo. Porque juntos com o capitalismo nós destruímos a nós próprios. Ninguém está interessado em fazer uma ditadura, nem a nossa própria. Então, esta é a essência da proposta da economia solidária.

Por que que eu falei antes da queda do comunismo? Porque nessa ocasião, isso foi em 1991 já, o PT fez um congresso em Belo Horizonte, se não me engano, e surgiu a ideia de "vamos parar de falar em socialismo, essa ideia já não tem mais sentido nenhum, acabou o socialismo, vamos pensar em outra", esse discurso foi feito. O pt é bastante democrático, cada um falou o que achava, mas houve uma reação das bases, ou seja, as bases do partido acharam que não podiam abrir mão do socialismo em nenhuma hipótese, o que nós achamos também correto. E aí começou no PT uma discussão: É socialista? É qualquer coisa? É anticapitalista sem ser socialista? O que nós somos? Ou seja, a procura de uma identidade política comum de um partido relativamente grande. Lula era o nosso presidente, como sempre foi, e ele fez o que ele sempre faz, ou seja, ele resolveu fazer uma discussão interna do PT organizada sob esse tema. Em vez de deixar que diferentes pessoas, que diferentes jornaizinhos de diferentes correntes colocassem cada um o seu ponto de vista, fazer uma discussão geral. Aí ele designou para fazer isso o Antonio Candido, que é o principal intelectual de esquerda no Brasil. E o Candido aceitou, disse "Eu topo essa parada, vamos organizar um grande seminário sobre o socialismo, só que eu preciso de mais gente, de gente que me ajude", e aí ele escolheu o Chico e eu. Então nós três começamos a pensar juntos como fazer isso, e aí mais pessoas da direção do próprio PT aderiram ao grupo, acabaram vindo a nosso convite, depois vinham sempre, acabamos criando um grupo de cerca de dez pessoas, incluindo o Joaquim Soriano, encarregado do ensino doutrinário e ideológico dentro do PT, Havia várias pessoas ligadas à Fundação Perseu Abramo, enfim. Aí começamos a nos reunir e tivemos ideias e fizemos uma série de seminários sobre temas ligados ao socialismo, e eu escolhi como tema a economia socialista, que era obviamente a economia solidária. Foi a primeira ocasião em que eu tive de apresentar a economia solidária oficialmente ao partido. Lá estavam o Lula, o Zé Dirceu, estava realmente a alta direção do partido e muitos militantes. E eu escrevi um texto e o João Machado, que é um professor da PUC que também estuda bastante marxismo, socialismo, e assim por diante, foi o meu comentarista. Mas eu estava dando curso de economia solidária naquela altura, e o João era um dos meus alunos. E o que eu mais mostrava no curso era o que já estava acontecendo em economia solidária. Eram cursos optativos, qualquer pessoa poderia fazer, não precisava sequer estar inscrito na universidade. E aí o que aconteceu? Meus cursos passaram a ter vinte, trinta alunos, o que para a pós-graduação é muito. A grande maioria era militante da economia solidária, então traziam a sua história, o que que eles estavam fazendo com doentes mentais, com gente que estava precisando por mil razões de apoio coletivo. E eu aprendendo com eles. Eu dava aulas também, mas eu estimulava muito que eles contassem as histórias que estavam vivendo. Então essa foi uma parte importante, a meu ver.

A universidade até hoje é muito importante para nós. Hoje mais de cem universidades têm incubadoras, são projetos universitários, de pós-graduação, de extensão universitária. A reitoria faz isso sem gastar dinheiro, porque a maior parte é trabalho voluntário dos próprios alunos. Qual é a importância dessas incubadoras? Em primeiro lugar, eles se dedicam de corpo e alma e estão trabalhando com gente muito pobre. São loucos, ou seja, sofredores psíquicos. Hoje nós temos 660 cooperativas de sofredores psíquicos no Brasil, por uma parceria entre o Ministério do Trabalho e o Ministério da Saúde. Foi o Ministério da Saúde que provocou, que veio falar comigo, quando eu tinha assumido a Secretaria Nacional de Economia Solidária, veio me falar de movimento *antimanicomial*, de que eu nunca tinha ouvido falar. De repente eles me pediram uma audiência e eu disse "É claro, venham". Aí começaram a contar sobre todo o movimento, e havia na época cerca de mil CAPS, Centros de Assistência Psicossocial. Aí os recebi de braços abertos, nada melhor: "Venham, e vamos fazer isso juntos". Depois de algumas semanas, me convidaram para falar a alguns milhares de pessoas de todos os centros psicossociais do Brasil, foi uma alegria. E hoje é um grande movimento brasileiro.

Essas são histórias da economia solidária, mas talvez a coisa mais importante a relatar agora seja simplesmente essa: Lula foi eleito em 2002 (ninguém sabia se ele seria eleito ou não, mas acabou sendo) e estava já comprometido com a economia solidária, por causa desse seminário que eu, o Chico, o Antônio Cândido fizemos, todo mundo tomou conhecimento da economia solidária no PT e resolveu nos dar apoio. Então, quando o Lula foi candidato, ele me pediu para fazer um capítulo do programa dele sobre economia solidária, eu achei a coisa mais natural do mundo, escrevi uma página, uma página e meia, e lá estava ele comprometido. Quando ele se viu eleito, começou a haver uma série de reuniões da economia solidária, porque sabiam que o Lula ia cumprir o que tinha prometido, mas como seria feito? Então houve uma reunião aqui em São Paulo, depois houve uma em Porto Alegre em que se discutiu onde e como. E a proposta que acabou sendo votada foi que seria uma secretaria, em Brasília, no Ministério do Trabalho, porque a economia solidária é parte do movimento operário. Assim foi feito, e nós fomos depois para Brasília, para negociar que isso fosse de fato feito (no governo houve um período de transição, de várias semanas). E aí, a certa altura, pediram para "me encostar na parede": "O movimento quer que você seja o secretário". "Evidentemente eu topo". Não precisava "me encostar na parede". E estou lá até hoje.

Ontem eu completei onze anos na Senaes, eu como secretário junto a uma série de pessoas e entidades. A Senaes tem hoje acordos de cooperação formal com 22 ministérios do governo federal, e além disso 220 convênios no Brasil inteiro, em todas as áreas, na luta contra a miséria. Trabalhamos com as comunidades muito pobres, os chamados bolsões de miséria, e tentamos usar aquilo que eles já têm de comunitário. As pessoas pobres são muito solidárias, porque elas são sobreviventes. As que não são solidárias, ficam sozinhas, e muitos ficam sozinhos e morrem muito rapidamente. Tem toda uma população de rua que rompeu com a família, seja por doença mental, seja por drogas, seja lá por que seja, e que não quer voltar, não quer se alojar, ficam na rua vivendo do que lhe dão, tragicamente. Enfim, nós descobrimos formas de promover o desenvolvimento local com essas comunidades extremamente pobres, inclusive porque eles têm o apoio da bolsa-família, então tem algum rendimento suficiente para não morrer de fome, as crianças indo para a escola e assim por diante. Esse é o principal trabalho que a gente faz na secretaria, pela nossa avaliação, devemos ter hoje trinta e poucos mil com rendimentos de economia solidária, e provavelmente um pouco mais de 3 milhões de pessoas trabalhando, homens e mulheres, muito mais mulheres do que homens.

Depoimento de Elza Berquó

O golpe foi um pesadelo para todos nós. No meu caso, em particular, além da perda de liberdade, interrompeu o curso de um projeto inovador em andamento. No período de 1964 até 1967, eu estava muito envolvida com a criação, na Faculdade de Saúde Pública da Universidade de São Paulo, de um centro de estudos de população. Este seria o primeiro e único centro no país, seria denominado Cedip (Centro de Estudos de Dinâmica Populacional). É preciso ressaltar que, até então, não havia ensino de demografia no Brasil. Nesse período de criação, solicitei uma consultoria à Organização Panamericana da Saúde (OPAS). Foi quando recebemos a famosa demógrafa de Princeton, dra. Irine Tauber. Aqui chegando, passou praticamente um mês nos aconselhando e enfatizando a necessidade de respeitar a interdisciplinaridade da demografia. Um acordo celebrado entre a Faculdade de Saúde Pública e a OPAS ofereceria apoio organizacional e financeiro para os próximos cinco anos, para formar uma equipe de pesquisadores em diversas áreas, como Medicina, Sociologia, Economia e Estatística, e com bolsas de estudos enviá-la a reconhecidos centros de população no exterior, para uma pós-graduação em Demografia. No seu regresso, comporiam o corpo de pesquisadores do Cedip, remunerados pela Universidade de São Paulo. Essa equipe era formada por Neide Patarra (socióloga), Paul Singer (economista), João Yunes (médico sanitarista) e Jair Lício Ferreira Santos (estatístico). Cândido Procópio Ferreira de Camargo, sociólogo, seria o futuro diretor do Cedip. Por ser de notório saber, não fez pós-graduação no exterior e sim dentro do projeto do Cedip. Visitou vários centros americanos e europeus de população. Estávamos, naquele então, no auge da criatividade, todo mundo muito entusiasmado, preparando as malas para viajar.

Claro que já havia ruídos que se aproximavam da gente na Saúde Pública, uma escola muito conservadora e muito distanciada da luta política, mas [havia também] os colegas da Faculdade de Medicina do grupo do Samuel Pessoa, com os quais eu me dava muito bem, porque fazia inclusive análise estatística para os experimentos deles. Eu comungava muito daquelas ideias. Não pertencia ao Partido Comunista, mas era muito simpatizante com as ideias por que lutavam. Começavam a sair Atos Institucionais. Tomei conhecimento da minha aposentadoria compulsória pelo AI-5 ao ouvir a "Hora do Brasil", em dezembro de 1968.

Bem, aquilo foi um susto; e no dia seguinte, evidentemente, como fazia sempre, fui até a faculdade e já havia uma proibição para entrar lá. O Procópio felizmente não foi atingido. Desse grupo, só Paul Singer e eu.

Tendo crescido profissionalmente e trabalhado por muitos anos na Faculdade de Saúde Pública, esse afastamento foi o golpe mais forte pelo qual passei. Eu me sentia uma prisioneira dentro da minha casa e dentro do meu país.

Buscando entender porque o AI-5 havia me atingido, revisitei profundamente minhas aulas, minhas pesquisas e meus contatos. Nas aulas de Bioestatística, eu me inflamava quando analisava os indicadores de saúde, ou seja, mortalidade infantil, mortalidade geral, mortalidade materna, todos acima dos níveis aceitos pela OMS. Soube depois que essas aulas acabaram sendo gravadas e foram peça importante para a aposentadoria compulsória. Com relação aos contatos, foram vários com a área de Sociologia da USP, no período em que procurava me aconselhar com Florestan Fernandes, Octavio Ianni, Fernando Henrique Cardoso, para a formação do grupo do Cedip.

Em 1964, nós estávamos trabalhando. Trabalhando e vendo um pouco as coisas acontecerem. Mas eu estava dentro de uma escola que tinha uma verdadeira muralha para você não pensar além daquilo, no que você estava fazendo lá. Então não era uma escola aberta ao contraditório. As discussões sobre o Brasil daquele momento progrediram no âmbito desse novo Centro formado. O clima político pesado, a gente sentia só por andar na rua cheia de "brucutus". Tive amigos presos, torturados e mortos, nesse período da ditadura militar. Fazíamos uma verdadeira "inquisição pessoal", queimando nossos livros. Tínhamos que repetir, solitariamente, o "Hino Nacional", exigência para catalogarem você como comunista ou não, pelo regime militar.

Minha casa, projetada pelo arquiteto Vilanova Artigas, ficou pronta em 1967. Ficava em um lugar muito distante, com quase nenhuma casa ao redor. O projeto de construção levou uns dois anos. Num sábado à tarde, meu marido e eu estávamos sentados na varanda da casa recém-terminada. De repente, surge no topo da ladeira uma viatura. Meu marido imediatamente me disse: "Entre rapidamente para dentro". Foi o que eu fiz. Aí chegou o pessoal do DOPS dizendo a ele: "O sr. está preso, porque vai precisar depor". No carro do DOPS havia três arquitetos amigos, que sob fortíssima tortura, chegaram até minha casa. É que havíamos abrigado, a pedido deles, alguns jovens ligados à luta armada. Esse isolamento da casa permitia esse refúgio. Quanto entrou para pegar seus documentos, meu marido pediu que eu fosse imediatamente para casa de seus pais. "Saia daqui". E foi o que eu fiz, me mudei para a casa deles, e foi outro sofrimento, porque eu tinha que sair da minha casa, dos meus contatos e viver uma vida paralela, que não era a minha. Bem, ele não foi torturado, mas viu muita tortura e depois de certo tempo foi solto.

Bem, aí chega nossa aposentadoria, e nessa aposentadoria ficou um período de uns cinco meses em que a gente não podia ir para lado nenhum. Recebi vários convites para sair do Brasil. O primeiro foi do professor Jerzy Neyman, da Universidade de Berkeley, na época o mais famoso cientista na área da inferência estatística: "Pode vir que você vai ter um lugar aqui!". Mas eu não me via fora do Brasil, eu queria estar aqui, vivenciar tudo, queria fazer o que ainda fosse possível.

Então é criado o Cebrap em 1969. Acho que foi uma forma muito generosa do Procópio, do Paul Singer, do Fernando Henrique e do Juarez Brandão Lopes me chamarem para compor o corpo de fundadores do Cebrap. Generosa porque todos me viam como uma neopositivista, ou seja, o que uma matemática/estatística iria fazer no Cebrap?

Mas não foi bem assim, porque o Cebrap começa com aulas, então o [José Arthur] Giannotti dava aula de lógica e eu dava aula de probabilidades para todos que estavam lá, sentados em volta de um mesão, e a gente dando aulas. E, felizmente, porque aquilo foi mais do que um abrigo, foi uma forma de sobrevivência, então de repente me senti num mundo novo, e claro que para mim foi realmente uma grande ponte de salvação ter vindo para cá.

No Cebrap, da Rua Bahia, a vida também não era fácil. A gente sabia que até os papéis escritos, que iam para o lixo, poderiam ser recolhidos, para ver o que estávamos escrevendo e pensando. Em 1976 o Cebrap publica *São Paulo: crescimento e pobreza*, o que provoca uma bomba jogada no Cebrap. A Aliança Anticomunista Brasileira assumiu o ato. Em função dessa ameaça, conversamos entre nós no Cebrap de que era preciso fazer chegar ao Golbery do Couto e Silva que nós não éramos um grupo terrorista, nós éramos um centro de pesquisa pensando o Brasil. Neste sentido, cada um de nós ficou com a tarefa de ver se conhecia algum militar importante. Fiz contato com um primo de Goiás, que viveu em Cuba. Ele me informou sobre o general Bragança, tio de meu pai, e pensou na possibilidade dele nos receber. Procópio e eu fomos a Goiânia e já no aeroposto havia um carro nos esperando e avisando que iríamos a Goiás Velho, porque era perigoso ele ser visto com a gente. Então, lá fomos nós num carro para a casa de uma tia do meu pai, já bem envelhecida numa casinha muito simples, em que as galinhas do quintal andavam pela sala. Chegamos lá e logo aparece o general. Conversamos muito com ele, explicando o que era o Cebrap. Respeitosamente, ele ouviu tudo com cuidado, e disse que ia ver o que poderia fazer. Acho que surtiu um bom efeito porque, na verdade, não houve mais bombas contra o Cebrap. É bem verdade que mudamos de lá para a Alameda Campinas logo depois.

Gostaria de me referir também às rotinas que marcavam esse período ditatorial. Toda vez que a gente ia viajar para o exterior para participar de seminários, conferências etc., havia necessidade de requerer, em Brasília, para que mandassem aqui para o DOPS a atualização de nosso dossiê. Se não tivesse mais nada além daquilo que tinha motivado a aposentadoria compulsória pelo AI-5, poderíamos viajar. O conselho que recebíamos era para não ir sozinho ao aeroporto, ter sempre uma pessoa ao lado, para estar seguro de que se embarcou e, ao voltar ao Brasil, ter também alguém com uma plaquinha esperando por você e garantir que você voltou.

Em 1974 participei da 3ª Conferência Mundial de População, em Bucareste, capital de um país comunista. Foi uma grande dificuldade para conseguir o visto. Na volta foi tudo bem, sempre alguém esperando no aeroporto. Logo depois, fomos todos convocados a comparecer à Oban. O motivo estava no fato de que um jovem pesquisador do Cebrap buscava uma forma de sair do Brasil. Como militante, ele queria mandar para Paris pacotes de panfletos para ele muito importantes. Ele fez um pacote com toda essa papelada e o *boy* do Cebrap foi ao correio para despachar o volume. Esse material deve ter ficado em lugar úmido durante muito tempo, e quando o *boy* chegou ao guichê do correio, o pacote começou a minar água. Diante disso, uma comunicação direta com o andar de cima avisa o coronel de plantão de que havia algo estranho no guichê. O coronel, então, abre o pacote e tenta prender o *boy*, que diz "Eu só sou um empregado na instituição e vim trazer isso para despachar. Nem conheço ninguém, sou empregado". Esse foi o fato que motivou nossa ida à Oban. Bem, o que isso tem a ver com Bucareste? Vou explicar.

Quando soube que tinha que ir à Oban, eu me produzi como uma dama da elite: colar e brincos de pérola e uma jaqueta de *vison*. Ao chegar, colocaram-me um capuz da mesma forma que trataram todos os colegas do Cebrap. Numa sala, um militar passa a me interrogar: "O que você foi fazer nesse país?" Respondi: "Fui a uma reunião de população". 'Mas do que é que trataram lá? Vão querer trazer essas coisas para o Brasil? A sra. está numa área perigosa". Depois de tantas perguntas, ele perguntou: "A sra. quer almoçar?". Trouxera então um prato feito e a "dama de elite" disse: "Isso aqui não é almoçar, isso é comer. Pode levar embora". Em seguida, perguntas e mais perguntas. A certa altura eu falei: "Não tem mais nada que o sr. queira saber? Já contei minha vida inteira, por que o sr. não me libera?". Ele disse: "Nós revistamos sua bolsa, por isso a gente sabe que a sra. viajou recentemente". Eu falei: "Já contei tudo sobre onde eu fui". E ele disse: "Meu filho coleciona moedas". Essa era a razão de ele ter me segurado lá tanto tempo, mas não tinha coragem de contar. Aí eu disse: "Pode pegar as moedas, contanto que eu vá embora". E fui. Não tocaram em mim. Muita gente sofreu muito. Vinícius Caldeira Brant, nosso colega do Cebrap, sentou-se várias vezes na "cadeira do dragão" e, dessa vez, sentou de novo. Choque elétrico em tudo que é lugar. E nunca disse nada! Sobre ninguém, sobre nada. Um cara incrível. Esse apoio que um dava ao outro, foi vital. Não teríamos aguentado se não estivéssemos nessa instituição.

Eu representava os doutores no Conselho Universitário, então se pode entender um pouco por que eu não era bem vista. Em uma das reuniões do Conselho, a reunião não andava, não andava. E eu com o diretor da Faculdade do meu lado, perguntava: "Dr. Mascarenhas, mas é sempre assim?". E ele disse "Tenha calma". O motivo pelo qual o Conselho Universitário não começava sua sessão era porque o representante dos estudantes tinha vindo sem paletó! As coisas são assim, incríveis. E aí ficou aquele debate. Mas a troco de que? "Qual a necessidade de um paletó e de uma gravata para um estudante entrar aqui?". Aí se vira um lá e diz "A senhora entraria aqui de biquíni?". Eu falei: "Se eu andasse de biquíni na rua, eu entraria, óbvio!". Depois de idas e vindas entra aquele jovem franzino, sem paletó nem gravata, um nordestino tímido, e, nessa hora, alguns conselheiros arrancam o paletó e a gravata e dizem: "Agora nós também podemos vir aqui assim!". Eu disse: "Parabéns, muito bem. Esse é um bom traje para vir mesmo", e meu diretor falou: "A senhora não deve mais voltar aqui!".

Aí começa a chegar a pré-anistia. Vários colegas do Cebrap receberam convites da universidade para voltar. No meu caso, a situação era mais complicada. Quando saí da Faculdade de Saúde Pública, veio logo a reforma universitária, porque ela já estava em andamento. E naquela época o departamento que eu chefiava, na Saúde Pública, foi desmembrado. A parte mais ligada à Estatística Matemática foi para o Instituto de Matemática e Estatística da USP. A Bioestatística e a Estatística Vital ficaram na Saúde Pública. Vale dizer que o Cedip, com nossa saída da Faculdade e o não cumprimento dos acordos com a OPAS, seus membros foram se dispersando para outras instituições. Portanto, eu teria que optar pelo Instituto de Matemática ou pela Faculdade de Saúde Pública. Recebi convite de ambas. Diante das duas opções e tantos conselhos, me fechei em casa por dois dias, sem falar com ninguém: "Eu tenho que decidir". Era a luta entre o coração e a razão. A razão me levava para a Matemática e o coração me levava para Saúde Pública. E venceu o coração. Aí eu procurei o diretor do Instituto de Matemática e avisei de minha decisão de voltar para a Saúde Pública.

Procurei o Foratini e falei: "Aceito, volto para cá". O Foratini disse assim: "Que bom, Elza. Agora só tem uma formalidade: que é a congregação aprovar". É quando eu recebo outro golpe: 50% da congregação não quis que eu voltasse para lá. Foratini deu o voto de minerva a meu favor. Então ele veio todo alegre me comunicar e eu falei: "Ah, não volto!". Eu agora tenho uma vida maravilhosa no Cebrap, viajo quando quero e quando Brasília deixa, e agora, aqui, cada vez que eu tiver que sair, a congregação vai ter que opinar? E essa congregação contra mim. "Não, não volto!". E aí não voltei para lado nenhum, nem ia pegar minha segunda opção, porque isso seria antiético. Eu já tinha decidido e fiquei aqui. Aqui no Cebrap.

Em 1982, o reitor da Unicamp, José Aristodemo Pinotti, me convidou para criar um núcleo de população na universidade. Aceitei com muita alegria e só impus uma condição: não participar dos deveres burocráticos de um professor. Assim foi criado o Nepo, que dirigi de 1982 a 1994, e hoje leva meu nome. Não saí do Cebrap e consegui, na verdade, que as atividades não se prejudicassem mutuamente. Então a Área de População continuou a existir no Cebrap e o Nepo tem agora 32 anos. Por outro lado, a Faculdade de Saúde Pública, que só dava cursos de pós-graduação, passou a incluir um curso de graduação em Saúde Pública: a presença de jovens alunos na faculdade, trazendo novo oxigênio para aquela atmosfera conservadora. Creio que foi essa mudança, conjuntamente com uma direção também mais nova, que me levou a receber recentemente o título de Professora Emérita.

Depois dessa longa história, qual ensinamento se tira de tudo isso? É ter coragem de ficar. Não sair. Resistir, enfrentar e vivenciar tudo para tentar melhorar. Ajudar quem precisa, quem precisou naqueles momentos muito difíceis. Hoje estou de bem com a vida. Tenho quatro casas: a primeira é o Cebrap, que me acolheu. A segunda é o Nepo, que me permitiu realizar um sonho, interrompido em seu ineditismo, em 1968, de criar uma área em demografia no país. A terceira é agora a Faculdade de Saúde Pública, que corrigiu seu antigo erro. A última é minha casa, que, como eu dizia ao Artigas: "Esta casa minha-tua, esta casa tua-minha".

A política universitária da ditadura e as ciências sociais

Rodrigo Patto Sá Motta

Resumidamente, a política universitária da ditadura resultou de uma mistura entre impulsos repressivo-autoritários e modernizadores, que eram provenientes da coalizão heterogênea que sustentava o estado autoritário. Simultaneamente às ações repressivas que provocaram prisões, torturas, demissões e aposentadorias compulsórias, o Estado deslanchou um programa de reformas que expandiu o sistema universitário e melhorou a infraestrutura para a docência e a pesquisa.[42]

Neste texto, a proposta é abordar especificamente a situação das Ciências Sociais naquele processo, por sua importância para compreensão das peculiaridades do Estado autoritário Brasileiro. O desenvolvimento das Ciências Sociais não estava entre as prioridades da reforma universitária da ditadura, bem ao contrário. Neste campo, houve mais iniciativas repressivas que modernizadoras. Entretanto, a área passou por mudanças importantes nos anos 1960 e 1970 e, apesar da má vontade de alguns setores do regime militar, experimentou crescimento institucional, bafejada também pelos ventos da modernização autoritária das universidades e da expansão de verbas.

O interesse em analisar essa área do conhecimento deve-se ao fato de ocupar campo "perigoso" no contexto autoritário, pela afinidade de muitos dos seus profissionais com ideias e conceitos socialistas e marxistas, para não falar na aceitação maior de comportamentos e valores considerados "desviantes" e inconvenientes nos círculos do poder. Efetivamente, entre pessoas de formação conservadora eram comuns os preconceitos contra essas disciplinas, tidas por muitos como "coisa de comunista".[43] Por isso, as iniciativas repressivas oficiais direcionadas contra esse campo não atendiam apenas ao arbítrio do Estado, mas encontravam ressonância entre alguns grupos sociais. Efetivamente, proporção elevada dos professores expurgados e vigiados pelos militares trabalhava na área de ciências humanas e sociais. Além disso, seus conteúdos disciplinares atraíam maior atenção das agências repressivas e também eram objeto de iniciativas "pedagógicas" do Estado, como a criação das disciplinas de Educação Moral e Cívica. Enfim, essa área de conhecimento era estratégica para os líderes do regime militar e, de maneira semelhante às suas ações em outros terrenos, aqui as políticas oficiais não se restringiram à repressão.

Nesse sentido, é interessante breve comparação com a situação vivida em ditaduras vizinhas à brasileira, como a argentina e a chilena, que tiveram muitas características comuns com o Brasil. Nos casos do Chile de Pinochet e da Argentina de Videla, a intervenção nas universidades foi mais intensa e violenta, com menor preocupação em cooptar ou aplacar os opositores. A militarização foi mais direta e explícita, com nomeação de oficiais militares para o comando das instituições, inclusive da Universidade Católica do Chile. No caso da Argentina, a política educacional foi entregue aos membros mais reacionários do grupo dirigente, ligados ao integrismo católico, resultando em iniciativas conservadoras, como o controle das vestimentas e o corte dos cabelos dos universitários. Nos dois países, os militares fizeram pressões para excluir as ciências sociais dos programas de ensino. No Chile, embora o tema seja ainda pouco estudado, sabe-se que algumas disciplinas dos cursos de ciências sociais e alguns centros de pesquisa dedicados a essa área foram desmontados. Na Argentina, a interdição aos cursos de ciências sociais como medida de profilaxia antimarxista foi ainda mais intensa, abarcando a maior parte do sistema universitário.[44]

No Brasil, entre as lideranças de direita havia grupos tão radicais quanto os dos países vizinhos, mas eles não tiveram a mesma força e desenvoltura, devido à natureza da coalizão no poder e à influência da cultura política brasileira, propensa a jogos de acomodação. Aqui também se vigiou as ciências sociais e se tentou calar as vozes dissonantes e impedir a proliferação dos valores de esquerda, mas com efeitos limitados. Ao contrário das ditaduras vizinhas, no Brasil não houve interdição oficial a disciplinas, cursos ou correntes de pensamento, embora iniciativas "extraoficiais" tenham acontecido em certos momentos e partes do país, e o medo tenha gerado autocensura. Além disso, em meio à reforma e expansão de verbas para o ensino superior e pesquisa, o Estado permitiu que as ciências sociais fossem beneficiadas também, embora a "parte do leão" coubesse às áreas tecnológicas e às ciências naturais.

Paradoxalmente, durante o regime militar houve certo florescimento das pesquisas em ciências sociais no Brasil, ainda que parte expressiva desse trabalho tenha sido realizada fora das instituições oficiais e por intelectuais perseguidos pelo Estado. Mas para entender melhor esse quadro se faz necessário breve recuo ao início dos anos 1960, quando estava em processo a institucionalização das ciências sociais no Brasil. Até então, muitos dos trabalhos pioneiros do pensamento social foram elaborados fora dos muros universitários, por ensaístas brilhantes, mas sem carreira acadêmica regular, como Gilberto Freyre, Caio Prado Jr. ou Alberto Guerreiro Ramos, autores cuja formação se deu nas tradicionais Faculdades de Direito. A atuação do ISEB entre o fim dos anos 1950 e o Golpe de 1964 significou tentativa de institucionalizar melhor o campo, inclusive abrindo espaço para alguns dos pioneiros do pensamento social brasileiro. Porém, devido a sua vinculação a determinados projetos políticos suas reflexões foram objeto de questionamento e polêmicas e, por isso, os militares resolveram bani-lo, por ver no ISEB o centro formador das ideias do grupo derrotado em 1964.

No início dos anos 1960, nas universidades estava em curso igualmente processo de institucionalização das ciências sociais, sob a liderança dos primeiros professores com formação regular e pós-graduada na área. Os grupos mais influentes pertenciam à Faculdade de Filosofia da USP, à Faculdade Nacional de Filosofia da UB [UFRJ] e à Faculdade de Ciências Econômicas da UMG [UFMG], que, juntas, formariam alguns dos principais sociólogos, cientistas políticos, antropólogos e historiadores acadêmicos em atuação nos anos seguintes, lideranças que não apenas assumiriam lugar de destaque no cenário público, como estariam à frente dos cursos de pós-graduação organizados durante a ditadura.

Nos anos 1960 e 1970, as ciências sociais brasileiras tornaram-se campo de batalha da Guerra Fria. De um lado, as ideias e valores marxistas constituíam forte polo de atração, sobretudo para os jovens que ingressavam em massa nas universidades e eram atraídos pelas utopias revolucionárias. Na outra ponta, as ciências sociais ao estilo norte-americano ofereciam caminho alternativo que, embora criticasse também os problemas sociais, oferecia-lhes respostas não revolucionárias. Nesse contexto, os acadêmicos norte-americanos sugeriam o caminho da modernização para superar a pobreza, enquanto a perspectiva marxista só via como saída a revolução. A juventude radical, indisposta com os valores norte-americanos, mas, sobretudo, com a política externa dos EUA, que levou a intervenções militares em vários países, via no marxismo manancial de ideias para projetar novo mundo e novo homem. Os conceitos marxistas muitas vezes eram consumidos superficialmente, através de divulgadores que simplificavam o pensamento do filósofo alemão. Poucas pessoas no Brasil tinham conhecimento adequado do marxismo, inclusive os que se consideravam comunistas, por isso, jovens universitários começaram a criar grupos de estudo sobre o tema, em geral sem o auxílio de professores, até porque eram raros os acadêmicos marxistas nos anos 1950 e 1960.[45] Significativamente, o crescimento do interesse pelas ideias de Marx nas universidades foi menos por iniciativa dos mestres e mais por influência dos alunos.

Os agentes do governo norte-americano acompanharam com preocupação essa tendência, que estudaram com o auxílio de cientistas sociais e institutos de pesquisa.[46] No entanto, sua atuação direta implicaria problemas delicados, pois era área mais suscetível a reações antiamericanas, por isso, adotaram abordagem cuidadosa. A principal iniciativa do governo dos EUA foi financiar centenas de bolsistas em seu país, na esperança que adotassem seus valores e abandonassem ideias radicais. Mas fundações privadas norte-americanas poderiam atuar nas áreas delicadas politicamente, contribuindo indiretamente com o governo do seu país.

Na área das ciências sociais, a Fundação Ford teve notável atuação no Brasil dos anos 1960 e 1970. A entidade despendeu alguns milhões de dólares financiando pesquisas em várias áreas, com destaque para as ciências sociais. Há muitas polêmicas envolvendo o tema da autonomia ou subordinação indireta da F Ford ao governo dos EUA, inclusive evidências de que serviu de canal para legalizar operações secretas da CIA.[47] Porém, o fato é que o financiamento da F Ford a grupos de pesquisa brasileiros interessava ao Estado norte-americano, pois era forma de atrair acadêmicos para mais próximo de seus valores. Parte dos recursos era utilizada para financiar estágios de pós-graduação nos Estados Unidos, oportunidade para jovens talentosos brasileiros entrarem em contato com as ciências sociais praticadas naquele país e, com isso, afastar-se da influência do marxismo radical. Por outro lado, havia o argumento que o projeto modernizador demandava a constituição de centros de pesquisa em ciências sociais, para estudar os fenômenos sociológicos e políticos produzidos pelas mudanças.

Nos anos 1960 e 1970, aumentou a influência das ciências sociais norte-americanas no Brasil[48], paralelamente ao que ocorria nas demais áreas de conhecimento. Como o marxismo também se expandiu, muitas polêmicas dividiram os meios acadêmicos e intelectuais, pontuadas por críticas de subserviência ao "imperialismo" e às metodologias empiristas da sociologia e ciência política norte-americanas, que eram respondidas com ataques ao "marxismo vulgar" e ao "stalinismo". O tema é delicado e demanda tratamento cuidadoso, para evitar o risco de envolvimento com a polarização ideológica típica do contexto. Que o governo dos EUA tivesse interesse no estreitamento de contato intelectual com as ciências sociais brasileiras é inegável, bem como nada surpreenderia se tiverem tomado medidas sigilosas nessa direção. Apesar da seriedade dos que afiançam a autonomia da F Ford, há muitos indícios que ela acompanhava a política geral do seu governo, tendo financiado projetos em conjunto com a Usaid, por exemplo.[49]

No entanto, acreditar que os beneficiados pelos recursos norte-americanos fossem parte da engrenagem de alguma conspiração imperialista é simplificação grosseira. É preciso lembrar que as universidades norte-americanas eram instituições abertas a influências variadas, sobretudo a partir dos anos 1960, quando foram engolfadas por crises e mobilizações radicais. Estudantes brasileiros para lá enviados aprendiam os métodos e conceitos dominantes, mas poderiam também ter contato com teorias radicais cada vez mais em voga nos meios intelectuais daquele país. Os relatos de pessoas que fizeram pós-graduação nos EUA, nos anos 1960 e 1970, apontam para uma experiência de abertura de perspectivas, e não o contrário. Tiveram contato com diferentes autores e linhas de investigação e aprenderam novas possibilidades de trabalho, principalmente por meio de metodologias de pesquisa quantitativa. Para muitos, foi oportunidade de aprender alternativas ao tradicional ensaísmo brasileiro, bem como de questionar o marxismo superficial e dogmático aprendido na militância política.

Nessa linha, outro movimento analítico importante é verificar as atitudes dos norte-americanos em relação à radicalização implicada no AI-5. Assim como o governo do seu país, a F Ford sentiu-se desconfortável com o recrudescimento autoritário dos militares, que não estava nos seus planos. O descontentamento da agência refletia opinião comum entre intelectuais norte-americanos em contato com as universidades brasileiras, em geral, contrários ao aumento da repressão e, muitas vezes, dispostos a prestar solidariedade a perseguidos. A reação imediata foi suspender o exame de novos pedidos de auxílio de universidades oficiais e cogitou-se uma retirada geral, o que foi discutido por executivos e professores norte-americanos ligados à F Ford no Brasil. Algumas universidades norte-americanas chegaram a suspender acordos oficiais por causa do AI-5, a exemplo de Berkeley, que rompeu convênio com o IPEA/Seplan.[50] Porém, assim como o governo do seu país, a Ford acabou adotando atitude "*low profile*" no lugar de rompimento: diminuíram os vínculos com entidades ligadas ao governo brasileiro, mas sem suspender todos os programas.

Contraditoriamente às acusações que entidades norte-americanas serviram de sustentáculo à ditadura, a Fundação Ford acabou por apoiar intelectuais perseguidos e a viabilizar um dos principais centros de reflexão crítica ao autoritarismo, o Cebrap, criado em 1969 em São Paulo. Antes do Cebrap, em 1967, a Fundação Ford já havia estabelecido cooperação com o Iuperj, do Rio de Janeiro, instituição que, assim como o Cebrap, congregava vários intelectuais com passado esquerdista punidos ou sob a vigilância dos órgãos de repressão. No Iuperj, para mencionar alguns nomes de pessoas politicamente visadas pelo regime militar, atuaram Wanderley Guilherme dos Santos, Carlos Estevam Martins, Bolívar Lamounier, Simon Schwartzman e Luiz Werneck Vianna. No grupo fundador do Cebrap figuravam alguns professores aposentados da USP em 1969, como Fernando Henrique Cardoso, Octavio Ianni, José Arthur Gianotti, Elza Berquó e Paul Singer, além de outros pesquisadores não expurgados do serviço público. Confirmando as afinidades iniciais entre Cebrap e Iuperj, alguns membros da instituição carioca viriam a atuar na instituição paulistana também, o que, aliás, serviu para aguçar as suspeitas dos órgãos de informação. Juntas, as duas entidades teriam importante papel na formação de novos cientistas sociais, embora apenas o Iuperj tenha estruturado cursos de pós-graduação.

A complexidade da inserção política das entidades norte-americanas no Brasil se revela no apoio da Fundação Ford ao Iuperj e ao Cebrap. Os dois centros de pesquisa reuniam intelectuais considerados inimigos pelo regime militar, e sua formação e sobrevivência inicial dificilmente teriam sido possíveis sem os recursos norte-americanos. Ao apoiar tais grupos, a F Ford criava área de atrito com setores do governo brasileiro que, pela mesma época, buscavam se distanciar um pouco dos "aliados do norte". Ao fazê-lo, parece claro que a Fundação norte-americana desejava fortalecer polos intelectuais de oposição ao Estado autoritário e, quem sabe, manter canais de diálogo abertos com líderes que poderiam ser influentes no futuro. No caso do Cebrap, é importante ressaltar, a Ford estava financiando grupo composto majoritariamente por marxistas, embora alguns de seus membros seguissem a orientação teórica (e metodológica) das ciências sociais norte-americanas.[51]

Não obstante as semelhanças com o Iuperj, o Cebrap conquistou maior repercussão pública e atraiu mais atenção dos órgãos de repressão[52], bem como de organizações de extrema-direita. A visibilidade do Cebrap deveu-se, em parte, ao formato das pesquisas realizadas, que questionavam os discursos oficiais sobre os resultados do "milagre econômico". Investigando temas como a pobreza, a desigualdade e as disparidades sociais urbanas, e publicando seus resultados em textos de divulgação, o Cebrap colocava em xeque a propaganda e os autoelogios do governo, tornando-se ameaça à "segurança nacional". Também não agradou aos militares que o Cebrap tenha colaborado intelectualmente com o partido de oposição legal, o MDB, assessorando suas campanhas eleitorais a partir de 1974. A entidade foi investigada por órgãos de informação e submetida a ações terroristas para amedrontar seus membros, como um atentado à bomba (1976) e a prisão de alguns de pesquisadores, como Francisco de Oliveira e Octavio Ianni.

O Cebrap tornou-se um sucesso nos meios intelectuais, representando alternativa também para pesquisadores que trabalhavam em instituições oficiais, principalmente a USP, onde a vigilância cerceava determinadas iniciativas. Além disso, o caráter privado do Cebrap permitia agilidade para captar recursos e fazer pesquisas, enquanto na universidade havia muitas normas e rituais burocráticos a cumprir. No Cebrap era possível realizar eventos, trazer convidados e publicar textos que poderiam ser objeto de censura nas universidades. Por isso, palestras e atividades realizadas na entidade encontravam bastante repercussão, atraindo jovens e intelectuais animados por sentimentos oposicionistas.[53] O sucesso do modelo estimulou o surgimento de entidades parecidas em outros países da América Latina e no Brasil, como o Cedec (Centro de Estudos de Cultura Contemporânea) e o Idesp (Instituto de Estudos Econômicos, Sociais e Políticos), criados também em São Paulo, respectivamente em 1976 e 1981, por pesquisadores egressos do Cebrap.

Curiosamente, portanto, os dólares norte-americanos ajudaram a financiar algumas instituições extrauniversitárias montadas por intelectuais expurgados do setor público, e, é importante reiterar, parte deles esposava ideias marxistas. Tais centros de pesquisa em ciências sociais tornaram-se muito influentes entre o público acadêmico, tanto por razão de sua competência profissional, quanto por seu significado de oposição intelectual à ditadura. O prestígio de entidades como o Cebrap levou à sensação que sua produção era qualitativamente superior à das universidades no campo das ciências sociais, afirmação que divide os profissionais da área entrevistados para este trabalho. De fato, se as universidades oficiais perderam muitos líderes importantes da área de c. sociais em virtude das aposentadorias compulsórias, outros lá permaneceram, bem como foram contratados jovens também competentes. E em que pesem o medo e a vigilância, mesmo nas universidades continuaram a ocorrer pesquisas na área, inclusive com apoio de recursos oficiais. O processo de expansão de verbas para pesquisa e pós-graduação durante a ditadura visava atender, principalmente, os setores ligados aos projetos de crescimento econômico. Porém, alguns recursos "sobraram", por assim dizer, para as ciências humanas e sociais. Bolsas foram concedidas, cursos de pós-graduação foram criados e pesquisas foram financiadas com dinheiro proveniente do Estado autoritário.

Paradoxalmente, apesar de seu compromisso anticomunista, a ditadura brasileira testemunhou o crescimento da influência dos valores marxistas nas universidades públicas. O tema demanda mais investigações, principalmente para melhor compreensão das diferenças regionais, mas os dados revelam que o marxismo não apenas esteve longe de ser banido, como ganhou mais adeptos nas universidades. É verdade que alguns agentes repressivos tentaram impedir o processo por meio da coerção, como no caso do professor da PUC/RJ Manoel Maurício de Albuquerque, preso pelo Exército em 1972 "acusado de introduzir em suas aulas, noções de marxismo"; ou no caso do pedido de esclarecimentos do SNI de Salvador à UFBA, no ano de 1975, inquirindo por que a universidade havia divulgado na imprensa curso de extensão em Sociologia da Arte em cujo programa constavam temas e autores marxistas como G Lukács e L Goldmann.[54]

Apesar desses episódios, que certamente não foram os únicos, o Estado militar não deslanchou campanha em regra contra o marxismo. Provavelmente, para não oferecer aos adversários a oportunidade de acusá-lo de totalitarismo e violação da liberdade de pensamento. Significativamente, nas listas de livros proibidos pelo Ministério da Justiça não figuravam obras de Karl Marx, apenas de divulgadores e líderes marxistas revolucionários. Nesse ponto, as autoridades seguiam linha de coerência com as leis em vigor, que, aliás, continuavam tradição remontando ao início do século XX. A condenação e a criminalização recaíam sobre a propaganda de ideias revolucionárias, o proselitismo das lutas de classes e a militância em organizações revolucionárias, mas, não se proibia a adesão ao marxismo como filosofia, em nome do respeito à liberdade de pensamento.

Essa era a linha de conduta defendida pelo ministro Jarbas Passarinho, e muitas autoridades universitárias a seguiam.[55] Até mesmo um reitor muito afinado com o regime militar como José Carlos Azevedo, da UnB, era sensível ao argumento que a obra de Marx não poderia ser excluída dos cursos de ciências sociais. Ele mesmo dizia aos professores que usassem quaisquer autores e livros do acervo da Biblioteca, inclusive Marx, com uma ressalva: apenas em sala de aula.[56] Em 1978, o reitor da Unicamp (Zeferino Vaz) afirmou em entrevista que seria absurdo não ensinar Marx na universidade, porém, os docentes precisavam evitar o proselitismo político.[57] Na USP e na UFMG, igualmente, professores que atuaram na época dizem não ter tido problemas ao utilizar Marx em sala de aula, principalmente se o autor fosse tratado como pensador e não como revolucionário. Paradoxalmente, ao contrário de sentirem-se coagidos a evitar autores marxistas, alguns professores da FFLCH/USP relatam que foram pressionados por seus alunos a adotarem obras dessa linha.[58] Vale a pena notar que a USP, nos anos 1970, tornou-se referência nacional para quem desejava seguir os conceitos e as teorias marxistas.

Nas universidades, a área de ciências sociais e humanas era a mais visada pela repressão, e a insegurança daí decorrente levou alguns professores a se autocensurarem, ou a utilizarem estratégias para driblar a vigilância sobre suas atividades. Entretanto, apesar das condições adversas, o interesse pelo marxismo e sua difusão se intensificaram ao longo do regime militar. O célebre argumento de Roberto Schwarz, de que apesar do comando político da direita, depois de 1964 a esquerda teria estabelecido relativa hegemonia cultural, em parte é correto. Mas a fórmula se aplicava melhor à juventude universitária e a setores intelectualizados da sociedade, que experimentaram processo de esquerdização iniciado nos anos anteriores ao golpe. A repressão e os esforços dos intelectuais do regime militar para divulgar imagem positiva do governo não bloquearam essa tendência, que era intensificada pelo repúdio ao autoritarismo. No contexto do regime militar, para muitas pessoas, abraçar ideias marxistas era forma de mostrar seu engajamento na luta contra a ditadura.

Com a distensão política e o começo da abertura, na segunda metade da década de 1970, a adoção de conceitos marxistas e outras ideias na contra corrente dos valores dominantes tornou-se mais intensa, devido à sensação que os riscos políticos haviam diminuído. Nesse sentido, evento acadêmico realizado em 1975 foi marcante para os profissionais das ciências sociais, ao trazer ao Brasil autores importantes desse campo provenientes da Europa e Estados Unidos. A Conferência sobre História e Ciências Sociais foi realizada em junho de 1975, na Unicamp, e alcançou repercussão nacional. Organizada por jovens professores da universidade, sob a proteção de Zeferino Vaz e com recursos da Fapesp e da Fundação Ford, a realização da Conferência era indício das novas possibilidades abertas pela distensão. O evento reuniu historiadores marxistas como Eric Hobsbawn e Arno Mayer, mas também cientistas sociais moderados como Juan Linz, cujo conceito de autoritarismo parecia muito apropriado à situação brasileira. Embora os conferencistas tomassem cuidado com as palavras para evitar embaraços, a sua presença e a mera realização do encontro serviram de alento para seus colegas brasileiros.[59]

Entretanto, não se deve pensar nas ciências humanas e sociais apenas como bastião de oposição, como se o Estado não tivesse aliados ali. A "tolerância" demonstrada em certos momentos e o aumento de investimentos públicos na área se deviam também à presença de pesquisadores menos radicais nas Faculdades de Filosofia e Ciências Humanas, intelectuais com ideias mais palatáveis ao regime e que poderiam oferecer-lhe suporte ideológico. Alguns exemplos podem ser mencionados, como o caso de antropólogo anônimo que se correspondia com os órgãos de informação e defendia pontos de vista oficiais sobre a questão racial. Outros professores tinham pontos de vista concordes com o Estado (sem necessariamente ajudar a polícia), como Roque Spencer Maciel de Barros, filósofo da educação que publicou carta de apoio a Geisel no contexto dos protestos pela morte de Wladimir Herzog.[60] Na UnB, o reitor Azevedo esforçou-se para transformar a Editora da Universidade em porta-voz intelectual da ala liberal do regime militar, para servir de contraponto à maré montante do marxismo. Na Faculdade de Filosofia da UFMG, em meados dos anos 1970, o diretor da instituição, em correspondência com a Reitoria, mostrou-se empenhado em contratar professores de orientação funcionalista ou de outras linhas teóricas concorrentes do marxismo, para bloquear o aumento de interesse estudantil por autores marxistas, sobretudo nas ciências sociais.[61]

Na segunda metade dos anos 1970, os recursos federais para pesquisa começaram a beneficiar de maneira mais generosa as ciências sociais. A partir de 1976 a própria Finep, órgão criado (em 1967) para fomentar desenvolvimentos científico-tecnológicos direcionados à economia, passou a se interessar pelas ciências sociais. E isso por iniciativa de José Pelúcio Ferreira, presidente do órgão e técnico com trânsito entre intelectuais desenvolvimentistas e nacionalistas de esquerda, como Celso Furtado e José Leite Lopes. Um dos primeiros passos nessa direção foi dado em 1975, quando Pelúcio Ferreira contratou Simon Schwartzman para gerir projetos de financiamento para a área de "cultura". Como Schwartzman tinha registros "negativos" nos órgãos de informação, por causa de militância política e prisão anterior em Belo Horizonte, foi montado um arranjo, um "jeitinho" para contratá-lo. Ele passou a trabalhar nos escritórios da Finep, mas, seu nome não constava como funcionário do órgão, que pagava à Fundação Getúlio Vargas pelo trabalho realizado por Schwartzman e, assim, por vias indiretas, o pesquisador era remunerado (pela FGV).[62]

Revista Tição, *(ago. 1979)*

Logo em seguida, decidiu-se criar na Finep um Centro Interdisciplinar de Pesquisas que, na prática, congregava pesquisadores de antropologia, sociologia, economia e ciência política. Por ali passaram nomes como Maria da Conceição Tavares, Luciano Martins, Carlos Lessa, Sérgio Abranches, Marcelo Abreu, José Sergio Leite Lopes, Mario Brockmann Machado, além do próprio Schwartzman. Alguns deles tinham problemas com os órgãos de informação, como Maria Conceição Tavares, que foi detida no aeroporto do Galeão em novembro de 1974. Para sua liberação intercedeu o ministro Reis Velloso, a quem era subordinado Pelúcio Ferreira e a Finep. Sobre o caso, Velloso registrou o seguinte em suas memórias: "não se pode confundir o fato de a pessoa ser de esquerda com estar conspirando contra a ordem pública".[63]

Além da contratação de corpo de pesquisadores ligados à área, no final de 1976 a Finep decidiu criar fundo específico para projetos nas c. sociais. As verbas desse fundo representavam aproximadamente 2% dos recursos totais da Finep, o que revela sua (des)importância no cômputo geral e o lugar ocupado pelas ciências sociais na percepção dos técnicos da área de economia e planejamento. Não obstante, na época isso significava pequena fortuna para área com poucas demandas e fraca tradição de pesquisa que, além disso, tinha projetos de baixo custo em comparação com as ciências naturais e áreas tecnológicas. O gestor e um dos criadores desse fundo (cujos recursos provinham do Fundo Nacional de Desenvolvimento Científico e Tecnológico [FNDCT]) foi Mario Brockman Machado que, no início de 1977, fez uma espécie de *tour* pelo Brasil em visita aos grupos de pesquisa em ciências sociais mais significativos. Segundo seu relato, ele foi recebido com incredulidade e perplexidade, pois muitos dos professores e pesquisadores, calejados com as ações repressivas, não entendiam como o mesmo regime que ainda estava torturando e matando oferecia dinheiro para pesquisas em ciências sociais. Desconfiados, alguns perguntavam qual o interesse oculto do Estado, pois parecia improvável que o objetivo fosse fortalecer as ciências sociais.

Apesar das desconfianças, muitos grupos enviaram solicitações à Finep e os projetos começaram a ser aprovados, beneficiando instituições de todo o país como Iuperj, PPGAS/UFRJ, CPDOC, FJP, UFMG, UFRGS, USP, Unicamp, UnB, UFPE, entre outros, aí incluída a recém-criada Associação Nacional de Pós-graduação e Pesquisa em Ciências Sociais (ANPOCS).[64] Esses recursos tiveram impacto significativo, já que alguns grupos chegaram a ganhar 1 milhão de dólares, dinheiro suficiente para ampliar o corpo de pesquisadores e até para pagar secretárias.[65] Ao contrário do CNPq, que nessa época só dava auxílio direto a pessoas físicas, com repasse de valores limitados, os recursos da Finep dirigiam-se a grupos ou instituições, envolvendo somas de maior porte. Somente para o biênio 1979/80, a Finep destinou 100 milhões de cruzeiros do FNDCT para financiamento das ciências sociais. Esse aporte foi bem vindo, também, porque representava alternativa ao outro grande financiador disponível, a Fundação Ford, que, nos anos 1980, começou a redirecionar seus fundos para outras áreas.

Em mais um episódio para a lista de paradoxos do regime militar, a Finep chegou a financiar o próprio Cebrap, entidade muito suspeita aos olhos da liderança militar. A verba para o Cebrap saiu em 1978, para apoio a projeto com 2 anos de duração. Para driblar prováveis dificuldades com os órgãos de repressão, a Finep usou estratégia parecida à da contratação de Simon Schwartzman anos antes. Os recursos foram concedidos em nome da Fundação do Desenvolvimento Administrativo, que supostamente faria pesquisas sobre administração pública e sociologia urbana. Mas tratava-se apenas de intermediário que repassou o dinheiro ao Cebrap. Outras entidades mal vistas pelos órgãos de informação acabaram também levando dinheiro da Finep, como Idesp e Cedec, sendo que o último ganhou recursos usando o próprio nome, em 1979. Em 1982, o SNI continuava achando que essas entidades de pesquisa não poderiam receber dinheiro público, e divulgou informe nesse sentido, visando, sobretudo, o Idesp. Mas tratou-se de manifestação inócua.[66]

É interessante retornar à indagação perplexa apresentada pelos pesquisadores ao interlocutor da Finep: por que um órgão oficial do regime militar resolveu dar dinheiro para pesquisas em ciências sociais, já que a área era foco de ações "antissubversivas"? A resposta não é simples e pode-se apenas avançar algumas hipóteses. Primeiro, é importante lembrar que o momento era de distensão política e os setores moderados do regime autoritário desejavam atrair apoio ou simpatia dos intelectuais. Entrou em ação, nesse momento, e desta feita dirigida à área de ciências sociais, uma estratégia que também explica a motivação dos militares para reformar e modernizar as universidades em geral: aplacar o descontentamento dos meios acadêmicos, oferecer-lhes um lado "bom" do regime autoritário. Outra possibilidade seria a motivação nacionalista dos militares, que poderiam estar interessados em contrabalançar a influência norte-americana na área, de vez que a Fundação Ford dominava os financiamentos para as ciências sociais havia uma década.[67] A tese do nacionalismo militar é sedutora, pois a liderança da Finep mostrava-se permeável aos argumentos desenvolvimentistas e nacionalistas, e muitos dos intelectuais de esquerda acolhidos na agência, ou por ela financiados, eram também nacionalistas. Entretanto, talvez a explicação seja mais simples: pode ter sido decisão autônoma de algumas lideranças na área do Planejamento (principalmente Pelúcio Ferreira, na Finep), contando com a tolerância ou a leniência dos militares.

Em suma, os órgãos oficiais da ditadura financiaram projetos, grupos de pesquisa e a criação de cursos de pós-graduação em ciências sociais, contribuindo para a profissionalização e institucionalização da área. Tal processo foi paralelo, e às vezes simultâneo às políticas repressivas dirigidas contra os mesmos meios acadêmicos, o que gerou estranhamento à época e, ainda hoje, constitui um desafio analítico. Para equacionarmos melhor a questão, a meu ver, as análises devem considerar as estratégias voltadas para legitimar a ditadura, e, também, levar em conta a influência de tradições arraigadas no Estado e na cultura política.

Depoimento de Isaura Botelho

A minha entrada na militância se deu em função de minha formação cristã e de um senso difuso da igualdade como um valor. Não é à toa que minha afinidade foi com a Ação Popular (AP), mas foi ela que caiu no meu colo, não fui eu que fui atrás dela. Tudo começa quando eu tinha 16 anos, minha mãe era professora da Universidade de Brasília, nós morávamos no *campus*, na Colina, e eu tinha parado de estudar com apoio do meu pai, que achava que era muito mais interessante eu ficar tocando violoncelo e estudando música do que terminar o segundo grau, para desespero da minha mãe. Eu fazia várias matérias como aluna especial na UnB. O formato da UnB permitia isso. Eu fazia grego, fazia violoncelo, fazia percepção musical. Isso foi no início de 1967, eu ainda tinha 16 anos, sou de 1950. Nesse período começam as manifestações estudantis e eu conheço aquele que era a grande liderança (eu não sabia, nunca o tinha visto na minha vida) da UnB, Honestino [Monteiro] Guimarães. Ele era muito sedutor, até onde se possa imaginar; dos 8 aos 80, todo mundo era apaixonado por ele, que era muito gentil e atencioso. Eu estava com um amigo comum, hoje artista plástico, o Luiz Alphonsus Guimarães, e estávamos indo a uma passeata em frente à Casa Thomas Jefferson, creio, em Brasília. O Luiz tinha uma Rural Willys, e o Gui [Honestino] pediu que ele levasse os cartazes. Bem, o apelido era Gui porque ele tinha esse nome não especialmente bonito. A mãe dele dissera: "Tudo bem, eu ponho esse nome", que era de um tio-avô paterno e importante, "mas eu nunca vou chamá-lo pelo nome; vou chamá-lo de Guimarães". E Guimarães virou Gui. Retomando: é a partir daí que a gente começa a namorar. Eu não tinha nenhuma formação política e ele começa a me "educar".

Um livrinho preto do Althusser era a leitura do momento. Confesso que não entendi nada e achei muito chato. Disciplinada, comecei a ler outros textos como o *Manifesto comunista*, textos mimeografados que analisavam a realidade brasileira, discutiam sobre qual deveria ser o modelo de revolução. *A história da riqueza do homem* era também leitura obrigatória. É uma coisa muito interessante quando você olha para trás, porque era tudo de uma juventude... E havia aquela certeza arrogante de achar que ia mudar o mundo. Aquele foi um período intensíssimo com inúmeras passeatas, discussões, assembleias. Havia uma vantagem: naquela época, a polícia não entrava dentro da UnB. Só em 1968 a polícia fez isso.

Honestino Guimarães, bordado de Isaura Botelho (foto Teresa Benassi)

Foi antes do AI-5. No dia 29 de agosto de 1968, pela primeira vez, a polícia invadiu o *campus*. Tínhamos nos casado vinte dias antes e estávamos morando na casa dos meus pais, exatamente porque a universidade era considerada um lugar seguro. O casamento foi por procuração. Casei-me com o pai dele. O arcebispo, apesar de conservador, autorizou o casamento sem as proclamas, pois o Gui estava sendo duramente procurado. Praticamente não saía do *campus*, pela segurança que ele oferecia. Todo 9 de agosto eu comemoro de alguma maneira esse casamento: um brinde, uma lembrança, um pensamento. O Gui foi preso nessa época. Foi quando conheci o pai do Marcos Nobre, o deputado [José de] Freitas Nobre, que junto com o também deputado Martins Rodrigues integrava uma comissão da Câmara dos Deputados que acompanhava de perto a prisão dos estudantes e lhes dava apoio. Iam visitá-lo na Polícia do Exército, enquanto ele esteve preso.

O Gui apanhou ao ser preso, mas depois o tratamento foi normal. Tínhamos privacidade em minhas visitas – eu ia todas as manhãs –, os carcereiros eram camaradas: conversavam, faziam bolão de futebol. O Gui era vascaíno fanático. Enfim, era uma coisa que não tinha nada a ver com o que veio a acontecer depois. Acho que essa foi a terceira prisão dele. Quando veio o AI-5, em 13 de dezembro daquele ano, é que nós saímos de Brasília. Ele saiu primeiro e foi para Goiânia. Poucos dias depois, creio, o pai dele sofreu um acidente de carro em Brasília e morreu com 46 ou 47 anos.

O Gui foi tirado de Brasília pelo Luiz Alphonsus, no dia anterior ao nosso casamento, e foi para a fazenda de um tio meu, em Cristalina, Goiás. Eu me casei com o pai dele por procuração e à noite, enquanto rolava uma comemoração da cerimônia, Luiz me levou para encontrá-lo. Na manhã seguinte, partimos para BH. Haveria um encontro da UNE em Ouro Preto. Eu, o tempo inteiro, acabo cumprindo um papel relativamente marginal da "mulher de", mas me engajando em trabalhos também de assistência e politização de mães, recolhendo medicamentos, enfim, trabalhos desse tipo. Naquele momento havia uma política de integração na produção (isso significava abandonar um projeto pequeno-burguês e trabalhar no meio operário, por exemplo). Mas em anos recentes, só se tem mídia em torno dos movimentos de luta armada, como a ALN [Aliança Nacional Libertadora], VAR-Palmares [Vanguarda Armada Revolucionária Palmares], por exemplo. Eram as organizações que pregavam a luta armada. E você tinha as organizações que adotavam o que chamávamos de linha de massa. A Ação Popular era uma delas. Depois de aderir ao marxismo-leninismo – a essa altura a organização já não tinha nenhum vínculo com a Igreja, só tinha seus militantes que haviam feito esta trajetória –, ela passa a se chamar Ação Popular Marxista Leninista (APML).

O PCdoB adotava a linha de massas. Ambas as organizações adotaram também o modelo chinês. O presidente Mao [Tsé-Tung] fazendo a revolução do campo para as cidades leva o PCdoB ao Araguaia. Hoje eu acho uma coisa inacreditável, mas na época não.

A linha de massas era a mobilização dos setores. A conquista política vinha da organização do operariado, da classe trabalhadora, do movimento estudantil. Nunca se teve ação armada. Até chegou a haver uma, mas bem antes de eu ter contato com eles, foi uma bomba, se não me engano no aeroporto Guararapes, em Recife. Houve uma fase sob a influência do Régis Debray. Quando eu cheguei nesse meio a leitura era Althusser. E eu achava aquilo tão distante da minha realidade, mas de qualquer forma era um mundo muito fascinante para mim, filha de pais intelectuais que tinham um mundo mais ou menos à parte dessas questões políticas. Eu tinha um fascínio, uma admiração pelo Gui. Tanto que, quando nos casamos, eu tinha consciência, embora fosse muito nova, de que eu iria aguentar aquilo enquanto eu pudesse, sabia que seria muito difícil. Para mim era muito claro, eu jamais faria um só movimento para que ele deixasse uma luta que era dele.

Retornando à saída de Brasília, eu saí, creio, no dia seguinte ao AI-5. O Gui já estava em Goiânia, tinha ido uns dias antes. Já saímos para entrar na clandestinidade em São Paulo. Com a morte do pai ele quis voltar para Brasília e ninguém deixou, porque era óbvio que a repressão estaria esperando por ele no enterro do pai, o que de fato aconteceu. Eu também saí por estradas vicinais, caminho para Pirenópolis, estrada de terra, no meio da noite. De Goiânia pegamos um caminhão de transporte de gado, viajando na carroceria. Se bem me lembro, foi o pai de um companheiro, que era fazendeiro, que articulou o contato com o motorista. Havia umas três tábuas sobre os excrementos do gado. Eu me equilibrava numa e o Gui na outra. De vez em quando a gente se levantava, se esticava, ficava de pé um pouco, deitava de novo. Passamos por Rio Verde, em Goiás, e de lá, não me lembro muito bem, fomos para Uberlândia. Eu sentia aquele cheiro, ainda depois do terceiro banho eu sentia o cheiro do esterco. Em Uberlândia nos encontramos com alguns companheiros, entre eles uma companheira que é uma peessedebista emérita hoje, aliás hoje há vários peessedebistas eméritos que eram da AP. Ela era uma pessoa importante na região e dentro da organização, isso eu me lembro, por causa do ar meio solene do encontro com ela. Era a Alda Marco Antônio. Acho que passamos apenas uns dois dias em Uberlândia. Aí chegamos a São Paulo. Foi um período bastante difícil, muito difícil. Na época, sabe, você não questiona, tudo faz parte, é quase um jogo de mocinho e bandido. A gente morava três dias na casa de um, dois dias na casa de outro...

Lembro que a primeira casa, ou uma das primeiras, em que a gente ficou, era naquele condomínio perto do Largo da Ana Rosa, onde o Omar (amigo comum) morou. E tinha um complicador: todo mundo era de movimento estudantil, então era muito difícil que alguém tivesse casa própria, era a casa dos pais. E a gente era melhor ou pior recebido, mesmo que fossem só duas noites, era complicado. Havia o medo dos familiares. Eles nunca sabiam quem nós éramos, mas suponho que fosse um casal esquisito. O melhor lugar em que a gente ficou foi a casa de uma pessoa maravilhosa, a Elza Lobo, militante até hoje, que mora no mesmo endereço na Cônego Eugênio Leite. Lá nós ficamos, creio, um mês inteiro. Seus pais nos receberam de tal forma que nos sentimos acolhidos, sem nenhum constrangimento. Não me lembro do pai muito bem, mas sim da mãe dela, pessoa encantadora, politizada e solidária com os movimentos de esquerda. Elza me contou que posteriormente sua mãe foi homenageada em função dessa militância e pelo apoio a tantos outros. Uma família dessas que impressiona e que são raras. Não pensa em risco, em perigo. Foi um período bem complicado, porque não se sabia onde ficar nas próximas noites, e a gente articulava a busca por um novo abrigo. Era reunião uma atrás da outra. Pontos, discussões, articulações com outras categorias, que não a estudantil... Tínhamos, às vezes, só o dinheiro da passagem.

Nos comunicávamos por cartas e telefonemas rápidos em códigos, com números para dar retorno. Eu tinha um "nome frio" (*codinome* era a repressão que usava). Era Emília, por carinho a uma prima, sobre cujos desenhos eu hoje faço meus bordados.

O Gui viajava muitas vezes para outros estados ou cidades, porque nessa ocasião a UNE estava se reestruturando. E nesse período, ou desde então, eu acho, a diretoria da UNE era dividida entre AP e PCdoB.

Fiz muita segurança de reunião. Mulher fazia segurança e cozinhava. Fora as ferozes militantes; eu não era uma feroz militante. Eu diria que era muito dedicada, mas sem acreditar muito bem... Hoje eu vejo que não acreditava. Como é que você ia mudar a realidade de um país desse tamanho com tão pouca gente? Claro que se acreditava no levante das massas: daí a importância da conscientização política. Mas a gente se comportava com uma dedicação incrível.

Ainda no primeiro ano em São Paulo, fiquei doente, tive que voltar para Brasília para me tratar, mas escondida. Tive uma pielonefrite. Foi nesse momento que ficamos conhecendo um casal que seria fundamental em nossa vida: Wanda e Luiz Emílio Soares de Gouveia Horta. Eles eram tios de uma companheira nossa, que já era casada e tinha sua própria casa. Foi na casa dela que ficamos quando retornei do tratamento em Brasília, mas ainda bem doente. Os tios não tinham filhos e se propuseram a nos receber por uma semana, semana que se transformou em quatro meses. O tio era engenheiro do IPT e a tia Wanda era professora da Escola de Enfermagem da USP. Se orgulhava de ser a primeira doutora em enfermagem do Brasil. Foi ela quem conduziu todo o meu tratamento pelo Hospital das Clínicas, em seu nome. Todos os exames foram refeitos, ela discutiu com os melhores urologistas o passo a passo do tratamento. Ela levava para casa todo o instrumental necessário para realizar meus exames, conseguia a medicação, que era caríssima, e me aplicava as injeções antes de ir dar aula. Terminou que nos adotamos mutuamente. Foram eles que alugaram uma casinha de fundos na Vila Madalena, quando eu fiquei grávida, para eu ter a Juliana. Eles são os padrinhos da Juliana. Mas até a Juliana nascer, que foi em junho de 1970, do final de 1968 a abril ou maio de 1970, vivíamos assim, uma semana aqui, dois dias ali, viajávamos, íamos para o Rio.

Nosso dia a dia era preenchido de fato por reuniões e pontos. Reuniões que eram articulações com o Nordeste, por exemplo, muita discussão em torno da conjuntura, posições sobre o caráter da revolução eram revistas, novos textos eram escritos, e mais discussões. Estudei bastante o presidente Mao, estudei o Lênin. E o tempo passava assim. Por isso, talvez, não tenha muita coisa interessante a dizer, a não ser no plano pessoal, das emoções...

Conheço apenas um casal que se mantém como casal até hoje, que é da leva da AP e foi para o PCdoB. Não conheço nenhum outro casal que tenha se mantido. Não existia espaço para discussões pequeno-burguesas como relacionamento, "DR" ["discussão da relação"]. Jamais! E com isso os casamentos foram se acabando de fato. Me separei do Gui no final de 1971 e ele foi preso em 1973. Mas havia espaço para lazer, entre uma coisa e outra. Quando íamos para o Rio, o Gui marcava pontos perto do Maracanã, se havia jogo do Vasco. Na praia, ficava paquerando as peladas de futebol até ser convidado a integrar um dos times... A última vez que o vi, eu estava indo de ônibus para a faculdade quando, no Aterro do Flamengo, em frente ao Hotel Novo Mundo, ele estava jogando num daqueles campos. Não contive um sorriso, meio para mim mesma, e pensei: "Esse aí não tem jeito mesmo!".

Quando a Juliana tinha mais ou menos um mês, no frio de São Paulo, acho que fazia mais frio naquela época, eu ia fazer ponto com ela em um moisés, olha que loucura! Tudo se encaixava... Ia para a reunião, todo mundo participava, levava fralda, e tinham aquelas famílias que eram mais próximas e que nos davam suporte, às vezes ficavam com o bebê... Uma outra pessoa incrível foi a madre Cristina Sodré (não me lembro se era Abreu Sodré, mas era prima dele), fundadora do Sedes Sapientiae. Madre Cristina era um apoio incrível ao movimento estudantil. Ela criou uma creche no Sedes, para filhos de alunas e funcionárias. Assim, a partir de certa idade, Juliana começou a passar uma parte do dia nessa creche. Havia apoios diversos. O Gui teve muitos encontros com Mário Covas, com quem já se relacionava desde Brasília. O Covas foi um deputado bastante importante para o movimento estudantil em 1968, em Brasília. Houve um episódio de "tomada" do Congresso pelos estudantes. Não sei quanto tempo durou, talvez uns dois dias apenas. O Covas foi quem providenciou leite, Crush e sanduíches durante toda a "ocupação". Dormimos no plenário. Lembro-me que ele usava sua cota de passagens aéreas para ajudar nas viagens para os encontros em outras cidades.

Devia haver umas cinquenta pessoas, não saberia dizer hoje. Talvez menos. Sei que o Gui teve encontros com o Fernando Henrique [Cardoso] também. Então você tinha figuras como essas que davam apoio e muitas vezes dinheiro, porque dinheiro não havia, era difícil

Bordado, I.B., detalhe (foto T.B.)

a sobrevivência. Você tinha que ter pelo menos o da passagem para você poder pegar um ônibus. Passamos por várias *blitze* sem nenhum problema. Houve outra pessoa fundamental em nossa vida: o músico Rogério Duprat. Rogério é o responsável por alguns dos mais maravilhosos arranjos de canções brasileiras, como "Domingo no parque" do Gil e "Construção", do Chico. Rogério era meu professor de violoncelo em Brasília, colega de trabalho de minha mãe e amigo da família desde então. O violoncelo com o qual eu estudava, não era meu, era dele. Ele me contou que o eletrificou para a Rita Lee. Brinco que deve ser por isso que eu gosto tanto dela. Rogério teve um papel muito importante no movimento tropicalista. Ele e Lali [Eulalina Portella], sua mulher, foram sempre fantásticos, em todos os níveis.

Houve uma vez em que tínhamos de descer para Santos – o Gui, outros companheiros e eu –, onde ia haver uma reunião da UNE. Nós estávamos amontoados em um fusca. O Gui fora a uma reunião e tínhamos um ponto com ele próximo à região da Augusta. Perto da Pro Mater. Foi em 1969, eu acho. Eram cerca de onze horas da noite de uma sexta-feira. E todas as noites de sexta havia uma *blitz* geral nos bares, nos restaurantes, na rua. No dia seguinte pela manhã a oban [Operação Bandeirante] passava nas delegacias para ver quem tinha sido preso. Bem, passamos às onze horas: nada. Onze e dez: nada.

Onze e meia: nada. Aí acontecem aquelas reações que você tem nesses momentos... Eu costumo ficar nervosa depois, ainda bem. Eu sabia a identidade que o Gui tinha: era uma carteira da Ordem dos Músicos e o nome do músico, dono da carteira, era Luís Botelho. Tinha a vantagem de ter o meu sobrenome. Imediatamente me ocorreu pedir socorro ao Rogério, por ser músico. Fomos dali direto para a casa dele, chegamos por volta da meia noite. Assim que eu contei para ele, sem um segundo de hesitação, ele disse: "Vou para lá agora". Cada vez que eu penso nisso... No Canal Curta passam com frequência um documentário sobre o Rogério. Vi umas duas ou três vezes. A cada vez aproveito para matar a saudade, para agradecer. Além do que o primeiro disco dos Beatles que eu pude comprar foi graças a ele, porque meu pai achava musicalmente menor, sem importância. Rogério não, estava encantado com os novos sons e achava o máximo. Advogou minha causa junto ao meu pai e consegui meu primeiro Beatles. Mas voltando ao episódio daquela sexta-feira, os companheiros e eu ficamos na casa dele, mesmo que não fosse muito seguro. Não sabíamos o que iria acontecer com Rogério. Ele foi para a delegacia... Ele chegou na delegacia e disse: "Olha, eu tinha um encontro aqui na Augusta com um parceiro, músico também, porque a gente tem uma gravação em estúdio hoje. Cheguei lá e ele não estava e me disseram que ele tinha sido preso, é o Fulano de Tal etc.". A primeira coisa que o Gui fazia era tirar os óculos, porque ele tinha nove graus e meio [de miopia], então os olhos ficavam lá no fundo, pequenininhos. Na verdade, ele tinha olhos enormes. Sem os óculos ele não enxergava nada, mas ficava diferente. É quando um cara chama "Luís Botelho!", ele se apresenta e sai livre. Quando chegaram em casa, eu não conseguia acreditar que havia dado tão certo. Aí eu tive a maior tremedeira da minha vida. Tenho um agradecimento que não tem medida pelo que algumas pessoas fizeram. Da mesma forma que ele foi entregue à repressão por um companheiro, há outros que arriscaram tudo.

Aos poucos vou me lembrando de episódios similares, como o da gente em um ônibus, à noite, indo de Santana para Vila Madalena, com a Juliana no colo, quando o ônibus é parado por uma blitz. E o Gui cheio de documentos políticos numa sacola. Imediatamente, ele me puxa para o último banco do ônibus e joga os documentos em baixo.

Como a gente era uma família, os caras não deram atenção. Fomos para muitos pontos com a Juliana. No parquinho em que estava o papai brincando com a filha, e o outro de pé do lado. O que me espanta ainda hoje é a coragem de uma inocência absoluta. Absoluta. Não ocorria o real perigo... Minha coragem era mesmo por inocência, eu acho. O Gui não, o Gui me parecia muito corajoso de fato. Não sei o que ele diria hoje.

Enfim, o pessoal do PCdoB foi para o Araguaia. Eu conhecia dois que eram da mesma diretoria na UNE do Gui: [José] Genoíno e Helenira [Rezende de Souza Nazareth], uma das mortas no Araguaia. A gente não tinha nenhuma relação com a luta armada, que era sempre criticada. Mas, claro, havia a solidariedade com os companheiros de outras organizações. Sofria-se com os assassinatos e as encenações feitas pela repressão. A morte do Marighella, por exemplo, foi horrível. A foto dele morto dentro daquele fusca, na primeira página dos jornais, é uma imagem que revivo até hoje. E aquela mentirada toda...

Nós acreditávamos que íamos mobilizar as massas. Isso se chama linha de massas. Para fazer a revolução, a luta armada seria lá para frente, na evolução do processo. Revolução socialista primeiro, que depois evoluiria para o comunismo. Mas mobilizar as massas era um processo muito a longo prazo, que parecia que ia acontecer no ano seguinte. Lembra-me aqueles movimentos de esquerda excessivamente otimistas que acham que tudo conspira a favor de uma mudança. De qualquer maneira, vivíamos numa urgência revolucionária. Para o Gui, até dormir era perda de tempo (o que resultou em situações engraçadíssimas!), e os sentimentos/sofrimentos pequeno-burgueses eram duramente rechaçados. Por exemplo, a morte do pai do Gui, que gerou uma tristeza muito grande, mas não podia ser demonstrada: você não podia ficar triste, porque isso era fraqueza. Havia então uma dureza, uma rigidez assustadora. Parece que em outras organizações era bem pior, não sei. Eu fui questionada quando engravidei. Não me ocorria que alguém pudesse questionar uma decisão tão pessoal – o Gui nunca hesitou em relação ao bebê –, e também não me ocorria qual seria a dificuldade de ter um filho na clandestinidade. Eu devia ser muito idiota.

Mas era todo mundo tão jovem. Conheci mais um casal que teve uma filha. Mas creio que, nas minhas relações, só eles. Tinha algumas pessoas mais velhas, como o Paulo Wright, que tinha filhos, mas havia deixado a família em Santa Catarina ao decidir pela militância integral. Alguns tiveram filhos bem mais velhos, já fora da clandestinidade, como o Jair Ferreira de Sá, que era nossa maior liderança. Brincávamos (e ele não gostava) que, se o presidente Mao era o sol que iluminava a China, Dorival (seu nome frio) era o luar do sertão! Mas voltando às questões sobre o cotidiano, ele se passava assim, não havia computador, não se usava o telefone, para qualquer coisa você se deslocava: um ponto na Celso Garcia, ponto em Taboão da Serra, reunião pra integração na produção – essa eu não dei conta, não dei conta! Você me imagina operária? E me parecia tão absurdo. Depois me propuseram integração como bancária: também não me entusiasmou. Hoje eu sei que eu tinha total clareza do absurdo, só que aquilo não estava sistematizado na minha cabeça. O Betinho foi um que ficou integrado na produção; sei que foi bem difícil, em função de sua hemofilia. Era isso: você, engenheiro, ia trabalhar de operário. Fiz panfletagem em porta de fábrica, lembro-me que havia fábricas na Avenida do Estado, dando uma força ao movimento operário. Não me lembro se eram situações de greve.

E havia a questão do dinheiro. Éramos "financiados" por pais, amigos... Tudo picadinho. Por exemplo, os tios (aquele casal a que me referi) passaram a nos dar uma mesada. Aí um companheiro (aliás uma pessoa que, quando foi preso, entregou o que pôde, inclusive esses nossos tios adotados) foi fazer uma reunião com eles para dizer que eles tinham de dar o dinheiro para a AP e não para a gente. Aí o tio falou: "Não, eu não sou simpatizante da Ação Popular: sou contra a ditadura e amigo deles". E foram eles que nos viabilizaram esse tempo inteiro. Era uma casinha na Rua Mário de Alencar, que era Sumarezinho na época e agora é Vila Madalena. Era isso. Às vezes eu não tinha nada, nada. Roubei muita sopa de pacote no Bazar 13, da família do escritor Raduan Nassar. O que era também complicado, porque era perigoso. Imagine ser pego porque esta roubando sopa de pacote?

As lembranças vão chegando muito aos poucos até porque você, como defesa, baixa uma cortina de proteção... Eu estava até falando das pessoas mais velhas que eu conheci. A AP fez um churrasco, uns anos atrás, o "churrasco da Ana Paula"; descobri que o meu ginecologista tinha sido da AP ainda católica... Ali foi muito engraçado, foi um encontro de gerações. Lembro-me de alguns detalhes que podem dar um certo colorido àquele cotidiano. O Gui fazia ao acordar, sistematicamente, os exercícios da Força Aérea Canadense: eram 11 minutos diários. Eu fazia com ele. Ele se preocupava com o corpo e a saúde, para resistir melhor na prisão. E havia as leituras. Lia-se muito o presidente Mao, o livrinho vermelho e textos como "Sobre a prática", "Sobre a contradição", mimeografados, "O velho tonto que removeu montanhas". Fui ler Gramsci depois, interessante isso.

Então veio 1973, ano que foi um arraso para a Ação Popular. Eles deram primeiro atenção ao pessoal da luta armada. Só depois pegaram o pessoal da linha de massas, a AP. Acho que pegaram o PCdoB antes por causa da guerrilha do Araguaia. Aí AP e depois o Partidão, para nós, os revisionistas. Estava comentando com um amigo egresso do Partidão outro dia, que em certo sentido eles, em termos quantitativos, talvez tenham sido os que perderam mais gente, até porque houve mais períodos na ilegalidade, não sei. Em 1973 perdemos muitos amigos. É quando o Gui é preso, no dia 10 de outubro de 1973. Também em outubro caíram o Zé Carlos da Mata Machado [José Carlos Novaes da Mata Machado], o Humberto Câmara Neto [Humberto Albuquerque Câmara Neto], o Paulo Wright [Paulo Stuart Wright], irmão do falecido reverendo James Wright que, junto com o rabino Henry Sobel e D Paulo Evaristo Arns, foi um grande defensor dos direitos humanos.

Paulo era um dos companheiros mais velhos e, se não me engano, havia sido deputado estadual em Santa Catarina. É uma figura pela qual eu tenho um imenso carinho, porque ele percebeu a minha dor, e me deu uma atenção quase paternal. Ele marcava encontros comigo e ficava conversando sobre os rumos da vida e as dificuldades da militância. Lembro-me que, mais de uma vez, ficávamos indo e vindo de barca entre o Rio e Niterói, para conversarmos com tranquilidade e segurança. Lembro-me de chorar algumas vezes. Eu era uma criança e o Gui também era, mas havia uma grande diferença: ele já nascera militante. Ele era uma pessoa muito bem humorada, muito cheia de vida, eu gostei muito dele, tinha uma qualidade fantástica, que era a capacidade de rir de si próprio. Ele tinha o apelido de Fradinho, o Fradinho

Bordado, I.B. (foto T.B.)

do Henfil, que adorava fazer sacanagens. Nosso neto Lucas me lembra muito seu humor, além de também achar que dormir é perda de tempo!

Ele tinha 26 anos quando foi preso. Era de março de 1947. Pelo que conseguimos saber até agora, com os trabalhos da Comissão da Verdade (uma coisa aqui e outra ali têm aparecido), ele teria sido morto em janeiro de 1974. Mas ainda não conseguimos confirmar.

Ele foi capturado no Rio. Quando a gente se separou, combinamos o seguinte: já se tinha desconfiança de dois caras, um deles é aquele que foi dizer aos tios para não dar a mesada para nós, e sim para a organização. Aproveitando isso, o Gui me disse: "Eu vou contar a eles [aos dois companheiros sob suspeita] uma história", e a gente montou uma história de que eu não tinha nada a ver com aquilo, o que em certa medida era verdade, e que então a gente estava se separando e eu ia para o Rio e ele ficaria em São Paulo, porque o importante era não ficarmos na mesma cidade, por segurança.

Mas o motivo principal foi que a relação obviamente estava muito desgastada. Eu havia perdido meu pai, sofri muito e comecei a repensar as coisas. E tinha a Juliana. Era comum sabermos de famílias que tinham sido presas e que a criança era torturada na frente dos pais ou vice-versa, e tínhamos pavor disso. Só que, mais tarde, no final de 1972, ele foi para o Rio. A gente se encontrava de quando em quando, ele pegava a Juliana e ia brincar na praça...

No ano passado, a Comissão da Verdade do Rio fez uma cerimônia em torno dos 40 anos do desaparecimento do Honestino. Juliana estava na mesa. Também estava o Gusto [Agostinho Guerreiro], meu segundo marido e pai de minha filha Janaína, dirigentes da própria Comissão e acho que a presidente da UNE. Nesse momento, o Gusto – que estava lá como ex-companheiro, mas também como o segundo pai da Juliana –, conta um episódio que eu havia apagado completamente de minha lembrança. E trata-se de um momento registrado em fotos, inclusive uma delas Juliana colocou em seu Facebook: o Gui com a cabeça deitada no colo dela, pequeninha, com três anos de idade. A gente ia se mudar de um apartamento e ia para uma casa e então o Gusto me propôs: "Vamos levar o Gui para passar o dia conosco?". Como nosso endereço não seria mais aquele, não haveria problema de segurança. Foi um dia maravilhoso, fizemos um almoço especial e é desse dia que eu tenho essas fotos. Isso foi final de 1972 ou início de 1973, eu acho que ele já estava morando no Rio.

Em 1972, eu saí da clandestinidade estrita, prestei vestibular na Letras da UFRJ. Para o círculo de amigos do Rio, a maioria egressa do movimento estudantil, resolvemos que eu seria Isa, porque de alguma maneira minha vida era semiclandestina. Ninguém sabia quem eu era e nós continuamos um trabalho político montando cursos de madureza em favelas, nessas que têm UPP agora. Me lembro da Vila Cruzeiro, uma casinha da Associação de Moradores, eu dando aula, começa um tiroteio, todo mundo deita no chão e quando o tiroteio acaba todos levantam e continua a aula. Aula à noite. Era isso, quero dizer, tentávamos, pelos cursos de madureza, continuar algum trabalho político, conscientizar as pessoas...

Nós vivíamos então uma vida "normal"; todos articulados entre si, mas não como uma militância partidária. Foi o período em que eu mais convivi com o Jair, nosso Secretário Geral, que morava perto de nós. Tínhamos um intenso convívio juntos, até terapia juntos fizemos com o Roberto Freire, que havia se tornado reichiano e criado a somaterapia. Roberto havia sido de AP e era muito amigo do Jair. Mas nesse período já tinha um grupo jovem se articulando em torno da AP. Conheci alguns, mas não acompanhei essa rearticulação. Acompanhei apenas a decisão do Jair de uma dissolução da AP dentro do PT. Jair manteve a amizade com o Serra, ex-companheiro e ex-presidente de UNE. Sei, por relato dele mesmo, que o Serra, já no PSDB e Secretário do Planejamento [do Estado], o contratava para trabalhos eventuais, como forma de ajudá-lo.

E um dia eu soube que o Gui tinha desaparecido. Eu soube de imediato porque a gente tinha esquemas combinados. Um mês antes ele deixou comigo uma cópia de um "mandado de segurança popular" que ele escreveu, denunciando que, se fosse preso, sabia que seria morto. O Brizola, durante seu governo, doou um prédio na Rua do Catete para a UNE, e na inauguração eu li esse texto. Teve muito impacto. O prédio recebeu o nome dele. No entanto, foi abandonado depois. O Jair [Ferreira de Sá] ficou muito emocionado e veio falar comigo que não sabia da existência desse texto, e olha que a gente convivia muito. Ou seja, esse período todo no Rio teve uma militância de outro caráter. Acho que a militância é uma coisa muito forte na minha vida e na dessa geração.

Penso em meus companheiros posteriores, principalmente o pessoal ligado às artes e à cultura: transferimos para o nosso trabalho esse compromisso. É o que foi a Funarte [Fundação Nacional Das Artes] até 1985. Foi uma instituição criada já no governo Geisel, acho que com 95% do seu corpo funcional de ex-militantes de esquerda, que transferiram sua militância para o campo da cultura. E é interessante porque a leitura que eu faço da Funarte, no meu livro, é a mesma que a Cecília Londres [Maria Cecília Londres da Fonseca] faz com a área de patrimônio: uma transferência de militância política para uma militância explícita e possível. E isso era muito forte, o compromisso até hoje é um compromisso de militância. Quer dizer, quando eu invisto hoje em formar e qualificar gestores culturais, por exemplo, é também no sentido de construir uma sociedade melhor. O sentido é exatamente esse, é um prolongamento de meus sonhos anteriores...

Fui fazer faculdade apenas com 21 anos, era bem mais velha que meus colegas... Fiz Letras na UFRJ. Eu tinha que fazer uma faculdade que não me exigisse estudar para fazer o vestibular. Eu tinha passado esse período todo completamente desligada dos estudos curriculares. E eu queria fazer psicologia, é o que eu sempre quis, por isso tenho muitos clientes de botequim... E Letras era um campo no qual eu achava que seria possível passar sem preparação, dada a minha formação de casa. Eu não terminei o segundo grau. Quando saí de Brasília, fiz exames de algumas disciplinas do "madureza" [supletivo], e só faltavam umas três, acho que faltavam matemática, ciências e uma outra chata qualquer, não me lembro qual. Então eu e uma amiga, já preparando minha saída da organização e os novos rumos em minha vida, terminei fazendo esses três exames no Colégio São Bento de Araraquara, no final da clandestinidade. Aí eu fiz, passei, e fui fazer vestibular no Rio. Fiz Letras na UFRJ.

Esse foi um período terrível, o período Médici. Terrível, terrível. Lembro-me de uma vez quando soubemos da queda de alguns ex-colegas do Gusto, da agronomia de Piracicaba (o Gusto é engenheiro agrônomo), e tivemos de sair de casa imediatamente. Fomos morar um mês em Niterói, na casa de uma colega de faculdade, cuja família encantadora nos acolheu. Seu pai faleceu há duas semanas, era médico das minhas filhas, ligado ao antigo Partido Socialista, Agnaldo Marques. Então nos mudamos para Niterói durante um mês até saber o que de fato havia acontecido com os companheiros de São Paulo... Na verdade, esse período que eu chamo de semiclandestinidade, foi também intenso, mas com uma vida "normal". Indo para a faculdade, levando a filha para a escola... E ao mesmo tempo dando aula de madrugada, na Vila da Penha (que nós suspendemos, porque o pessoal era muito "classe média"), depois na Vila Cruzeiro...

Conheci meu segundo marido no período de clandestinidade, só que ele saiu antes da organização, da AP. Mas continuou sendo um militante, é militante do PT, é uma figura admirável, o Gusto. Foi muito doloroso, porque foi quando eu revivi a prisão do Gui, a morte do Gui. Tudo aquilo que durante um período eu consegui isolar atrás de uma armadura para seguir vivendo, caiu por terra depois, no período da anistia. Você passa a conviver com pessoas que tinham seus mortos, seus desaparecidos, suas tragédias. Percebo agora que esse período e o sofrimento envolvido nele deve ter tido relação com o fim de meu casamento com o Gusto. Não havia pensado nisso até agora.

Quando se completou um ano do desaparecimento do Gui, eu tinha certeza que ele estava morto, quer dizer, sabia qual era a sanha em cima dele, o tal "mandado de segurança popular" já denunciava isso. Eu confesso a vocês que eu rezava para que, se fosse para morrer, que ele morresse logo, para não passar pelas torturas terríveis que sabíamos ser o método usual. Até hoje é difícil imaginar uma pessoa, principalmente querida, sendo submetida a isso... Só agora a gente está tendo uma ou outra informação sobre o assassinato dele, nesse período de dezembro de 1973 a janeiro de 1974.

Nós sabemos desde aquela época quem o delatou. A Comissão da Verdade está tentando convocá-lo, sem sucesso. Vão solicitar ao Ministério Público que faça a convocação. Ele tem sistematicamente se recusado a atender o telefone, no trabalho dizem também que não está. Essa reação me parece absolutamente previsível. Ele era da diretoria da UNE. Ele foi preso em Goiás, foi solto e aí foi fazendo todos os pontos que tinha e os companheiros foram caindo.

Ele entregou várias pessoas. Eu cruzei com esse indivíduo. Agora no aniversário da Juliana, o Gusto veio com sua mulher para comemorar, e foi quando eu perguntei para ele, durante o almoço: "Gusto, aquele dia que nós cruzamos com o Fulano...". Nós morávamos em frente àquela vilazinha, Vila Maria Júlia, que fica em frente à Casa de Rui Barbosa, aliás, onde a Juliana brincava toda manhã no jardim. Nós estávamos em frente ao Colégio Jacobina, perto do sinal de trânsito. E aí a gente cruza com esse sujeito na rua... Houve aquela troca de olhar, a hesitação... E seguimos. Eu fiquei gelada porque a gente estava pertinho de casa. O que eu não conseguia lembrar era se isso tinha ocorrido antes ou depois da prisão do Gui. E o Gusto me confirmou que foi depois, então quando eu gelei, eu gelei porque era ele! Era um estudante gaúcho que acabou se radicando em Goiás, parece que mora em Goiânia hoje.

Há uma nova informação sobre o Gui – porque tanto o pessoal do Rio como o de Brasília está sempre nos mandando notícias –, de um rapaz, mas não estavam conseguindo localizá-lo, que fazia residência

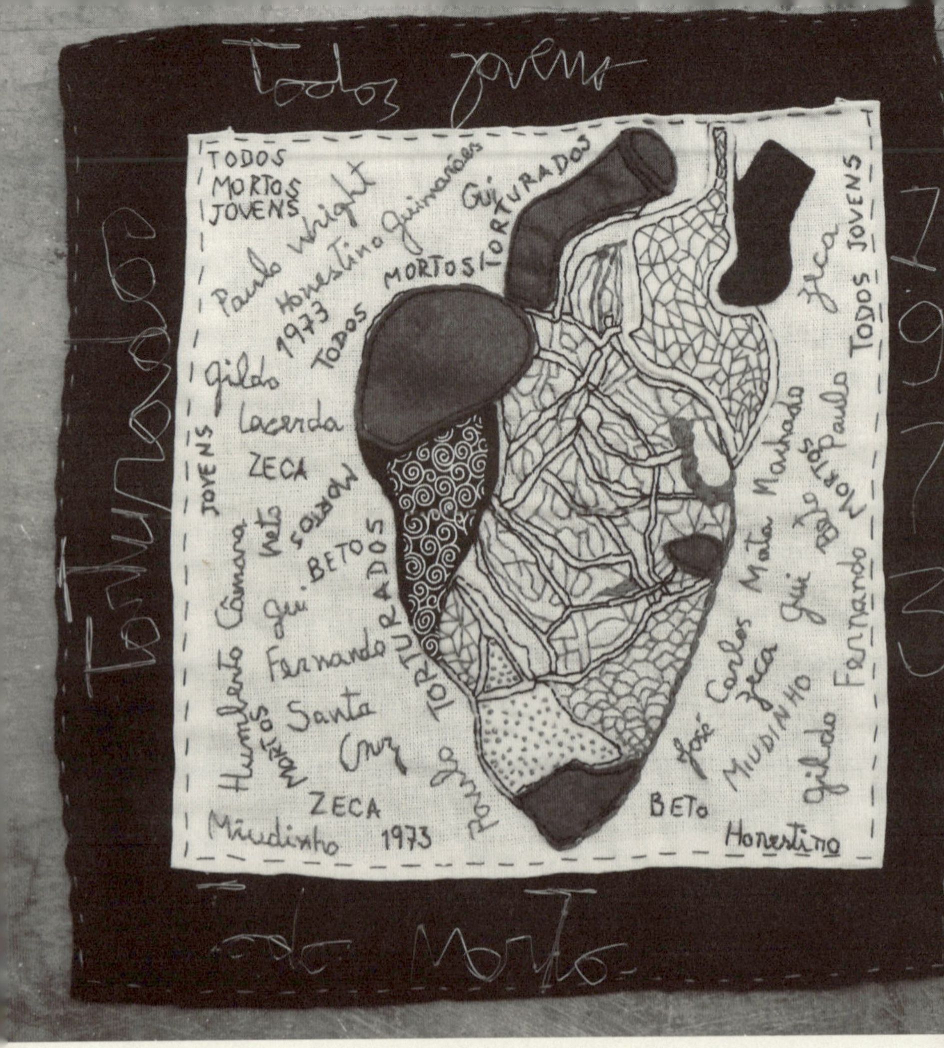

Bordado, I.B. (foto T.B.)

médica no Hospital Militar de Brasília e disse ter visto o Honestino no hospital, ferido, mas ainda vivo. Estão buscando o contato com essa pessoa...

No período do Comitê de Anistia foi um terror, porque a quantidade de histórias que aparecem, e você sabe que não são verdade... As pessoas acham que você não sabe de nada... De certa forma, nós acompanhávamos o que estava acontecendo com o Gui. Por isso ficamos sabendo da prisão dele ou no mesmo dia ou no dia seguinte, e a gente tomou todas as providências que tinha que tomar; assim como a mãe dele ficou sabendo também imediatamente, porque tinha todo um esquema de avisos. E eu tenho a impressão de que ficamos sabendo no dia, foi imediato. Eram coisas do tipo "Se não chegar em casa, ligue para fulano e diga tal coisa". O outro também tinha, por sua vez, de ligar, e foi nessa corrente que a notícia chegou a nós. Aí a gente não tinha motivo para sair de casa, mas tinha motivo para deixar de ir à faculdade. Então, por um período que acho que foi em outubro mesmo, dei uma desaparecida também. O que acontece é que você vive o que está lá fora todos os dias. Se por um lado você se acostuma, como um médico que se acostuma com o sangue, ao mesmo tempo você está o tempo todo vivendo a tragédia humana, e no caso era isso. Essa coisa que eu tenho de precisão de horário, não tenho dúvidas de que tem a ver com isso.

Eu fui do Comitê de Anistia do Rio de Janeiro, do Comitê dos Desaparecidos. Foi uma experiência muito dolorosa. Foi nela que eu de fato vivi o luto, tanto que acho que contribuiu para a minha segunda separação. Logo depois me separei do Gusto.

Muita gente fazia parte da comissão, o pessoal do Rio todo: César Benjamin, mãe, irmão, a Abigail Paranhos [Francisca Abigail Barreto Paranhos], que era minha advogada e já faleceu, Ana Muller [Ana Maria Muller] que é a minha advogada, a Dulce Pandolfi [Dulce Chaves Pandolfi], atual mulher do Gusto e madastra das minhas filhas, o Serginho [Sérgio Amaral], porta-voz do Lula durante os oito anos de governo, que teve um primo desaparecido... Era muita gente, porque eram os familiares que, como no caso do Serginho, não era uma coisa direta, mas sim um primo. Então havia pais, primos, cunhados. Era muita gente.

Tínhamos reuniões semanais, pesquisávamos, tentávamos recompor histórias, contatos com parlamentares, fomos todos para a votação da lei da anistia em Brasília. Juliana, com nove anos, foi comigo. Nosso ônibus sofreu um atentado, na minha cidade, na parada da minha cidade, no noroeste de Minas, a 200 quilômetros de Brasília. A gente não notou na hora, todo mundo desceu e foi comer pão de queijo, quando, de repente, começa uma tosse, falta de ar. Jogaram uma bomba de

Bordado, I.B. (foto T.B.)

efeito moral na lanchonete onde estávamos e furaram os pneus. Só percebemos isso já quando retomamos o caminho, todo mundo tossindo, sem entender o que estava acontecendo: por sorte nosso ônibus tinha aquele sistema de encher o pneu automaticamente.

Foi uma coisa muita dolorosa porque de repente eu estava vivendo um período que já tinha passado e que estava sendo atualizado pela história de outras pessoas. Nesse período, também, eu fui contatada por um amigo da área de cinema, que estava casado na época com a ex-mulher de um companheiro da Ação Popular, que foi assassinado, o José Carlos da Mata Machado, filho de um político mineiro, católico, o dr. Edgar. Ele era deputado federal, tinha relações no Vaticano que, me parece, intercedeu junto à ditadura brasileira. Por isso conseguiu que lhe entregassem o corpo do filho, que veio num caixão lacrado. O Zeca foi preso em São Paulo, mas morto no Recife. E a então mulher dele tinha se casado com esse cineasta. Ele é paraibano e eu estava na Paraíba a trabalho, e ele me pede para fazer a transcrição das fitas gravadas do irmão dela, que tinha denunciado Deus, todo mundo e mais um pouco, inclusive o cunhado. E numa atitude de arrependimento ele grava tudo. Foi uma experiência... Não queiram saber. Eu ouvi a confissão de um delator: três fitas. Consegui um colega de trabalho que era grande amigo do Capiberibe pai [João Alberto Rodrigues Capiberibe, ex-governador do Amapá], que já faleceu, Sergio Tolipan. Sérgio topou me ajudar e a então mulher dele, a Lena. Outro dia eu estava querendo saber onde isso foi parar, porque entreguei ao Comitê de Anistia, creio. Gilberto Prata era o delator.

Ele também era da AP. Foi um terror, um terror ouvir um negócio desses. E você tem que ouvir várias vezes, porque está fazendo a transcrição. E agora faço aqui essa ponte com o desgaste do meu casamento. É claro, eu estava vivendo outra vida! Então eu acho que são vidas... Eu diria que a minha vida é muito entremeada por toda essa experiência, até porque tenho amigos muito queridos até hoje que são desse período.

Mesmo a ida para a Funarte, eu fui para lá porque uma amiga estava trabalhando ali, uma amiga que havia sido da AP. Foi em 1978. Era o período de abertura. Quem dirigia a instituição era uma pessoa de quem gosto imensamente, o Roberto Parreira. Ele tinha como prática isso, você reencontrava lá dentro gente de todas as organizações, ex-exilados, autoexilados. É uma coisa de geração, o que se confirma com o pessoal também ligado à questão do patrimônio, que transfere já no período de abertura uma militância política para uma militância politico-cultural, no meu caso, e que virou a minha vida.

Mesmo porque nunca cogitei de entrar para a política partidária. É uma experiência que me faz dizer que nem para partido macrobiótico eu entro! Tenho um trauma com relação a centralismo democrático, todas essas coisas, de se meterem em sua vida, discutir suas opções. Acho que sou uma militante nata, à minha maneira, mas tenho horror dessas coisas... O que não deixa de ser surpreendente, porque de certa forma a minha vida está muito em espaços de disputa de poder, a vida pública, os ministérios, onde geralmente me dou mal porque eu não sei ou não quero jogar o jogo. Foi o Ismail [Xavier] que explicitou e que me aliviou bastante — "Não adianta ficar brava com o que acontece, se você não faz o jogo político você não pode ficar brava". Então realmente não tem do que eu reclamar mais!

Do ponto de vista pessoal, foi uma experiência riquíssima e muito dolorosa. Do ponto de vista político, eu fico às vezes abismada quando vejo as leituras que se faziam na época das possibilidades reais de se alterarem as coisas... Isso não me tira nada a admiração pelo momento, pelas opções. A juventude faz muito isso, mas então você fica mais velho e fica ou mais razoável ou mais medroso, um dos dois. Ou mais conservador? Eu tenho uma admiração muito grande por aqueles que conseguiram transformar isso numa militância respeitável nos diversos partidos. Ao mesmo tempo, tenho grandes decepções ao ver que é uma geração que não conseguiu, ou pelo menos não quis levar às últimas consequências uma maneira diferente de fazer política. E isso para mim é uma tristeza muito grande: "Vou votar aqui porque não vou votar lá, não porque eu esteja concordando". Mesmo na segunda eleição do Lula, eu votei por causa dos dados do IBGE. Eu tenho buscado lógicas desse tipo, alguma coisa que justifique meu voto, porque senão se cai num niilismo que não leva a nada.

Mas tudo isso teve de alguma forma uma continuidade na minha vida, e eu diria que isso já trago de casa também, da minha formação. Minha mãe foi uma das alunas diletas do Mário de Andrade, que foi seu padrinho de casamento. Quando você vê a carreira do Mário de Andrade, mamãe foi aluna dele desde os 12 anos, ela sempre dizia, como tantos outros dizem, que a experiência dele no Departamento de Cultura de São Paulo foi o que o matou, quer dizer, perder todo aquele trabalho incrível. Ele ficou dois anos e depois tudo mudou. Eu fico impressionada de ver como a vida daquele homem foi uma vida de militância. E minha mãe foi uma mulher de militância e isso ela passou para mim de uma forma muito forte. Eu acho que o meu encantamento com o Gui, assim de cara, foi admiração pela militância. Eu encontrei uma causa! Uma causa que não era uma causa, era algo que, na verdade, exigia que eu abrisse mão de tudo aquilo que eu admirava e gostava do ponto de vista pessoal até então, porque eu também não queria uma causa para virar uma Santa Teresinha ou algo assim. Eu imaginava a possibilidade de ter uma vida política em que você também pudesse viver normalmente, se se pode dizer assim, mas eu tinha 16 anos, e o que é que a gente sabe com essa idade...?

O que também deu continuidade a essa história foi a experiência na Funarte. A Funarte era uma instituição muito jovem, com gente jovem. O próprio Roberto tinha 32 anos na época, foi seu primeiro diretor. Enfim, é a primeira vez que surge uma instituição que reúne todas as artes e uma proposta de uma política de apoio, só que isso também não estava pronto na cabeça de ninguém, isso foi sendo feito no conhecimento que se foi construindo do país, e tínhamos a sensação de estar contribuindo para um país melhor. A gente era arrogante também, jovem é danado. Mas de qualquer forma, tinha uma proposta de desenvolvimento cultural para o país, que continuou sendo a minha bandeira até hoje, só que em outras bases, com muito mais experiência. Adoro o que eu faço hoje, que é pegar gente tentando dar certo, melhorar o mundo. Ajudá-las a entender a realidade em que estão inseridas – desafio para seus exercícios profissionais – e o profundo significado que há em se integrar a cultura na vida das pessoas, não como algo externo a elas. De alguma forma, é uma área que entrou na agenda de discussão, coisa que era muito marginal mesmo no tempo da Funarte.

Quando o Collor acabou com essas instituições federais em 1990, ninguém levantou um dedo em favor da área! Eu tenho até uma hipótese sobre isso, que é o fato dessa instituição lidar com instituições, e instituições não gritam! Instituições públicas principalmente, porque estão sempre mudando de dirigentes. Então o tema hoje, mesmo nos estados mais pobres, tem uma presença muito diferente, graças às conferências municipais de cultura. Trata-se de ajudar as pessoas a olhar a realidade socioeconômica e cultural de seus municípios, e como trabalhar a organização disso, e os resultados têm sido muito bons.

Para concluir, já se disse que toda história é um trama, então eu queria dizer que a minha acabou sendo um bordado. Ou vários. Eles começaram há um ano e meio, mais ou menos. Cansaço muito grande, algumas desilusões com a vida, nada com a vida pessoal. Uma prima minha muito querida me disse uma vez: "Isaurinha, você tem que começar a contar essas histórias porque só você sabe delas". Na verdade, sei porque meu pai era um grande contador de histórias familiares, tem até um "anedotário". Estas eram as histórias às quais minha prima se referia. Eu acho que duas coisas se somaram, as histórias de família e minha tendência "psicoanalisante". Comecei então o que chamei de "bordado-terapia", e tem me feito muito bem. Alguém já mencionou uma exposição, mas eu penso um pouco num livro, talvez. Tenho uma paixão absoluta pelo Arthur Bispo do Rosário e tem a contribuição dele, embora o que eu faça não tenha nada a ver com ele: ele foi um gênio, eu não sou, mas ele está dentro de mim. De alguma forma, é também organizar um pouco o meu mundo, assim como ele organizava o dele. Eu tive muita dificuldade de entrar em determinados temas, um deles foi o de minha mãe: quando consegui entrar na seara de minha mãe é que cheguei na das minhas filhas. Tive muita dificuldade de entrar no do Gui, e só entrei por causa dos quarenta anos de desaparecimento dele, que foram comemorados no ano passado. Aí, a partir dele, eu estou entrando em outras coisas. Funciona mais ou menos naturalmente. Então às vezes eu passo umas três semanas sem ter vontade de bordar e de repente, quando eu entro numa pegada muito pessoal, e a vida "lá fora" me solicita, é horrível, porque eu quero ficar bordando o tempo inteiro. Tem momentos dolorosos, tem alguns bordados que são muito dolorosos, que eu fiz numa chave ressentida. Por exemplo, uma coisa que sinto um prazer enorme é ver que o ressentimento não tem aparecido mais, nesses outros temas. Passei por avós, por pais, e me faz um bem enorme.

É como se eu estivesse bordando minha história. Tive uma experiência incrível com uma amiga que é muito querida, convivemos muitíssimo aqui em São Paulo, no tempo em que vivi na clandestinidade. Ela se casou com um companheiro nosso, ela era aquilo que se chama de simpatizante, pessoal de apoio. Terminou indo para fora e ela volta para o Brasil quando o Gui e outros tantos companheiros de Ação Popular tinham sido presos e alguns a gente já sabia que estavam mortos. E aí uma pessoa ligada a eles chega até nós, ao Gusto e a mim, dizendo que a volta deles tinha sido um acordo com os militares. Ele contaria tudo o que estava acontecendo, no lugar onde eles estavam, e então ele seria preso e depois solto. E ela estranhava porque eu estava completamente em guarda, e chegou um momento em que não consegui mais segurar e contei para ela. O casal foi até a pessoa que teria sido a origem da informação que chegou, e ela negou veementemente. Como é que eu poderia inventar uma história dessa? Com isso eles se afastaram de nós. Ela era uma pessoa tão querida que uma vez eu tinha ido a um show com um amigo e, quando a vi, fui abraçá-la – ela me deu um "chega pra lá". Foi quando me lembrei do que havia acontecido, porque eu tinha esquecido. Enfim, o tempo passou. Juliana tem um restaurante, frequentado por essa amiga. Propõe um encontro comigo. Muito tensa, fui para o jantar com ela, eu estava muito nervosa, porque não sabia o que eu ia encontrar. O jantar foi ótimo, rimos, choramos. E duas semanas depois tive um sonho e mandei-lhe um e-mail: "Vamos nos encontrar, saudade de nós" etc. Ela veio almoçar conosco num domingo. Havia comentado com Ismail (meu marido) que ia chegar o momento em que essa história iria vir à tona, mas pensei que seria dali a meses. No entanto, nem uma hora havia se passado e ela pergunta: "Por que a gente não se viu mais?". E eu: "Você não lembra?". Ela respondeu: "Não!". Ela já estava separada do marido havia bastante tempo. Eu rememorei a história e ela disse: "Não me lembro disso...". A gente esquece mesmo as coisas. "Então é por isso que o livro do Fulano de Tal fala que [o ex-marido] havia falado demais!". Foi um domingo delicioso, não vamos deixar de nos ver. Eu queria ligar para ela no dia seguinte, querendo continuar a reviver nossas vidas. Controlei-me e bordei uma carta para ela e mandei por e-mail, tirei a foto. Depois ela me escreveu uma mensagem lindíssima, falando do quanto tinha se emocionado. Outro dia a gente se encontrou por acaso e ela disse que, de fato, lembrar daquela história tinha mexido demais com ela. São histórias de quarenta anos atrás que de repente viram aquilo que você está vivendo durante três semanas. Ou seja, os bordados têm me ajudado a viver de alguma forma. Estamos todos tentando. Essa foi a forma que encontrei.

Bordado, I.B., detalhe (foto T.B.)

Depoimento de José Carlos Dias

Refleti muito sobre o que dizer aqui, e achei que valia a pena (principalmente porque estou ao lado de um perseguido político que depois se impôs, na sua vida política, na democracia brasileira, que é o Paulo Vanucchi), dar um pouco do testemunho de como vivi esses cinquenta anos. Porque os cinquenta anos do golpe correspondem exatamente aos meus cinquenta anos de advocacia. Eu me formei nos últimos dias da democracia e só advoguei nesse período da ditadura como advogado criminal, e atuei muito na defesa de perseguidos políticos. Eu tenho a honra, vivo a emoção de dizer que dei assistência jurídica a mais de quinhentos homens e mulheres que foram presos, processados, torturados, por terem resistido à ditadura. Portanto acho importante dar um pouco a visão do que foi advogar nesse período, acho que é o que de novo eu posso trazer, por ser [aqui] o único advogado que realmente participou dessa experiência.

Quando eu me formei, depois de ter estudado vários ramos do Direito, especialmente o Direito Penal, da minha preferência, nunca havia passado pelas minhas mãos a Lei de Segurança Nacional, nunca ouvi uma aula sobre crime político durante os cinco anos da Faculdade de Direito. Daí ter sido uma experiência totalmente nova quando precisei me debruçar sobre o Código de Processo Penal Militar, sobre a Lei de Segurança Nacional, porque estava sendo procurado para defender jovens, operários, intelectuais que estavam sendo perseguidos pela ditadura. E foi uma experiência dura. Éramos poucos advogados. Outro dia, instado a dizer sobre os advogados daquele período, que atuaram intensamente na Justiça Militar, eu enumerei doze advogados em São Paulo...

Dizia que foi efetivamente uma experiência muito difícil e muito dura. Não só porque cumpríamos um noviciado, uma experiência totalmente nova, experiência extremamente instigante e apaixonante.

É preciso também dizer que experimentamos o medo. Todos nós, quase todos desses doze advogados, vivemos momentos de violência pessoal, de ameaça e até de prisões. Eu me recordo das prisões que sofri e que foram em razão especificamente do exercício da advocacia.

Outra experiência terrível foi trabalhar na defesa de memórias, pois defendemos muitos mortos e desaparecidos. Tínhamos sido adestrados a defender a liberdade e nos vimos obrigados a defender memórias. Eu tenho no meu passado vários clientes que foram mortos e de quem procurei descobrir de todas as formas se estavam vivos, onde estavam presos, de que forma haviam sido presos.

Cito um exemplo, essa figura extraordinária que foi Heleny Ferreira Telles Guariba. A Heleny foi presa junto com seu companheiro, José Olavo Leite Ribeiro, permaneceu presa durante vários meses, até que depois de vários pedidos de revogação da prisão preventiva que ela sofria, acabou posta em liberdade ainda sem ser julgada, ou seja, foi relaxada a sua prisão preventiva. Heleny era uma figura extraordinária, professora, atuando em teatro, de uma simpatia pessoal fora do comum. Ela e seu companheiro, José Olavo, se tornaram realmente meus amigos. Eu me recordo de que Heleny frequentava meu escritório e ficou amiga também de todos os meus colegas, mercê de sua capacidade de comunicação. Até que um dia o procurador da Justiça Militar, Durval Ayrton Moura de Araújo, que atuava na Segunda Auditoria, teve um gesto que contrastava com a sua postura. Ele me disse: "Zé Carlos, por uma questão de lealdade, eu quero lhe dizer que acabei de pedir a [prisão] preventiva da Heleny novamente". Eu confesso que me surpreendi, porque esse não era um gesto próprio do Durval, mas lhe agradeci e voltei para o escritório. Telefonei para a Heleny e disse que precisava falar com ela com urgência, e aí ela me disse "Eu vou ao seu escritório", e eu: "Não, não venha. Estou ocupado hoje à tarde e não vou poder atendê-la. Mas à noite eu vou sair às oito em ponto", e ela sabia onde eu morava. A palavra "ponto" tem um sentido duplo na linguagem do mundo clandestino: *ponto* significava o lugar do encontro. Às oito em ponto desci do meu apartamento, fui para a rua e vejo em frente ao prédio uma viatura do DOI-CODI, uma perua Veraneio com dois ou três policiais olhando em direção à porta do meu prédio. Pensei com meus botões: "Dancei, porque agora vou me encontrar com a Heleny e ambos seremos presos". Um minuto depois chega a Heleny, com o cabelo tingido, sinal de que realmente estava na clandestinidade. Ela chegou, eu a abracei forte e ela se assustou ao ser atracada por seu advogado, e eu lhe sussurrei ao ouvido: "Heleny, o pessoal do DOI-CODI está na nossa frente, é possível que sejamos presos, acaba de ser decretada sua prisão preventiva". Ela disse: "Então eu vou embora, vou fugir". Disse-lhe então: "A cada três ou quatro dias me telefone", aí ela virou as costas chorando e saiu correndo. E o pessoal do DOI-CODI, os agentes, permaneceram parados dentro da viatura e não esboçaram nenhum gesto para detê-la, nem a mim. Eu esperei ainda alguns minutos até perdê-la de vista e voltei para casa. Soube depois que ela foi se encontrar no Teatro de Arena com Gianfrancesco Guarnieri e seguiu para o Rio, onde se encontrou com um jovem da ALN [Ação Libertadora Nacional], ela era da VPR [Vanguarda Popular Revolucionária], parece que havia uma tentativa de entendimento entre a ALN e a VPR. Ambos foram presos, e ela veio a ser morta em Petrópolis, na Casa da Morte. Isso eu vim a saber muito tempo depois por uma companheira da Casa da Morte, única pessoa que dela sobreviveu, Inês Etiene, testemunha da morte da Heleny, segundo me relatou, quando me encontrei com ela num intervalo de audiência na Justiça Militar no Rio de Janeiro, graças à interferência de seu advogado, Técio Lins e Silva.

Conto este fato como um exemplo neste meu testemunho do que foi viver esse período, porque talvez tenha sido o momento mais doloroso da minha vida profissional, dos meus cinquenta anos de advocacia. Eu era vocacionado para a defesa, vocacionado para a função de libertar, e me tornei um instrumento para que viesse a ser morta a minha cliente. Isso é profundamente doloroso, isso é uma angústia da qual eu não consigo me apartar. Acho que dá para entender. E eu a defendi na auditoria, e no julgamento eu disse com todas as letras que eu estava defendendo a sua memória e prestando uma homenagem à sua memória, porque a sua liberdade não dava mais para defender. Lembro ainda de um outro julgamento importante de que participei, o do Rodolfo Konder. Eu defendi o Rodolfo Konder, que tinha sido companheiro de Vladimir Herzog e que foi testemunha dos últimos instantes de Herzog. Konder, que se tornou meu cliente, foi ao meu escritório, e eu fechei as portas do escritório na presença de várias personalidades: de Hélio Bicudo, do prof. Gofredo da Silva Telles Jr., do presidente da ABI [Associação Brasileira De Imprensa], Prudente de Moraes Neto, de um sacerdote indicado por dom Paulo Evaristo Arns, padre Olívio Caetano Zolin, e dos meus colegas de escritório. E durante quatro horas Rodolfo Konder prestou um depoimento impressionante. O prof. Godofredo da Silva Teles Jr. declarou sobre a audiência que se deu ali: "Terrível é a situação de um país em que o tribunal precisa se mudar para um escritório de advocacia, porque nesse escritório é que se pode ouvir esse depoimento tão importante". Do depoimento do Rodolfo foram tiradas algumas cópias, uma ficou comigo, outra foi entregue ao Prudente de Morais Neto, que era o representante dos jornalistas, e a terceira cópia foi entregue ao padre Caetano Zolin, para a Igreja. É interessante que o padre Caetano Zolin escondeu esse depoimento no sacrário da Igreja da qual era pároco, Perpétuo Socorro. Ele disse: "Aqui no sacrário vai ser muito difícil que a polícia venha procurar algo, que além do cálice vá ter um depoimento". Pois bem, esse depoimento do Rodolfo veio a ser lido por mim quando ele já estava no exílio, e portanto já não corria risco, durante o seu julgamento, que viria a ser também o do Vladimir Herzog, se vivo estivesse. E eu fiz com que os militares ouvissem todo o depoimento. Quero dizer que esse dia estava presente na auditoria militar um número enorme de agentes do DOI-CODI, porque era julgamento da maior importância. Indescritível a reação daqueles militares que integravam o Conselho de Justiça, composto de quatro oficiais mais o Juiz Auditor. Era visível o desconforto estampado naqueles semblantes quando eu descrevia os instantes finais de Vladimir Herzog.

A experiência desse período foi muito interessante, e digo isto com toda a sinceridade: o fato de os militares assumirem a responsabilidade pelo julgamento dos crimes políticos é algo que horroriza, mas algumas surpresas surgiram. O Superior Tribunal Militar deu alguns exemplos de grande coragem nos julgamentos. É um fato interessante, uma coisa muito interessante para os sociólogos e para os politólogos avaliarem, uma impressão pessoal minha e de outros colegas que atuavam na Justiça Militar: o Superior Tribunal Militar, durante o período do Médici, se tornou mais liberal, e durante o período Geisel se tornou mais duro. Parece uma contradição, mas há uma explicação: é que no período Médici foram escolhidos para integrarem o tribunal os chamados castelistas, os mais liberais, eles receberam uma promoção de luxo, já que é uma honra para todos os militares integrarem a corte, e assim foram afastados das tropas os mais liberais. No período do Geisel aconteceu o contrário, ele mandou o pessoal duro para o STM para tirá-los das tropas. Esta é uma observação pessoal que eu faço e que merece, a meu ver, a análise de especialistas, mas aqui está um depoimento. Porque eu poderia (e o meu tempo é exíguo) citar vários casos que aconteceram e que mostram a coragem do Superior Tribunal Militar. Por exemplo, quando Edibal de Almeida Piveta, advogado de presos políticos, foi preso e eu fui designado pela Ordem dos Advogados (eu era conselheiro da Ordem nessa ocasião) a dar assistência jurídica a ele. Ele estava preso e incomunicável no DOI-CODI. Eu preparei uma representação e fui ao Superior Tribunal Militar. Aberta a sessão, coloquei a beca e pedi a palavra pela Ordem. O presidente, general Adalberto Pereira dos Santos, que depois viria a ser Vice-Presidente da República [governo Geisel], disse: "Mas Vossa Excelência não está inscrito para falar, qual é o seu processo?", e eu respondi: "Em nome da Ordem dos Advogados do Brasil eu peço que me deem a palavra para que possa relatar um fato gravíssimo". O presidente falou: "Vossa Excelência assuma a tribuna", e eu fui à tribuna e contei: "Foi preso um advogado conhecido de Vossas Excelências, que é o dr. Edibal de Almeida Piveta, e ele está incomunicável nas dependências do DOI-CODI em São Paulo, a sua prisão é absolutamente ilegal e eu preciso me entrevistar pessoal e reservadamente com ele nos termos do Estatuto da Ordem dos Advogados, que não foi revogado por nenhum Ato Institucional". O presidente do Superior Tribunal Militar respondeu-me: "Vossa Excelência pode protocolar a sua representação que nós a apreciaremos com urgência". Voltei para São Paulo e quando cheguei havia um telefonema da auditoria: o Superior Tribunal Militar, sem ouvir o Ministério Público, quebrou a incomunicabilidade e determinou que ele [Edibal] tivesse entrevista comigo. Posso dizer com segurança, que nenhum Tribunal de Justiça do Brasil teria tomado atitude como essa. E eu poderia contar outros casos.

Acho que eu fui muito além do que poderia dizer, mas me permitam ainda afirmar o seguinte: depois de toda essa minha história de advogado de presos políticos, quando eu imaginava tirar o pé do acelerador e botar o pé no freio, fui instado a assumir a Comissão Nacional da Verdade. Então foi como retomar a minha história, porque de repente eu passei a viver isso que você, Paulo Vanuchi, viveu na carne e na alma, as violências desse regime, eu passei a viver como membro da Comissão Nacional da Verdade. E o que eu pensei? Qual é a nossa missão? É reescrever a história do Brasil com todos os acentos, com toda a verdade, com toda a seriedade. Porque um compromisso que nós temos é reatar esse passado ao presente, revelar essa violência, para que principalmente as gerações jovens conheçam essa história, para que se possa dizer mesmo que nunca mais teremos uma ditadura neste país. E esse desafio é feito para os jovens principalmente. Eles têm que conhecer o que aconteceu. Não importa que uma absurda Lei de Anistia não tenha sido ampla, geral e irrestrita como deveria ter sido. Pela lei que criou a Comissão Nacional da Verdade, nós não temos o poder de judicializar, de punir, mas nós temos o poder e o dever de revelar. Somos uma comissão de Estado e não de governo, temos absoluta independência, nós podemos requisitar informações, documentos, nós podemos convocar pessoas que, se não vieram, serão trazidas pela Polícia Federal.

Nestes minutos que me restam, quero dizer o seguinte: nós temos a missão de cumprir isso até dezembro desse ano, mas não termina aí. A Comissão vai entregar um relatório, vai apresentar as suas recomendações, mas a sociedade civil está aí para continuar, outras comissões podem surgir. É importante que se revele tudo isso de uma forma absolutamente clara e transparente para o Brasil, pois o Brasil tem vergonha do Brasil que foi e não quer se envergonhar do Brasil que será.

História e memória da resistência cultural durante o regime militar brasileiro

Marcos Napolitano

I

O centro dinâmico da vida cultural brasileira sob os vinte anos da ditadura militar costuma ser lembrado pela chave da oposição. E não seria exagero dizer que, frequentemente, a cultura é rememorada sob um signo de heroísmo, a partir da qual se consagrou um cânone de artistas e obras "de esquerda" que teriam colocaram o regime em xeque. No saldo das lutas culturais do período, o espírito de oposição como um todo e o de esquerda, em particular, parece ter triunfado sobre o moralismo simplista, o nacionalismo canhestro e o conservadorismo que pautavam os valores simbólicos do regime. Acuado na batalha cultural, sem quadros intelectuais humanistas[68] com transito no extrato jovem e universitário da classe média que se bandeava para a oposição e vendo artistas declaradamente de esquerda triunfar nos principais circuitos socioculturais, o próprio regime tentou se aproveitar da situação, tentando cooptar artistas através de um generoso mecenato artístico-cultural definido pela Política Nacional de Cultura de meados dos anos 1970.

Os quatro anos iniciais do regime militar teriam marcado o auge de uma arte politizada no Brasil, exemplificados pelos memoráveis festivais da canção, por inesquecíveis peças de teatro (*Opinião, Zumbi, Rei da Vela, Roda Viva*), pelas polêmicas exposições de arte (*Opinião 65, Propostas, Nova Objetividade*, entre outras) e por movimentos artísticos fundamentais na história da cultura brasileira, como o Tropicalismo. Configura-se assim uma espécie de paradoxo,

Em resumo, a vida cultural durante o regime militar brasileiro costuma ser lembrada[69] de maneira paradoxal, sob a qual repressão e a censura oficiais conviveram com momentos memoráveis de expressão de crítica cultural, engrandecida pelo alto nível estético da arte de oposição. Por um lado, é demarcada como um período de repressão, censura e exílio de artistas e intelectuais, processos que provocaram uma verdadeira crise cultural, nomeada na época como "vazio" ou "terrorismo cultural". Por outro lado, a cultura se tornou sinônimo de resistência democrática, fazendo a visão negativa conviver com uma memória positivada sobre a vida cultural, concentrada principalmente entre os anos 1964 e 1968, quando a efervescência criativa de artistas canônicos e consagrados pelo público deu o tom da vida cultural, na música, nas artes plásticas, no cinema, no teatro.

II

As pesquisas históricas mais recentes têm procurado ir além dos parâmetros dicotômicos da memória – dividida entre o signo do heroísmo ou a mistificação da derrota — consolidada sobre a vida cultural durante o regime militar, que em muitos casos informou a análise acadêmica. Aprofundando aspectos pouco conhecidos, revisando teses clássicas e esmiuçando processos polêmicos e contraditórios, ela começa a apontar novos objetos, abordagens e problemas para repensar o período[70]. Obviamente, não se trata de uma "evolução" da historiografia em relação à literatura consagrada, mas do reposicionamento mais distanciado de questões clássicas e da incorporação de novas fontes primárias, ampliando e detalhando a análise sobre o período. Neste processo, novas questões foram colocadas.

Um dos pontos mais polêmicos apresentados pela nova historiografia repousa na relação entre arte engajada e mercado. A disseminação da cultura de oposição e de esquerda, ao penetrar de maneira bem sucedida nos circuitos mercantilizados da indústria cultural brasileira, em alguns casos ajudando a reestruturar a própria indústria (como na música popular e na televisão), seria um triunfo ou um fracasso, do ponto de vista político? Em outras palavras, o canto de sereia da indústria foi o canto de cisne da arte engajada?

A suposta "hegemonia cultural de esquerda" na mídia e na indústria cultural teria sido apenas um autoengano alimentado por artistas e intelectuais de classe média, com alcance social restrito, em termos quantitativos e qualitativos, à medida que estes não tinham conexões orgânicas efetivas com os movimentos sociais de base popular capazes de dar consistência política aos valores culturais da oposição?

Como desdobramento da pergunta anterior, fica a dúvida: seria a cultura de oposição um epifenômeno social, mais uma forma de consumo simbólico da classe média escolarizada dos anos 1960, 1970 e 1980 em seu momento passageiro de estranhamento com as políticas coercitivas do regime militar, e que ocultava a vocação conservadora desta classe?

Tendo em vista um momento onde surgem revisionismos historiográficos, alguns pertinentes e bem argumentados, sobre a natureza e o alcance da "resistência" ao regime militar, colocando em dúvida os mitos consagrados na memória construída na longa crise da ditadura, estas questões podem ter respostas tanto fáceis quanto enganadoras. Corremos o risco de consagrar novos clichês explicativos: a cultura de oposição foi um fracasso, posto que não derrotou o regime; a cultura de oposição foi um embuste, posto que ela facilmente foi absorvida pela indústria cultural (ou, pior, foi forjada dentro desta mesma indústria); a cultura de oposição foi restrita socialmente, sem capacidade efetiva de fermentar a organização políticas das classes populares; Por fim, a conclusão mais amarga: a cultura de oposição seria mero consolo de uma classe média que se acreditava progressista e radical, mas que jamais teria superado seus preconceitos e fantasmagorias sociais.

Se estas respostas que o revisionismo nos sugere não são satisfatórias para uma reflexão histórica um pouco mais distanciada e adensada, então quais são as possibilidades para pensar um outro lugar histórico para a cultura de oposição?

III

Antes de entrar no debate com o revisionismo, e discutir as suspeitas sobre a resistência como um todo e a resistência cultural em particular, pensemos um pouco mais como surgiu seu oposto: a visão heroica sobre a resistência cultural.

Parto da tese de que essa visão heroica foi amplamente disseminada pelas oposições liberais e comunistas (pecebistas), que viam a cultura como campo de afirmação de uma frente de oposição civil ao regime, que deveria congregar o máximo de atores sociais, circuitos culturais e espaços políticos para "isolar e derrotar a ditadura"[71]. Este projeto foi até bem sucedido, se tivermos em conta a consagração de artistas e obras que se pautaram por esta linhagem da resistência cultural. Os "comunistas da Rede Globo", dramaturgos que marcaram a televisão brasileira dos anos 1970 e 1980, talvez sejam seu maior exemplo.

A vanguarda, por outro lado, capitaneada pelo que se convencionou chamar de movimento tropicalista, passado seu momento radical de questionamento, que podemos situar entre 1968 e 1972, não partilhava dos convencionalismos e do foco explicitamente politizado da corrente anterior, a "corrente da hegemonia" como ficou conhecida, preferindo ser uma espécie de mosca na sopa do frentismo cultural, baseado no comportamento apolíneo, na linguagem realista e no temário nacional-popular, três elementos tão caros à esquerda comunista.

A primeira corrente priorizava intelectuais e artistas como os sujeitos por excelência da oposição. A segunda corrente apostava na flor da juventude rebelde e nos seus corpos doces e indóceis como o caminho para uma profunda e subjetiva atitude de oposição, menos intelectual e mais pulsante e vital. Note-se, em ambas o protagonismo é dos artistas, tomados como heróis da resistência cultural.

Podemos dizer que entre estas, esboçou-se uma terceira corrente que questionou este protagonismo heroico do intelectual ou do hippie, propondo-se a examinar, sem medo, as contradições do intelectual (de esquerda) acuado pela nova realidade do país. Esta nova realizada imposta pelo golpe, não lhe permitia mais manter o projeto isebiano de ser arauto da nação e artífice do Estado (reformista) em nome do progresso social e econômico. O caminho da libertação nacional e social se confundia com o mergulho no Brasil profundo, na alma popular, sal da terra de onde viria a verdadeira revolução. Este caminho, só possível aos intelectuais que se desconstruíram como tal, em uma angustiada jornada existencial e política, ficou eternizado nas páginas finais de *Quarup*, quando o ex-padre Nando, despido de todos os seus valores artificiais, retorna ao ideal cristão de origem, guiado pelo camponês rumo ao coração do Brasil, à *sierra* da guerrilha tanto sonhada quanto impossível.

No entrelugar desses diagnósticos díspares sobre o papel da cultura na oposição ao regime, marcantes ainda hoje como matrizes de memória social sobre o tema, vamos propor algumas questões à luz do distanciamento histórico e político dos dilemas de então.

IV

No plano da memória, a cultura do período costuma ser pensada a partir de dicotomias e polarizações que tendem a desconsiderar as dinâmicas mais complexas das lutas culturais, sejam aquelas internas ao campo oposicionista, sejam as travadas entre estes e os militares no poder. Entre as afirmações mais cristalizadas na memória sobre o período, destacamos quatro assertivas, nem sempre convergentes entre si, que se tornaram clichês, e que merecem ser revisadas:

a) A arte engajada de esquerda tinha uma hegemonia limitada a pequenos grupos de consumo, intelectuais autocentrados e concentrados no mundinho restrito e, em última instância, conservador, da classe média.

b) A massificação da cultura via mercado destruiu a arte politizada e tirou espaço dos artistas de esquerda, veiculando produtos de entretenimento alienado e de baixo nível estético, que interessava mais aos militares no poder.

c) O regime militar destruiu a vida cultural brasileira como um todo, pautando-se por uma política repressiva e dissuasiva que vitimou, particularmente, os artistas de esquerda.

d) O campo da arte crítica ao regime era cindido em duas correntes inconciliáveis: a variável "nacional-popular" defendida pelo Partido Comunista (e simpatizantes) que defendia uma arte supostamente "nacionalista, didática, folclorista e conteudista", e as correntes de vanguarda, galvanizadas pelo Tropicalismo, que defendiam uma arte cosmopolita, hermética, moderna e formal.

Examinemos mais detalhadamente cada afirmação.

A primeira afirmação tenta explicar porque a cultura da resistência não conseguiu conscientizar os setores populares e "fazer a revolução" tão sonhada pela esquerda, que derrubaria o regime. A cultura de esquerda, base da cultura de oposição, estaria limitada a um consumo pequeno, "umas 50 mil pessoas num universo de 90 milhões", como apontou Roberto Schwarz. Em linhas gerais, essa afirmação é correta, até pela exclusão social da maioria dos brasileiros. O processo histórico efetivo, no entanto, é mais complexo e ainda demanda pesquisas de caráter quantitativo e qualitativo.

No caso da música popular, foi a MPB, movimento musical protagonizado por jovens universitários de esquerda, que reorganizou a cena musical e a indústria fonográfica brasileira, a partir de 1965, atingindo milhões de consumidores no período[72]. Chico Buarque de Hollanda e Elis Regina eram grandes sucessos de público e de crítica, conforme atestam os dados do Ibope, e os festivais da canção (como espaços privilegiados da canção engajada) constituíram-se no principal gênero televisivo antes da hegemonia das telenovelas. Mesmo em áreas de público mais restrito, em termos quantitativos, como as artes plásticas e o teatro, os eventos atraiam um número considerável de pessoas e, mais importante, marcavam o debate publico, através da imprensa e constituíram novas pautas para a historiografia e a crítica de artes.

A dimensão política da esfera pública não pode ser avaliada por critérios unicamente quantitativos, embora a tendência à expansão quantitativa seja um componente importante neste processo, causando, em certo sentido, certas distorções políticas em relação ao seu momento formativo[73]. A tensão entre circulo fechado e circulo massivo em processos de "resistência cultural" contra regimes autoritários não aponta para a mera ineficácia política do primeiro e diluição ideológica do segundo. Trata-se, antes de proferir qualquer sentença histórica, analisar as conexões entre um e outro e compreender o impacto da arte e cultura de resistência da construção de agendas, hierarquias, critérios de avaliação de gosto e de consumo, bem como analisar sua presença institucional efetiva (e não, necessariamente, tal como idealizada). Em todos estes pontos, a arte e a cultura de oposição, construída notadamente pela esquerda intelectual e artística no Brasil dos anos

Marieta Severo e Otavio Augusto na montagem de Opera do Malandro, Rio de Janeiro, 1979

1960 e 1970, parece ter um papel protagonista, que não está isento de contradições e logros nas suas intenções políticas e conscientizantes.

A segunda afirmação contrapõe a arte politizada de esquerda à arte massificada, cujo grande exemplo seria a televisão brasileira dos anos 1970, paradigma do "lixo cultural" a serviço da alienação das massas e do autoritarismo político, como se dizia. Essa imagem apocalíptica, no entanto, precisa ser pensada com mais cuidado. A indústria da cultura, favorecida pela modernização capitalista patrocinada pelos militares, precisava não apenas arregimentar profissionais ligados à produção cultural, mas também fornecer produtos para uma classe média em expansão[74]. O paradoxal era que os estratos com maior poder aquisitivo e escolaridade desta classe eram, contraditoriamente, os mais críticos ao regime, ainda que as evidências históricas não permitam vê-los como massivamente "revolucionários" dispostos a pegar em armas. Entretanto, essa constatação não deve desconsiderar o fato que os segmentos jovens da classe média também forneceram boa parte dos quadros para a luta armada, destroçada pelas forças de segurança do regime militar no início dos anos 1970. Portanto, entre o final dos anos 1960 e meados dos anos 1970, havia uma complexa interação entre produção cultural de esquerda, mercado e militância política que deveria ser vista em sua dinâmica e historicidade próprias, cuja análise resiste a axiomas vagos e generalizantes.

Por outro lado, a indústria da cultura no Brasil dos anos 1960 e 1970 – fonográfica, editorial, audiovisual – precisava incorporar a arte de oposição no segmento mais valorizado dos seus produtos, devidamente depurada de seus excessos ideológicos e apelos à luta direta contra o regime. Além disso, muitos profissionais da cultura e das artes – dramaturgos, jornalistas, diretores de cinema – tinham sua competência técnica e artística reconhecidas, cujos padrões estéticos eram afinados com o gosto da classe média consumidora de cultura, público-alvo dos empresários do setor. Eram, portanto, profissionais com boa receptividade no mercado. Esta mercantilização não deve ser vista como a negação pura e simples de um processo de construção de consciência crítica, educação sentimental e política de amplos segmentos da sociedade.

Em outras palavras, é de se perguntar se valor de troca e valor de uso são completamente inconciliáveis em processos de consumo cultural[75], sobretudo em momentos de gênese e afirmação da indústria cultural. As articulações entre esses dois "valores" obedecem a vários influxos tais como o repertório cultural pré-existente de criadores e consumidores, o grau de maturação da indústria da cultura, a grau de inserção política do consumidor de cultura e outras questões, não podendo ser analisado por uma via normativa e esquemática. Como regra, a indústria cultural tende a impor padronização, despolitização e estandardização nos seus produtos, mas este processo não é abstrato e linear, e sim, objetivado historicamente, e como tal, perpassado por paradoxos e contradições próprias de cada época e de cada sociedade. Isso explica, em parte, porque a Rede Globo de Televisão, sobretudo o núcleo de telenovelas, foi o abrigo de muitos "comunistas de carteirinha" nos anos 1970 (Dias Gomes, Oduvaldo Vianna Filho, Armando Costa, entre outros). A indústria fonográfica, por sua vez, precisava dos jovens músicos de oposição ao regime, astros dos festivais da canção, pois eles constituiriam o que se chamava artista de catálogo, responsáveis por vendas de longo prazo, fundamentais para a consolidação daquela mesma indústria, tanto quanto os sucessos rápidos e descartáveis dos "artistas populares". Portanto, a relação entre a arte de esquerda e o mercado da cultura ainda esconde muitas sutilezas e processos históricos ainda não completamente elucidados, ainda que amplamente mapeados pela literatura acadêmica.

Quanto ao papel dissolvente que a ditadura teve no campo cultural, obviamente, é preciso partir da premissa que nenhuma ditadura faz bem à vida cultural ou a qualquer outro aspecto da vida social. Entretanto, é preciso também notar que o regime militar brasileiro relacionou-se com a vida cultural e artística mediante duas formas básicas: (i) pelo uso e abuso de um tripé repressivo, formado pelo sistema de informação-vigilância-censura, e (ii) por uma política cultural proativa. Especialmente a partir de 1975, ano da famosa Política Nacional de Cultura do MEC que, dito de maneira irônica, era uma espécie de política nacional-popular devidamente depurada da luta de classes. Em áreas fundamentais para a cultura de oposição, inclusive como tentativa de cooptar seus artistas, o Estado desenvolveu uma política cultural proativa e milionária, ao mesmo tempo em que outras instâncias oficiais faziam o trabalho sujo da censura. Nas áreas de cinema e teatro, principalmente, a Política Nacional de Cultura premiará e patrocinará muitas obras realizadas por dramaturgos e cineastas de esquerda. Além disso, a política cultural dos militares subsidiou circuitos de exibição de peças e espetáculos (*Campanha de Popularização do Teatro* e *Projeto Pixinguinha*). Portanto, repressão e mecenato oficial conviveram de maneira contraditória e tensa, fazendo convergir interesses pontuais de empresários liberais, artistas de esquerda e burocratas autoritários. Mas esta convergência pontual não deve ser vista como expressão de uma aliança político-cultural sólida. Por outro lado, revelam o lugar da cultura na Doutrina de Segurança Nacional que informava os militares, para além da mera destruição do campo cultural da oposição em si mesmo.

Finalmente, a dicotomia consagrada pela memória que opõe o "nacional-popular" à "vanguarda cosmopolita" deve ser vista, sobretudo, como herança das lutas culturais de época. Esta foi marcada pelo conflito de posições estéticas e ideológicas entre a esquerda ortodoxa e os tropicalistas (tributários da tradição da vanguarda formalista e da Contracultura), que foram incorporadas por uma parte da historiografia acadêmica em diálogo com a memória dos protagonistas. A esquerda acusava a vanguarda tropicalista de ser alienada e irracional e as correntes de vanguarda acusavam a esquerda de ser conservadora (em termos comportamentais) e de fazer uma arte pobre e populista.

Examinando as obras que marcaram um e outro campo de forma mais detalhada, percebe-se que nem o campo do nacional-popular se resumia a obras de conteúdo fácil e didático, formalmente rasos, nem a vanguarda tropicalista era alienada e inconsequente politicamente. Ambas correntes tinham visões opostas sobre o estatuto de brasilidade e o papel social da arte, mas os dilemas de forma-conteúdo, bem como a questão política pensada como dilema estético, estavam presentes em ambas. Por exemplo, não se pode dizer que a obra de Edu Lobo nos anos 1960, identificada com o nacional-popular, fosse "simplista e populista", muito pelo contrário. O diretor Glauber Rocha, muitas vezes considerado erroneamente como um tropicalista, fazia um cinema alegórico e vanguardista, mesmo conectado com o campo nacional-popular. Outro exemplo seria o do artista plástico Hélio Oiticica, herói da vanguarda brasileira, cuja obra instigante e ousada fundiu materiais inspirados na cultura popular (barracos de favela, adereços e fantasias de passistas das Escolas de Samba), retrabalhados dentro de uma poética construtiva, formalmente radical e moderna. Enfim, há mais mistérios entre o nacional-popular e a vanguarda brasileira do que supõe a nossa memória histórica. E que podem estar ligados aos desdobramentos do que eu costumo chamar de "longo modernismo" que marcou a vida cultural brasileira entre os anos 1920 e 1970.

A revisão destes quatro clichês históricos sobre a cultura no período do regime militar é apenas um exemplo da necessidade de uma nova pauta historiográfica mais ampla, que precisa debruçar-se sobre as fontes primárias – escritas, audiovisuais, musicais – e ampliar a discussão sobre a cultura do período. Até para torná-la ainda mais fascinante do que ela já é.

V

Exposto o quadro geral, bem como os impasses de uma historiografia tributária da memória dos protagonistas, gostaria de propor algumas questões finais para o debate.

Em primeiro lugar, é possível pensar o papel histórico da cultura (aqui incluída a experiência estética) como construtora de identidades políticas, ainda que sua eficácia enquanto instrumento de ação contra o regime tenha sido limitada?

Em outras palavras, parece que a configuração da arte e da cultura engajadas dos anos 1960 e 1970 foi responsável por um processo de educação sentimental e cívica de amplos segmentos sociais, sobretudo concentrados na classe média escolarizada. Se essa hipótese se sustentar, cabe perguntar qual o papel político destas identidades ao longo do regime? Quais suas conexões com as formas de ação e organização da oposição à ditadura? A historiografia e a sociologia histórica ainda não têm respostas consolidadas para estas perguntas.

Outro elemento importante a ser explorado, é a relação entre as lutas culturais entre regime e oposição com a chamada "batalha da memória", que construiu uma determinada hegemonia no processo de transição que poderia ser sintetizada na aliança entre liberais e comunistas (PCB) que sancionaram um tipo de transição para o governo civil. O civilismo e a moderação estavam inscritas (e escritas) nas obras, para quem quisesse ou soubesse ler ou foi uma expressão de seu fracasso como projeto estético-ideológico? O que Antonio Candido chamou de "radicalismo" da classe média, que não deve ser confundido com uma cultura classista revolucionária efetiva na direção do socialismo, predominou como eixo a cultura de oposição ao regime? Seria a cultura de oposição bastante radical, mas pouco revolucionária, o que explica, em parte, a escassez na cena cultural brasileira da época de uma "arte de barricadas"?

A relação entre arte engajada e mercado, tão marcante para a resistência cultural à ditadura, é outro desafio da pesquisa. A hipertrofia do papel político da classe média neste processo, ao menos até finais dos anos 1970, teria imposto limites à arte de esquerda vivida dentro das estruturas de consumo cultural? É possível, em suma, manter o papel político em uma atitude de consumo[76]?

Parece que ao rememorarmos meio século que nos separa do evento-chave que desencadeou o processo histórico ora examinado, ainda temos mais perguntas que respostas, apesar do inegável acúmulo da historiografia e do debate.

O momento do golpe, as primeiras reações e o percurso do cinema de oposição no período da ditadura

Ismail Xavier

No momento do Golpe de 1964, os jovens do Cinema Novo formavam um grupo que já assumia certo protagonismo no cinema brasileiro. O movimento emergiu no final dos anos 1950, embalado pelo exemplo dado por cineastas como Nelson Pereira dos Santos, Roberto Santos e Alex Viany que haviam trazido, a partir de 1954, a inspiração do neorrealismo italiano para um cinema de esquerda que se inseriu nos debates políticos da década. No início dos anos 1960, documentários de relevo inspiraram o movimento ao focalizar questões sociais, como é o caso de *Aruanda* (Linduarte Noronha, 1960). E filmes de ficção mostravam uma afinidade de postura na crítica social, como *Bahia de Todos os Santos* (Trigueirinho Neto, 1961) e o trabalho pioneiro de Roberto Pires na Bahia, *Redenção* (1958) e *A grande feira* (1961).

Os primeiros documentários do grupo – como o curta de Paulo Cesar Saraceni (*Arraial do Cabo*, 1959) e o longa de Joaquim Pedro de Andrade (*Garrincha, alegria do povo*, 1962) – e as obras de ficção marcaram a emergência do Cinema Novo com inovações na dramaturgia e na linguagem, como *Barravento* (Glauber Rocha, 1961) *Ganga Zumba, Rei dos Palmares* (Carlos Diegues, 1962), *Os cafajestes* (Ruy Guerra, 1962) e *Porto das Caixas* (Saraceni, 1963). Traziam a ênfase comum conferida a questões sociais, mas evidenciavam sua diferença na conexão entre o cinema e a militância política que, em verdade, nunca foi uma relação unívoca, direta e simples de equacionar na experiência do movimento. Seu núcleo duro, digamos assim, desde o início se empenhou em intervir na luta pelas "reformas de base", em pauta no período João Goulart.

E a premissa de que o marco institucional era incompatível com a superação da desigualdade social e do subdesenvolvimento, se afirmou com toda força nos três filmes de maior impacto naquele momento: *Vidas secas* (Nelson P dos Santos, 1963), que foi lançado antes do golpe; *Deus e o diabo na terra do sol*, de Glauber Rocha, finalizado em março de 1964, só foi exibido depois do golpe, após a competir no Festival de Cannes; e *Os Fuzis*, de Ruy Guerra, que participou do Festival de Berlim de 64 (prêmio melhor direção), mas só foi lançado no Brasil bem mais tarde.

Cartaz da peça Vidas Secas

Com estilos distintos, os três filmes tomaram como foco a vida no sertão do polígono das secas, emblema da luta pela reforma agrária, o que levou Glauber e Ruy Guerra ao embate com a censura do regime militar que teve fases distintas durante os vinte anos de ditadura. Até o AI-5, houve margens de negociação variadas com os censores, casos de "liberação com cortes" que podiam ser drásticos, e casos em que a decisão da polícia federal dependeu de fatores como o prestígio obtido pelo filme em festivais internacionais, o que foi decisivo nestes dois casos e no de *Terra em transe* (Glauber Rocha, 1967). Outro exemplo de liberação que envolveu um confronto igualmente tenso foi o de *O desafio* (Saraceni, 1965) que focalizava as reações da esquerda ao golpe militar e à derrota de seu projeto político.[77]

Nos "anos de chumbo" (1969–73), a censura endureceu, mas ainda houve casos de proibição e liberação (curiosamente nem sempre nesta ordem), como aconteceu com *Brasil Ano 2000* (Walter Lima Jr, 1969), *São Bernardo* (Leon Hirszman, 1972) e *Toda nudez será castigada* (Arnaldo Jabor, 1972). Mas a tendência era o maior rigor, censura inegociável, como evidencia a proibição de dezenas de filmes, seja de Ozualdo Candeias, Roberto Santos, Vladimir Carvalho, João Silvério Trevisan, Júlio Bressane, Rogério Sganzerla, Neville D'Almeida, Luiz Rosemberg Filho, entre outros cineastas. Em 1974, na passagem do governo Médici ao de Geisel, houve a proibição, que se estendeu até 1980 (ano já pós-anistia), de *Iracema*, de Jorge Bodansky e Orlando Senna, filmado na "área de Segurança Nacional" onde se construía a Transamazônica. Mas a censura não se estancou com a Lei de Anistia, como nos mostra o caso de *Pra frente Brasil*, de Roberto Farias, sobre episódios da luta armada, tortura e assassinato de presos políticos, uma produção da Embrafilme proibida em 1982 (aconteceu mais de um caso da empresa estatal financiar ou coproduzir um filme e a censura proibir).

Ao longo do período da ditadura houve ameaças a cineastas no momento em que tentavam liberar seus filmes censurados; houve prisões, exílios no final dos anos 1960, uma coleção de fatos que definem uma repressão que foi além da proibição dos filmes. Desde 1964, o novo regime exerceu forte pressão sobre cultura identificada com propostas de transformação social, objetivando impedir a continuidade de uma experiência que ganhava corpo. Apesar do quadro adverso, a cultura de oposição não perdeu vigor, buscando novas estratégias e assumindo variados estilos, conforme o momento da ditadura e a feição própria dos debates entre os próprios cineastas que, solidários no impulso de resistência, tinham posições distintas no modo de conceber suas obras e encaminhar suas escolhas temáticas e opções estéticas. Na discussão do embate entre arte e poder, tais escolhas são passos decisivos, não só como resposta à censura, mas também como expressão de como o artista vê a relação entre a política e o processo cultural, qual a sua reflexão sobre a experiência pessoal e social. No campo da arte de oposição ao regime, um traço da época foram projetos que procuravam articular o engajamento político e a busca de soluções formais em diálogo com um leque amplo de experiências contemporâneas.

Desde sua emergência, o Cinema Novo conduziu seus projetos em diálogo com o cinema internacional de ponta e seus novos métodos de trabalho, rearticulando-os, numa primeira fase, na chamada "estética da fome",[78] que recusou o modo de produção do cinema industrial, para se viabilizar a partir do uso de equipamentos leves do tipo usado no cinema de reportagem, com a mobilização de equipes mínimas, filmagens rápidas, tudo definindo a resposta de um "cinema de autor" que se inventava a partir dessas condições materiais adversas. Valeu aí o exemplo do neorrealismo italiano e seu trabalho com não atores, figuras encontradas nos próprios segmentos sociais que o filme colocava em foco, e valeu o senso de inovação de linguagem e de improvisação da *nouvelle vague* francesa. Essa nova estética favoreceu uma quebra da fronteira entre a obra de ficção e o documentário, alcançando formas originais de representação da experiência social da pobreza. Cria-se uma nova relação entre a "câmera na mão" e o mundo que ela focaliza; e se traz para a tela segmentos da população em geral excluídos. Não só no documentário, mas também nos filmes de ficção em menor grau, produz-se uma nova interação com grupos e lugares sociais, no campo ou na cidade.

Este envolvimento da prática do cinema com as condições efetivas da vida dava ensejo a um novo diálogo com o "Outro de classe", viabilizado pela mobilidade das equipes de filmagem e as novas técnicas. Criava-se a ocasião para a troca de experiência política que o golpe de 1964 se apressou em reprimir, pois era preciso cortar a relação viva entre os produtores de arte e as classes populares, notadamente quando estava implicada uma atuação direta nos pontos de conflito social em curso. Tal imperativo gerou um dos exemplos mais contundentes de repressão a um filme militante ocorrido ao longo da ditadura, tendo como alvo *Cabra marcado para morrer*, de Eduardo Coutinho, produção do CPC do Rio de Janeiro. O projeto estava em filmagem em abril de 1964 quando teve sua realização interrompida, seu material confiscado (exceto as imagens que o cineasta conseguiu esconder). Camponeses que trabalhavam no filme foram presos, alguns torturados, e membros da equipe de filmagem foram perseguidos. Coutinho e sua equipe haviam se deslocado para a Paraíba, em 1962, para registrar a experiência das Ligas Camponesas, lá chegando quando do assassinato de João Pedro Teixeira, importante líder da luta no campo, um fato emblemático de repressão que se tornou o tema do filme.

Este exemplo não constitui a norma geral daquele primeiro momento, uma vez que o cinema de esquerda não tinha conexão sistemática com a luta sindical e os movimentos sociais, embora tenha havido articulações episódicas e alguns cineastas fossem filiados a partidos, em especial ao PCB. O exemplo mais orgânico da relação entre o cinema e a luta sindical se deu mais tarde no confronto com a ditadura, num momento em que a correlação de forças entre o esquema de poder instalado e os movimentos sociais se altera, despontando as greves de operárias do ABC e de São Paulo como mobilizações de ponta que foram documentadas por cineastas como Renato Tapajós, João Batista de Andrade, Leon Hirszman, Roberto Gervitz e Sérgio Toledo no final dos anos 1970. Ou seja, o elo entre o cinema e lutas sindicais (com exceção de casos episódicos como o de *Cabra Marcado*) ganhou força na fase do lento declínio da ditadura, momento em que tais lutas se põem como vetores da redemocratização.

Esta observação sobre a "não conexão sistemática" durante a ditadura não exclui correlações existentes entre as questões discutidas nos filmes e as formas de luta contra a ditadura que marcavam a conjuntura imediata de sua produção. Um exemplo é *Os inconfidentes* (Joaquim Pedro, 1972), que discute um confronto do Brasil colônia no século XVIII como alegoria da relação entre intelectuais e luta armada em curso no momento de sua produção. O Cinema Marginal, como experiência de grupo nos "anos de chumbo" (1969–1973), trouxe uma inflexão especial àquele momento ao radicalizar o seu confronto com a ordem conservadora e os parâmetros de mercado; suas transgressões no plano da linguagem e da sexualidade, as evocações diretas da luta armada e sua denúncia da tortura condenaram seus filmes ao subterrâneo e alguns cineastas ao exílio (como foi o caso de Júlio Bressane e Rogério Sganzerla). Tal configuração de sua experiência não significa, porém, que se tratava de uma prática artística que cumpria o papel de "braço cultural" de organizações que optaram, no final dos anos 1960, pela clandestinidade e pela luta armada.[79]

OS DEBATES NA CULTURA DE OPOSIÇÃO: 1964–1974.

No momento de irrupção do golpe, o CPC era um canal de militância criado pela UNE, exemplo da ligação direta entre a arte engajada e o movimento estudantil.[80] Atuando em todos os segmentos das artes e na literatura, teve na atividade teatral, inclusive nos espetáculos musicais, seu ponto de maior vigor, e desenvolveu formas de encenação inspiradas na experiência do Teatro de Arena. Sua busca dos setores populares como interlocutores, fora da noção mercadológica de público, foi fundamental para a repressão violenta no momento do golpe. Já o Cinema Novo era um movimento de jovens intelectuais que viviam a dualidade da militância política e do cinema como profissão, enfrentando as exigências próprias da produção na área, mesmo a de baixo orçamento assumida pelo cinema de autor. No campo do curta-metragem, seu circuito era mais próximo dos espaços alternativos das outras artes, mas o longa-metragem era destinado às salas de cinema como a vertente politicamente engajada do denominado "cinema de arte", enfrentando as injunções de um mercado complexo e adverso, dentro de condições bem distintas das encontradas pelos jovens compositores da MPB que atuavam num setor cuja relação com público, dentro da tensão entre arte e mercadoria tem uma história muito particular, dados a penetração social e o papel simbólico central da música popular urbana na cultura brasileira. O Cinema Novo e outros grupos a ele afinados formavam uma constelação de cineastas com uma identidade ideológica de fundo, mas com diferentes formações, muitos trazendo uma experiência da militância estudantil, mas sem ligação direta com a luta sindical ou outros movimentos sociais.[81] Sua cultura de esquerda incluía ligação com experiências teatrais (de novo Teatro de Arena, como é o caso de Roberto Santos) ou com a ala esquerda de uma cultura de cinéfilos frequentadores de cineclubes pelo país afora, ou das cinematecas de São Paulo e do Rio de Janeiro.

Esta diferença de formação gerou tensões entre lideranças do CPC e do Cinema Novo, debates que se projetaram ao longo dos anos 1960, embora alguns cineastas deste movimento tenham participado do CPC antes de 1964. O ponto chave desta polêmica envolve, grosso modo, as formas de encaminhar uma arte engajada em sua interação com as classes populares. Havia o problema das formas de interação capazes de superar a distância entre o artista e os pobres com quem ele se identificava politicamente, e de quem se aproximava atuando como um sujeito dotado de um mandato iluminista: transmitir um saber e despertar a consciência política. A defesa de uma arte pedagógica e de recado claro conflitava com um cinema de autor para quem a militância não significava recalcar as inquietações subjetivas do artista empenhado em despertar consciências. A aposta dos cinemanovistas era de que a autoria, em sentido pleno, permitisse alcançar maior densidade de reflexão inclusive no plano político.

Temos aí um mundo universitário com suas polarizações estético-ideológicas que produziam tensões internas ao CPC e ao Cinema Novo, debates entrelaçados que tiveram, antes do golpe, como referência maior uma produção do CPC de 1962, *Cinco vezes favela*, filme em episódios dirigido por Cacá Diegues, Leon Hirszman, Miguel Borges, Marcos Farias e Joaquim Pedro (cujo episódio, que não estava no projeto, foi incluído no final). Esta experiência foi tomada depois como um exemplo do que havia de esquemático na estética do CPC, coisa que era mais fácil de observar a partir de uma perspectiva pós-golpe, e que se procurava contrastar com obras do Cinema Novo, como as já citadas, e outras realizadas em 1965–66 dentro das várias nuances do projeto.[82]

Esses debates encontraram seu lugar no próprio corpo de filmes do Cinema Novo no movimento de autocrítica do intelectual feito a partir de *O desafio* que, como observei, documenta as primeiras reações da arte de esquerda, como o show *Opinião*, e evoca em sua cena final uma canção da peça *Arena conta Zumbi* (que traz um poema de Bertolt Brecht) para comentar a dificuldade do protagonista Marcelo, jornalista de esquerda em crise após as desilusões de 1964, em aderir ao clima animado dos espetáculos musicais da esquerda pós-golpe. E *Terra em transe* (Glauber, 1967) foi mais radical na reflexão crítica, colocando em cena o próprio processo que levou ao golpe, com destaque para a ideia de que as formas de arte pautadas pela pedagogia da "conscientização" assumida pela esquerda tinham forte correlação com o populismo.

De qualquer modo, antes e depois do golpe, a tônica do cinema de autor, com a sua inquietação formal que gerava tensões com uma pedagogia que não deixou de assumir em muitos filmes, era a diversidade de temas e estilos dentro da qual o engajamento ganhava tradução própria no trabalho de cada cineasta. Cada qual se apoiava em pontos essenciais de sua formação que, em geral, levava em conta a história das artes no Brasil, especialmente literatura, teatro e música, com ênfase para o arco do modernismo, em suas distintas fases, e para a tradição ensaística dos "explicadores do Brasil", de Euclides da Cunha aos intelectuais do Instituto Superior de Estudos Brasileiros, o ISEB criado no governo Juscelino Kubitschek. Cito estas referências, não porque garantam a qualidade de um cinema que dialogue com elas, longe disto, mas porque as opções estilísticas dos melhores filmes em sua lida com os recursos técnicos do cinema – este é ponto decisivo – conseguiram dar tonicidade especial a esse diálogo, permitindo uma rara articulação entre uma arte voltada para a intervenção na conjuntura imediata e suas implicações de mais largo prazo na construção de um novo quadro de referência na busca de estratégias para dar conta da experiência social.

É o que fez Joaquim Pedro ao construir a sua filmografia na interação com o modernismo, em especial Mário, Oswald e Carlos Drummond de Andrade, e com os contos de Dalton Trevisan. E também Nelson Pereira dos Santos e Leon Hirszman ao adaptar Graciliano Ramos, nos oferecendo exemplos notáveis (e bem distintos) do uso da imagem documental do cinema para atualizar os romances e fazer de sua tradução para as telas um veículo de reflexão política, não só sobre o Brasil de 1930, mas sobre o de 1960–70. Glauber Rocha inventa seu estilo extraordinário em filmes de grande impacto que atravessam, de um lado, a literatura do sertão, de Euclides da Cunha a Guimarães Rosa, passando por José Lins do Rego e o cordel; de outro, trabalha a mediação do drama barroco levado ao limite para a sua reflexão sobre o poder de elites palacianas como metáfora para a engrenagem do golpe e para a história da América Latina desde o período colonial. Saraceni constrói seus melhores filmes em estreito diálogo com a literatura de Lúcio Cardoso, dando nova conotação a seu universo. Arnaldo Jabor faz da sua tradução de Nelson Rodrigues uma apropriação política da tragicomédia nos anos de chumbo da ditadura. Ao longo de seu percurso, um ponto central do cinema moderno brasileiro foi a incorporação da experiência da MPB em seu próprio corpo, com reflexões reiteradas sobre o samba, do neorrealismo de Nelson Pereira nos anos 1950 à experimentação de Júlio Bressane, iniciada em obras radicais (e censuradas) de 1969: *O anjo nasceu* e *Matou a família e foi ao cinema*.

Dado o repertório de escolhas presente e as nuances encontradas na análise das situações políticas, cada conjuntura afirmou inspirações diversas, não sendo raras as polêmicas sobre a relação entre o estético e o político. A mais polarizada envolveu o Cinema Novo e os jovens dissidentes que se afirmaram em 1968–69, exatamente quando aquele completou o ciclo de filmes que fizeram a reflexão crítica do papel dos intelectuais antes e após o golpe.[83] Às vésperas do AI-5, a ruptura ganhou expressão e depois se consolidou em 1969, quando uma preocupação com a continuidade do movimento fez o grupo do Cinema Novo pensar em uma nova postura formal que pudesse, ainda nos termos do cinema de autor, incorporar códigos de gênero e de narrativas mais convencionais para melhor desempenho no mercado, como aconteceu efetivamente mais tarde. Dois exemplos de êxito nesta direção foram *Macunaíma* (Joaquim Pedro, 1969) e *Toda nudez será castigada.* Posição contrária foi assumida pelos jovens que criaram a constelação do Cinema Marginal, uma postura mais desafiadora na relação com o espectador, um teor experimental também diversificado no estilo, ora mais formal e de desconstrução dos códigos do cinema, exigindo uma postura reflexiva, mais distanciada, diante da articulação de imagem e som (como no caso de Andrea Tonacci), ora mais agressivo e afinado ao teatro de provocação comportamental lhe era contemporâneo, tomando a arte como desestabilização de preconceitos conservadores através da experiência visceral, uma vez reconhecido que o público, afora os poucos convertidos, pertencia as classes médias coniventes com o golpe militar. A moral conservadora desta classe, as estruturas da família patriarcal e as hesitações do seu segmento "bem pensante" se tornam os alvos centrais. Recusa-se de modo radical a perspectiva de uma cumplicidade a alcançar com o público mais amplo e ataca-se o tom "cinema de arte" do Cinema Novo que voltava suas esperanças para a ampliação do diálogo. Neste sentido, são mais afinados com o tom exasperante de Paulo Martins, o protagonista de *Terra de transe,* do que com o perfil gramsciano do intelectual e artista que busca o esclarecimento e entende a luta ideológica como construção de bloco hegemônico, um perfil que o Cinema Marginal, de forma mais incisiva do que Glauber havia antecipado em seu filme, associa à arte pedagógica comprometida com o paternalismo populista.

Citei *Terra em transe* porque 1967 foi o ponto de inflexão no processo cultural vivido durante a ditadura, momento em que a reflexão de Glauber sobre o momento do golpe de estado toma o drama barroco como matriz que permite condensar a sua visão exasperante e totalizante da formação nacional. Seu filme foi uma experiência de choque de grande impacto na cultura, encontrando respostas diretas, no teatro, com a reposição de Oswald de Andrade na montagem de *O rei da vela* no Teatro Oficina, em 1967, e na música, com a proposta do "som universal" eletroacústico no corpo da MPB, feita por Gilberto Gil e Caetano Veloso no festival da Record daquele ano, primeiro passo em direção ao Tropicalismo afirmado com toda força em 1968.[84]

Festival da Canção em São Paulo (AESP)

O Tropicalismo ganha expressão no cinema a partir de *O bandido da luz vermelha* (1968), de Rogério Sganzerla, um filme-colagem pop que retomou a antropofagia oswaldiana na apropriação irônica de um conjunto heterogêneo de referências, das formas da cultura popular urbana, marcada pelo *kitsch* como "estética da felicidade", ao "cinema de arte" de Glauber marcado pela vivência sério-dramática de crise da história. Com Sganzerla, a crise passa a ser assumida numa chave lúdico-paródica; anunciando a ruptura com o Cinema Novo. Ruptura que a emergência do Cinema marginal, a partir de 1969 iria aprofundar, em conjunção com o legado do Tropicalismo e sua crítica ao dualismo que postulava a oposição campo (autenticidade, a cultura brasileira) versus cidade (lugar de descaracterização da cultura). Com sua colagem Pop, *O bandido* dá nova feição à representação da cidade. Depois do neorrealismo de *O grande momento* (Roberto Santos, 1958) e o realismo crítico de *São Paulo S/A* (Luiz Sérgio Person, 1965), que tocou no nervo da engrenagem industrial urbana, o cinema envereda pela colagem pop como nova tematização da crise do sujeito na cidade já estruturada como um discurso da mídia.

Em síntese, o biênio 1967–68 adensa as polêmicas que deram vigor ao cinema moderno brasileiro naquela década, como também aconteceu no teatro, na MPB e nas artes visuais, todos envolvidos, apesar dos "rachas", na dupla tarefa: construir uma arte que busca uma intervenção eficaz na vida política imediata e, ao mesmo tempo, entende que seu desempenho será tanto mais eficaz neste plano quanto mais aprofundar o seu diálogo com o que julga ser a melhor inspiração oferecida pela cultura no confronto com questões de mesmo teor; e, em outra frente, com as propostas que, emergidas em outros contextos nacionais, podem ser objeto de apropriações técnico-estilísticas rentabilizadas na direção desejada. A boa resolução dos desafios trazidos por essa conjunção marcou os melhores filmes do cinema moderno entre 1964 e 1984, com sua resposta variável às conjunturas vividas e com sua capacidade de invenção com poucos recursos, graças à apropriação de novas técnicas que alimentaram os métodos do documentário e a nova dramaturgia visual.

A QUESTÃO DO PONTO DE VISTA E AS FORMAS DE CONHECIMENTO DO OUTRO.

Havia, desde 1964, a necessidade política de ultrapassar uma noção genérica de "povo" e "cultura popular", demanda a que respondeu o documentário num trabalho de campo viabilizado pelo "som direto", base das entrevistas e de outras "cenas", conforme já observado. A questão era não só testar as hipóteses quanto aos problemas estruturais subjacentes à pobreza, à desigualdade e ao lugar social das formas de representação (como a religião), mas avançar no conhecimento das formas do viver e do fazer popular, como pontos de partida para a representação da experiência social e suas implicações políticas. Entre 1965 e 1967, o cinema fez um movimento neste sentido, ainda muito marcado pelo ponto de vista do cineasta interessado em explicar a não reação das classes populares ao golpe. Esta inquietação marcou, por exemplo, *Viramundo*, de Geraldo Sarno, e *Subterrâneos do futebol*, de Maurício Capovilla, ambos de 1965, e se estendeu a *A opinião pública* (Arnaldo Jabor, 1967), crítica política da classe média em que um rico trabalho de entrevistas termina por se ajustar a uma tese extraída da obra do sociólogo Wright Mills.

A combinação entre trabalho de campo e moldura explicativa com ar de tese foi, a partir de 1968, questionada na prática. Numa direção, por filmes que reveem as estratégias de interação com pessoas e fatos, como em *Lacrimosa* (1970) e *Teremos infância* (1974), de Aloysio

Raulino, e *Migrantes* (João Batista de Andrade, 1972). Noutra direção, por filmes que colocam em debate a força e os limites do registro das formas da cultura, em especial a popular, e procuram novos modos de olhar e novos modos de pensar a articulação ou desarticulação das imagens e sons. Filmes como *Lavrador* (1968), de Paulo Rufino e Ana Carolina, *Congo* (1972) e *Triste trópico* (1974), de Arthur Omar, são obras reflexivas em que a interrogação das imagens, por diferentes caminhos, expressa o questionamento da tradição dos anos 1960.

Ao lado desta postura mais radical na demanda de reflexão crítica, um caminho de renovação se expressa nos projetos que revelam uma inflexão antropológica mais nítida na postura dos cineastas, como é característico da Caravana Farkas, um conjunto de filmes produzidos por Thomas Farkas, filmados no Nordeste e dirigidos por um grupo de cineastas no qual se incluem Sérgio Muniz, Paulo Gil Soares e Geraldo Sarno, entre final dos anos 1960 e início dos 1970. Em tempos de urbanização e aceleração industrial, era preciso documentar um mundo do trabalho em desaparição, revolver a face do país excluído da modernização. Ou encontrar novas formas de articular o inventário histórico-antropológico de um mundo camponês à discussão de suas implicações políticas, como no inventário poético, o enorme afresco do sertão nordestino feito em *País de São Saruê*, de Vladimir Carvalho (censurado em 1971 e só exibido em 1979).

A passagem dos anos 1960 para os 1970 – enfim, o período em torno do AI-5 – avivou o cotejo entre obras que afirmam de modo incisivo o ponto de vista do autor (ou dos responsáveis por um projeto coletivo) e obras cujas estratégias de interação com o Outro efetivamente alcançam uma inserção mais dialógica no seu universo de experiência colocado em foco. A década seguinte consolidou o imperativo de buscar formas consequentes deste "dar voz ao outro" (para usar expressão da época), buscar novas soluções dentro nesta tônica dialógica.[85] O cinema consolida uma nova relação com a cultura afro-brasileira – ver *Iaô* (Geraldo Sarno, 1976), *Iya-Mi-Agba* (Juana Elbein dos Santos, 1981) e *Egungun* (1982, Juana Elbein) – e uma nova pesquisa de campo na interação com a cultura indígena, como atestam os filmes de Andrea Tonacci, *Conversas do Maranhão* (1977–83), *Discursos Canelas* (1979) e *Os araras* (1980–81).

A diversidade das posturas neste inventário e alguns deslocamentos de método ampliaram as formas de interação. O percurso traçado deu ensejo ao filme que, finalizado em 1984, condensa vinte anos de lida com o problema: Eduardo Coutinho retorna ao projeto inacabado, *Cabra marcado para morrer*, e fecha um ciclo ao retomar o contato com os camponeses que haviam trabalhado com ele em 1964, dentre eles Elizabeth Teixeira – a viúva de João Pedro Teixeira que o filme veio tirar da clandestinidade – e seus filhos, separados pela diáspora familiar gerada pela repressão. Os camponeses assistem juntos às imagens remanescentes de *Cabra-64*, que seria uma reconstituição da sua experiência vivida até o assassinato de João Pedro. A proposta de 1964 era muito singular, como sugerem as cenas mostradas, mas não estava isenta dos esquemas didáticos tão discutidos na época. A projeção dessas imagens deflagra memórias que disparam um mosaico de conversas sobre o passado e o presente, numa interação que, sem dispensar a pontuação trazida pelo comentário de um narrador em *off*, esclarece os termos de um reencontro que se afirma como uma reflexão partilhada, longe de uma celebração ou de uma tese, que se constrói a partir de uma gama variada de estratégias do documentarista atento às incertezas da conjuntura em que tal balanço coletivo de vida se dá: a do ocaso da ditadura.

De 1984 até hoje, a produção de documentários se valeu de toda aquela experiência acumulada e abriu caminho para a alta qualidade da produção dos últimos anos, momento em que podemos avaliar como os debates do período da ditadura formaram um processo no qual, apesar dos aspectos problemáticos da produção vinda do CPC, aquela interação entre cineastas e classes populares foi um passo decisivo para o cinema em sua relação com a experiência do "outro de classe", um primeiro passo de um processo que marcou o documentário e resultou na qualidade da produção atual.[86]

POLÍTICAS DE CULTURA E O NACIONALISMO CRÍTICO

A fronteira instável, o terreno comum e a contaminação recíproca de questões do documentário e da ficção se acentuam quando observamos o movimento feito pelos gêneros ficcionais nos anos 1970, quando se adensou o problema de construção de pontos de vista – com destaque para o princípio da supremacia da "voz ao outro". A seu modo, também aí se configura o que se pode definir como a presença de uma inflexão antropológica marcada por novas formas de narração com incisiva adesão aos valores populares – como a religião afro-brasileira. Um momento emblemático disto foi o novo projeto de cinema popular proposto por Nelson Pereira dos Santos no filme manifesto *Amuleto de Ogum* (1974), empenhado em nova retórica e novo tom na encenação da experiência do homem comum num contexto de pobreza e violência. Outros exemplos de representação mais nuançada da experiência popular, na qual o que antes aparecia como alienação mostra um lado afirmativo, adensaram este movimento de flexibilização de pontos de vista que foi além do plano ideológico de questionamento de pressupostos do intelectual de esquerda, mas se expressou quando o Cinema Novo pôs em prática sua revisão de postura face à questão do mercado e das novas estratégias de comunicação com o público, algo que mais tarde colocou os cineastas em condições de negociar um lugar diante das iniciativas do governo, notadamente a partir de 1974.

A maior diversidade da produção estabeleceu uma convergência entre a política oficial de cultura do governo Geisel – com seu marco nacionalista – e a prática artística de uma parcela dos intelectuais da oposição ao regime quando a Embrafilme, em nova fase, passou a ser a principal financiadora e distribuidora dos filmes brasileiros. Em 1974, Roberto Farias assumiu a direção geral da empresa;[87] Gustavo Dahl, a direção comercial, cuidando da política de distribuição, encontrando espaço para testar a sua fórmula radical – "mercado é cultura" – que gerou polêmica, mas sintetizava a busca de um ponto de conciliação entre um cinema crítico (nem sempre) e sua boa aceitação no mercado. Em termos práticos, a meta de uma maior penetração dos filmes foi atingida, mesmo sem um planejamento industrial e com uma produção ainda pautada pelo poder do diretor-autor na condução dos projetos, dentro de uma política que favoreceu o pessoal que vinha do Cinema Novo. Houve mais do que isto, e a diversificação que resultou numa constelação de filmes distintos na forma e no grau de originalidade. Mesmo nos casos em que valeu a regra de assumir a adaptação de obras literárias, ao lado das obras de grande vigor crítico, como *Guerra*

Conjugal (Joaquim Pedro, 1975), filmes de qualidade, como *Inocência* (Walter Lima Jr, 1983) e *A hora da estrela* (Suzana Amaral, 1976), que alcançaram sucesso de público, houve os recordes de bilheteria, *Dona Flor e seus dois maridos* (Bruno Barreto, 1976) e *Dama do lotação* (Neville d'Almeida, 1978). Ainda no terreno da adaptação, vale lembrar *Memórias do cárcere* (1984), homenagem de Nelson Pereira a Graciliano Ramos, filme em que o escritor, ao sair do cárcere na cena final, faz a plateia se despedir da ditadura.[88]

No conjunto, o período Embrafilme deu maior visibilidade a um cinema crítico no padrão do "filme de arte" que desautoriza a sua redução a mero resultado de uma "cooptação do regime". Com efeito, foi uma aposta que, embora não isenta de contradições, marcou um cinema que se fez expressão de um nacionalismo cultural ilustrado no momento de suas estocadas na indústria imperial hegemônica no mercado, sem deixar de questionar os valores da ordem em seus melhores filmes, Temos, enfim, um teor de militância ajustado à nova conjuntura da "política de abertura".

A Embrafilme havia sido criada em 1969, no momento da Junta Militar que precedeu a Médici na ciranda dos generais presidentes. A justificativa para esta iniciativa era uma política de exportação de filmes ligada à questão da "melhoria da imagem do Brasil no exterior", algo efetivamente tolo. Algumas alterações de função levaram à ênfase no mercado brasileiro, quando a empresa incentivou a produção de "filmes históricos" e de "adaptações literárias" (nacionalismo cultural e promessa-ilusão de qualidade). Em 1974, ampliou sua ação de apoio direto ao cinema e terminou por acertar tal "pacto não assinado" com cineastas de esquerda. Para a ditadura havia o imperativo de, neste momento, não conviver mais com a noção de que criara, pela censura, um "vazio cultural" que reduzira o cinema à produção de comédias eróticas (chamadas de pornochanchadas pela crítica). Na procura de um "cinema sério", o regime não havia encontrado os seus cineastas orgânicos capazes de tornar o privilégio ao filme histórico e à adaptação literária um instrumento de "educação moral e cívica" (a disciplina criada nas escolas). Em todo o governo Médici, apenas um filme havia cumprido com sucesso este desígnio: *Independência ou morte* (Carlos Coimbra, 1972); no polo contrário, ainda sob Médici em 1972, antes do

São Bernardo, de Leon Hirszman, e *Os inconfidentes*, de Joaquim Pedro, já haviam se apropriado deste dispositivo para fazer filmes de reflexão crítica que causaram impacto e, não por acaso, tiveram problemas com a censura.

No período Geisel-Ney Braga, a política de abertura gradual e o combate à linha dura, a vitória da campanha pela Anistia (lei hoje problematizada) fizeram do arranjo dos cinemanovistas com o poder um episódio particular de um processo mais amplo de negociações em que a cultura era um segmento ainda com teor crítico, mas afastada de um confronto que pudesse ser cotejado, em escala e relevância, com a política oficial e os investimentos em infraestrutura (satélite e outras providências para viabilizar as redes nacionais) que haviam transformado, no final dos anos 1960, a televisão no polo hegemônico de construção de identidade, de impulsão do mercado pela publicidade e de controle da informação. A política nacional de cultura – Funarte, Embrafilme – era a outra face da moeda, destinada a poucos.

Tal política oficial, mais eficiente na segunda metade dos anos 1970, interagiu com segmentos como o cinema, o teatro, a música e as artes visuais. Depois de uma fase de expansão no mercado, o cinema viveu uma inversão de expectativas, pois suas apostas de médio prazo não se concretizaram nem mesmo depois, na Nova República, pois os primeiros dez anos da ordem democrática reservaram desilusões e estiveram longe de alavancar um cinema melhor do que o de oposição à ditadura de que esbocei o retrato. Após cinco anos mornos, 1985–1989, 1990 trouxe a retaliação do governo Collor dirigida à cultura, que incluiu a extinção da Embrafilme e provocou o colapso do modelo de produção estruturado nos anos 1970 quando, dentro da moldura de um "nacionalismo de mercado" acordado por esquerda e direita, o cinema conseguiu nos deixar um legado de filmes de valor no cumprimento da "dupla tarefa" (intervenção crítica na conjuntura/implicações culturais de largo prazo).

CONSIDERAÇÕES FINAIS

Considerando a equação acima colocada em termos da "dupla tarefa" (ou, se quisermos "duplo empenho") do cineasta, o panorama traçado

Manifestação pela anistia politica em frente ao estádio do Morumbi durante jogo entre Corinthians e Santos (11.02.1979)

nesta comunicação sugere o quanto o movimento do cinema brasileiro de oposição ao regime compõe um encadeamento de perguntas e respostas que definem as opções dos cineastas em sua resposta às conjunturas enfrentadas, considerados, grosso modo, os quatro períodos da ditadura: de 1964 ao AI-5; de 1969 a 1973 (final da era Médici), de 1974 a 1979 (ano da Lei de Anistia), e de 1980 a 1984.

Falo a partir de 2014 e traço o perfil de um processo que a moldura do presente flexiona de modo particular, embora a relação entre os problemas do cinema contemporâneo e as questões dos anos 1960–70 tenha permanecido apenas como um fator subjacente à exposição. O que se impõe, de imediato, ao se pensar esta relação é a enorme diferença existente nas condições de produção e no contexto geral marcado pela emergência de novas plataformas de comunicação próprias ao mundo digital e pelo fluxo acelerado da mídia na globalização, vetores de um movimento que pressiona a cultura do cinema, a do brasileiro de modo especial, agora inserida num processo de aceleração tecnológica do audiovisual que a ultrapassa, gerando uma saturação de imagens sem precedentes.

Entre 1964 e 1984, na batalha da comunicação (e da criação) a censura da polícia foi fator de peso, além das injunções estruturais de mercado. No entanto, como forma de controle, o ponto mais efetivo foi a instrumentalização, pela ditadura, do processo de modernização tecnológica da indústria cultural eletrônica como setor hegemônico que passou a balizar a comunicação e a estética dos gêneros populares (audiência). O regime militar se empenhou muito nisto e deixou uma herança para a Nova República que, embora tenha abrandado muito a censura (sem, no entanto, eliminá-la nos polos de maior audiência), viu o movimento geral da mídia no mundo atropelar os anseios de democratização, tornando mais evidente o que já se sabia sobre os mecanismos de concentração do poder e censura próprios ao modo de produção da indústria cultural, conferindo força maior ao que se repete como estratégia de comunicação e tem como horizonte (mas não destino certo) conformar um tipo de subjetividade calibrada para a boa recepção do que ela oferece.

Faço estas observações para não operar com uma dicotomia radical de luz e sombra que permitiria reduzir o problema dos limites e entraves enfrentados pela cultura à repressão direta do aparato policial. Para resumir, vale dizer que na situação atual estamos longe do paraíso da liberdade total de expressão. E estávamos também longe de tal paraíso em 1985 quando as comportas da censura se abriram e a cultura continuou a enfrentar problemas fundamentais que não se dissolveram quando a ditadura caiu. Há controles que os avanços tecnológicos tornam mais incisivos, embora abram caminhos alternativos através das redes sociais e das diferentes plataformas disponíveis para a produção e circulação da cultura audiovisual. Processo de mão dupla, contraditório, que constitui um novo desafio na relação entre cultura e jogos de poder, ou entre a arte que resiste às retóricas de manipulação e as técnicas "*soft*" de repressão muitas vezes embaladas por uma alegre ilusão de soberania participativa.

BIBLIOGRAFIA

AVELLAR, José Carlos. *O cinema dilacerado*. Rio de Janeiro: Alhambra, 1986.

BARCELOS, Jalusa. *CPC da UNE: uma história de paixão e consciência*. Rio de Janeiro: Nova Fronteira, 1994.

BERNARDET, Jean Claude. *Brasil em tempo de cinema* [1967]. São Paulo: Companhia das Letras, 2007.

______. *Cineastas e imagens do povo* [1985]. São Paulo: Companhia das Letras, 2003.

BERNARDET, Jean Claude e Maria Rita Eliezer Galvão. Cinema – *Repercussões em caixa de eco ideológica: as ideias do nacional e popular no pensamento cinematográfico brasileiro*. São Paulo/Rio de Janeiro: Brasiliense/Embrafilme, 1983.

FAVARETTO, Celso. *Tropicália, alegoria, alegria*. São Paulo: Kairós, 1979.

GOMES, Paulo Emílio Sales. *Cinema: trajetória no subdesenvolvimento*. Rio de Janeiro: Paz e Terra, 1980.

NAPOLITANO, Marcos. *1964: história do regime militar brasileiro*. São Paulo: Contexto, 2014.

ORTIZ, Renato. *Cultura brasileira e identidade nacional*. São Paulo: Brasiliense, 1985.

PUPPO, Eugênio (org.). *Cinema Marginal brasileiro e suas fronteiras*. São Paulo, Heco Produções, 2012.

ROCHA, Glauber. *A revolução do Cinema Novo* [1981]. São Paulo: Cosac Naify, 2005.

Safatle, Vladimir e Edson Telles (org.). *O que resta da ditadura*. São Paulo: Boitempo, 2010.

SCHWARZ, Roberto. *O pai de família e outros estudos*. Rio de Janeiro: Paz e Terra, 1978.

TOLEDO, Caio Navarro de. *ISEB: fábrica de ideologias*. São Paulo: Ática, 1977.

XAVIER, Ismail. *Sertão Mar: Glauber Rocha e a estética da fome* [1983]. São Paulo: Cosac Naify, 2007.

______. *Alegorias do subdesenvolvimento: Cinema Novo, tropicalismo, cinema marginal* [1993]. São Paulo: Cosac Naify, 2012.

______. *O cinema brasileiro moderno*. São Paulo: Paz e Terra, 2001.

Notas sobre a (re)democratização

Brasílio Sallum Jr.

O tema da superação do regime militar-autoritário (1964–1985) foi abordado de vários pontos de vista, em resposta a distintas indagações, feitas em diferentes situações históricas e com a utilização de várias perspectivas teóricas. O assunto é extenso e vem merecendo crescente atenção das ciências sociais. Aqui me limitarei a explorar alguns de seus pontos controversos.

Gostaria, desde logo, de chamar a atenção para o caráter algo anacrônico do termo "redemocratização" quando referida à superação do regime militar-autoritário. Ele foi demanda oposicionista nos anos 1970 e 1980. Embora nessas décadas ocorresse um intenso processo de organização das camadas populares – com participação maiúscula de parte da Igreja Católica – demandando mais do que liberdade política, esta foi a principal palavra de ordem da oposição política tolerada, organizada no Movimento Democrático Brasileiro (MDB) e de outras organizações da sociedade civil que lhe seguiam os passos. Reivindicava-se liberdade e igualdade políticas e exigia-se escolher os dirigentes do Estado por eleições diretas em todos os âmbitos da Federação – para o Legislativo e o Executivo; demandava-se retomar as práticas democráticas do período 1946–64 interrompidas pelo golpe militar de 1964; desejava-se redemocratizar o País, mas não havia qualquer segurança se – e em que medida – se avançaria naquela direção.

A demanda por redemocratização contrapunha-se ao projeto de liberalização do regime militar-autoritário – na época em que era comandado pelo Gal. Ernesto Geisel e depois por João Figueiredo. O projeto pretendia conduzir o País a uma democracia restrita, comandada por uma elite civil responsável, protegida das tentações populistas derivadas da competição eleitoral pela chefia do Estado, por meio de um processo de liberalização política paulatina e controlada. Este projeto de liberalização – que nunca conseguiu conter suficientemente as forças oposicionistas – se inviabilizou no começo dos anos 1980 quando o regime militar-autoritário se enrijeceu e entrou em crise. Esta crise política acabou resultando em derrota dos dirigentes do regime autoritário e na emergência de um arranjo político civil precário, a chamada Nova República, sob o qual foi convocado o Congresso Constituinte que produziu a Constituição de 1988 e se encerrou com a realização de eleições presidenciais diretas em 1989 e a posse do novo presidente eleito.

Naquele final dos anos 1980 já se podia perceber claramente que o regime instituído constitucionalmente em 1988 ultrapassara de longe, em amplitude, a democracia de 1946. Comparado ao novo regime, o de 1946 fora uma democracia limitada, de cidadania restrita em direitos civis, políticos e, principalmente, sociais. As garantias básicas de cidadãos foram reforçadas consideravelmente, ampliaram-se muito os direitos e as condições de competição política, introduzindo-se até alguns direitos de participação, e expandiram-se de forma notável os direitos sociais, especialmente para os cidadãos sem emprego formal. Não insistirei aqui sobre isso pois a literatura de ciências sociais o mostra muito bem. Portanto, o que a oposição pretendera de início ser *redemocratização* do País tornou-se, ao longo do processo, *democratização.*

Não cabe aqui reconstituir as mudanças ocorridas no plano dos projetos e da retórica oposicionista, mas sugiro que o lema da redemocratização dominava enquanto o regime autoritário tentava implantar o seu projeto de liberalização. Caberia investigar se e de que modo essa retórica foi substituída quando o regime autoritário perdeu, depois de 1982, boa parte do controle que tinha do processo político e se desencadeou a crise que na sua superação e em democratização.

Um segundo ponto que vale a pena destacar a propósito da superação do regime autoritário nascido do golpe militar de 1964 diz respeito à noção de transição política. Esta noção foi usada não só para identificar o processo de superação do regime mas, mais amplamente, para as mudanças políticas que deram fim a vários regimes assemelhados que predominaram, aproximadamente, no mesmo período na América Latina e em alguns países da Europa. As análises feitas sob esta rubrica, ainda que fossem pensadas de modo complexo, incluindo um conjunto diversificado de atores, participantes ou não da esfera estatal, puseram demasiada ênfase na *dimensão positiva* do processo de mudança, no *aspecto construtivo da transformação política* rumo à democracia.

Essa ênfase na "transição democrática" deixou na sombra a característica disruptiva do processo de transformação analisado. Os estudos sobre as transições para a democracia deram pouca ênfase a que elas foram tentativas em curso, ou processos acabados, de superar *crises políticas.* Deste ângulo, a democratização foi um processo, mais ou menos profundo, de superação de regimes políticos que não conseguiram conter a luta política dentro de seus próprios limites e entraram em crise. Ainda assim, a forma do regime que então se procurava superar e a maneira como os seus limites foram rompidos têm importância crucial na forma e no ritmo que se deu a "transição".

No caso da transição brasileira para a democracia, a ilusão de que a "transição" ocorreu sem crise foi reforçada por ela ter ocorrido sem ruptura institucional. Isso foi facilitado, é claro, porque o próprio regime, através de suas autoridades, tomou antes iniciativas para reformá-lo. Mas perdeu o controle do processo; sobreveio a crise política. No limite, ela poderia não ter resultado em "transição a democracia" mas ter se resolvido por uma "reafirmação autoritária". Que o primeiro resultado tenha sido alcançado, exigiu muito esforço das oposições político-partidárias e de organizações societárias. Elas lutaram para escapar aos limites do programa de liberalização política controlada do governo autoritário. Exigiram eleições diretas para Presidente, conseguiram mobilizar milhões de pessoas na Campanha por Diretas-Já, foram vencidas no Congresso Nacional mas mostraram de que lado estava a vontade maioria da população. Depois de derrotadas, decidiram disputar as eleições presidenciais no Colégio Eleitoral e, para atrair parte dos parlamentares que apoiavam o regime, substituíram seu líder máximo, Ulysses Guimarães, pelo moderado Tancredo Neves. A fatia majoritária do PMDB optou por unir-se aos dissidentes do regime e apresentar a chapa, por fim vitoriosa, que aliava o candidato da oposição a um dos liderares da dissidência governista, Tancredo Neves e José Sarney. No polo oposto, o governo militar não conseguiu manter sua unidade político-parlamentar, inclusive por falta de habilidade

Campanha pelas Eleições Diretas, 1984

do último seu Presidente. Sua base fragmentou-se e, em vez do governista Mario Andreazza, quem tomou a frente do situacionismo foram os liberal-conservadores que aspiravam mais autonomia em relação ao governo central. Eles tornaram Paulo Maluf candidato do regime autoritário.

Em suma, a esmagadora vitória de Tancredo Neves no Colégio Eleitoral e, com sua doença e morte, a posse de José Sarney na Presidência dependeram, pois, de luta acirrada, múltiplas decisões, iniciativas e omissões dos partidos, correntes partidárias, governo, militares e outros atores coletivos. A crise política de 1983/1984 fragilizou o regime mas não tornou automática a vitória da oposição e, com isso, continuação da transição democrática. Esta foi conquistada mas poderia ter sido interrompida. Como quase toda crise política, a que resultou na transição para a democracia poderia ter tido um outro resultado, pois foi marcada por grandes incertezas, por "movidas" dos atores em direções por vezes inesperadas e alternâncias nos resultado imediato das disputas que eles travaram nos vários níveis do processo político.

Não tentarei examinar a crise política que permitiu superar o regime militar. Ela foi demasiado complexa para que eu pretenda reconstituí-la aqui. Tratarei, em seu lugar, de sua gênese – do processo de liberalização política que criou as condições para que a crise eclodisse – na expectativa de que isso permita indicar pelo menos algo das múltiplas dimensões do processo de mudança ocorrido.

Dois constrangimentos a que foi submetido o governo Figueiredo no final de 1982 foram centrais no desencadeamento da crise que permitiu superar o regime militar-autoritário. De um lado, o governo teve que reconhecer, ainda que tardiamente, que não tinha como pagar a dívida externa nos moldes costumeiros. Digo tardiamente porque ele ocorreu somente depois das eleições de novembro de 1983, embora desde agosto, pelo menos, quando o México entrou em moratória, a retração dos credores internacionais indicasse que o Brasil não conseguiria renovar seus empréstimos externos. O governo evitou tornar público o problema para não favorecer os partidos de oposição na disputa eleitoral então em curso.

Este estrangulamento externo foi, porém, apenas um dos constrangimentos a que estava sendo submetido o governo e o regime autoritário brasileiro. O outro foi de natureza político-partidária. As eleições de 1982 tinham resultado na vitória de dez governadores de oposição, incluindo os dos principais estados – São Paulo, Minas Gerais e Rio de Janeiro. Mais ainda, as oposições alcançaram a maioria parlamentar na Câmara dos Deputados mas não na Câmara Alta, onde os senadores eleitos de forma indireta quatro anos antes contribuíam decisivamente para o governo assegurar a maioria. Este resultado não colocava em risco, em princípio, a capacidade do regime autoritário de controlar a eleição do próximo presidente da República a ser disputada em um Colégio Eleitoral restrito, composto dos membros do Congresso e de representantes das assembleias legislativas estaduais. De qualquer modo, além a oposição obter parte do poder executivo, os resultados das eleições de 1983 tiveram como consequência importante a de colocar parte das forças de segurança – a dedicada à preservação cotidiana da ordem interna – sob o controle dos governadores de oposição. Gestão governamental constrangida pelo estrangulamento da dívida externa e pelo avanço oposicionista que passou a controlar parte importante dos governos estaduais e a maioria da Câmara dos Deputados foram componentes nucleares para o desencadeamento e o desenrolar da crise política que levou à vitória no Colégio Eleitoral em janeiro de 1984.

Esses constrangimentos derivaram, em parte, do fracasso de dois projetos de reforma promovidos pelo governo de Ernesto Geisel (1974–1979). Refiro-me aos projetos de liberalização e institucionalização do regime autoritário e de expansão econômica e diferenciação regional baseada em financiamento externo.

No que diz respeito ao primeiro dos projetos mencionados, a diretriz do governo Geisel era dar autonomia produtiva, disseminação regional e dinamismo ao capitalismo que se construía no Brasil, ainda que isso não implicasse em exclusão das empresas multinacionais que atuavam no Brasil ou, mesmo, quaisquer outras que desejassem atuar no País. Este projeto foi construído e implementado sob as novas condições internacionais criadas pela crise do petróleo de 1973. Esta resultou em elevação extraordinária dos preços do óleo e, em consequência, no estrangulamento da balança comercial do Brasil, muito dependente da importação de combustível. O projeto de autonomia produtiva visava enfrentar esta situação desfavorável com financiamento externo, então muito barato e que resultava da reciclagem dos dólares obtidos pelos produtores de petróleo. O projeto foi relativamente bem sucedido, desenvolvendo-se de modo mais lento do que o previsto, mas esbarrou em mudanças das condições internacionais que levaram à sua interrupção. Refiro-me à elevação drástica das taxas internacionais de juro, estimuladas pela mudança de política do banco central norte-americano, o Federal Reserve, e à nova e brusca elevação dos preços do petróleo decorrente da guerra Irã-Iraque. Ambos os eventos ocorreram em 1979.

Em função desses dois eventos, a balança comercial sofreu novo estrangulamento e tornaram-se muito caros os empréstimos externos que financiavam os investimentos vinculados ao projeto de expansão produtiva do governo Geisel, pois tinham sido tomados a juros variáveis. A dívida externa ficou não só mais cara mas cada vez mais difícil de renovar em função das próprias fragilidades dos devedores. Essas dificuldades se acentuaram com a moratória mexicana de meados de 1982; e logo depois das eleições de novembro daquele ano, o governo Figueiredo teve que recorrer ao FMI pois os credores deixaram de renovar os empréstimos. A "crise da dívida" foi componente chave da crise política que se seguiu pois o governo Figueiredo optou por ajustar-se – embora não plenamente – às demandas dos credores, fazendo um ajuste econômico recessivo, cortando gastos, restringindo os recursos das empresas estatais e arrochando salários, de modo a produzir um superávit externo. Esta opção de enfrentamento da "crise da dívida" acabou desagregando seu apoio empresarial e parlamentar e alimentando a crise política que permitiu à oposição chegar à vitória dentro das regras fixadas pelo regime autoritário.

No que diz respeito ao segundo dos projetos do governo Geisel, importa destacar que ele surgiu de uma aliança entre duas correntes militares ("castelistas" e "profissionais") que pretendiam restringir a autonomia dos setores de informação e segurança interna que, em nome do combate aos grupos da esquerda armada, continuavam a ameaçar a disciplina militar, a despeito daqueles grupos já estarem derrotados desde 1972. O seu alvo não era, porém, apenas controlar os órgãos de segurança e informação. Almejava implantar medidas paulatinas de liberalização política que permitissem, de forma controlada, constituir um regime de democracia restrita e uma elite política civil capaz de comandá-lo. As medidas incluiriam a redução da censura aos meios de comunicação, maior liberdade de opinião nas disputas eleitorais, ampliação do âmbito em que ocorreriam eleições chegando até a disputa direta dos governos estaduais e eliminação das principais leis de exceção, como o AI-5.

Este projeto de *liberalização controlada* se defrontou, porém, com dificuldades para se impor entre os partidários do regime e, ao mesmo tempo, com um vigor insuspeitado da oposição política. Casos de tortura e assassinato de prisioneiros de órgãos de segurança tornaram-se públicos, foram reprimidos pelo governo mas à custa de fricções graves no interior das Forças Armadas. Por outro lado, os planos de ampliação das liberdades e das disputas políticas encontraram obstáculos consideráveis. O apoio eleitoral que a oposição encontrou nas cidades, especialmente as grandes, obrigou o governo a usar seus instrumentos legais arbitrários para reduzir o impulso oposicionista. Ainda assim, houve avanços inegáveis na liberalização, com o fim do AI-5 (1978), reforma do sistema partidário (1979) e lei da anistia (1979). Estas duas últimas reformas tiveram em vista, além do objetivo declarado de aumentar a competição política, estimular o surgimento de uma elite política capaz de conduzir o regime que surgia das reformas, incorporando à sua base de sustentação parte das elites que atuava na oposição. Os dirigentes do regime calculavam que a polarização rígida regime/antirregime que caracterizava o sistema partidário beneficiava a oposição política abrigada sob o Movimento Democrático Brasileiro (MDB). Tanto a reforma partidária como a anistia para os políticos exilados poderiam criar condições para uma flexibilização daquela polarização. Com efeito, depois da reforma partidária foram organizados vários partidos com quadros do MDB, inclusive o Partido Popular (PP) que congregou políticos moderados da oposição. Com isso, tais medidas o regime planejava dividir a oposição e criar uma alternativa aceitável, para os militares, ao partido de apoio ao regime.

O projeto foi inviabilizado, porém, pela ação de órgãos de segurança que passaram a inibir a oposição explodindo bancas de jornal e criando pânico pela explosão de bombas na festa de comemoração do Dia do Trabalho, no Riocentro. As bombas explodiram no dia 30 de abril de 1981 atingindo justamente os encarregados de armá-las para explodir. A decisão de não punir os responsáveis provocou a demissão do general Golbery do Couto e Silva, "castelista" e remanescente do governo Geisel no ministério do general Figueiredo. Isso produziu uma inflexão política decisiva: venceu a corrente "profissional" das Forças Armadas, foi eliminada ou muito restringida a autonomia das forças de segurança e informação, mas perdeu-se a flexibilidade no manejo das reformas políticas. De fato, a regulamentação das eleições de 1982 – em que seriam disputados diretamente os governos estaduais – proibiu as coligações partidárias, o que inviabilizou eleitoralmente o PP e a possibilidade de surgimento de um partido "confiável" que fosse eventual alternativa ao partido do regime, o Partido Democrático Social (PDS), ex-Arena.

A ironia da solução corporativista imposta pela corrente "profissional" ao caso Riocentro é que ela impôs a disciplina militar com a "volta aos quartéis", objetivo também dos "castelistas" e da oposição, antes que se tivesse institucionalizado um regime de democracia restrita sob controle civil, como projetara o governo Geisel, mas ao preço de uma maior rigidez política – derivada da marginalização dos "castelistas" – que refez a polarização regime/antirregime que beneficiava política e eleitoralmente as oposições. Inviabilizou, assim, a criação da nova elite civil destinada a comandar o regime autoritário reformado e acabou favorecendo o avanço oposicionista. O resultado político dessas manobras já se apontou: em 1982 o regime perdeu a maioria parlamentar na Câmara dos Deputados e as oposições elegeram dez governadores de Estado.

Assim, esse duplo fracasso do regime autoritário – na política de desenvolvimento e na política de liberalização – contribuiu para gerar as condições iniciais para a crise política complexa que permitiu a sua superação.[89]

Para finalizar, retomo brevemente a questão da crise política que permitiu superar o regime autoritário. Não pretendo, como sublinhei antes, reconstituí-la. Mas gostaria de chamar a atenção para as várias dimensões dessa crise.

Se a democratização foi a superação – pelo menos parcial – de uma crise política, o que entrou em crise: o governo do general Figueiredo, o regime militar-autoritário ou o próprio Estado então vigente? A maior parte da literatura dedicada à análise da transição política a entendia como transição de regime político. Estar-se-ia passando de um regime militar-autoritário, ou de uma ditadura, para um regime democrático. Era, pois, o regime político que entrara em crise e fora substituído pela democracia definida pela Constituição de 1988 e efetivada pelas eleições presidenciais de 1989.

Essa perspectiva analítica tinha sintonia com a dos atores políticos de então. Com efeito, embora o Brasil experimentasse a "crise da dívida externa" e apesar das questões econômicas ocuparem boa parte da agenda política, era mínimo o questionamento ao padrão de articulação entre o Estado e a economia, ainda que houvesse oposição forte à política econômica do governo Figueiredo. Embora este padrão de articulação – vigente em maior ou menor medida em vários países da América Latina – tivesse experimentando mudanças no Chile e no México, por exemplo, no Brasil ele não era questionado de forma relevante. Atribuía-se as dificuldades experimentadas então pelo país ao caráter autoritário do regime militar, à sua incapacidade de dialogar com a sociedade; demandava-se uma ampliação das liberdades públicas e da participação política de modo a dar sequência às reformas políticas que haviam eliminado o AI-5, aprovado a anistia política e instituído eleições diretas para governadores de Estado. No máximo, as oposições demandavam uma reorientação dos padrões de política econômica de modo a evitar que tivesse efeitos concentradores de renda e, preferencialmente, dando-lhe um viés distributivo.

Só com o fracasso do Plano Cruzado de estabilização, entre fins de 1986 e começos de 1987, é que parte dos analistas e dos atores políticos tomou consciência de que estava em crise não apenas o governo de então, presidido por José Sarney, nem o regime autoritário, em vias de superação, mas também o próprio Estado "varguista", vigente desde os anos 1930. Não se tratava apenas de uma forma política demasiado estreita e hierárquica que estava em questão; tratava-se também de um poder político muito intervencionista, regulador e protetor em relação à economia capitalista. Demasiado intervencionista porque esvaziado de poder de atuação econômica do Estado, demasiado protetor e regulador porque na contramão das transformações econômicas liberalizantes que ocorriam então no Ocidente. Percebeu-se que o País experimentava uma crise de Estado para a qual não havia um caminho claro de superação, ainda que a maioria dos atores acreditasse que uma nova Constituição, em vias de ser elaborada, pudesse materializá-lo.

Desta forma, foi crescendo o número de analistas que se davam conta que o que entrara em crise no início dos anos 1980 não fora apenas o governo Figueiredo e o regime militar-autoritário mas também o Estado varguista. Assim, quando os atores políticos entendiam estar em crise apenas o regime militar-autoritário já estavam também desestruturadas as relações do poder político com a economia e a so-

Consumidora fiscaliza o congelamento de preços, São Paulo, 1986

ciedade. Com efeito, a "crise da dívida externa" e o modo do governo Figueiredo enfrentá-la nada mais foram do que a explicitação de que o Estado perdera condições de comandar, como antes, a economia e o desenvolvimento capitalista; esta incapacitação produziu fraturas entre as classes proprietárias e o Estado, abrindo espaço para as transformações políticas que se seguiram, transformado o próprio regime dentro da legalidade vigente. Esta superposição de crises políticas exige um esclarecimento.

A afirmação de que em finais 1982 não só o regime militar--autoritário mas também o Estado varguista entraram em crise remete à questão da dependência entre Estado e regime político. Haveria a possibilidade de o regime político mudar sem que o Estado perdesse *plenamente* sua forma? No caso da crise em questão, regime e Estado entraram se desestruturaram, mas há a possibilidade de um mesmo Estado ser compatível com diversos regimes políticos. Entendo que essa possibilidade ocorreu, de fato, no período anterior à crise final do regime autoritário. Nos anos 1930 construiu-se no Brasil uma "matriz estadocêntrica" – noção que tomo de Marcelo Cavarozzi –, um Estado "varguista" que funcionava como centro organizador tanto da política como da vida econômico-social brasileira, dando lugar a regimes políticos instáveis e restritos no que se refere à representação e à liberdade política.

Esta forma de Estado, que denomino "varguista", porque construído em grande parte sob a liderança de Getúlio Vargas, foi antes de tudo um Estado nacional-desenvolvimentista. Desde os anos 1930, esse Estado interveio no domínio econômico e social de modo a construir no território nacional um capitalismo autônomo de base industrial e a organizar coletivamente os agentes econômicos, regulando as relações de trabalho e fornecendo uma proteção limitada aos trabalhadores. A intervenção do Estado no domínio econômico não se deu apenas por regulação da economia, subsídios e proteção ao mercado interno mas também pela atuação de um grande conjunto de empresas de estatais que chegou a incluir mais de quinhentas no começo dos anos 1980. Além desta atuação intensa nos domínios econômico e social, o Estado varguista teve como complemento formas de regime político em que a representação, a liberdade política e os direitos dos cidadãos eram limitados. Sucederam-se no Estado varguista democracias restritas – como as de 1934–1937 e de 1946–64 – e regimes mais ou menos autoritários – como o Estado Novo de 1937–1945 e o regime militar-autoritário, de 1964 a 1985. Quase todos foram de curta duração e mesmo aquele que mais durou, o da democracia de 1946, foi marcado por baixo grau de institucionalização e grande instabilidade política – golpe e tentativas de golpe militar, suicídio e renúncia de chefes de Estado e mudanças de forma de governo.

Os regimes de democracia restrita e autoritários que regularam a participação da cidadania na esfera do Estado varguista indicam que ele fixava limites estreitos para a competição política. Não cabe aqui uma análise deste Estado mas vale indicar que além da competição política limitada, ele contou com a vigilância das Forças Armadas que cuidavam para que as disputas entre as elites políticas não ameaçassem incluir atores marginalizados da luta político-institucional ampliar ou colocar em xeque a participação do País na esfera de influência Ocidental. Por outra parte, a gestão intervencionista e desenvolvimentista da economia soldava os interesses dos vários segmentos das classes proprietárias, ainda que privilegiasse os interesses industriais.

A crise política iniciada em fins de 1982 permitiu rapidamente superar o regime militar-autoritário, mas não a crise do Estado varguista. Esta se prolongou por quase quinze anos, sendo apenas superada em 1994–1996 com a institucionalização de uma nova forma de Estado, aquela sob a qual hoje vivemos.

Conservadorismo em chave democrática
A redemocratização brasileira, 1979–2013

Marcos Nobre

Levar a sério o corte que representaram as duas últimas décadas do século XX no país, levar seriamente em conta a redemocratização, exige uma nova maneira de pensar temas clássicos do pensamento social brasileiro, em especial aquele que é aqui tomado como central, o tema do conservadorismo. Porque o ritmo paquidérmico da redemocratização leva muitas vezes à tentação de ligações por demais imediatas com formulações clássicas, elaboradas em momentos radicalmente distintos da história do país. Teses como a de um "conservadorismo de fundo" que seria próprio da sociedade brasileira continuam a ser elemento decisivo de muita discussão teórica e de muita prática política ainda hoje, mesmo passados 25 anos desde a primeira eleição presidencial direta da redemocratização.[90]

Em condições democráticas, pressupostos como o de um "conservadorismo social de fundo" podem facilmente se transformar em uma petição de princípio, elas mesmas conservadoras. Em condições democráticas, é no mínimo de prudência abster-se de atribuir "conservadorismo" (ou "progressismo", como se queira) à sociedade à maneira como a categoria foi pensada pelos clássicos do pensamento social. Insisto, portanto, na novidade desse conservadorismo na história do país, tanto no que diz respeito à sua construção em ambiente de disputa democraticamente regrada como no que o separa da gramática do conservadorismo típica de momentos pregressos. O *conservadorismo democrático* exige novas categorias explicativas. Tomadas ao pé da letra, categorias engendradas em momentos históricos distintos não apenas não ajudam como atrapalham consideravelmente a tarefa de explicar a sociedade e o sistema político em sua configuração recente.

O Brasil nunca foi uma ilha. O período que se convencionou chamar de neoliberal e que teve seu auge na década de 1990 provocou uma aglutinação mundial de forças políticas majoritárias em torno de um novo centro político, carregado de receitas e prescrições ideológicas próprias da cartilha da globalização. O resultado desse vagalhão ideológico estreitou o horizonte das discussões e das alternativas de ação e estendeu seu alcance para além da crise econômica mundial iniciada em 2007-2008. Três décadas de neoliberalismo borraram fronteiras políticas como aquela entre "direita" e "esquerda", por exemplo. Ao mesmo tempo, esse fenômeno mundial não se dá da mesma forma em toda parte.

Nao foi em todos os lugares que esse processo coincidiu com o declínio de uma ditadura militar, com uma aguda crise econômica e com uma transição para a democracia. Como também não foi em todos os lugares em que uma cultura política conservadora estruturou e blindou o sistema político contra as forças sociais de transformação, em favor de um ritmo extremamente lento de democratização. Dou o nome de pemedebismo à específica cultura política conservadora que marcou a redemocratização brasileira, em lembrança do partido que capitaneou a transição. Pretendo neste texto apresentar de maneira esquemática as origens e o desenvolvimento desse conservadorismo democrático nacional.

Proponho como marco inicial da redemocratização a aprovação da lei que reintroduziu o multipartidarismo, no final de 1979. E como marco final as Revoltas de Junho[91], que, na interpretação defendida aqui, iniciam um novo ciclo, não mais de redemocratização, mas de democratização, de aprofundamento da democracia no país. Esse movimento de democratização implica dizer que as instituições democráticas podem ser consideradas, a partir desse momento, como instaladas e consolidadas, estando em disputa a partir daí *como devem funcionar*. Espero conseguir justificar essa periodização à medida que desenvolvo os pressupostos que ela carrega.

O período de redemocratização, de 1979 a 2013, pode ser dividido por sua vez em dois grandes blocos. O primeiro, de 1979 até o Plano Real, em 1994, foi marcado pela coincidência entre o declínio da ditadura militar e a crise estrutural do modelo de sociedade vigente no país por cinco décadas e que se costuma denominar "nacional-desenvolvimentismo". Hegemônica nesse período da redemocratização é a cultura política do "progressismo", caracterizada pela diretriz de que era necessário unir todas as forças de oposição à ditadura – aquelas que abandonaram o barco em naufrágio no último momento, inclusive, com destaque aqui para a Frente Liberal, facção da situação depois oficializada como PFL (DEM, a partir de 2007). A cultura política do progressismo é a primeira figura do conservadorismo típico da redemocratização que recebe aqui o nome mais amplo de pemedebismo.

O segundo grande bloco da redemocratização, de 1994 às Revoltas de Junho, foi marcado pela transição do nacional-desenvolvimentismo a um novo modelo de sociedade, que chamo social-desenvolvimentista. A Constituição de 1988 representou o elo decisivo entre os dois modelos, tendo abrigado tanto dispositivos nacional-desenvolvimentistas quanto aqueles que serviriam de apoio à instalação paulatina do modelo nacional-desenvolvimentista. Hegemônica nesse segundo momento da redemocratização é a cultura política da "governabilidade", caracterizada pela diretriz de que governos tinham de se apoiar não apenas em maiorias parlamentares, mas em supermaiorias parlamentares, em esmagadoras maiorias congressuais. A cultura política da governabilidade é segunda figura do pemedebismo e só foi de fato abalada com as Revoltas de Junho.

Essas duas grandes divisões embutem, certamente, muitas diferenças e nuances qualitativas em termos de subdivisões e momentos de cada um dos dois períodos. Mas meu objetivo aqui não é examinar as especificidades dos diferentes momentos e das diferentes configurações políticas no interior de cada uma das partes dessa grande divisão, mas antes expor a natureza do conservadorismo que caracteriza a redemocratização brasileira como um todo. Para além de todas as especificidades, para além mesmo da divisão em dois grandes blocos, é marca característica da redemocratização a presença, sob diferentes figuras, de uma mesma cultura política conservadora, estruturada para bloquear transformações de grande envergadura, para manter a redemocratização em passo lento.

O embrião da cultura política conservadora da redemocratização foi a unidade forçada contra a ditadura militar. A engenharia ditatorial produziu confederações de grupos políticos, confederações de partidos. As siglas oficialmente toleradas se organizaram internamente de maneira a permitir a convivência de agremiações e tendências não apenas heteróclitas, mas, muitas vezes, adversárias. As estruturas partidárias resultantes eram obrigadas a produzir alguma unidade apesar de suas incompatibilidades internas, mas tal unidade só podia ser altamente genérica e abstrata.

Essa experiência de unidade forçada ganhou sua primeira forma estruturada na década de 1980, sob o multipartidarismo limitado próprio do período. Foi nesse momento que a "união das forças progressistas" para derrotar o autoritarismo ganhou o caráter próprio de uma cultura política que estruturou o sistema político. Sob o comando do PMDB, o "progressismo" exigia que as mais diferentes forças políticas deixassem de lado suas diferentes visões em nome da "unidade". Não se tratava de produzir efetivas coalizões de forças políticas heteróclitas, em que as diferenças são explicitadas no debate público, em que a "unidade" é resultado de negociações a céu aberto. O progressismo tem como característica a repressão das diferenças no debate público (já que podem "servir ao retrocesso"), que ficam assim restritas às negociações de gabinete. Não por último, a produção de tal unidade forçada incluía aceitar nessa amplíssima frente grupos de sustentação histórica da própria ditadura militar.

Unidades forçadas como a do progressismo não se restringem ao sistema político. Uma tal cultura política de repressão das diferenças se enraizou na sociedade em diferentes graus e de variadas maneiras. De um lado, orientou efetivamente a ação de boa parte da parcela organizada da sociedade que participa mais diretamente da disputa por fundo público. De outro lado, apoiou-se ainda por muito tempo na continuada exclusão de largas parcelas da população do acesso a dispositivos efetivos de deliberação e de decisão, mecanismos que vão desde a ausência de escolaridade formal até direitos mais elementares, como o direito de voto (analfabetos, excluídos durante toda a história republicana, só passaram a poder votar depois de 1985, em caráter facultativo).

Sob tais condições, o passo de transformação é necessariamente lento. A lógica de produção de megablocos políticos pressupõe que só é possível avançar em determinada direção se o megabloco como um todo se mover na mesma direção. E parece evidente o altíssimo grau de dificuldade para que se consiga produzir acordo para transformações de monta em um conjunto de forças políticas tão díspar e heteróclito como o do megabloco progressista.

A lógica da unidade forçada foi efetiva porque conseguiu blindar o sistema político contra forças sociais que viam nela um obstáculo a seus projetos de transformação. Por essa razão, momentos de crise dessa blindagem são também cesuras importantes, são pontos de apoio decisivos para desvendar a lógica do próprio processo. Apresentar alguns desses momentos de crise é, portanto, uma opção estratégica para reconstruir de maneira sumária a redemocratização, mostrando o declínio de determinada configuração do conservadorismo democrático e sua reconfiguração em nova forma. Os três marcos fundamentais do processo de redemocratização me parecem podem ser postos no período da Assembleia Nacional Constituinte, no movimento pelo impeachment de Collor e nas Revoltas de Junho.

A unidade forçada do progressismo foi pela primeira vez posta em xeque de maneira efetiva durante a Constituinte. A inédita mobilização popular do período mostra, aliás, a decisiva importância da organização subterrânea, ainda durante a ditadura, de espaços sociais informais de formação democrática da opinião e da vontade, que emergiram nos anos 1980. A partir de determinado momento do processo constituinte, o Centrão, bloco suprapartidário que contava com maioria de parlamentares do PMDB em aliança com o PFL, dedicou-se a combater propostas de mudança vindas de sindicatos, movimentos e organizações populares. Nesse momento, rompeu-se a aliança típica do progressismo. Ficou claro que essa unidade forçada era um obstáculo decisivo para a obtenção de avanços sociais.

Temporariamente suspensa a amarra do progressismo, o Centrão apoiou seu bloqueio na ausência de uma pauta unificada e de um partido (ou frente de partidos) que canalizasse as aspirações mudancistas. Mas o resultado desse primeiro grande embate foi ambíguo, marca característica, aliás, de todos os momentos decisivos da redemocratização. O Centrão conseguiu bloquear avanços importantes. E o passo de implementação do novo modelo de sociedade foi determinado por um longo período pela correlação de forças congressual direta. Com apoio decisivo na corrente jurídica de interpretação dominante à época, o Congresso se investiu inicialmente do papel incontornável de "regulamentar" os dispositivos constitucionais, que só dessa maneira poderiam – assim se dizia e se agia – adquirir efetividade. Somente nos anos 2000 ganhou ampla aceitação e efetividade o princípio de autoaplicabilidade dos dispositivos constitucionais, pluralizando de fato a luta pela concretização do modelo social-desenvolvimentista inscrito na Constituição, que desde então passou a incluir como arenas de disputa legítimas também os diferentes níveis e âmbitos do Executivo e do Judiciário.

Do outro lado da ambiguidade do resultado, o país produziu uma Constituição avançada sob muitos e importantes aspectos. De certa maneira, o caráter fragmentário da pressão social teve por efeito a produção de um texto considerado então por muitos como excessivamente detalhista, mas que exatamente por isso conseguiu espelhar de maneira relativamente fidedigna os muitos aspectos da mobilização típica da primeira fase da redemocratização, preservando as muitas facetas do novo modelo de sociedade que iria paulatinamente decantar e se consolidar nos anos que se seguiram. Não se pode subestimar a importância desse "detalhismo" para a ampla aceitação do texto constitucional pelo conjunto das forças políticas ao longo dos anos 1990.

A segunda crise enfrentada pela blindagem da unidade forçada surgiu no movimento pelo impeachment de Collor. E teve um resultado tão ambíguo quanto o do período constituinte. Pois se o movimento pelo impeachment do primeiro presidente eleito diretamente desde 1960 colocou em xeque a unidade forçada em que funcionava o sistema político, foi ainda o progressismo que prevaleceu. E, no entanto, o movimento pelo impeachment de Collor marca o final da fase progressista da redemocratização. A partir daí, o conservadorismo democrático se remodelou para aceitar uma transformação mais profunda do que a lógica pemedebista normalmente suportaria, um movimento que vai dar no Plano Real e na liquidação do modelo de sociedade nacional-desenvolvimentista.

Esse desenvolvimento está ligado intimamente a uma segunda e mais duradoura figura do pemedebismo, que deixou para trás a exigência da "união das forças progressistas" em favor de uma nova forma de unidade forçada. A resposta do sistema político ao processo de impeachment não foi uma reforma radical que o abrisse para a sociedade. Pelo contrário. Fincou-se como verdade indiscutível que Collor caiu porque não dispunha de apoio político suficiente no Congresso, porque lhe teria faltado "governabilidade".

Surgiu nesse momento a segunda forma de blindagem do sistema político contra transformações de vulto, a exigência a partir de então inquestionável de que esmagadoras maiorias suprapartidárias, segundo o modelo do Centrão da Constituinte, seriam indispensáveis não apenas para bloquear movimentos como o do impeachment, mas para que fosse possível governar. Foi assim que o sistema se preservou sem mudar, fortalecendo sua lógica de travamento de grandes transformações, reprimindo as diferenças sob uma nova unidade forçada. Foi assim que, a partir de 1993, foi sendo construído o "acordo da governabilidade", segunda figura da blindagem do sistema político contra a sociedade, segunda figura do pemedebismo.

A partir de 1993, os canais de expressão das forças de oposição ao pemedebismo se estreitaram. A força das ruas foi substituída pouco a pouco pelo "clamor da opinião pública". E a opinião pública foi substituída pela opinião da mídia. O que mostra o papel decisivo que ocupou a grande mídia tradicional no "acordo da governabilidade", um papel ainda mais destacado do que já tinha ocupado na fase "progressista" da redemocratização. De um lado, como veículo de difusão e de aceitação das teses da governabilidade. E, de outro lado, como veículos privilegiados de influência da sociedade e de forças de oposição ao governo sobre o sistema político.

Para obrigar o sistema a mudar, pouco que fosse, era necessário produzir campanhas intensivas de denúncias vocalizadas pela mídia. As forças de oposição ao pemedebismo cuidavam de traduzir as campanhas midiáticas em termos de ações institucionais: criação de CPIS, ações no STF, mobilizações e manifestações de protesto localizadas e limitadas. Durante um bom tempo, especialmente ao longo do governo FHC, o MST foi o único que conseguiu realizar mobilizações de massa que confrontaram o sistema político. Mas mesmo o MST dependia da mídia para projetar e difundir suas ações.

Mudanças só vinham com "escândalos", que são difíceis de produzir porque exigem uma exposição contínua dos fatos denunciados, com desdobramentos e acréscimo constante de novos elementos. E, sobretudo, porque dependiam do filtro da mídia do país, altamente oligopolizada. Com o tempo, mesmo esse já limitado recurso denuncista de cobrança perdeu força. Liderando as forças de oposição, o PT reorientou sua estratégia e passou a dar prioridade absoluta à conquista do poder federal, à eleição de Lula, em lugar de apostar na mobilização social de massa.

Essa composição de sistema político blindado pelo acordo da governabilidade e mídia que sustenta o acordo tanto quanto vocaliza ao mesmo tempo a insatisfação de forças de oposição fez sua última grande aparição no "mensalão", em 2005. Vendo-se acossado pelo fantasma do impeachment, o governo Lula – até então o primeiro governo minoritário no Congresso desde o início do acordo da governabilidade – aderiu à ideia pemedebista de construção de supermaiorias parlamentares. Depois do "mensalão", no restante do período Lula, completou-se o desenvolvimento das ferramentas de blindagem pemedebistas: a oposição se tornou residual, restou apenas o pemedebismo do sistema político e seu então condutor único, o PT.

A exigência de supermaiorias parlamentares plasmou uma cultura política que criou regras de funcionamento capazes de operar em espaço exíguo, caracterizado por uma altíssima densidade de ocupação. Operar em bloco supermajoritário faz com que o embate aberto de posições seja sempre a última opção, tendo preferência a negociação de gabinete que evite o confronto público. E o confronto público ele mesmo se põe como encenação da capacidade de veto (e/ou chantagem) contra o governo por parte do grupo afetado. Em lugar de situação e oposição, em lugar de um sistema político polarizado, o que se tem é um imenso condomínio de governo, em que, no limite ideológico dessa cultura política, todas as forças devem estar representadas.

É o sistema político enquanto tal que impõe a exigência de que, no limite, todas as forças políticas representadas no Congresso estejam no governo. A cultura política pemedebista impõe a supermaioria antes de dar início às disputas por espaço dentro do superbloco governista. A competição não se dá apenas entre partidos, nem somente dentro de cada partido, na luta por espaço dentro de uma máquina partidária específica, já estabelecida e em funcionamento. Ela se dá, antes de tudo, no interior do próprio superbloco pemedebista. E isso inclui diferentes constelações de grupos, que se aliam ou não conforme seus interesses de veto ou de chantagem ao governo.

Partidos são configurações precárias e instáveis de correlações de forças no interior do pemedebismo. Não é de estranhar, portanto, a importância da formação de bancadas suprapartidárias no Congresso Nacional, segundo as mais diferentes orientações e interesses. Conquistar espaço no pemedebismo não significa apenas conquistar um quinhão do Estado no qual seja possível reproduzir uma máquina política, seja de um partido, seja de um grupo político. Significa também conquistar direito de veto a iniciativas potencialmente prejudiciais à cota de que se dispõe como sócio do condomínio.

Mas é evidente também que "estar sempre no governo, seja qual for o governo", que essa "inclusão" de todas as forças políticas em um mesmo condomínio, é hierarquizada. E um dos aspectos interessantes da hierarquização no caso do pemedebismo é que a estratificação não se dá apenas em função da força eleitoral de um determinado grupo, facção ou partido, mas também em função da capacidade de veto que adquire o grupo em questão. Como o espaço político é extremamente exíguo, o poder se exprime menos em função de produção de coalizões em favor de propostas do que na atividade de veto contra projetos que digam diretamente respeito aos interesses do grupo que se considera atingido. E essa capacidade de veto varia tanto em função da posição dentro da hierarquia partidária como na posição ocupa o grupo no Estado e no fundo público de maneira mais ampla.

Este aspecto por assim dizer operacional do pemedebismo está intimamente ligado a certo "padrão de justiça" que projeta e que constitui o cerne ideológico dessa cultura política. Como já anunciado no início, também o pemedebismo guarda afinidades com formas anteriores de conservadorismo, praticando "inclusões seletivas", que não têm por lógica efetiva a universalização de acesso e de direitos, cuja forma mais avançada, iniciada nos anos 1930, foi a dos direitos trabalhistas. Ao mesmo tempo, como também igualmente enfatizado, trata-se agora de um conservadorismo democrático, com peculiaridades e marcas características que não devem ser ignoradas, se se pretende compreender a natureza conservadora da redemocratização.

Com os direitos trabalhistas da ditadura do Estado Novo, registrou-se um grande avanço na proteção social. Ao mesmo tempo, esses direitos se restringiram à economia formal. Ainda que tenha havido grande avanço na formalização quantitativa a partir dos anos 2000 – sem considerar aqui o aspecto *qualitativo* dessa formalização –, a chamada economia informal continua a abrigar até hoje algo como 40% da força de trabalho. Em outras palavras: só tem acesso a direitos quem consegue se organizar coletivamente de maneira a obter poder de pressão política suficiente para ser "incluído" na disputa formal por fundo público.

A história brasileira do século XX é marcada amplamente por governos autoritários e/ou coronelismo, vale dizer, por regimes repressivos que bloqueiam a organização coletiva e a luta por direitos. O conservadorismo pemedebista se dá, ao contrário, em ambiente democrático, de maneira que não lhe é possível bloquear na marra a implementação de direitos. O único caminho que lhe resta é controlar a velocidade de sua implementação efetiva, praticada segundo critérios altamente seletivos. E é a lógica dessa seleção que permite entender tanto sua maneira de operar como sua capacidade de justificar ideologicamente a inclusão seletiva que pratica, o que inclui um importante sistema de vetos e de bloqueios à alteração das correlações de forças existentes.

Foi nesses termos, por exemplo, que, durante o governo Lula, estratos historicamente marginalizados foram pela primeira vez efetivamente "incluídos" – no sentido peculiar que tem a inclusão em uma cultura política de fundo caracterizada pelo pemedebismo. Não se trata de uma inclusão na qual quem antes estava à margem passa a exercer cidadania plena, conquistando enfim direitos sociais e reconhecimento social de tratamento igual, como iguais integrantes do espaço público. Como também não se trata de dizer, ao contrário, que não aconteceu "inclusão" alguma.

Em um sistema político dominado pelo pemedebismo, é enganoso utilizar a linguagem da inclusão cidadã sem a devida qualificação, sem mostrar as formas específicas de subordinação e de hierarquização que daí se seguem. Cidadania significa nesse caso ser a favor de generalidades abstratas e sem consequências práticas efetivas (como "saúde, educação, emprego, segurança e moradia para todos") e ser muito concretamente contra mudanças específicas em relação a padrões de distribuição – de poder, de renda, de reconhecimento social.

É um modo de fazer política que promete franquear entrada a quem assim o desejar. Funda-se na promessa evidentemente irrealizável de, no limite, engolir e administrar todos os interesses e ideias presentes na sociedade, sem que haja perdedores que fiquem sem compensação. E garante a quem entrar que, se conseguir força eleitoral, e em proporção a essa força, ganhará direito a disputar espaço, dentro da máquina partidária e dentro do pemedebismo do sistema político, e a reivindicar e receber posições no aparelho do Estado.

A depender do espaço que conseguir conquistar dentro do sistema político, dentro da máquina partidária a partir do capital eleitoral inicial de que partiu, o grupo organizado ganha a prerrogativa de vetar iniciativas que entenda lhe serem contrárias. Sob o pemedebismo, o exercício cotidiano da política não tem a ver, primordialmente, com ser

favorável a estas posições ou partilhar de uma visão determinada do que deva ser o país (mesmo que se possa encontrar nesse caldo de cultura uma ou outra ilha de pensamento sobre o país); tem a ver fundamentalmente com a conquista da capacidade de vetar iniciativas alheias – ou, o que é o mesmo, de bloquear qualquer tentativa de mudar a correlação de forças, impedindo uma piora da posição relativa do grupo afetado.

É a hegemonia dessa cultura política que se encontra em xeque desde o início da nova onda de democratização iniciada em Junho de 2013. A "inclusão amputada" não é mais aceita como forma legítima de ampliação da cidadania. Essa é a grande diferença entre o período da redemocratização e o momento atual, que já é o da exigência de aprofundamento e radicalização de uma democracia instalada e consolidada. A ideologia do pemedebismo está sob ataque cerrado, confrontada com uma cultura política democrática alternativa, formada na base da sociedade ao longo dos anos 2000, principalmente.

Fazem parte desse movimento subterrâneo de formação de uma nova cultura democrática elementos como a expansão da escolaridade e do acesso à internet e a dispositivos de comunicação instantânea. Entre outras consequências importantes, elementos como esses desmontaram um dos pilares da lógica de sustentação do modelo da "governabilidade", o "monopólio" da formação da opinião por parte da grande mídia tradicional. Confrontada, a partir da segunda metade dos anos 2000, com a multiplicação de fontes de informação e de fóruns de discussão e de debate no mundo virtual, a grande mídia tradicional não pôde mais desempenhar o papel de "mediadora" entre o sistema político da "governabilidade" e as forças sociais de oposição ao pemedebismo. Com isso, completou-se ali também a blindagem do sistema político contra forças sociais de oposição, que não dispunham nem mesmo do restrito recurso à "mediação" da grande mídia tradicional para tentar produzir modificações no sistema.

Apesar de todas as travas e barreiras erguidas pelo pemedebismo contra uma mudança no modelo de sociedade, a longa redemocratização brasileira foi aos poucos criando e consolidando um novo modelo desse tipo, chamado aqui social-desenvolvimentismo, dotado de uma cultura política que permeia a vida social muito além do pemedebismo. De forma inédita na história do país, firmou-se um modelo de sociedade ligado internamente à democracia e baseado na efetiva universalização de direitos.

Segundo o novo modelo de sociedade, "social" quer dizer democrático, tanto no sentido de um regime de governo como no sentido mais profundo do combate às diversas formas de desigualdade, de não impor ao conjunto de cidadãos, aos muitos povos que habitam o território (os indígenas, essencialmente) um modelo determinado de levar a própria vida como obrigatório e inescapável. O social-desenvolvimentismo não aceita como inevitáveis para o desenvolvimento do país padrões de desigualdade indecentes, medidos por qualquer padrão disponível. Como também não aceita que desenvolvimento econômico signifique devastação ambiental ou um sistema político estruturalmente corrupto.

Segundo o novo modelo, só é desenvolvimento autêntico aquele que é politicamente disputado segundo o padrão e o metro do social, quer dizer, aquele em que a questão distributiva, em que as desigualdades – de renda, de poder, de recursos ambientais, de reconhecimento social – passam para o centro da arena política como o ponto de disputa fundamental. À sua maneira peculiar e ziguezagueante, em uma interpretação coletiva penosamente construída, foi essa a concretização de uma imagem de sociedade presente no texto da Constituição Federal de 1988. Esse modelo de sociedade não pertence, portanto, a um único governo ou partido, mas é um projeto coletivo, gestado durante a longa transição para a democracia.

O pemedebismo, a cultura política de fundo contra a qual foi moldado a duras penas o novo modelo de sociedade, obstrui e bloqueia o seu pleno desenvolvimento. O surgimento e a consolidação do social-desenvolvimentismo se deram apesar de uma cultura política pemedebista. Na nova modernização social-desenvolvimentista, há um descompasso entre o modelo de sociedade que se consolidou e a cultura política que ainda domina o sistema político, que não o expressa em toda a sua amplitude e novidade, marcada que ainda está pelo pemedebismo da longa transição brasileira para a democracia.

Ao colocar a inflação sob controle, o período FHC fez com que, finalmente, a desigualdade abissal do país fosse explícita e diretamente para o centro do debate e da disputa política. Ao colocar como elemento central e explícito de seu governo a diminuição das desigualdades, o período Lula acabou por consolidar um novo modelo de sociedade. A partir daí, o que passou a estar em causa foi o aprofundamento ou não desse modelo, bem como a velocidade em que esse processo pode se dar. A unidade do período pós-Real em relação ao período anterior está em que suas duas grandes fases – a do governo FHC, de um lado, e a de Lula e de Dilma, de outro – tiveram por objetivo dirigir o conservadorismo típico da redemocratização, o pemedebismo, e não reformar radicalmente o sistema político.

Não se trata aqui de se perguntar se a cultura política pemedebista correspondeu ou não efetivamente à forma de autocompreensão dominante no país em um momento determinado. Não se trata de pensar se tal cultura política estabeleceu ou não em algum momento a característica fundamental de qualquer cultura política, que é a de produzir uma unidade entre práticas sociais e autocompreensão dessas mesmas práticas. Trata-se tão somente de mostrar a obsolescência de uma cultura política em vista do desaparecimento das condições históricas em que se sustentou sua justificação pública. Em uma palavra, trata-se de apontar para o caráter abertamente ideológico que encenam atualmente.

Não se trata de pensar, à maneira de certo weberianismo, se é "adequado atribuir" ao "progressismo" e à "governabilidade", o caráter de elementos "necessários" à transição democrática, à consolidação da democracia. Perguntar se a redemocratização poderia ter seguido outros padrões de desenvolvimento, segundo outras figuras de cultura política e de modelo de sociedade, termina, de uma maneira ou de outra, por justificar o acontecido nos termos em que aconteceu. De um ponto de vista crítico, o ato mesmo de colocar tal questão já pertence ao universo de justificação da ideologia e não tem, portanto, nem pertinência nem interesse na caracterização de ideologia utilizada aqui.

De maneira bastante limitada, seria possível afirmar que as sucessivas unidades forçadas pemedebistas, representadas pelo "progressismo" e pela "governabilidade", chegaram à base da sociedade e aí ficaram raízes. Mas não sentido da afirmação corrente de que a sociedade ela mesma seria conservadora. Insistiu-se aqui na decisiva aliança entre blindagem do sistema político e o papel da grande mídia tradicional na difusão e defesa do "progressismo" e do "acordo da governabilidade", o que mostra a amplitude de sua capacidade de formar a opinião e a vontade.

Ao mesmo tempo, ideia de "unidade forçada" já indica que o amplo e difuso respaldo a esse tipo de construção simbólica só é possível enquanto o processo de democratização ainda é incipiente, lento, elitista. Somente dentro desses limites repressivos (ainda que em ambiente de incipiente democracia) é que se pode dizer que "progressismo" e "governabilidade" corresponderam à prática política e à autocompreensão social da política, vale dizer, os dois momentos que constituem uma cultura política cristalizada. No momento atual, entretanto, está evidente a obsolescência dessas duas formas de unidade forçada, ao mesmo tempo em que se registra que continuam efetivamente a orientar a reflexão e a ação políticas apesar dessa sua caducidade.

Foi ou não necessária para a abertura democrática uma "união de todas as forças progressistas" na forma de um enorme bloco de apoio ao governo, incluindo forças tradicionais de sustentação da ditadura militar? O fantasma das "sedições" da democracia de 1946 impôs como necessidade não deixar nenhum grupo "de fora", impôs como necessidade comprometer, no limite, todos os grupos politicamente organizados com a redemocratização? Foi ou não necessária a "governabilidade", sob a forma de um enorme bloco de apoio ao governo, para manter a redemocratização em marcha? Foram ou não necessárias as supermaiorias para a aprovação das chamadas "reformas", para que fosse superado o modelo de sociedade caduco do nacional-desenvolvimentismo? Era ou não real o fantasma do impeachment em 2005, quando, acossado pelo episódio do "mensalão", o governo Lula aderiu ao "acordo da governabilidade"? Essas são perguntas que bloqueiam a emergência de uma nova maneira de pensar, mais adequada à compreensão do momento presente, amarrando a reflexão a unidades forçadas típicas do período da redemocratização.

O ponto de partida da análise proposta aqui é outro: a cultura política pemedebista da formação de superblocos de apoio ao governo não se impõe hoje por qualquer pretensa necessidade de um suposto "realismo" ou "pragmatismo" político, mas tem um caráter abertamente ideológico. Como é ideológica toda tentativa de justificar o curso efetivamente trilhado pela redemocratização brasileira segundo uma suposta "necessidade histórica" do pemedebismo que a caracterizou. O que significa dizer: uma cultura política típica da redemocratização mantém-se como justificativa de padrões de distribuição de poder, de renda, de reconhecimento social e de recursos ambientais em um momento em que a redemocratização ela mesma já se encerrou. A unidade forçada da governabilidade, hoje, simplesmente bloqueia o aprofundamento da democracia e mantém em marcha lenta a efetivação do novo modelo de sociedade social-desenvolvimentista.

É evidentemente possível estabelecer afinidades do pemedebismo com figuras pretéritas do conservadorismo brasileiro. Não lhe são estranhas figuras como as do cordialismo, do coronelismo, ou do patrimonialismo, por exemplo. Ao mesmo tempo, está-se diante de uma figura democrática do conservadorismo brasileiro, o que impede ligações diretas com essas figuras anteriores. Além disso, ela se distingue de figuras pretéritas também porque seu caráter ideológico – no sentido de representar uma cultura política tornada caduca – foi encenado e denunciado nas ruas pelas Revoltas de Junho. A estabilização econômico-política já foi alcançada há muito tempo e, no entanto, a cultura política que domina o sistema político continua a funcionar segundo a premissa fundamental da transição brasileira: a da necessidade da formação de supermaiorias que garantam a governabilidade, a de uma unidade forçada que opera de maneira a bloquear a efetiva implementação de direitos universais.

Se estiver correta a suposição de que as Revoltas de Junho inauguram um novo longo ciclo de democratização, isso significa que o pemedebismo será a partir daí sistematicamente confrontado por protestos sociais de variada natureza. Ao mesmo tempo, mesmo que bem-sucedida, nada indica que a superação dessa cultura política dominante do sistema político irá se dar em um prazo curto. Como escrevi em outra oportunidade: "A partir do momento em que a pasta informe do pemedebismo foi aceita por todas as forças políticas de peso como inevitável e incontornável, a única maneira de produzir polarização e alguma transformação econômica e social é colocar os melhores quadros para se engalfinharem pela direção da geleia geral. Essa é a cara do novo conservadorismo brasileiro, a sua forma democrática. O seu fim só virá quando a revolta das ruas atingir o ponto crítico que pode permitir sua tradução em uma reforma radical do próprio sistema político".[92]

Colocar como central o problema da natureza do conservadorismo democrático brasileiro exige uma consideração final, mesmo que muito breve e meramente indicativa, sobre sua inserção no campo do ensaio praticado por figuras como Caio Prado Júnior, Sérgio Buarque de Holanda, Antonio Candido de Mello Souza, ou Celso Furtado. O que exige também, de saída, a enunciação da ressalva: tomar certa maneira de pensar como modelo não significa de maneira alguma conseguir estar à altura de seus melhores resultados. Significa apenas que se tem o objetivo de reconstruir e atualizar essa prática intelectual. É parte essencial do diagnóstico que defendo a tese de que apenas a renovação dessa tradição intelectual pode apreender com complexidade e interesse a história recente do país e seu momento presente.

Em uma formulação assumidamente genérica, seria possível caracterizar a tradição intelectual posta sob a rubrica pensamento social brasileiro como aquela que tem por forma o ensaio, por objeto e objetivo a formação da nação, e por pano de fundo o conservadorismo como marca característica e duradoura da sociabilidade no país. Pretender levar adiante em novas bases essa tradição de pensamento – dentro de suas muitas limitações, esse é sentido da interpretação da redemocratização que proponho aqui – exige renovar cada um desses três elementos fundamentais.[93]

Porque a prática do ensaio não se põe hoje nos mesmos termos em que vigorou até os anos 1970, da mesma maneira como a "questão nacional" deixou de ser a questão central para um ensaísmo social renovado. E, se parece haver um reconhecimento relativamente amplo de que transformações de monta minaram de maneira relevante a maneira de tratar esses dois pontos centrais do pensamento social brasileiro, o mesmo não parece se dar quando o tema é o conservadorismo. Não é incomum que se procure atualizar a maneira de pensar dos clássicos do pensamento social brasileiro mediante conexões bastante diretas e imediatas entre o momento atual e as configurações pretéritas do conservadorismo, tal como conceituadas no interior dessa tradição intelectual.

Propor-se a tarefa de reconstrução e atualização de uma tradição intelectual indica ainda que se trata de buscar uma reformulação em novo patamar de certa maneira de pensar. Sob condições históricas distintas, os elementos próprios de uma maneira de pensar são decompostos e recompostos de maneira a alcançar os seus objetivos originais. Os clássicos do ensaísmo escreveram sob o modelo de sociedade do nacional-desenvolvimentismo, já claramente deixado para trás pelo menos a partir de meados da década de 1990. E, a partir de determinado momento, escreveram também sob o pano de fundo efetivo da implantação de um sistema universitário ligado a esse padrão de modernização.

Mais que isso, durante o curto verão democrático da Constituição de 1946, escreveram sob o ambiente até então inédito de uma incipiente democracia. Nesse momento, ao escreverem sobre "economia" ou "literatura" não escreveram apenas sobre "economia" ou "literatura": "*Formação da Literatura Brasileira*, de Antonio Candido de Mello e Souza, e *Formação Econômica do Brasil*, de Celso Furtado, pretenderam estabelecer, em fins da década de 1950, um vínculo interno entre 'nacional-

-desenvolvimentismo' e 'democracia', entre modernização e justiça social. Sua característica marcante foi reconstruir a história do país como estações de um processo de formação em curso, já parcialmente realizado, cujo sentido permitiria, por sua vez, delinear tendências de desenvolvimento e mesmo de continuidade. É assim que, nesses dois livros, a ênfase recai sobre a lenta, porém progressiva, cristalização de instituições sociais que representavam realizações, mesmo que parciais e incompletas, do 'moderno brasileiro' (numa palavra: o 'sistema literário', para Candido; o 'mercado interno', para Furtado)"[94].

A efetiva consolidação de um sistema universitário nacional-desenvolvimentista a partir da década de 1970, com especialidades disciplinares bem estabelecidas certamente impede qualquer atualização do ensaísmo anterior sem levar em conta as radicais mudanças nas condições de produção de conhecimento no país. A prática vigente pelo menos até os anos 1970 dos consórcios intelectuais das ciências e das artes[95] – no interior da universidade, ou à sua margem, mas sempre vinculados a ela de alguma maneira – tem que ver tanto com uma exigência do projeto modernizador liderado pelo Estado como pela própria dinâmica de implantação desse projeto.

Porque também no caso da universidade prevaleceu a ideia-força do projeto nacional-desenvolvimentista, a da "substituição de importações". Segundo essa lógica, a consolidação de uns poucos núcleos de excelência em ensino e pesquisa deveria permitir com o tempo a formação autônoma de novos quadros, permitindo uma expansão progressiva tal que deixaria de ser necessário realizar essa formação em grande parte no exterior. Com isso, entretanto, os quadros primeiramente formados eram escassos, uma escassez agravada pelo fato de que a dinâmica de implantação dos cursos universitários seguia em boa medida uma lógica regional, permanecendo por muitas décadas sem articulação e intercâmbio em nível nacional.

Essa conjunção de fatores fez com que cada disciplina tomada isoladamente não fosse capaz de produzir, em seus estritos limites disciplinares, a massa crítica necessária para realizar os saltos qualitativos requeridos. O que levou à já mencionada criação de consórcios intelectuais compostos por diferentes disciplinas e/ou artes, em que o trabalho coletivo pudesse servir tanto à produção de uma interpretação de conjunto do país quanto ao avanço teórico na implantação de cada uma das disciplinas em particular. Essa lógica e essa necessidade fizeram com que consórcios como esses se multiplicassem pelo Brasil, dentro da universidade, ou em aliança com quadros pertencentes a ela. Esse cenário moldou uma figura de intelectual aberta ao debate interdisciplinar e, ao mesmo tempo, produziu um consórcio no qual as especialidades são reforçadas, e não o contrário.

Ainda que não seja possível nem desejável no momento atual repetir a experiência nacional-desenvolvimentista, é preciso refletir sobre os seus resultados. E criar outro modelo capaz não apenas de se conectar produtivamente com esse passado, mas também de levar adiante a tradição dos consórcios sob novas formas. Marca característica do momento atual é o papel de obstáculo e barreira desempenhado hoje por uma concepção limitada e restrita da especialização disciplinar. E isso em pelo menos dois sentidos.

É uma concepção bastante determinada da especialização disciplinar que pretende se tornar hegemônica – bastante distinta, por sinal, da especialização pensada no âmbito do projeto nacional-desenvolvimentista. Tal concepção de pretensões hegemônicas da especialização confunde "cientificidade" com "positivismo" e não com "rigor", na pluralidade que deve caracterizar os diferentes "modelos de rigor", tanto na academia quanto na esfera pública, ressalte-se. É uma concepção de especialização disciplinar que não hesita em desqualificar sem mais a própria forma ensaio, reconhecendo como "científica" apenas a paupérrima forma *paper* e seu desdobramento monótono em forma de livro. Também a produção universitária que visa à esfera pública em sentido mais amplo é quando muito tolerada sob o rótulo "divulgação" ou "difusão" de conhecimento; uma espécie de condescendência que se estende também ao rótulo "intervenção política".

O conhecimento acadêmico-universitário é uma novidade recente importante na história; mas seu divórcio e isolamento em relação à esfera pública representa um novo tipo de elitismo, sucedâneo do bacharelismo. Essa patologia se estende para a incapacidade de pensar e de realizar a exigência da interdisciplinaridade a não ser sob a forma de especialistas que dão seus pareceres na qualidade de *experts*, que analisam o objeto do recorte disciplinar que lhes é reconhecido, sem aprender nada uns dos outros, sem de fato se engajarem em controvérsias sobre o objeto em questão. E a redemocratização brasileira é certamente um objeto que exige essa prática interdisciplinar.

Não é possível retomar o ensaísmo sem incorporar resultados dos vários ramos do conhecimento disciplinar. Ao mesmo tempo, uma tentativa de integração de conhecimentos como essa, que busca noções mais abstratas e mais amplas, bate de frente com uma concepção especialização disciplinar por demais estreita. O que, por sua vez, reforça certas tendências neomodernas acríticas que entram no debate acadêmico especialmente em disciplinas como a economia e a ciência política.[96]

Um dos resultados patológicos do encastelamento no conhecimento disciplinar entendido de maneira estreita é, por exemplo, um conceito estrito e por demais restrito de "política". Não resta dúvida de que a explicação do funcionamento do sistema político é essencial para qualquer explicação do país. Mas a restrição forçada da "política" ao âmbito do "sistema político" é uma das causas da incompreensão do momento atual. Daí também a afinidade com o quadro do ensaísmo clássico: ao fazer a defesa de um conceito amplo de política, que não seja restrito ao sistema político, que não se comprometa com uma concepção de sociedade centrada no Estado, coloca-se nos antípodas de certa maneira bastante difundida e influente de produzir conhecimento no Brasil de hoje.

Retomar no momento atual o conceito amplo de política presente no ensaísmo clássico brasileiro implica não aceitar a redução do debate (e da plausibilidade das hipóteses defendidas) a métodos de prova de uma concepção determinada de especialização disciplinar. Como também não significa deixar de lado os enormes avanços cognitivos representados pela consolidação de um sistema universitário no país. Trata-se antes de gestar uma nova linguagem e um novo campo comum de debate intelectual – que não é de maneira alguma sinônimo de debate acadêmico, desafie-se aqui uma vez mais o novo elitismo. Essa me parece ser a tarefa primordial para quem pretenda, hoje, reconstruir e atualizar a tradição ensaística brasileira.

As bases institucionais da democracia no Brasil

Fernando Limongi

O seminário é sobre o golpe de 1964. Esta sessão trata da democracia hoje. A comparação se impõe. O que uma experiência nos diz da outra? A reflexão não pode deixar de lado o resultado destas duas experiências. Por que a primeira foi interrompida por um golpe e a segunda, pelo menos até o momento, não foi e nem vem sendo ameaçada? Foi assim que eu entendi a minha missão. Ter respostas para estas perguntas. Devo confessar que não foi fácil organizar minhas ideias e achar uma estrutura para esta apresentação. Enfrentar esta tarefa é mexer em vespeiro...

O contraste é imediato e direto: instabilidade versus estabilidade política. Alguns poucos fatos bastam para dar corpo ao contraste. Foram quatro eleições presidenciais na democracia de 1946. Só dois presidentes completaram seus mandatos. Um se suicidou (Vargas), outro renunciou (Jango) e os dois vices que tomaram posse (Café Filho e João Goulart) não completaram seus mandatos. A presença dos militares e sua influência nos rumos políticos do país naquele período foi uma constante. Tivemos quarteladas e golpes aos borbotões. Difícil contabilizar. A experiência neste particular foi tão profícua que se chegou a experimentar algo inusitado, um golpe preventivo.

O contraste com o período atual é inegável e inconteste. Caminhamos, hoje, para a sétima eleição presidencial consecutiva. Exceto Collor, todos os presidentes eleitos completaram seus mandatos e, mesmo naquele caso, a interrupção do mandato seguiu o rito prescrito pelo texto constitucional. Um candidato de esquerda venceu as eleições e tomou posse sem qualquer ameaça. Os militares não tem influência no processo político e suas atividades se circunscrevem aos quartéis.

Contudo, seguindo esta toada, podemos exagerar as diferenças e perder de vista o que há de comum entre as duas experiências. Além disto, é necessário se precaver contra a tentação de construir explicações a partir de jogos de associação e contraste. O que permaneceu constante não pode ser invocado para explicar a estabilidade. Necessariamente, a variável explicativa tem que ter se alterado. Mas nem tudo que mudou explica as diferenças.

Jogos de associação seguidos de explicações *ad hoc* são imensamente comuns nas ciências sociais. Mais comum do que gostaríamos de reconhecer. Fugir destes jogos de associação não é fácil. Mais difícil ainda é ter certeza de que de fato temos uma explicação causal. Em ciências sociais estas certezas são difíceis de obter, sobretudo quando as comparações envolve um sem número de eventos e variáveis. Estamos comparando dois regimes políticos e estes são compostos por inúmeras partes cujas relações são imensamente complexas.

Impossível fazer um inventário completo de todas as combinações e associações possíveis entre os dois períodos, nem mesmo, apresentar um quadro balanceado do que se produziu sobre o tema. Tempo e espaço, as usuais tábuas de salvação, não me permitiriam fazê-lo. Trabalho, portanto, com um recorte arbitrário e idiossincrático acerca do tema, recorte este que me escuso de justificar.

Não são muitos os trabalhos que estabeleçam ou partam de uma comparação explícita entre os dois períodos. Ainda que assim seja, não seria exagero afirmar que boa parte da produção acadêmica sobre o regime atual traz implicitamente esta comparação. A referência é inevitável. O que mudou? O que permaneceu? O que há de constante e de variável nas duas experiências. Toda e qualquer explicação do funcionamento da atual experiência democrática deve ser capaz de explicar também o que se passou entre 1946 e 1964. Em especial, deve dar conta do desenlace do regime anterior, do golpe. Por que a primeira experiência democrática do país não prosperou? Por que amargamos duas décadas anos de ditadura?

Para começar, é necessário pontuar que a caracterização que apresentei do regime atual, que acentua sua estabilidade e sucesso, é recente. Nem sempre foi assim. Não era este o diagnóstico dominante durante a longa e tortuosa transição do autoritarismo. A ênfase inicial era na continuidade entre os dois períodos democráticos. A história estaria se repetindo.

A redemocratização foi acompanhada por uma profunda crise, crise que era tanto política quanto econômica. Uma crise que se arrastou por anos a fio, dando a impressão que era eterna. A agonia do regime militar foi longa e deixou sequelas que se estenderam aos primeiros governos democráticos. Os fracassos dos governos Sarney e Collor pareciam anunciar a inevitável convivência com tempos sombrios. A avaliação entre os acadêmicos era praticamente unânime: a crise política não era conjuntural ou passageira. Havia algo profundamente errado na ordem política nacional.

A conclusão parecia se impor: estaríamos experimentando uma reedição dos problemas vividos no passado. A democracia não estava funcionando pelas mesmas razões que não funcionara anteriormente. Pouco ou nada mudara. Podia se avistar um novo desastre na esquina.

A instabilidade política seria crônica. Uma instabilidade estrutural, que atingiria igualmente regimes democráticos e autoritários. Algo de muito profundo parecia inviabilizar a emergência e consolidação e uma ordem democrática no país. Pior: tampouco o regime autoritário se mostrara capaz de se institucionalizar.

Estas visões eram alimentadas por um diagnóstico ou explicação sobre o fracasso da experiência iniciada em 1946. O que acontecera em 1964 teria causas conhecidas e o fato de elas não terem sido removidas nos condenaria a experimentar o mesmo destino ingrato. Pelo menos, dava-se como certo que as chances de consolidação de uma ordem democrática seriam remotas.

Entre os diagnósticos disponíveis, ganhou força neste período a ideia de que os problemas seriam de natureza institucional, mais especificamente, que a combinação entre presidencialismo e representação proporcional poderia ser responsabilizada pelas dificuldades para a consolidação da democracia do país.[97]

O argumento é conhecido não precisa ser desenvolvido. Uma apresentação sumária basta. Presidentes, em geral, teriam dificuldade de formar maiorias e governar. A representação proporcional acentuaria esta dificuldade uma vez que tornaria praticamente impossível que o partido do presidente controle a maioria das cadeiras no Legislativo.

A lista aberta agravaria estas dificuldades porque retiraria dos líderes partidários os instrumentos para impor disciplina aos seus liderados. Cada um se elegeria com seus próprios votos e seus competidores mais diretos seriam os membros do seu partido. A soma disto tudo é a incapacidade de um governo efetivo, que governe. A crise seria permanente, endêmica, uma crise de governabilidade.

A despeito de terem sido alertados sobre os riscos envolvidos, os constituintes, em 1987/88, optaram por manter estes dois eixos fundamentais da matriz institucional brasileira. A ruptura necessária não teria se dado. Do ponto de vista institucional, argumentava-se, pouco ou nada mudara. A Constituição de 1988 repetira o arcabouço que começara a ser montado nos 30. Se alguma coisa, as tendências centrífugas do sistema teriam sido acentuadas pela exacerbação do federalismo. Uma oportunidade foi desperdiçada. Tempos depois, em 1993, convocados a se manifestar sobre a questão em um Plebiscito, os cidadãos enterraram definitivamente a possibilidade de uma reforma institucional. Manteve-se o presidencialismo e a possibilidade de mudança na forma de governo ficou para as calendas.

Quando maior era o pessimismo, reforçado pelo impeachment de Collor e a sucessão de ministros da economia convocados pelo errático Itamar, o ambiente político, repentinamente se transforma. Ao tempo que o sistema político desmentia sua inviabilidade congênita, começaram a vir à luz trabalhos que contestavam os diagnósticos dominantes.[98] O sistema político não estaria paralisado. O governo era capaz de governar. Ao menos, não se estaria condenado ao imobilismo. O sucesso do Plano Real e a capacidade demonstrada pelo governo Fernando Henrique Cardoso comprovariam o acerto das demonstrações contidas nesta nova geração de trabalhos.

A explicação oferecida, contudo, não rompeu inteiramente com os diagnósticos dominantes. Pelo menos, permitiu que se mantivesse em pé a tese de que o regime instaurado em 1946 estaria condenado à instabilidade e de que esta instabilidade teria raízes institucionais. Ao menos esta é a interpretação que tenho hoje dos trabalhos que Argelina Figueiredo e eu realizamos. Este é o ponto que pretendo aprofundar no restante deste trabalho.

O nosso argumento básico é bastante simples. Os analistas teriam deixado de notar as diferenças institucionais entre os dois períodos. No que diz respeito à armação institucional, a Constituição de 1988 não é uma cópia da de 1946. Só seria se tudo se a forma de governo e as leis eleitorais fossem as únicas variáveis institucionais relevantes. Textos constitucionais não se resumem a estas definições. Contém outras definições institucionais que contam. Mais, há arranjos institucionais definidos no plano infraconstitucional que também são importantes, que têm impacto sobre o *modus operandi* dos sistemas políticos.

Presidencialismos não são todos iguais. Presidentes podem ter diferentes gamas de poderes legislativos. Quanto mais tiverem, maior sua capacidade de influir no processo legislativo e, portanto, de redefinir a relação entre os poderes. No limite, a constituição pode levar a uma interpenetração ente os Poderes Executivo e Legislativo própria a regimes parlamentaristas. A separação de poderes não deve ser interpretada na chave do conflito entre poderes.

O ponto é banal, mas ainda assim geralmente desconsiderado. Presidentes podem introduzir legislação e influir de forma direta na pauta dos trabalhos do Poder Legislativo. Para efeitos práticos, o presidente é um legislador; o mais importante e por força do texto constitucional.

A organização interna do Poder Legislativo tampouco é imutável e, muito menos, inconsequente. O Regimento Interno importa e pode induzir a uma maior centralização do processo decisório. Uma vez mais, aquelas características que se acredita serem próprias e específicas a governos parlamentaristas podem ter lugar em arranjos presidencialistas. O ponto essencial é: a indisciplina partidária, tida como certa, não é necessária. Presidencialismo e lista aberta não são suficientes para definir o comportamento dos parlamentares na arena legislativa. A centralização do processo decisório, em que a transferência de direitos legislativos para os líderes partidários tem papel de destaque, influencia na definição das estratégias dos parlamentares.

Este tipo de explicação acentua as diferenças entre as duas armações institucionais. Os modelos são diversos e, por isto, espera-se que os dois regimes operem em bases radicalmente diversas. Assim, uma leitura possível destes trabalhos é a de que o sistema político criado em 1988 funcionaria em razão destas modificações. Para tornar o ponto mais forte: só funcionaria porque o presidente teve seus poderes reforçados, compensando ou neutralizando as tendências centrífugas ou paralisantes contidas nos demais traços institucionais. Se não fosse por estes contrapesos, pela operação das forças centrípetas introduzidas em 1988, o sistema políticos funcionaria como previsto pelas proposições até então dominantes. Isto é, não funcionaria e a repetição das crises dos anos cinquenta se sessenta seria inevitável.

Assim, se lidos desta forma, os trabalhos "revisionistas" podem ser interpretados como confirmando a aplicação do diagnóstico institucional ao regime de 1946–64. A crise teria raízes institucionais. Podem até, conceda-se, não explicar, ser a causa imediata do golpe em 1964, mas, ao menos, teriam uma contribuição decisiva para a instabilidade dos governos daquele período. O regime teria vivido em um estado de crise permanente em razão da combinação explosiva entre presidencialismo e o pluripartidarismo.

Não há dúvidas que os sistemas políticos do período 1946–64 e o do atual operam em bases totalmente diversas. Não é o caso de repetir algo que Argelina Figueiredo e eu afirmamos em um sem número de artigos e que apresentei de forma sumária acima. Esta comparação é o eixo sobre o qual montamos a argumentação de uma séria de artigos, sobretudo os mais recentes que visam apresentar uma visão de conjunto do sistema político atual. Alguns dados básicos sustentam este contraste. Os presidentes que exerceram poder sob a Constituição de 1946 têm índices de sucesso e de dominância legislativa bem abaixo de seus pares que governaram e governam sob a Constituição de 1988. [ver tabela 1]

A diferença entre o padrão de produção legislativa nos dois períodos, afirmamos e reafirmamos, é institucional. A variação interna entre presidentes em um mesmo período é menor do que as que se verificam na comparação agregada entre os dois períodos. Características individuais dos presidentes (por exemplo, sua capacidade de liderança e de negociação), assim como da forma como seu apoio político é construído (número de cadeiras do partido do presidente, tipo de coalizão etc.) não são fatores explicativos relevantes. Se fossem, o contraste entre presidências no mesmo período seria maior.

Tabela 1: Legislação Ordinária.
Produção Legislativa por governo. 1949-1964 e 1988-2007[a]

Governo	Partido do pres. na Câmara (%) cadeiras	Coalizão de gov. na Câmara. (%) cadeiras	Sucesso do Executivo[b]	Dominância do Executivo[c]
Dutra	52,8	74,0	30,0	34,5
Vargas	16,8	88,0	45,9	42,8
Café Filho	7,9	84,0	10,0	41,0
Nereu Ramos	33,9	66,0	9,8	39,2
Kubitschek	33,9	66,0	29,0	35,0
Quadros	2,1	93,0	0,80	48,4
Goulart	23,5	72,0	19,4	40,8
Subtotal	24,3	77,1	29,5	38,5
Sarney	40,61	58,59	73,56	75,86
Collor	5,05	33,79	64,27	76,14
Franco	0,00	57,28	72,64	91,22
Cardoso I	9,36	66,76	80,84	83,33
Cardoso II	18,32	56,53	74,56	75,54
Lula I	16,30	58,09	79,08	72,81
Lula II	15,72	61,60	67,13	80,28
Dilma	16,08	62,57	67,12	96,08
Subtotal	17,17	54,96	73,37	79,20

Fonte: Banco de Dados Legislativos, Cebrap

[a] Os três primeiros anos da administração Dutra (1946–48) foram excluídos por falta de informção sobre a origem das leis.

[b] Porcentagem de processos do Executivo apresentados e sancionados durante o próprio governo.

[c] Porcentagem de leis de iniciativa do Executivo.

Por certo, existe variação interna a cada período e elas são relevantes. Os presidentes não têm as mesmas características e tampouco é verdade que seus partidos e suas bases de apoio sejam invariantes. Obviamente, ninguém pretende negar estas diferenças. Tudo depende do que se pretende explicar. O que está em jogo, ou melhor, o que estava em jogo, era uma interpretação sistêmica, um diagnóstico que associava a presença de certas características institucionais – presidencialismo e representação proporcional com lista aberta – à paralisia legislativa entendida como a manifestação da crise de governabilidade.

Pois bem, o que a segunda geração de estudos sobre a democracia brasileira mostra é que esta previsão não se verifica empiricamente.[99] O governo governa, ou melhor, tem condições institucionais para governar. Como governa, quais as decisões que efetivamente toma, quais as prioridades que estabelece não são questões que podem ser respondidas por uma análise institucional. Outras variáveis devem ser mobilizadas para obter respostas a estas perguntas.

Um ponto correlato merece ser esclarecido: dizer que o governa tem condições para governar, que não há crise de governabilidade, não é o mesmo que afirmar que o governo é imune a crises políticas. O destino do governo Collor de Melo comprova o ponto. O primeiro presidente eleito pelo voto direto depois de mais de duas décadas caiu porque se envolveu em um escândalo. Collor não foi o único. Fernando Henrique enfrentou inúmeras crises, debeladas em diferentes momentos de seu desenrolar, como, por exemplo, aquelas que levaram a completa reformulação de sua equipe ministerial no início de seu segundo mandato. O final do primeiro governo Lula é um exemplo ainda mais forte. A crise do "mensalão" levou o governo à paralisia. Poucas iniciativas legislativas foram aprovadas no período. O governo simplesmente parou. A crise, contudo, foi superada. Nenhuma destas crises teve raízes institucionais.

Estes pontos são relevantes para a comparação com o período 1946–64. Governabilidade – a capacidade do governo governar—não pode ser equiparada à inexistência de crises políticas. A afirmação é simples e óbvia: crises políticas podem ter causas não institucionais. Pelo menos não é necessário que sejam. A A associação não é automática. Em realidade, sistemas políticos se alimentam de crises. Em boa medida, fazer política é gerenciar e controlar crises potenciais.

Uma vez que estamos no campo dos truísmos, este é o momento adequado para sublinhar outra obviedade. A não aprovação de agenda política específica ou mesmo a derrota do governo em uma determinada matéria não é evidência suficiente para comprovar "crise de governabilidade". Collor anunciou sua intenção de privatizar as universidades federais e não foi capaz de fazê-lo. O senador Fernando Henrique Cardoso apresentou projeto taxando as grandes fortunas, algo que o presidente sequer chegou a considerar em seus oito anos no Alvorada.

Sendo mais concreto: a incapacidade do governo em aprovar "reformas" não é um indicador relevante ou comprobatório da existência de uma "crise de governabilidade". Coloco reformas entre aspas para acentuar a ambiguidade do termo. Por necessárias que sejam, é preciso que se tenha maior clareza sobre as mesmas. Quais reformas? Quais as medidas concretas em questão? A discussão sobre a necessidade imperiosa das reformas é infindável. Aprovado um grupo de reformas, há sempre uma nova geração de reformas inadiáveis e necessárias sendo gestadas.

No caso das reformas propaladas por organismos internacionais nas últimas décadas, diz-se que o Brasil teria sido bem sucedido nas reformas de primeira e segunda geração, mas patinaria diante das reformas de terceira geração. Não é difícil prever o que aconteceria se estas fossem aprovadas. Como no carnaval, a quarta geração de reformas desceria pela avenida pendido passagem...

No período atual, as reformas são chamadas de estruturais. E há reformas de todo tipo e gosto em pauta. Organismos internacionais e nacionais de todas as cores e inclinações políticas têm sua pauta de reformas preferidas a recomendar. Isto sem esquecer a reforma política que, como se diz, seria a mãe de todas as reformas...

Neste ponto, há um paralelismo entre os dois períodos que não pode deixar de ser notado. Reformas estiveram no centro da crise política que levou o regime inaugurado em 1946 ao precipício. O qualificativo ou complemento era outro, as reformas seriam de base. A analogia, à primeira vista, pode parecer um tanto despropositada, senão desequilibrada. Não haveria como comparar a importância das agendas reformistas dos dois períodos. Pode ser. Provavelmente, as reformas e suas consequências não sejam comparáveis. Mas como saber de antemão? Qual o critério para mensurar a importância da reforma que cada grupo político defende? A resposta é simples: a tarefa fica a cargo dos próprios atores políticos, cabe a eles definir a importância das agendas que defendem.

Antes de enfrentar estas questões, faz-se necessário completar o contraste entre os dois períodos. O padrão de relação entre Executivo-Legislativo não é o mesmo nos dois períodos. A diferença é entre períodos constitucionais e não entre presidências. As diferenças não acabam aí. Há uma segunda diferença empírica fundamental entre os dois períodos. A disciplina partidária é muito maior no período atual

Tabela 2. Índice de Rice para os principais partidos em propostas do Executivo por governo. 1947–1964

Partido/ governo	UDN	PR	PSD	PSP	PTB
Dutra	40,2	58,3	54,3	91,2	58,3
Vargas	40,4	52,2	48,4	52,7	47,3
Café Filho	44,4	44,9	36,4	53,5	43,1
Nereu	57,9	47,4	56,7	47,9	58
JK	47,3	47,6	48,8	45,2	49,8
Jânio	29,1	26,8	43,7	47,9	41,1
Jango	54,3	43,6	46,1	45,3	72,3
Média	44,8	45,8	47,8	54,8	52,8

Fonte: Diário do Congresso Nacional, Banco de Dados Legislativos, Cebrap.

do que fora no passado. PSD, UDN e PTB não apresentam a mesma unidade interna e capacidade de agir coletivamente em votações nominais que PT, PSDB e PMDB para ficar apenas com os mais importantes.

O grau de coesão ou unidades dos partidos nos dois períodos é grande. A tabela 2 traz os Índices de Rice para os principais partidos da Segunda República agrupados por governo. A leitura do índice é direta. Ele varia entre 100 e 0 e quanto mais alto for, mais os membros do partido votaram da mesma fora. Zero representa divisão em dois grupos com o mesmo tamanho. [ver tabela 2]

Para o período atual, temos condições de apresentar uma estatística descritiva mais completa porque conhecemos a posição do líder do governo e a composição das coalizões de apoio ao governo. Assim, podemos calcular a taxa de disciplina da base do governo, isto é, a porcentagem de membros da base que vota de acordo com a indicação do líder do governo. O gráfico 1 traz as informações agrupadas por coalizão governamental. Vê-se que a base do governo de fato dá sustentação ao governo e que, portanto, se presidentes são bem sucedidos legislativamente, se suas propostas são aprovadas é porque ele conta com apoio disciplinado da maioria. Vale observar que estas evidências qualificam, se não é que negam, a ideia de um Executivo forte que impõe sua vontade contra a maioria.

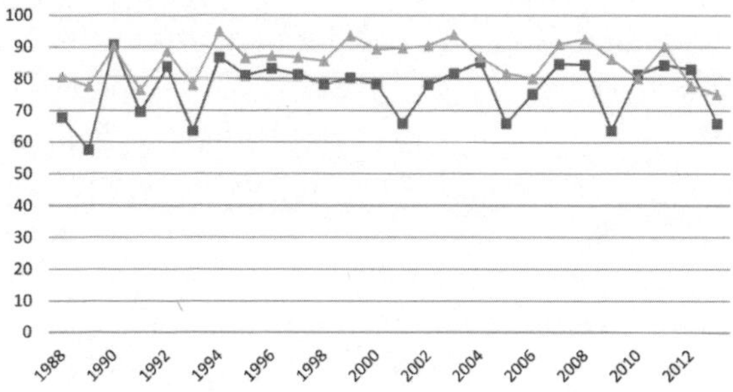

Porcentagem média anual de votos disciplinados da coalizão presidencial em votações nominais. Câmara [▲] e Senado [■]. 1989–2013

Novamente, algo mudou e esta mudança tem que ser explicada e a que Argelina Figueiredo e eu oferecemos é institucional. Líderes partidários contam com um arsenal de recursos regimentais para agir e comandar suas bancadas. O Regimento Interno aprovado em 1990 estrutura os trabalhos legislativos em bases partidárias. Os partidos brasileiros são regimentalmente fortes. Pelo menos dentro Poder Legislativo eles não têm problemas para agir de forma coletiva. Líderes são tomados como representantes de sua bancada e podem agir em nome destas na definição da pauta dos trabalhos.

Há uma interação e complementaridade ente os extensos poderes legislativos nas mãos do Executivo e aqueles nas mãos dos líderes partidários. Eles se reforçam e dão suporte ao funcionamento do governo. A disciplina partidária e o sucesso legislativo do Executivo são as resultantes. O processo decisório é centralizado. A agenda de trabalhos, o rol de propostas legislativas a ser considerada, pode ser definida de forma concertada pelo chefe do Executivo e líderes partidários.

Institucionalmente, o presidente brasileiro é forte. Mais forte neste quesito que o norte-americano que sequer tem o direito de introduzir projetos de lei à consideração do Poder Legislativo. Presidentes fortes, contudo, não precisam ser identificados a caudilhos ou protoditadores. Poderes legislativos, mesmo os extremos como o poder de emitir decretos com força de lei (medidas provisórias) não permitem que o presidente imponha a sua vontade. Poderes legislativos nas mãos do presidente e líderes partidários são armas para organizar e gerir o funcionamento da coalizão que dá sustentação política ao presidente.

Assim, o padrão de produção legislativa e a disciplina partidária estão interligados. No período atual, presidentes dominam a produção legal e raramente são derrotados porque capazes de organizar e contar com o apoio político. Sua vontade não é imposta. O presidente não governaria nem mesmo se recorresse exclusivamente à edição de Medidas Provisórias. Estas precisam ser aprovadas pela maioria.

Poder de agenda, portanto, tem dois lados. De um lado significa que minorias são destituídas da capacidade de criar obstáculos à maioria. Não há pontos institucionais de veto que a minoria possa usar para barrar as pretensões do governo. Minorias, encasteladas, por exemplo, em uma comissão, não têm a capacidade de engavetar projetos. A edição de uma medida provisória é a arma mais poderosa com este fim, mas há outras, como a urgência constitucional ou a aprovada pelo próprio Legislativo. Os atores políticos que têm poder de agenda, o Executivo e os líderes partidários, têm meios para forçar a manifestação do plenário.

A segunda face da moeda diz respeito à própria gestão das relações internas à maioria, sobretudo quando esta é formada por uma coalizão partidária. O poder de agenda facilita a gestão interna das relações no interior da própria coalizão e o faz de duas formas. Primeiro, diminui o poder de barganha das minorias no interior da coalizão. A explicação é correlata à dada acima, isto é, a ausência de pontos institucionais de veto. O quadro se completa quando se considera a necessidade de manter a unidade interna a coalizão em questões impopulares e/ou que contrariem pontos programáticos específicos de um membro da coalizão. Nestas situações, dado o poder de agenda concentrado nas mãos do Executivo, este pode chamar a si a responsabilidade pela adoção da medida, o que Huber significativamente chama de "*cover mechanism*".

Feitas estas considerações, explicadas e fundamentadas as bases institucionais sobre as quais se assenta a atual experiência com o presidencialismo de coalizão, cabe retornar ao jogo de associações a que fiz referência no início. Centralização do processo decisório é uma característica institucional ausente do período 1946–64 e presente no atual. O regime inaugurado em 1946 provou-se instável e ruiu em meados dos anos sessenta. O atual tem se mostrado estável, enfrentando com sucesso crises políticas taludas. A conclusão parece óbvia: as alterações do quadro institucional são as causas do sucesso da experiência atual. Na sua ausência, estaríamos onde estiveram Vargas, Jânio e Jango que conviveram com partidos mais indisciplinados e não teriam contado com os meios para alinhá-los a seus programas.

Nesta leitura, teríamos que a centralização do processo decisório contrabalançaria ou neutralizaria as tendências centrífugas do presidencialismo com representação proporcional de lista aberta. O diagnóstico com que acompanhou o renascimento da democracia no país não estaria errado. Se não fosse pelo que foi introduzido em 1988, pelos corretivos que os constituintes houveram por bem aprovar o destino estaria selado. A centralização do processo decisório seria a condição necessária para a estabilidade alcançada pelo regime.

A produção acadêmica é fortemente condicionada pelo seu contexto. Há uma enorme dependência de rota que nem sempre é notada. Mais do que isto, as relações entre as questões que respondemos em uma determinada oportunidade, seu alcance mais amplo, nem sempre é controlada pelo pesquisador. Interpretações ganham vida própria e nem sempre sabemos avaliar as consequências do que escrevemos. Este é o caso. A produção revisionista sobre a atual experiência democrática brasileira foi marcada por sua necessidade de refutar uma tese. Assumiu assim um tom negativo. Não há crise de governabilidade. Não há crise de governabilidade pelas razões expostas acima. Assim, se lidas textualmente, a argumentação parece ter como consequência, paradoxalmente, a confirmação do diagnóstico. Sem estes corretivos, o governo não governaria, o sistema político não funcionaria, como não funcionou entre 1946 e 1964.

Dito de outra forma, para que funcionem, para que não sejam sacudidos por ameaças constantes, sistemas políticos que combinam presidencialismo e representação proporcional de lista aberta pedem corretivos. Se for assim, sem as forças capazes de evitar a fragmentação e as tendências centrífugas constitutivas deste sistema, então teríamos a crise de governabilidade.

Esta interpretação decorre da própria construção do argumento. A primeira geração de estudos sobre a democracia atual, aquela que centrava fogo nas barreiras à consolidação democrática, enfatizava a continuidade institucional. Em artigo publicado em 1995,[100] Argelina Figueiredo e eu notamos que esta continuidade era falsa. Que se havia alguma continuidade, esta era com a ordem institucional gerada pelos regimes militares. Estes reforçaram a centralização do processo decisório, algo que a Constituição de 1988 preservou. Medidas provisórias seriam a metamorfose dos decretos-lei. O Executivo manteve a prerrogativa de iniciar e definir os tetos de gastos no orçamento e assim por diante. O Congresso manteve as prerrogativas dos líderes partidários para organizar o processo deliberativo e assim por diante. Se continuidade houve, esta foi com o regime militar.

Assim, ao contrário do que se tinha como certo, nem todas as inovações institucionais dos militares foram varridas como parte do entulho autoritário. Muito foi preservado. A ironia é que se preservou o que os reformistas defendiam. Não precisamente o que pautavam, mas equivalentes funcionais, substitutos. O reforço dos poderes legislativos da Presidência da República era parte do pacote de reformas defendidas pela engenharia institucional dos anos sessenta e setenta, recuperadas quando da redemocratização.

Assim, em função desta "descoberta", a tese revisionista pode ser lida não como negando a necessidade de reformas. As reformas institucionais seriam desnecessárias porque já teriam sido feitas. Não, obviamente, as que passaram a ser enfatizadas nos anos noventa. O presidencialismo foi mantido e a representação com lista aberta também. Mas as reformas feitas pelos militares e advogadas por Huntington e Sartori, os engenheiros institucionais de plantão à época, teriam sido mantidas e teriam se provado suficientes.

Tomando esta linha de argumentação, pode-se concluir que saberíamos por que o regime inaugurado em 1946 soçobrou. Se não forem contrarrestadas, se deixadas livres para agir, as forças fragmentadoras e constitutivas do modelo institucional armado nos anos 1930 levariam a crises sucessivas que, em um momento ou outro, culminariam com a queda do regime.

No restante desta exposição, pretendo oferecer alguns corretivos a esta interpretação. O mais correto talvez fosse dizer interpretações ou leituras, uma vez que é preciso distinguir com clareza sua aplicação sobre os dois períodos. Trata-se de uma oportunidade para precisar alguns argumentos. Não pretendo fazer qualquer reparo ao que escrevi com Argelina Figueiredo, a interpretação que oferecemos sobre o funcionamento do sistema político brasileiro e que foi reapresentada acima não será revisada. O que pretendo fazer é precisá-la.

O ponto a ser feito é razoavelmente simples. Afirmamos que o regime atual funciona da forma que funciona porque apresenta as características listadas acima. Não há como afirmar com certeza o que aconteceria fossem outras as características institucionais. Não sabemos e talvez não haja como saber como ele funcionaria se presidentes não fossem dotados com os poderes legislativos com que contam e se líderes partidários não possuíssem os recursos regimentais que possuem. Impossível construir o contafactual necessário para demonstrar uma coisa ou outra.

O mais perto que podemos chegar desta comparação é o regime de 1946–64.[101] Muito é mantido constante entre um período e outro. O país continuou habitado por brasileiros e suas heranças históricas peculiares e distintivas. A desigualdade social e o modelo de desenvolvimento capitalista tampouco passaram por transformações profundas. Para abreviar a lista, as variações estruturais ligadas a história do Brasil são mantidas constantes. Variáveis institucionais tidas por fundamentais, como presidencialismo e representação proporcional, permaneceram as mesmas.

Por certo, a centralização do processo decisório não é a única variação relevante que poderia explicar a passagem da instabilidade à estabilidade. Mas, pelo exposto até o momento, seria uma boa candidata. Mas nem tudo permaneceu constante. Obviamente, muita coisa mudou. O Brasil não é o que era nos anos cinquenta e sessenta. O mundo mudou. Para além da variação institucional, há um bom número de teses rivais igualmente plausíveis que poderiam ser consideradas.

No caso de uma explicação institucional, para que a explicação seja mais do que uma simples associação, seria preciso demonstrar que o modelo institucional adotado em 1946 seria o responsável direto pela crise daquele regime. Ao menos, teríamos que saber seu papel nas repetidas crises do período e qual o seu papel no seu desenlace final.

Como Charles Peçanha chamou atenção mais de uma vez, a Constituição brasileira de 1946 é singular. Entre as constituições escrita após o final da Segunda Guerra Mundial é uma das poucas a não conferir poderes de decreto ao chefe do Executivo. A França teria trilhado o mesmo caminho. O resultado naquele país é conhecido: crise política e nova constituição em que os poderes do chefe do executivo foram reforçados.

A suposição de que o modelo adotado em 1946 seria falho é disseminada. Desde pelo menos o suicídio de Vargas a maré de críticas ao modelo político adotado pela Carta de 1946 não parou de crescer. Como mostrei em outra oportunidade, as críticas partem de todos os pontos do espectro político. Da direita à esquerda, sem deixar de incluir o centro. O modelo instaurado em 1946 vai sendo objeto de reparos e contestações. Nos anos sessenta, esta condenação é praticamente universal.

Mais do que isto, se consolida uma visão de que o Congresso seria um obstáculo às pretensões de todo e qualquer presidente. Celso Furtado, em seu célebre artigo, não tem qualquer dificuldade para identificar *os obstáculos políticos ao crescimento econômico.* Na realidade, não há obstáculos no plural. O Congresso é o obstáculo. Se um obstáculo ao crescimento econômico ou a governabilidade é o de menos. Governos não teriam como governar. A agenda de Furtado era o crescimento econômico via reformas de base. O centro e a direita teriam outra agenda, mas seriam igualmente incapazes de aprová-las.

Todas as forças políticas defendem a necessidade de reformas profundas, divergem quanto a sua natureza, mas convergem em quem seria o estorvo, o elemento impeditivo.[102] Somente a mente tortuosa de Jânio Quadros as tomava por ocultas.

Planejamento talvez fosse a palavra chave para todas as correntes políticas. O Congresso e a forma como ele era constituído e organizado impossibilitaria qualquer projeto de longo prazo, qualquer transformação consequente da realidade nacional. Para aprovar qualquer matéria, Executivos teriam que negociar, ou melhor, teriam que atender os interesses dos parlamentares, interesses miúdos e de curto prazo. Negociar seria necessariamente o mesmo que se engajar em práticas clientelistas. Forçado a negociar com o Congresso, o presidentes alimentam e reforçam as forças que precisavam ser suplantadas. Só haveria uma forma de obter apoio do Congresso, o clientelismo.

Listei acima os presidentes que teriam se defrontado com esta barreira: Vargas, Janio e Jango. Omiti dois presidentes propositadamente, ambos tomados como excepcionais porque completaram seus mandatos e se mostraram capazes de contornar a crise de governabilidade. Nestas análises, a excepcionalidade do governo Dutra é absoluta. Este governo tende a ser simplesmente desconsiderado porque o primeiro ou porque o presidente era militar, ainda que tenha sido eleito para o cargo. Feita esta exclusão, fica-se com um caso apenas para explicar. Juscelino foi o único civil a completar seu mandato. A exceção é mais problemática porque justamente neste governo, o Brasil teria percorrido cinquenta anos em cinco, acelerando a modernização do país e aprofundando a industrialização. Por que Juscelino teria sido bem sucedido onde os demais falharam? Mais importante, planejamento foi a palavra chave do seu governo. Juscelino executou um plano, o Plano de Metas apresentado no início de seu mandato. A sua agenda foi realizada. As forças retrógadas teriam cedido ao planejamento. Por quê? Explicada a exceção, salva-se a regra.

A resposta é conhecida e tem no trabalho de Celso Lafer seu maior expoente.[103] Juscelino teria atacado em duas frentes. As relações tradicionais com o Congresso teriam sido mantidas. O planejamento, por seu turno, teria tomado à forma de um governo paralelo, constituídos a partir dos grupos de trabalho atrelados diretamente ao Executivo. Em lugar de uma reforma administrativa global, JK teria optado pela administração paralela.[104] O corolário desta proposição é a de que o Plano de Metas não teria sido apreciado pelo Congresso. Se tivesse, seria desfigurado pela lógica clientelista, pela contrapartida da negociação. Contudo, conquanto esta proposição estruture a tese, Lafer mostra que o Congresso apreciou e aprovou o Plano de Metas. O autor lista as leis que compõem o plano, todas aprovadas pelo Poder Legislativo.[105]

O governo Juscelino, portanto, não pode ser tomado como a exceção que confirma a regra. Governos não estavam condenados à paralisia. Para dizer de outra forma: o Congresso não era uma força instransponível e que tornava impossível que presidentes aprovassem suas agendas. Se Juscelino pode aprovar seu Plano de Metas, isto significa que os demais presidentes também poderiam ter seus planos ou reformas aprovadas. Ao menos, a possibilidade deve ser considerada.

O fato é que o padrão de relações entre o Executivo e o Legislativo no governo Juscelino não foi tão excepcional. Governos do período não estariam condenados à paralisia ou eram presas das negociações com parlamentares sedentos por favores e recursos para sustentar forças retrógradas. O tom geral do argumento, quando desenvolvido e tomado em todas as suas consequências revela as suas fraquezas e inconsistências. As forças retrógradas – leia-se, os interesses ligados aos setores rurais, ao latifúndio – alimentam-se e sobrevivem porque cevadas pelas migalhas que arrancam do Estado. O clientelismo ou Estado Cartorial, para relembrar a criação de Hélio Jaguaribe, seria a seiva que os manteria vivos. Vivem somente porque mantidos "por instrumentos", sustentados pelo Estado. O passo seguinte é tratá-los como artificiais e ilegítimos.

A possibilidade de que Juscelino tenha governado com base em apoio parlamentar regularmente obtido é descartada. Por regularmente entenda-se com base em uma coalizão partidária que lhe garanta os votos necessários para aprovar sua agenda. Uma vez considerada esta hipótese, a omissão do governo Dutra ganha maior significado e relevância. Ironicamente, algumas vezes, aquele governo é descartado e tido por excepcional justamente porque apoiado por uma coalizão partidária. Tanto a formação de uma coalizão, quanto os partidos que a compunham, PSD e UDN, são motivos de estranheza. O procedimento metodológico, se é que se pode chamar assim, não deixa de ser interessante. Os fatos devem se acomodar a teoria e as expectativas por ela geradas. Esqueçamos pois, por conveniência, o governo Dutra, o fato de este ter se baseado em uma coalizão, sobretudo porque se tratava de uma junção de forças anômalas e em desacordo com as tendências seculares...

Para governar, os presidentes do período 1946–64 fizeram o que fazem presidentes minoritários, formaram coalizões para obter o suporte necessário para governar. Neste particular, como já mostraram tempos atrás Octávio Amorim[106] e Argelina Figueiredo,[107] não há diferença de monta entre os dois períodos. Se hoje acostumamos a qualificar o presidencialismo como sendo de coalizão, ele assim também o foi no passado. A alegada incompatibilidade entre presidencialismo e governos de coalizão é um mito. Não se sustenta. É uma suposição teórica e empiricamente equivocada.

O que se coloca, portanto, é saber se as coalizões formadas por Dutra, Vargas e Jango[108] foram tão bem sucedidas quanto as que Juscelino formou. A resposta, sabemos hoje graças ao precioso trabalho de Jaqueline Zullini, é positiva.[109] As propostas encaminhadas pelo chefe do executivo, aquelas que se pode dizer com certeza que eram partes de sua agenda, foram aprovadas pelo Legislativo. De acordo com os cálculos da autora (2011, 92), o Executivo venceu em torno de 90% das votações nominais em que foi possível ter clareza quanto a sua inclinação. Mais importante, na quase totalidade destas vitórias, os votos dos membros da coalizão de apoio ao presidente, isto é, o voto dos deputados filiados aos partidos com pastas ministeriais, bastaram para assegurar a vitória. Os números são eloquentes: em 503 das 619 votações nominais vencidas pelo Executivo, os votos de deputados filiados a partidos sem pastas ministeriais foram irrelevantes para o resultado final. Dito de outra forma: a base do governo, em geral, fornecia os votos necessários para aprovar as medidas de interesse do Executivo.

Partidos eram menos disciplinados no período 1946–64 do que são hoje, mas não tão indisciplinados a ponto de tornar qualquer governo incapaz de governar. O congresso não era um obstáculo intransponível. Como de fato funcionavam aqueles governos é uma questão que aguarda maiores investigações. A contribuição de Zullini é o ponto de partida necessário para este esforço.

O fato é que a pesquisa sobre o período 1946–64 foi marcada pelo desfecho do regime. Este estaria condenado ao fracasso desde seu nascimento. Mesmo trabalhos que têm uma visão mais positiva do período, como é o caso da contribuição seminal de Maria do Carmo Campello de Souza,[110] sublinham as continuidades com o passado autoritário, a ausência de uma ruptura mais profunda que fosse capaz de inaugurar uma nova ordem. O nascimento, a fragilidade congênita na origem, explica o desfecho necessário.

Contudo, o fato é que a eleição de 1946 inaugura uma nova ordem. Eleições, pela primeira vez em mais de cem anos de experiência com o governo representativo, passam a ser competitivas. Estamos, portanto, diante da primeira experiência democrática do país. Em lugar de enfatizar a novidade e buscar explicá-la, tende-se a por ênfase no polo oposto.

Os constituintes de 1946 deliberadamente enfraqueceram o presidente. O objetivo era evitar a reprodução do modelo vigente ao longo da Primeira República, marcado pela ausência de alternância no poder que se ancorava, em última instância, na troca de apoios entre o Presidente e os governadores. O objetivo central era o de retirar o controle dos chefes do Poder Executivo sobre a arena eleitoral. Justiça Eleitoral e representação proporcional são partes deste pacote de reformas que, considerados seus objetivos, foi bem sucedido.

A visão negativa que temos sobre o período 1946–1964 pede revisão. Sabe-se que ele foi interrompido por um golpe e este final é projetado sobre toda a sua história. O regime estaria condenado ao nascer, sofreria de um mal congênito, um raquitismo ou atrofia que, cedo ou tarde, se manifestaria. As sucessivas crises pelas quais passou não seriam mais do que manifestações desta fragilidade. Não existem, contudo, evidências sistemáticas que sustentem esta visão. A hipótese de que a armação institucional estaria na raiz dos problemas enfrentados pela democracia brasileira nunca foi demonstrada. O debate pós 1988 tomou como verdade algo que era uma suposição.

Este reexame das interpretações acerca do funcionamento do regime democrático nos dois períodos leva a uma reconsideração das explicações de corte institucionalista. Estas se baseiam em expectativas extremamente simplistas acerca do comportamento dos atores políticos. Uns poucos traços institucionais são suficientes para derivar as estratégias dos dominantes dos atores políticos. O problema não é a simplicidade destes modelos. Modelos são necessariamente simplificações. Tampouco é problemático pensar que instituições definam a estrutura de incentivos e, consequentemente, as estratégias. O que fragiliza estas explicações é o fato de muito rapidamente em se atribuir o caráter de dominante a estratégias que são no máximo plausíveis, isto é, uma em muitas possíveis e não necessariamente as melhores e muito menos as únicas.

A simplificação esconde forte pessimismo. Se há interesses divergentes, então há conflito e este se manifestará na sua forma mais radical. A mera possibilidade de um conflito de vontades ou de interesses é suficiente para prever sua ocorrência. Mais do que isto, que este tomará formas extremas. Não há razões para desconsiderar forças agindo na direção contrária. Por que os atores políticos não teriam interesse em superar conflitos?

Ao meu juízo, uma das mais importantes contribuições para esta reflexão foi feita por David Mayhew em seu *Divided we Govern*.[111] Como se sabe, o modelo institucional norte-americano é tão ou mais propenso à paralisia do que o brasileiro. Foi desenhado pelos "Pais Fundadores" para gerar paralisia. Há divisão de poderes, um presidente institucionalmente fraco e um Legislativo poderoso, em que os parlamentares são eleitos em distritos uninominais com base em seus recursos pessoais. Para piorar as coisas, em todo o período pós Segunda Guerra Mundial, os resultados eleitorais têm se mostrado especialmente caprichosos e antipresidenciais. Raramente o presidente controla a maioria nas duas casas legislativas. Governos divididos, argumentam vários autores, seria o mesmo que paralisia e não faltam propostas de reformas institucionais para solucionar o problema. Pois bem, Mayhew que o problema é falso, que governos divididos não produzem menos políticas públicas que governos partidariamente unidos. A explicação para a solução da divisão é simples: políticos têm incentivos para aprovar políticas. Crises faz com que todos percam. Por isto, governa-se a despeito das divisões profundas.

Crises e rupturas de governos democráticos são raras. Somente em condições excepcionais os atores partem para o confronto e põem em risco a ordem democrática. Mas isto nós já sabemos. Wanderley Guilherme dos Santos e Argelina Figueiredo já mostraram que a confrontação que culminou no Golpe de 1964 pede condições excepcionais para ocorrer.

Dito em reverso: não havia um empecilho estrutural a aprovação das reformas de base. Mesmo que se assuma que forças políticas conservadoras controlavam o Congresso, isto não é o mesmo que afirmar que havia um veto institucional às reformas. Estas poderiam ter sido aprovadas. Como demonstra Argelina Figueiredo, a estratégia seguida pelos atores políticos, a opção pelo confronto, explica o desenlace do regime. Ou seja, fossem outras as estratégias, seria possível combinar democracia e reformas, algo que é atualmente não apenas é possível como tem sido feito.

A experiência democrática recente
Resultados e percepções

Maria Hermínia Tavares de Almeida

Nossa mais longa e ampla experiência democrática já dura mais de um quarto de século. Em 2014, o país realizará sua sétima eleição presidencial consecutiva e nem os mais céticos imaginam que ela possa não ocorrer ou ser ameaçada por intervenção de forças antidemocráticas, como no passado. Todas as forças políticas jogam o jogo da democracia e só este.

Entretanto, nove em dez analistas políticos – na imprensa, nos partidos, nas organizações da sociedade ou na academia – se dizem, em graus diversos, descontentes com o funcionamento da democracia no Brasil. Em sua opinião, o sistema político parece não funcionar à altura dos desafios de toda ordem que congestionam a agenda pública. E, a cada impasse, a cada conflito que não se resolve com rapidez, a reforma política tem sido, desde a democratização, invocada como imperativo inadiável pelos governos e as oposições. Se as coisas não vão bem, diz a sabedoria convencional, é certamente porque as lideranças políticas fizeram escolhas institucionais erradas, A desconfiança com relação ao sistema político não existe apenas entre as elites políticas e civis: a população tampouco parece ter opinião muito favorável das instituições democráticas.

Neste artigo, abordamos o assunto pelo ângulo das percepções do sistema político; em especial, o que dele pensa o grande público. Mostramos o descompasso entre os resultados alcançados desde que os militares deixaram o poder, em 1985, e a avaliação que emerge de sucessivas pesquisas de opinião. Não temos a pretensão de explicar esse descompasso, mas de explorar suas consequências para a estabilidade da democracia no país, em diálogo com a literatura sobre o assunto. Sustentamos que a desconfiança em relação à democracia só poderá feri-la se e quando houver lideranças dispostas a mobilizar esse sentimento contra o regime. Argumentamos ainda que as instituições existentes dão incentivos para que eles continuem fiéis ao jogo democrático.

Na primeira parte, apresentamos de forma sucinta o que nos parece serem indícios seguros de que o sistema político, ao contrário do que pressagiavam muitos analistas no começo dos anos 1990, superou obstáculos importantes e produziu resultados não desprezíveis do ponto de vista da gestão econômica, das políticas sociais e do processamento de crises políticas. Na segunda parte, utilizamos dados do Latinobarómetro e do Lapop para discutir os níveis (baixos) de apoio da massa do público à democracia e suas principais instituições. Na terceira parte, discutimos com a literatura as possíveis implicações das opiniões da população para nossa vida democrática.

OS RESULTADOS

Quando os militares deixaram o poder, as condições sob as quais o sistema democrático deu os primeiros passos eram tudo menos alvissareiras. O ciclo de expansão da atividade produtiva, cujo dinamismo deu margem a que se falasse em "milagre econômico", era coisa do passado. O crescimento capengava, os índices de inflação apontavam firme e consistentemente para cima e o endividamento externo era explosivo. A emenda constitucional Dante de Oliveira, que restabeleceria as eleições diretas para a presidência da República, fora derrotada no Congresso, e o candidato presidencial que unira as oposições e as levara à vitória no colégio eleitoral, Tancredo Neves, morreu às vésperas da posse. Em seu lugar, assumiu um vice-presidente em que poucos confiavam, quanto mais não fosse por seus laços com o regime autoritário. Iniciava-se um longo mandato durante o qual naufragaram três planos de estabilização monetária – Cruzado, Bresser e Verão – enquanto as elites políticas e sociais, entre confrontos e acordos, levavam dois anos para dar forma à nova Constituição.

No final da década, na primeira eleição presidencial direta desde 1960, a derrota dos partidos que asseguraram a transição para o regime civil — humilhante no caso de PMDB – e a vitória do arrivista Fernando

Collor de Melo pareciam indicar que o sistema partidário tinha poucas chances de se estabilizar e exercer o papel de organizador da competição eleitoral.

Não foi, assim, por acaso que o diagnóstico da ingovernabilidade se disseminou– quando o assunto era o sistema político da Nova República e que a reforma política se tornou um tópico quase permanente da agenda pública. Presidencialismo com alta fragmentação partidária e dispersão do poder decisório entre esferas da Federação passaram a ser vistos como receita segura para tornar disfuncional a nossa democracia.

Ainda assim, na contramão dos prognósticos, as instituições políticas estabelecidas no período pós-autoritário mostraram-se capazes de proporcionar alguns dos resultados que se imagina devam as democracias assegurar: competição política relativamente limpa, com chances razoáveis de alternância de partidos e coalizões no poder, capacidade de processar crises políticas, de produzir decisões de governo e implementar políticas públicas na direção desejada pelas maiorias (Figueiredo e Limongi: 1999 e 2005; Santos: 2003; Melo e Pereira: 2013).

Crises de governo não se transformaram em crises de regime. O desmoronamento do governo Collor, sob denúncias de corrupção, teve solução constitucional, por afastamento e cassação do presidente; da mesma forma, o escândalo do "mensalão", que abalou o governo Lula, foi resolvido por via judicial.

Um sistema político no qual são baixas as barreiras de ingresso à vida partidária e à disputa eleitoral permitiu a todos os principais partidos que se formaram na oposição ao regime militar ou dele desgarraram, encabeçando ou participando de coligações eleitorais, se alternassem na Presidência ou fizessem parte do governo federal, além de controlar fatias variadas do poder estadual e municipal. O sistema de justiça, com prerrogativas ampliadas pela Constituição de 1988, tornou-se um poder mais atuante, em suas diferentes esferas de jurisdição, e com frequência funcionou como força antimajoritária e contrapeso à preponderância do Executivo (Melo e Pereira: 2013).

De outra parte, o mesmo sistema político permitiu que consensos amadurecidos na sociedade, entre especialistas e lideranças políticas se transformassem em políticas razoavelmente eficazes, em geral iniciadas pelo Executivo, mas apoiadas pelo Congresso (Melo, Manor e Neghte: 2012; Arretche: 2014). A inflação descontrolada, que corroeu a economia brasileira por uma década, foi domada pelo Plano Real, em 1994 (Leitão:2012). Uma robusta convergência em torno da estabilidade da moeda estabeleceu limites firmes às escolhas de política econômica de sucessivos governos. Um conjunto de reformas, muitas das quais demandando mudança constitucional (Melo: 2002) produziram instituições econômicas mais resistentes a impactos negativos da economia internacional.

Por último, mas não menos importante, o amplo reconhecimento da necessidade de mudar o sistema de proteção social, tornando-o mais universal e eficiente, e menos regressivo, levou à reforma progressista das grandes políticas sociais – previdência, educação, saúde, saneamento – e à implantação de programas ambiciosos de transferência direta de renda, como o Bolsa Família (Pessoa: 2011). Criou-se assim um sistema de proteção social de universalismo básico (Molina: 2007; Huber e Stephens: 2012), em parte responsável pela significativa redução dos níveis de pobreza e desigualdade, melhoria dos indicadores de educação e saúde (Arretche: 2014) e expansão significativa dos estratos médios de renda (Neri, 2012). Os novos grupos médios são menos brancos, a indicar uma redução, ainda que limitada, das desigualdades étnicas (Almeida e Oliveira, 2011, Almeida e Guarnieri, 2013).

O país entrou em um círculo virtuoso caracterizado por intensa competição política e, simultaneamente, ampla convergência em torno de políticas públicas. Um pouco por conta desses resultados, um pouco por conta de esforços diplomáticos para aumentar a projeção internacional do país, o Brasil ingressou no bloco das nações emergentes, das potências médias, que, segundo os internacionalistas, podem ter algum impacto sobre o sistema internacional, quando atuam como blocos ou no interior de organizações multilaterais.

Naturalmente, não pretendemos reduzir a dimensão e gravidade dos problemas que o país enfrenta. A obtenção de bens privados mediante o uso de recursos públicos parece ser o combustível que põe em movimento as engrenagens do sistema político. É grande a promiscuidade entre políticos, burocratas e empresas privadas. A economia, com moeda estável, não consegue ir além de taxas de crescimento medíocres. A infraestrutura que deveria dar suporte à atividade econômica está defasada. Grandes e ineficientes, corpos estatais proveem, serviços sociais universais, mas de baixa qualidade. Nas cidades grandes, o trânsito beira o insuportável, o transporte público é deficiente, e a segurança pessoal está sempre ameaçada. Os problemas ambientais, à espera de atenção, são do tamanho do patrimônio de recursos naturais do país.

Mas, a dimensão dos avanços socioeconômicos e da estabilidade democrática conseguidos no período pós-autoritário não pode ser negada, nem minimizada. O país mudou consistentemente para melhor (Arretche: 2014). Já as instituições políticas que tornaram possíveis esses ganhos são vistas com desconfiança e olhar crítico pelos formadores de opinião, lideranças políticas e sociais e público de massas. As opiniões dominantes sobre a democracia brasileira e suas instituições são examinadas a seguir.

O PÚBLICO E A DEMOCRACIA

Desde 1989, os brasileiros votam a cada dois anos para escolher os chefes do Executivo e os membros do Legislativo, nas três esferas da Federação. Em um sistema de voto obrigatório, o comparecimento é maciço, situando-se entre 78,5% e 86% dos votantes nas oito eleições para aqueles cargos entre 1989 e 2012.

Os brasileiros praticam a democracia eleitoral, mas nem todos têm dela uma boa opinião. Dados do Latinobarómetro (1996–2013) mostram que pouco menos da metade dos entrevistados pensava, em 2013, que a democracia é preferível a qualquer outra forma de governo.

Na verdade, nos últimos 17 anos, apenas em quatro ocasiões os que consideravam a democracia preferível a outras formas de governo chegaram a ser 50% ou mais dos entrevistados. Nas outras 13 vezes, a maioria dos entrevistados não manifestou apreço especial pelo sistema democrático. Os resultados do Latinobarómetro são muito semelhantes aos obtidos pela pesquisa do Lapop, da Universidade Vanderbilt, nos Estados Unidos. Em 2010, 53% dos brasileiros ouvidos concordaram com a afirmação de que "a democracia tem alguns problemas, mas é melhor do que qualquer outra forma de governo". Os outros 47% ou eram indiferentes ou preferiam um regime autoritário[112].

O desapreço pela democracia não é idiossincrasia nacional. Farta literatura, empiricamente sustentada em sondagens de opinião, vem apontando que a desafeição pelo sistema tornou-se, ao menos desde o final dos anos 1980, traço comum à maioria dos países do Ocidente, onde aparece associada à erosão da identificação partidária, ao aumento do descrédito nos partidos, da volatilidade eleitoral – quando não à queda do comparecimento às urnas –, à crescente desconfiança com relação aos parlamentos e ainda à impaciência com formas de corrupção política antes toleradas (Maier: 1994; Putnam e Pharr: 2006; Dogan: 1995; Nye, Zelikow e King: 1997; Anderson e Guillory: 1997; Norris: 1999, 2002: Dalton: 1999; Torcal: 2003, Cain, Dalton, e Scarrow: 2003).

Novas formas de sociabilidade e comunicação, a multiplicação de fontes alternativas de informação, a ascensão da *videopolítica* e a decadência das estruturas partidárias de mobilização, além da ampliação do contingente de cidadãos informados e prontos a formar juízos mais severos sobre o funcionamento da democracia, foram fatores apontados pelos estudiosos para explicar o fenômeno do desencanto com a democracia representativa, nos países de longa tradição de política competitiva.

Se é verdade que os brasileiros parecem acompanhar uma tendência amplamente disseminada, não é menos verdadeiro que o fazem com índices de apoio à democracia que nos aproximam, na América Latina, de sociedades onde a existência de sistemas políticos realmente competitivos é fenômeno muito recente e, na maioria dos casos, ainda pouco estabilizado, como são os casos do Paraguai, Colômbia, Panamá, Nicarágua e El Salvador.

Se menos da metade dos brasileiros mostra adesão incondicional à democracia, menor ainda é a parcela daqueles que veem positivamente os partidos e o Congresso.

Pesquisa do Lapop, em 2010, revela que os brasileiros não confiam nos partidos e no Congresso, duas instituições centrais ao funcionamento do sistema democrático. É o que podemos ver na Tabela 1 Tabela I[113]

Tabela 1
Brasil: Confiança nas instituições políticas (2010)[a]

Partidos	Senado	Congresso
Nenhuma	30.46	22.40
2	13.99	10.30
3	19.29	17.30
4	14.53	16.50
5	12.21	16.30
6	4.93	8.90
Muita	4.93%	8.10%

Fonte: Lapop 2010

[a] Na questão sobre confiança nas instituições, o entrevistado é solicitado a localizar sua opinião em uma escala que vai de 1, significando nenhuma confiança, a 7, que corresponde a muita confiança.

São significativas as porcentagens dos que afirmam não ter nenhuma confiança em partidos e no Congresso, bem como daqueles que revelam níveis baixos de confiança (33,25% no caso dos partidos e 27,63% para o Congresso). Em outros termos, mais de 60% têm pouca ou nenhuma confiança nos partidos e 50% manifestam o mesmo distanciamento com relação ao Congresso.

A existência desse sentimento de ceticismo é corroborada por outra medida frequentemente usada pelos analistas políticos: a identificação partidária.

Samuels e Zucco (2013), trabalhando com pesquisas do Instituto Datafolha, mostraram que, entre 1989 e 2010, a porcentagem dos brasileiros identificados com algum partido oscilou entre 50% e 40%, com uma trajetória nítida de queda, devido à redução da identificação com o PMDB, não compensada por aumento significativo da identificação com o PT, até chegar ao teto de 25%, e a manutenção, em níveis modestos – abaixo de 10% – dos que se identificam com o PSDB. São esses, de resto, os três únicos partidos, entre as 23 agremiações representadas no Congresso, a provocar no eleitor algum sentimento de proximidade. O gráfico II, trazido de Samuels e Zucco (2013), mostra com

Tabela 2:
Democracia e partidos e Congresso.
Porcentagem dos que pensam que democracia pode funcionar sem partidos e sem Congresso (2013).

País	Sem partidos	Sem Congresso
México	45	38
Colômbia	43	32
Paraguai	39	34
Panamá	38	37
Peru	36	35
El Salvador	34	30
Brasil	34	34
Costa Rica	34	34
Nicarágua	32	29
Equador	32	32
Guatemala	32	28
Bolívia	30	25
Honduras	28	27
Chile	25	20
Uruguai	23	17
Rep.Dominicana	18	20
Argentina	17	11
Venezuela	14	14
América Latina	31	27

Fonte: Latinobarómetro (2014)

clareza a redução do contingente de cidadãos que não se reconhecem em nenhum partido.[114]

Em consequência, faz sentido não serem poucos aqueles que acreditam que a democracia pode funcionar sem partidos e sem Congresso. A tabela II compara a posição dos brasileiros com a de cidadãos de outros países latino-americanos. [ver tabela 2]

Pouco mais de 1/3 dos brasileiros pensa que a democracia pode prescindir de partidos e pode funcionar sem o Poder Legislativo. Essa opinião coloca o país acima da média da América Latina e, ainda uma vez, o situa em um grupo de países caracterizados, em sua maioria, por menor desenvolvimento econômico, reduzida experiência de competição política democrática e por longa história de instabilidade política, domínio oligárquico e episódios de guerra civil. É verdade que nesse grupo figura também a Costa Rica, com sua impecável trajetória de estabilidade democrática. É verdade também que maioria significativa pelo menos acredita que partidos e congresso são necessários à vida democrática. Mas o contingente dos que dispensam as duas instituições é bastante significativo.

O descrédito com relação aos partidos, ao Congresso e aos políticos profissionais foi um componente significativo do aluvião de manifestações de rua, nas principais cidades brasileiras, em junho de 2013, quando os participantes hostilizaram a presença de símbolos e militantes partidários.

Esses dados não são importantes em si mesmos, mas em razão do impacto que podem ter sobre a estabilidade e o funcionamento do regime democrático. Discutimos a seguir suas possíveis implicações.

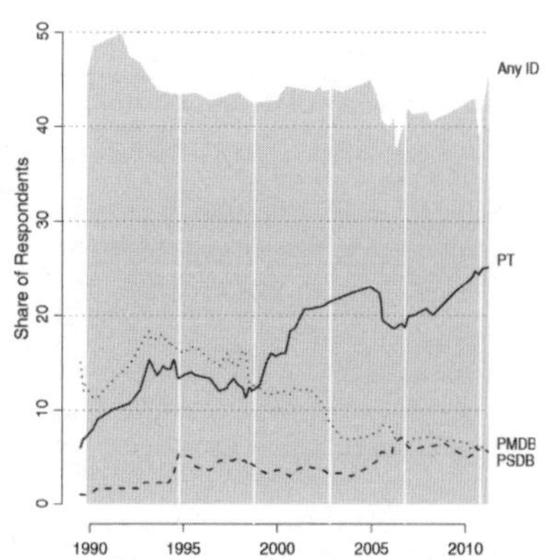

Gráfico 11: Evolução da identificação partidária no Brasil.
Fonte: Samuels & Zucco (2013) com dados do Data Folha

DESAFEIÇÃO E FUTURO DA DEMOCRACIA

Os cientistas políticos se dividem com relação ao significado de manifestações expressas de desafeição pela democracia e suas instituições basilares, como os partidos e Parlamentos. Alguns interpretam os resultados como sintoma de crise estrutural da democracia devido à erosão da sua legitimidade, definida como a aceitação subjetiva de suas instituições pela massa das populações. As bases do sistema democrático estariam sendo erodidas na medida em que dependa de cidadãos crescentemente desiludidos e céticos. O abalo da crença compartilhada na legitimidade das regras que sustentam o regime o colocaria em terreno movediço.

Outros autores, como Norris (1999 e 2002), Klingemann e Fuchs (1995) e Manin (2013) argumentam que, menos do que diante de uma crise, estaríamos em presença de uma transformação nas relações entre os cidadãos e o sistema político, uma verdadeira mutação democrática nos países norte-ocidentais. Nas palavras de Manin, a democracia de partidos teria dado lugar a outra forma de governo representativo, a democracia de público. Essa transformação teria sido ensejada por uma característica da democracia representativa, subestimada pelos autores que profetizaram sua crise estrutural: a flexibilidade e a capacidade de adaptação das instituições democráticas à existência de um público mais informado, menos fiel aos partidos e menos dependente deles para formar opiniões e falar aos governantes[115].

Na realidade, muitos dos estudiosos que enfatizaram a desafeição pela democracia, baseados em sondagens de opinião, têm evitado estabelecer relação direta entre tal sentimento e a possibilidade de colapso do sistema democrático, deslocando a discussão do âmbito da consolidação da democracia para o da sua qualidade. Existe hoje uma caudalosa produção no Brasil e no exterior sobre o tema (O'Donnell, Vargas Cullel e Iazzetta: 2004; Diamond e Morlino: 2007; Landman: 2008; Moisés: 2010; Morlino: 2011; Levine e Molina: 2011; Moisés e Meneguello: 2013).

Esse deslocamento de foco traz consigo desafios de monta para o analista. São muitas as dimensões contidas na ideia de qualidade do sistema democrático e é impossível enfrentar a discussão sem referi-la a algum ideal do que seja boa democracia.[116] É verdade, como observa Sartori (1987), que a análise da democracia sempre é feita a partir de uma posição normativa implícita ou explicita. Todavia, é também verdade que as discussões a partir do ângulo da qualidade introduzem um componente valorativo, que, embora indispensável à retórica política e à construção de identidades dos agentes políticos, pode dificultar a compreensão dos sistemas democráticos tais quais existem.

De toda forma, a discussão contribuiu para dar maior sofisticação às pesquisas de opinião, que passaram a iluminar com mais nitidez a natureza do ceticismo em face da política nas democracias de massa.

Assim, lastreada em rica evidência empírica proporcionada por pesquisas feitas no Brasil e em outros países da América Latina, Meneguello (2013) distingue entre apoio ao regime democrático e desconfiança com relação a suas instituições, especialmente partidos e Congresso.[117] Em outros termos, a crítica ao funcionamento das instituições não se traduziria direta e inelutavelmente em rejeição ao regime, embora uma coisa e outra se relacionem.[118]

Esses achados trazem consequências para a discussão em curso sobre construção e reforma institucionais. A discussão sobre qualidade da democracia alimenta o debate em torno das regras que regulam o processo eleitoral, a formação e atuação dos partidos, o funcionamento do Congresso e as relações entre os Poderes da República.

Mas uma questão permanece sem resposta: afinal, qual o efeito, para o futuro do regime democrático, das percepções negativas do público quanto às suas instituições? Para os que consideram que a confiança nas instituições é um lastro importante das democracias, impõe-se a pergunta: a longo prazo, é possível sustentar um regime em bases tão frágeis? Moisés (2013) resume bem o dilema:

Em todos esses casos não há preferência por um regime antidemocrático, mas a desconfiança dos cidadãos em relação às instituições públicas aponta para um paradoxo cujos efeitos para a continuidade da democracia, em longo prazo, precisam ser mais bem conhecidos e avaliados. É razoável supor que a democracia pode conviver indefinidamente com o descrédito dos cidadãos em normas, procedimentos e instituições que, por definição têm função de mediar a competição de interesses divergentes e, ao mesmo tempo, promover a coordenação e a cooperação sociais necessárias ao funcionamento das sociedades complexas? [grifo nosso]

A tensão apontada pelo autor é real, mas, em última instância, a indagação é *sob quais condições* o descrédito do público de massas pode ameaçar a continuidade do regime.

Décadas atrás, Juan Linz (1978), ao se perguntar sobre a inevitabilidade da queda das democracias na América Latina, nos anos 1960 e 1970, ofereceu uma resposta certeira: a vitória do autoritarismo, longe de ser inelutável, resultou de escolhas feitas por lideranças políticas, em especial por aquelas que faziam oposição desleal ao regime democrático. Em outros termos, a presença de lideranças dispostas a apostar em soluções não democráticas constituiria o principal determinante do colapso dos sistemas politicamente abertos.

Na esteira de Linz, poderíamos responder à pergunta de Moisés: a democracia pode conviver com o descrédito de cidadãos em suas normas, procedimentos e instituições enquanto não surgirem lideranças políticas dispostas a capitalizar a desconfiança dos cidadãos contra o sistema.

Mas por que o fariam? A experiência da curta história da ordem democrática, no século passado, parece mostrar que oposições desleais são mais prováveis – e têm mais possibilidade de êxito – quando atores políticos de peso passam a acreditar que seus interesses e objetivos não tem chances críveis de serem considerados e de virem a prevalecer por meio da competição democrática. Quando todos os atores relevantes acreditam que têm oportunidade de ganhos aceitam as regras do jogo, e, em especial, acatam os resultados eleitorais que lhes forem desfavoráveis. Nestas circunstâncias – e somente nelas– o jogo democrático alcança um estado de equilíbrio que nenhum dos jogadores está disposto a romper por sua conta e risco.

São muitos os arranjos institucionais que possibilitam a permanência desse equilíbrio virtuoso, e a extensa literatura sobre sistemas de governo, regras eleitorais e sistemas partidários não logrou, até o momento, recolher evidências empíricas capazes de sustentar a superioridade de um sobre outros.

De todo modo, é razoável supor que sistemas que facilitem a entrada de partidos na disputa eleitoral deem menos ensejo ao surgimento de oposições desleais, do que aqueles que tendem a reduzir a competição política e estimular formas oligarquizadas de competição pelo poder.

No Brasil, as instituições estabelecidas no período da democratização, cristalizadas na Constituição de 1988, e que dão forma ao chamado presidencialismo de coalizão, sem dúvida têm algo a ver com a desconfiança revelada pelo público de massa e compartilhada pelos formadores de opinião, em uma escala superior à verificada em países vizinhos com níveis de modernização equivalentes. Os partidos se multiplicam, abrindo espaço para legendas que são balcões de negócio, e seu financiamento elude, com frequência, os controles existentes; governos de coalizão ampla tiram nitidez dos compromissos programáticos[119] e implicam negociações complicadas na distribuição, entre os partidos, dos cargos relevantes de governo; os representantes eleitos para o Legislativo, não raro parecem girar em órbita própria, alheios às preocupações dos eleitores; são muitas as vias de acesso à promiscuidade entre interesses privados e agentes públicos.

Nada disso, evidentemente, é exclusivo do sistema político brasileiro, mas, por razões ainda a elucidar, parece calar mais fundo na nossa sociedade do que nas de outras democracias da região.

Paradoxalmente, o que produz desconfiança entre a massa e os formadores de opinião é também o que reduz os incentivos para o surgimento de forças antirregime – as oposições desleais de que falava Linz: um sistema que praticamente não impõe barreiras à entrada de novos contendores, predispondo-os a apostar todas as suas fichas na competição democrática pelo voto. Se isso é certo, medidas imaginadas para aprimorar a democracia, que limitem a formação de partidos e reduzam o número de participantes do jogo eleitoral, poderão abrir espaço para líderes políticos dispostos a "correr por fora", explorando o desencanto de parcela do público com os partidos, o Congresso e, enfim, o próprio regime democrático.

BIBLIOGRAFIA

ALMEIDA, M.H.T e OLIVEIRA, E.N., 2011. "Nuevas capas medias y política en Brasil". In PARAMIO, Ludolfo, *Clases medias y gobernabilidad en América Latina.* Madrid: Editorial Pablo Inglesias.

ANDERSON, C J 1995. *Blaming The Government: Citizens and The Economy in Five European Democracies.* New York: M.E Sharpe.

ARRETCHE, M "Défict de representação ou falta de consensos mínimos: o que paralisa as políticas?". *Interesse Nacional* 7(26) , julho-setembro 2014, pp.15–23,

BLENDON, R J., BENSON, J M, MORIN, R, ALTMAN, D E Altman, BRODIE, BRUCE, C.E., DALTON, R J e SCARROW, S.E *Democracy transformed? Expanding political opportunities in advanced industrial democracies.* Oxford: Oxford University Press, 2003.

DALTON, R J "Political Support in Advanced Industrial Democracies." In NORRIS, P *Critical Citizens. Global Support for Democratic Governance.* Oxford: Oxford University Press, 1999.

DOGAN, M "Erosion of Confidence in Advanced Democracies." 32: 329.

______. "Testing the Concepts of Legitimacy and Trust." In CHEHABI, H.E e STEPAN, A *Politics, Society and Democracy: Comparative Studies.Essays in Honor of Juan J Linz. Boulder.* CO: Westview Press,1995.

FIGUEIREDO, A C.; LIMONGI, F *Executivo e Legislativo na Nova Ordem Constitucional.* Rio de Janeiro: Fundação Getulio Vargas, 1999.

______. *Política orçamentária no presidencialismo de coalizão.* Rio de Janeiro: Editora FGV, 2008.

HUBER, E e STEPHENS, J *Democracy and the Left: Social Policy in Contemporary Latin America.* Chicago: University of Chicago Press, 2012.

KLINGEMANN, H-D e FUCHS, D *Citizens and the State.* Oxford: Oxford University Press,1995.

LANDMAN, T *Assessing the quality of democracy – an overview of IDEA Framework.* Sweden: IDEA, 2008.

LEITÃO, M *A saga brasileira: a longa luta de um povo por sua moeda.* Rio de Janeiro: Record, 2012.

LEVINE, D e MOLINA, J.E *The quality of democracy in Latin America.* Lynne Rienner, 2011.

LINZ, J e STEPAN, A The breakdown of democratic regimes, Baltimore: Johns Hopkins University Press, 1978,

MELO, M A *As reformas constitucionais no Brasil: instituições políticas e processo decisório.* Rio de janeiro: Revan, 2002.

MELO, Carlos Ranulfo e ALCANTARA, Manuel. *A democracia brasileira.* Belo Horizonte: UFMG, 2007.

MELO, M A., PEREIRA, C *Making Brazil Work: Checking the president in a multiparty system.* New York: Palgrave/MacMillan, 2013.

MELO, M A; MANOR, J.; NGETHE, N *Against the Odds: Politicians, Institutions and the Fight against Poverty.* New York: Columbia University Press, 2012.

MELO, M A "Anatomia do descontentamento". Disponível em: goo.gl/ffjA2R.

MENEGUELLO, R "As bases de apoio ao regime democrático no Brasil". In MOISÉS, J A e MENEGUELLO. *A desconfiança política e seus impactos sobre a qualidade da democracia.* São Paulo: EDUSP, 2013, p 93–120.

MESEGUER, C "Sentimientos antipartidistas en el Cone Sur: un estudio exploratorio". *Latinoamérica Hoy,* 18, march: 99–111, 1998.

MOISÉS, J A e MENEGUELLO. *A desconfiança política e seus impactos sobre a qualidade da democracia.* São Paulo: Edusp, 2013.

MOISÉS, J A *Democracia e confiança: por que os cidadãos desconfiam das instituições públicas.* São Paulo: Edusp, 2010.

MOLINA, C G *Universalismo basico: una nueva política social para América Latina.* Washington: BID, 2007.

MORLINO, L *Changes For Democracy: Actors, Structures, Processes.* Oxford: Oxford University Press, 2011.

MORLINO, L s/d, "Qualities of democracy – how to analyze them". Disponível em: indicatorsinfo.pbworks.com/f/Morlino%20Qualities%20of%20Democracy.pdf>.

MORLINO, L., DIAMOND, L Assessing the Quality of Democracy, *A Journal of Democracy Book.* Johns Hopkins University Press, 2005. pp xliii.

NERI, M...*A nova classe média: o lado brilhante da base da pirâmide.* Rio de Janeiro: FGV-Saraiva, 2012.

NICOLAU, Jairo. *As eleições do Império aos dias atuais.* Rio de Janeiro: Zahar, 2012.

NORRIS, P..."The Growth of Critical Citizens." *in* NORRIS, P *Critical Citizens. Global Support for Democratic Governance.* Oxford: Oxford University Press,1999.

NORRIS, P *Democratic phoenix: reinventing political activism.* Cambridge: Cambridge University Press, 2002.

NYE, J S..."Introduction: The Decline of Confidence in Government." *in* NYE, J Jr., ZELIKOW, P D e KING, D *Why People Don't Trust Governmen*t. Cambridge, MA: Harvard University Press, 1997.

O'DONNELL, G., VARGAS CULLEL, IAZZETTA. 2004. The Quality of democracy: theory an applications, South Band: Notre Dame University Press.

PESSOA, S.A, "O contrato social da redemocratização". *in* SCHWARTZMAN, S e BACHA, E *A nova agenda social.* Rio de Janeiro: LTC, 2011

POWER, Timothy e KINGSTONE, Peter. *Democratic Brazil revisited.* Pittsbutgh: Pittsburgh University Press, 2008.

SAMUELS, D.; ZUCCO.C "The Power of Partisanship in Brazil: Evidence from Survey Experiments". *American Journal of Political Science* 58 (1), 2013, pp 212–25.

SANTOS, F G M. *O Poder Legislativo no presidencialismo de coalizão.* Belo Horizonte-Rio de Janeiro: Editora UFMG- Iuperj, 2003.

SARTORI, G *A teoria democrática revisitada.* Brasilia: UNB, 1987.

TORCAL, M., MONTERO, J R *Political Disaffection in Contemporary Democracies:Social Capital, Institution and Politics.* Routledge, 2006.

TORCAL, M "La desafección en las nuevas democracias del sur de Europa y Latinoamerica." *Instituciones y Desarrollo,* 8–9, may, 2001, pp 229–80.

VEIGA, L "Os partidos brasileiros na perspectiva dos eleitores: mudanças e continuidades na identificação partidária e na avaliação das principais legendas após 2002". *Revista de Sociologia e Política,* vol.17, n.33, Curitiba, jun. 2009. Disponível em: scielo.br/scielo.php?script=sci_issuetocepid=0104–447820090002elng=ptenrm=iso>.

Preparação à política
Infraestrutura e conflito na sociedade contemporânea

Wanderley Guilherme dos Santos

I

A premissa dos especialistas em regiões ou países – africanistas, brasilianistas, em Japão ou Indonésia – não sobreviveu à passagem do tempo, revelando não haver diferenças políticas ontológicas entre ditaduras europeias e africanas ou entre democracias consolidadas ou por consolidar. A crença nominalista de que a cada etiqueta corresponderia um ente singular, material, foi demonstrada como equívoco epistemológico em análise política, tanto quanto o havia sido na filosofia desde, no mundo moderno, o início do século XX. Não existem mecanismos de estabilidade política específicos de áreas geográficas ou países particulares. É certo que as proposições generalizantes da análise política não possuem a mesma generalidade do que a lei da queda dos corpos, por exemplo. Mas os motivos que impedem haver uma lei de queda dos corpos para cada país não justificam a inferência de que então, fora as proposições universais na reflexão social, só restam descrições idiossincráticas.

Próximo deste subliminar sofisma encontra-se a suposição de que existam métricas especiais para aferir a posição relativa dos países ao longo de eixos como "democratização", "corrupção" ou "modernidade" como se fossem dimensões semelhantes a, por exemplo, taxa de alfabetização ou de urbanização dos países. Argumentos mais ou menos sofisticados sobre a diferença entre os países em relação a tais eixos, sim, podem compor um debate produtivo. Mas não existe métrica aceitável que distinga um dos argumentos como verdadeiro, extintos os demais pelo cometimento de erros insanáveis. De qualquer modo, alguns parágrafos iniciais são tomados pela exposição de minha posição quanto a certos temas seguindo-se então apresentação do tema que considero comum às sociedades contemporâneas, independentemente do nível de desenvolvimento em que se encontrem. A repartição fundamental requerida é a de o país seja democrático, ainda que por uma definição minimalista.

Moderno é o que existe: uma combinação entre o arcaico e o atual, a contemporaneidade do não coetâneo. O Brasil, assim como todos os países, vive a sua própria modernidade, não uma insuficiência histórica a ser intelectualmente reparada. O que não existe ou é passado ou futuro hipotético. O primeiro sobrevive em memórias e documentação. O segundo virá a ser como resultado da interação entre aspirações, ações e contingências. Em seu tempo, será igualmente moderno, composto de fragmentos do atual presente, que será o arcaico de então, e de surpresas emergentes. Não há, a rigor, trânsito para o moderno, sim para o futuro que será o moderno quando for o presente. Se assim não fosse o presente seria sempre arcaico, nunca moderno. O arcaico é o resíduo do presente atual projetado no futuro presente.

O ginástico argumento tem por objetivo afastar uma das preocupações mais embaraçosas e paralisantes da teoria social: a do preciosismo das definições conceituais e as inevitáveis e insolúveis disputas em torno dos indicadores apropriados a cada conceito. Embora não patrocine a posição de só aceitar como legítimas as hipóteses conceituais que deem lugar a propostas políticas específicas, também não me congratulo com desvios argumentativos um tanto autistas, isto é, dos quais não se siga nenhuma proposição positiva, apenas a identificação crítica do que não está de acordo com os conceitos. Aproxima-se de um platonismo conceitual em que se o real não mimetiza as ideias é por ter sido corrompido (como em Hesíodo) ou então por ignorância ou malignidade dos humanos. Há certa presunção descabida nos dedos em riste com que os analistas da modernidade investem contra a "qualidade" da matéria presente de algumas sociedades.

As décadas de 1960 a 1980 foram inundadas por "modelos" de análise comparativa, ademais de estudos nacionais idiossincráticos, hoje totalmente obsoletos. Exemplo de ironia, talvez, em que os países continuam modernos, cada um a seu modo, e os modelos e as hipóteses que os estigmatizavam foram caridosamente esquecidos. Não participo desse debate, portanto, por considerá-lo estéril e conceitualmente cativo de irremediável opacidade.

Tampouco me curvo às oscilações naturais ao mundo da política, buscando encontrar em fugidios acidentes uma transcendência de significados que, em breve, serão desmentidos, obrigando a permanentes explicações *ad hoc* a cada novo artigo ou edição de livro. Sedução oposta à da conceituação inesgotável, há sempre risco em interpretar casuais associações em modesta escala temporal como fenômeno dotado de longa sobrevida e maiúsculas consequências. O transcurso político do Brasil, de 1988 a esta parte, não sofreu graves sacudidelas de rota só explicáveis por modelos de rupturas, a exigir reconfiguração conceitual do que é o país. A modernidade brasileira compartilha de vários dos problemas que afetam todas as demais nações, tendo a eles respondido de acordo com o instrumental clássico da teoria e da análise política.

Corre pela academia internacional o hábito de acrescentar um "ismo" a certos governos e personalidades como se se tratassem de compartimentos temporais assépticos, deserdados da história e inaugurando uma nova era. Dotada, evidentemente, de inéditas características econômicas, sociais e políticas. Algo como um renascimento ou uma revolução (ou uma interrupção) a cada quatro ou cinco anos. Designou-se por "tatcherismo" um período de persistência de políticas conservadoras já observadas em épocas anteriores da história inglesa. Para além de deixar como marcador o nome da figura pública que os lideram, momentos conservadores ou progressistas raramente exigem instrumentos que não os tradicionais na análise de tais períodos nas condições empíricas próprias a cada momento.

Na América Latina teríamos a Argentina, a Venezuela, a Bolívia e tantos outros países a viver, conforme a retórica predominante, solavancos históricos de integral novidade, então acertadamente apelidados pelas figuras proeminentes do instante. Mas sob o verniz jornalístico não se vislumbra senão a conhecida técnica de apelativos e convenções nominalistas para emprestar à banalidade da análise uma solenidade mal composta por alguns números de controversa interpretação e as citações das autoridades de praxe. Sou crítico de tal empirismo de curto prazo precisamente porque se converte em obstáculo epistemológico a real compreensão dos problemas, capturando a comunidade de investigadores pela facilidade do tratamento. Mencionar o "chavismo" constitui pedra de toque suficiente para que os interlocutores dialoguem como se o tal "chavismo" fosse um fenômeno tão palpável e reconhecido como a inflação, por exemplo. Ou o lulopetismo elevado à condição de uma revolução passiva a impedir uma efetiva ocupação do poder pelas massas ou classes ou subclasses, tudo dependendo do curativo que este ou aquele analista necessite aplicar a seus abstratos conceitos.

Há uma evidência de longo prazo e, no entanto, esquecida nas análises histórico-conceituais contemporâneas: foram pouquíssimas as revoluções ocorridas nos últimos quatro ou cinco séculos que se adaptaram à definição corrente. A Gloriosa Revolução de 1688 livrou os proprietários de terras ingleses da exploração fiscalista do absolutismo, cujo monarca, ademais, detinha o privilégio de declarar guerras internacionais sem consultar aqueles que as iriam financiar. Toda a violência da Gloriosa não trouxe serventia maior para, digamos assim, o fator trabalho. A revolução americana de 1776 libertou os comerciantes e pequenos proprietários, ainda em processo de construção de um país, da mesma exploração fiscal, agora exercida por uma Inglaterra governada por um parlamentarismo oligárquico, mantido um rei ou rainha no topo da hierarquia simbólica. Nenhuma bonança seguiu-se a tal revolução em favor do "povo", isto é, de pobres e escravos. Ao contrário, a Revolução Americana abriu caminho para excepcional exemplo de acumulação capitalista pela expropriação sem regras tanto do trabalho livre quanto do trabalho escravo. A guerra civil deflagrada em meados do século XIX pariu o processo de expansão, ao Sul, do fator trabalho como mercadoria. Bem percebido por José de Alencar, o abolicionismo americano teve por desígnio e resultado libertar a força de trabalho escravo para a exploração da livre concorrência entre capitalistas industriais do Norte. Por fim, na lista de "revoluções", como argutamente observou Alexis de Tocqueville, a aristocracia francesa já associada ao novo ator, a burguesia citadina, destruiu a monarquia com a mão de gato do povaréu em combustão, em 1789. Não foi dali, como cedo se testemunhou, que surgiu uma revolução de baixo para cima.

Esses grandes momentos revolucionários, mesmo sem objetivarem entregar o poder político e econômico ao povo, se deram em períodos anteriores à revolução industrial, exceção feita à guerra civil americana, já conhecida por não ser exatamente uma revolução como a idealizam os atuais teóricos da modernidade ou da democracia. Nem o século dezenove registra mais do que guerras independentistas na América Latina e guerras de conquista colonial na África e no Oriente. Enquanto os impérios cresciam territorialmente, aí incluídos os Estados Unidos com a alcunha de República, vieram por ondas sucessivas, a intervalos irregulares, a inclusão política, econômica e social da ordem burguesa em expansão: direito ao sufrágio, regulação do trabalho e esboços de seguridade social são políticas que se expandem de cima para baixo no Continente europeu, com destaque para a Inglaterra, os países hanseáticos e os nórdicos. Foram todas "revoluções passivas", para usar o atual esoterismo linguístico, negociadas entre frações de classe contraditórias, e com total desagrado das frações excluídas dos benefícios desses pactos. Nenhuma de baixo para cima, não obstante todas se autoclassificarem como episódios legitimamente revolucionários.

Só no século XX é que a ideia de revolução adquiriu o sentido de modificação na estrutura de poder político e de redesenho na distribuição econômica. Aí é que o termo de "revolução passiva" adquire significado de desprestígio em contraponto à ideia de uma imaginada revolução verdadeira, ativa, de baixo para cima. Não obstante ênfases em contrário, foram as revoluções passivas, onde ocorreram, que continuaram o processo de inclusão política e econômica de segmento atrás de segmento, via conflitos negociados. Nenhuma conquista foi graciosa, por suposto, mas tampouco revolucionária; foram acertadas na prática da disputa política. A democratização, em seus aspectos políticos e sociais, mesmo seu tanto econômico, tem resultado de negociações, rara, se alguma, de revoluções. Outra vez, negociações conflituosas, por certo, mas sem alterar os fundamentos estruturantes da ordem vigente.

Em retrospecto, o século XX só conheceu três grandes modificações segundo o figurino das revoluções ativas: a russa, a chinesa e a cubana. Por curiosidade não cabalmente explicável, as três, tendo explodido após a difusão da revolução industrial, não se assentaram na previsão de que os generais sairiam das fábricas, saíram do campo e dos escritórios. A russa, resultante de um golpe de mão leninista em um processo revolucionário burguês, enfrentou, depois, uma guerra civil e, ao longo dela, transformou camponeses e soldados em militantes revolucionários socialistas A chinesa apoiou-se inteiramente no campesinato, bem como a cubana. A revolução desejada veio a reboque, de cima para baixo. Ou seja, como ensinava Che Guevara, para fazer uma revolução "ativa", primeiro toma-se o poder.

Os teóricos da "revolução ativa" têm poucos exemplos a oferecer e não servem como métrica para conferir a qualidade democrática dos países, digamos, incrementais. Daí, possivelmente, a sofreguidão em produzir distinções conceituais cada vez mais abstrusas e nominativas, cuja garantia de existência se apoia em dados de curto prazo e em conexões não comprovadas. No futuro, tal como aconteceu no passado e acontece no presente, grandes e pequenas rebeliões podem acontecer, além dos protestos e conflitos mais frequentes, como greves, passeatas e demonstrações. Das últimas é razoável esperar contribuição, como no passado, para a abertura de negociações, apresentação de projetos até então vistos como inaceitáveis, e eventuais sucessos. É pouco provável que transformações maiúsculas decorram de "revoluções de baixo para cima", teoricamente desenhadas.

II

De 2002 até hoje o Brasil se encontra em continuado processo de inclusão social, política e econômica. Foi a partir de então que o crescimento dos partidos populares, bastante fracos em 1982, passou a taxas significativas nas eleições proporcionais e majoritárias. O Partido dos Trabalhadores, embora em veloz ascensão na Câmara dos Deputados, permanecia com dificuldades nas eleições majoritárias. Seu candidato a Presidente, Luiz Lula da Silva, havia sido derrotado por Fernando Collor e por Fernando Henrique Cardoso, este duas vezes, em praticamente todos os estados da Federação. As exceções ficaram por conta da vitória de Lula em Pernambuco, Rio de Janeiro, Rio Grande do Sul e Distrito Federal (Brasília), em 1989, e Rio Grande do Sul e Brasília, em 1994. Em 1998, Lula conseguiu apertadas vitórias sobre Fernando Henrique Cardoso no Ceará, no Rio Grande do Sul e no Rio de Janeiro. Até então, o eleitorado brasileiro misturava todos os estratos populacionais quanto a renda, educação, gênero e demais dimensões. A grande disputa majoritária não correspondia às expressivas mudanças nas eleições proporcionais em todo o País. Isso até 2002, quando distinta maioria eleitoral começou a ser formada, dando início a um período de grandes transformações, a começar pelo emblemático programa de combate à fome, o Bolsa Família. Gradativamente, a nova hegemonia governamental dedicou atenção a todos os principais problemas da população pobre e miserável: cálculo do salário mínimo, eletricidade, atendimento médico, financiamento à educação, entre outros. Os indicadores sociais são conhecidos, não mais objeto de disputa sobre sua existência e eficácia. Os dados eleitorais, desde então, comprovam a reiterada preferência dos eleitores pelo caminho da inclusão negociada, sem alterações que rejeitem a hipótese de oscilações normais em processos eleitorais em evolução ao longo de simultânea expansão urbana, populacional, de mudanças de local de residência, de ocupação e de renda.

Eis alguns dados esclarecedores. O perfil de apoio econômico-financeiro destinado aos candidatos Lula e José Serra se repete a diferenças mínimas na distribuição quer no volume, quer nos doadores, na disputa presidencial seguinte entre Lula e Geraldo Alkmin (Anexo I). Mais incisivos são os dados relativos à distribuição percentual dos votos dados por cada estado para o total de 100% dos votos de cada um dos candidatos, a saber: em 2002, Lula x Serra; em 2006, Lula x Alkmin (Anexo II). A nacionalização do Partido dos Trabalhadores, cuja bancada, em 1982, de 8 deputados, foi constituído apenas por representantes do estado de São Paulo, obteve, em 2010, a seguinte distribuição regional: Sul (19%); Sudeste (34%); Nordeste (27%); Norte (11%) e Centro-Oeste (8%). A normalidade do histórico eleitoral brasileiro, com as oscilações compreensíveis em variável tão fugidia, o voto, permite inferir que as bases socioeconômicas dos candidatos, vencedores e vencidos, permanecem razoavelmente definidas: mais ou menos o mesmo amálgama de pobres, remediados e ricos, mal ou superiormente educados, e homens e mulheres, alterando-se pouco em relação aos personagens considerados. Sem surpresas, a cesta de apoios dos partidos, nas eleições proporcionais e nas majoritárias, é composta por contingentes sociais com ponderações diferentes. As diferenças sociais, e não apenas as de renda, contribuem para a formação de maiorias heterogêneas em todas as democracias, assim como em todas as democracias encontram-se partidos, o mais das vezes com inclinação autoritária, apoiados por uma doutrina exclusiva. Em geral, sem produzir impactos de monta no funcionamento do sistema. No Brasil, nenhum solavanco parece se haver intrometido nas evidências, muito embora mudanças significativas tenham ocorrido neste pequeno intervalo de tempo: 2002/2010. Por exemplo, o crescimento econômico do Nordeste, muitas vezes superior à média do País, o mesmo ocorrendo com o Centro-Oeste e o Norte, três regiões nas quais o processo de incorporação eleitoral foi particularmente intenso, e, enfim, o acelerado crescimento das periferias empobrecidas das grandes metrópoles, notadamente em Belo Horizonte, São Paulo e Rio de Janeiro. A distribuição da preferência partidária, como é absolutamente racional e corriqueira, reflete com clareza a estrutura da repartição de renda, salvo algumas anomalias igualmente frequente na experiência histórica da democracia.

III

As novidades da articulação política atual devem ser buscadas na enorme mobilização de grupos de interesse, das classes às corporações e ao que chamo de micróbios (pequena vida), e também na intensificação do processo de divisão social do trabalho, resultante da corrida pela inovação tecnológica. Observando a infraestrutura do processo político, população mais urbanização, é possível antever o cenário em que o Brasil se moverá daqui para frente, mantido constante as conexões com o resto do mundo. Esta é uma pressuposição altamente irrealista quanto ao cenário internacional, mas o tratamento dado ao resto das variáveis já será suficientemente experimental para acrescentar-lhe outra camada de incerteza.

O rápido crescimento populacional e da urbanização, a partir dos anos 50, já foi incorporado como variável muito relevante na análise política brasileira. Mais recentemente, também o extraordinário processo de mobilização eleitoral tornou-se presente nas análises. E não parece prudente ignorá-los na investigação sobre o momento e o futuro minimamente previsível.

O Censo de 2010 registrou uma população de 190 milhões e 733 mil (arredondados) habitantes, dos quais 84% vivendo em áreas urbanas, 27* posição na escala mundial, à frente dos Estados Unidos (82% urbano em 2011) e da China (51% urbana, atualmente). Para o ano 2035, vinte e um à frente, o IBGE projeta uma população brasileira equivalente a 230 milhões de habitantes. Se mantida conservadoramente estável a porcentagem atual de 84% de urbanizados, o Brasil político contará com cerca de 193 milhões e 200 mil moradores em áreas urbanas a demandar serviços típicos de cidades, e nas quais não é irrealista imaginar que ocupadas também por bom número de desassistidos e desajustados, a maldição das grandes metrópoles. Esse é, conservadoramente, o futuro que a política deve esperar, ou seja, um governo fortemente tensionado por reclamações sobre emprego, saúde, transporte, educação, segurança, mobilidade e lazer. Em termos institucionais, em 2010 o Brasil continha um colégio de 135 milhões de eleitores, correspondendo a 71% de sua população. Com outra projeção convencional, 71% da população estimada em 2035 corresponderiam a um eleitorado de 163 milhões de eleitores, 20% a mais que o atual. É sobre esse cenário que exponho algumas hipóteses, deixando em suspenso o que normalmente aparece no foco das análises: o sistema eleitoral e os partidos políticos, além das nomenclaturas transeuntes.

IV

Divisão social do trabalho e decorrentes estímulos à ação coletiva são as variáveis cruciais do futuro imediato nas sociedades contemporâneas, sejam mais ou menos conservadoras ou mais ou menos democráticas, inclusive as abertamente autoritárias. O fluxo da vida material contemporânea suga cada nação, cada comunidade, pequena ou grande, tradicional ou progressista para uma cesta de problemas comuns. O resultado institucional dessa convergência me parece impossível de antecipar, pois aí tem papel crucial a arte da política, a fortuna e a *virtu*.

A divisão social do trabalho é um processo de longuíssima duração e de acelerações e retardos imprevisíveis. Mas mudou substancialmente de natureza e tempo com a associação entre ciência e produção material, via tecnologia, ou seja, a partir da revolução industrial. Todos os países atualmente atrasados em relação aos mais ricos foram aqueles que, pelos motivos mais variados, perderam a sincronia com a revolução industrial. Mesmo a China, potência entre as grandes até o século XVII e princípios do XVIII, ficou para trás, assim como Portugal, Espanha, a Rússia, em parte a França e os países hanseáticos. Fato registrado, o novo continente, em sua parte ao Sul do equador, estreou na história mundial pela via da decadência de parte da Europa. Só em meados do século XIX, com a unificação e centralização germânica, é que a Alemanha sairia em perseguição às já adiantadas Inglaterra e França, na Europa, e aos Estados Unidos na América do Norte, o mesmo ocorrendo com a Rússia ao final do século XIX e, sobretudo, com a revolução de 1917. Todos os sistemas de governo foram subvertidos pelas consequências da revolução industrial que passou a exigir habilidade dos trabalhadores, reivindicando a educação das populações, a suspensão dos entraves à mobilidade horizontal das pessoas criando-se um mercado nacional de trabalho e apressando o parto da agenda de todo o século XX: educação, saúde, legislação do trabalho, direito de organização, transporte e habitação. Importa, para o presente texto, o percurso nacional brasileiro recente ao longo dessas variáveis.

Métricas para aferir graus de divisão do trabalho são controversas. Sem identificar uma coisa à outra, é possível, contudo, interpretar o número de ocupações registradas em uma sociedade como indicador a menor da extensão da divisão do trabalho em uma sociedade. Por certo que existe um número de atividades produtivas superior ao número de ocupações reconhecidas, dando a este um valor aquém do valor real do processo. Com esta cautela, os números conhecidos de ocupações da sociedade brasileira apresentam uma aproximação razoável do fenômeno básico. Ademais, a numerologia varia conforme a instituição classificadora.

Para efeito de grande agregação, os números de categorias econômicas classificadas pelo IBGE, por década, foram os seguintes: 1950/1980: 10 categorias; 1991: 11; 2000: 13. Este é, claramente, um nível de agregação que informa praticamente nada sobre a especialização em curso no País. O Portal Brasil Profissões sugere o número de 598 profissões regulamentadas, número reduzido para 68, pelo Ministério do Trabalho e Emprego, em um total de 2 422 ocupações reconhecidas e descritas. Nesta conta não entram, com certeza, as profissões de juiz de futebol e vaqueiro, reconhecidas por lei no segundo semestre de 2013.

Os números modestos se devem ao elevado nível de agregação, algo que ocorre em todos os países. A título de exemplo, são apenas sete as rubricas das maiores classes de ocupações licenciadas nos Estados Unidos: contadores, médicos, dentistas, advogados, professores do ciclo elementar, professores do ciclo médio e, em conjunto, cabeleireiros e cosmetologistas (Morris M Kleiner, *Licensing occupations – ensuring quality or restricting competition?*, Michigan, W E Upjohn Institute for Employment Research, 2006, table 1.1). A extensão real da divisão social do trabalho se mostra nas taxas de atividade organizacional, pois são estas as mediações que traduzem a divisão do trabalho em ações coletivas e, daí, em demandas e conflitos.

Ao contrário do estereótipo corrente, a sociedade brasileira é altamente mobilizada, longe do retrato jornalístico e acadêmico que a apresentam como uma comunidade inerte, praticamente passiva e modorrenta ao contrário das sociedades "modernas". Listar 10.167 sindicatos de trabalhadores e 4.840 patronais não é em absoluto desprezível em sociedades contemporâneas, não obstante a modéstia que possam exibir em números percentuais. No caso, o bruto importa. Os sindicatos de trabalhadores compreendem 16 milhões de associados, praticamente três vezes a população norueguesa (todos os dados encontram-se na Pesquisa Nacional de Amostragem Domiciliar, PNAD, IBGE, 2011). Com a particularidade nacional de só reconhecer um só sindicato por profissão, o número de sindicatos legalmente funcionando contradizem inteiramente a agregação oficial do Ministério do Trabalho e Emprego. Quanto ao trabalho, são mais de dez mil as ocupações especializadas reconhecidas. É esta a extensão da pluralidade de interesses em competição no país, à qual se deve acrescentar a quantidade de associações patronais, as quais, ao contrário da visão embrionária de meados do século dezenove, não agem coordenada e cooperativamente senão de forma fugaz e pontual. Em geral, o que uma associação demanda entra em conflito com os interesses de outra. Não raro, o mesmo se passa com os sindicatos de trabalhadores, ainda que pela mediação regulatória do Estado. Dentro de uma mesma unidade de trabalho, os interesses de um setor especializado não são complementares aos de outro, mas competitivos. A coordenação da classe trabalhadora em vista de uma ação coletiva unificada é um objetivo quase sempre difícil de alcançar. Da mesma dificuldade sofrem os lobistas dos sindicatos e associações patronais. Entre outras consequências, vem daí o surgimento de formas de atuação clássica da atuação classe trabalhadora, em geral, agora em busca de benefícios limitados a setores operários específicos. Na literatura, chama-se de pluralismo de interesses, conceito que a análise progressista enraizada no século dezenove ainda resiste aceitar.

O universo da competição política plural se enriquece espetacularmente ao adicionarmos a ele o conjunto das organizações não--governamentais, isto é, aquelas que, não sendo de direito público, estão livres dos regulamentos que dificultam a multiplicação. Ao contrário das organizações oficiais, não é obrigatório que um grupo de interesse seja representado por apenas uma associação, nem que seja única pelo menos no mesmo estado ou até no mesmo bairro. Recente consórcio institucional compreendendo o IBGE, o IPEA e a Abong (Associação Brasileira de Organizações Não-Governamentais), publicaram em 2912 o resultado de uma pesquisa sobre “As fundações privadas e associações sem fins lucrativos no Brasil”. As rubricas para registro das entidades foram assim estabelecidas: habitação, saúde, cultura e recreação, educação e pesquisa, assistência social e religião, partidos políticos, sindicatos, associações patronais e profissionais, meio ambiente e proteção animal, desenvolvimento e defesa de direitos e, por fim, outras instituições privadas sem fins lucrativos. Desdobradas em subitens obtêm-se 25 escaninhos classificatórios. É importante assinalar que os sindicatos aqui mencionados não são os de direito público, legalmente oficializados pelo Ministério do Trabalho e Emprego. As associações deste conjunto, conectadas por interesse bastante específico e urgente, por exemplo, uma associação de pais de crianças com síndrome de Down, em busca de atendimentos, não pode se reger pela temporalidade característica dos sindicatos, com suas assembleias e processos decisórios de largo porte.

Conforme a pesquisa, as fundações e associações privadas sem fins lucrativos, no total de 200 mil e 700, em 2010, correspondiam a 52,2% do total de 556 800 entidades sem fins lucrativos, e a 5,2% do total de 56 milhões de entidades públicas ou privadas, lucrativas e não lucrativas que compunham o Cadastro Geral de Empresas, do IBGE, para aquele ano (2010). Quatro categorias organizacionais compreendiam 70% de todo o universo recenseado: religiosas (29%); organizações patronais e profissionais não sindicais (15,5%); defesa e desenvolvimento de direitos (14,7%); e assistência social (10,5%). A distribuição e importância das instituições variam regionalmente, quer na categoria agregadora, quer na participação dos subitens. Política e socialmente relevante é o registro de que 40,8% de todas foram criadas no período 2001/2010. E das 118,6 mil surgidas nessa década, a metade (50,8%), apareceu nos últimos 5 anos, a um ritmo de 4% ao ano.

O número de instituições representativas de interesses (acima de 290 mil) corresponde a mais de um múltiplo de dez, quando comparado ao número de ocupações registradas (cerca de 2 400). Se, por hipótese, admitirmos uma econômica média de 30 pessoas por cada instituição, obteríamos uma mobilização aproximada de 8 milhões e 700 mil pessoas ativas em busca de satisfação de seus interesses e carências. Uma sociedade com a população e urbanização tal como conservadoramente projetadas, e ainda que mantivéssemos para aquela população os indicadores percentuais da mobilização de hoje, não caberá, obviamente, nos limites da política representativa parlamentar. Não se trata, portanto, de matéria solucionável pelo número de partidos ou pelo tamanho do parlamento. O crescimento do parlamento traz a desvantagem de tornar cada parlamentar proporcionalmente menos representativo, independente do número de partidos e do sistema eleitoral. Três das quatro maiores democracias mais ricas possuem parlamentos maiores do que o brasileiro, excluindo-se o Senado. A Câmara dos Comuns, inglesa, conta com 646 membros, sua equivalente alemã com 620 e a da França com 577. Só a dos Estados Unidos, com 435 membros, é menor do que a brasileira.

Além de tornar a representatividade da representação cada vez mais rala, o aumento das casas parlamentares traz outro inconveniente, reiterado por Robert Dahl em seus estudos sobre a igualdade política (particularmente em *After the Revolution?* e *On Political Equality*): o tempo disponível para cada representante ou cidadão apresentar suas demandas ou propostas de ação é cada vez mais reduzido. Daí o transbordamento da participação política dos parlamentos para outras formas de inclusão e participação.

As mudanças não são de agora, porém. Os primeiros grandes agregados a se organizarem para participação política foram as classes, seus partidos e sindicatos. À custa de lutas, protestos e confrontos, muitas vezes entre empregados e donos de uma só empresa, os sindicatos de maior abrangência, assim como partidos de identidade social óbvia (as sociais-democracias, os socialistas, os comunistas), finalmente se estabeleceram como participantes de direito da disputa política distributiva. O mesmo se deu em relação ao capital, organizado em moldes igualmente amplos. Divergências internas derivadas da não sincronia dos problemas e, mesmo, de divergências sobre táticas operacionais, tanto as organizações sindicais operárias quanto as do capital passaram a conviver com corporações agregadas segundo interesses mais específicos, ora agindo em acordo com as entidades mais amplas, ora separadamente. Tendo por substrato a especialização do trabalho, do produto e do interesse, subconjuntos de atores, sem deixar de participar das demais associações, começam a criar novos tipos de combinação, ainda mais especializados. No Brasil, são as associações, por exemplo, de produtores de máquinas pesadas, ao lado da Confederação Nacional da Indústria, ou os trabalhadores ensacadores, ao lado dos sindicatos dos portuários em geral.

A especialização do produto e do trabalho, imprevisível, inevitável e impositiva, continua a fazer da infraestrutura social um solo em permanente movimento, usina de interesses e competição onde antes se percebia a unidade e a cooperação. Vários tipos de combinação vão surgindo, de interesses nem sempre coincidentes com os de outras categorias, também do trabalho, mas competitivas. O grande equívoco da visão conservadora do pluralismo social foi iludir-se quanto ao papel apenas estabilizador da diversidade no interior dos grandes agregados de classe. As corporações e os grupos de interesse cada vez mais especializados promovem diuturna competição social em busca de melhorias seja na escala da renda ou na da estima social.

V

É como resultado da intensificação desse processo subterrâneo que entendo o aparecimento de novas formas associativas e de participação em linha competitiva com as instituições representativas clássicas e até mesmo com as representações sindicais ou subsindicais de tradição conhecida. Elas se caracterizam como grupos relativamente pequenos, excludentes e *policy-specific* (permitam a expressão inglesa). Claro que manifestações, passeatas e greves por aumento salarial também são *policy-specific* e continuam a existir, tal como as grandes centrais sindicais, os trabalhadores de agregados econômicos e até locais. A distinção se dá pela crescente dimensão microscópica das reivindicações com temporalidade de atendimento bastante distinto. Manifestações contra o preconceito sexual não significa o mesmo que uma passeata contra o livre comércio ou pela reforma agrária. A sociedade continua a produzir competição em todos esses níveis, mas, ao lado da tradicional, estão surgindo formas inéditas que não devem ser confundidas com as demais vias de participação. E mais uma vez, assim como a tecnologia já colocou os trabalhadores juntos em uma mesma unidade de produção, facilitando a comunicação e a coordenação das atividades classistas ou singulares, os celulares, tablets e demais produtos da revolução digital, reduziram drasticamente os custos de organizar e coordenar ações coletivas, inclusive durante seu desdobramento físico.

O excelente recenseamento publicado em setembro de 2013 pela Friedrich Ebert Stiftung, do escritório de Nova Iorque – "*World Protests 2006–2013*" –, preparado por Isabel Ortiz, Sara Burke, Mohamed Berrada e Hernán Cortés, requer cuidadoso estudo, talvez com propósitos de reclassificação. No censo estão colocados como equivalentes protestos já longevos, como os anti-imperialistas, e manifestações contra ou a favor de imigrantes, motivo de mobilização recente, especialmente na Europa. O quadro global do relatório não permite distinguir o novo do antigo e, em particular, o sentido potencialmente democrático ou antidemocrático dos movimentos. Nem toda organização existe para o bem, ai está o paradigma da máfia para comprová-lo. E, sobretudo, confunde a origem histórica deles. Passam como positivos os movimentos em favor de uma democracia real, como tantas já vistas, sem que se defina em que consistiria tal democracia. Tais manifestações se identificam pela denúncia das instituições existentes: partidos e parlamentos, principalmente. Ocorre, e esta é uma tese que desejo desenvolver longamente em outra ocasião, que esta inclinação antidemocrática é também resultado da propaganda histórica dos movimentos de esquerda contra as instituições representativas, primeiro denunciadas como comitês da burguesia, depois de conspirações oligárquicas e, na modernidade, de instituições elitistas, antipopulares. Sejam elas denunciadas como democracias elitistas, burguesas ou oligarquizadas, o fato é que os movimentos de esquerda contribuíram decisivamente, e ainda hoje o fazem, para a desmoralização das instituições que promoveram justamente as inclusões fundamentais do século XX. Da direita radical rapidamente, isto é, depois da Segunda Guerra Mundial, verificou-se que as conquistas basicamente quanto a direitos civis, políticos e sociais não eram aceitas por ela, ainda menos as instituições que as patrocinavam: partidos, sindicados e parlamentos. Ao vislumbrarem uma ordem julgada superior a ser instalada em futuro próximo, as esquerdas juntaram-se à direita na desmoralização e desprestígio das instituições democráticas. Faz tempo, todavia, que o horizonte do futuro modificou-se drasticamente, sem que os grupos de vanguarda tenham adequado suas estratégias políticas, algo urgente se se deseja manter as instituições democráticas, inovação recente e produtiva na história da humanidade.

O fim do experimento socialista deixou sem horizonte utópico os insatisfeitos com as reais deficiências dos sistemas econômicos e políticos contemporâneos. A transformação de carências específicas em tema revolucionário, a opção pela violência sem reverso construtivo, em momento de veloz especialização de interesses urgentes, permite antecipar um futuro em que os governos, de qualquer orientação, serão mal avaliados. Ao mesmo tempo, a probabilidade uma revolução de baixo para cima, ou seja, de grandes transformações no modo de operação do poder, aí incluídos os partidos sociais democráticos, é praticamente zero. A política democrática estará sempre em questão, mas é pouco provável que avance pela via de movimentos clássicos da direita – a instalação do caos.

BIBLIOGRAFIA

KLEINER, Morris *M Licensing occupations: ensuring quality or restricting competition?* WE Upjohn Institute, 2006.

DAHL, Robert Alan. *After the revolution? Authority in a good society.* Yale University Press, 1990.

DAHL, Robert Alan. *On political equality.* Yale University Press, 2006.

IBGE. "As fundações privadas e as associações sem fins lucrativos no Brasil 2010". *Estudos e pesquisas: informação econômica,* n 20. Rio de Janeiro: 2012.

Depoimento de Paulo Sérgio Pinheiro

Em 1964 eu estava que no terceiro ano da Faculdade de Direito da PUC do Rio, porque sou carioca – estou "exilado" em São Paulo desde 1971, desde que voltei da França, Basicamente eu tinha uma militância política estudantil na universidade ligada à democracia cristã, solidarismo cristão, inspirado pela figura formidável que era o padre Fernando Bastos de Ávila, a quem eu devo fazer o que tenho feito nos últimos quarenta anos em torno dos direitos humanos. Mas eu não tinha nenhum envolvimento com os movimentos mais à esquerda, apesar de ser considerada uma "ampliação" para a esquerda a Ação Popular, onde estava meu amigo Pedro Malan. De certa forma, o golpe de estado foi recebido por mim com uma certa perplexidade. Lembro-me que na madrugada do dia 31 nós estávamos no edifício da Congregação Mariana, ao lado do Colégio Santo Inácio, esperando o general Amaury Kruel em São Paulo tomar a decisão se apoiava ou não o golpe. Foi aquela expectativa, depois a notícia do incêndio da UNE, uma expectativa de invasão na PUC. Um ou dois dias depois, passei por uma multidão na frente da casa do general Castello Branco, que morava ali em Ipanema. Mas no período de 64–67 em que fiquei no Brasil, participei das campanhas eleitorais do Marcito Moreira Alves, Hélio Pellegrino, Hermano Alves, enfim, naquele período antes do AI-5. Eu comecei a conhecer os intelectuais no Rio, o José Honório Rodrigues, o Carlos Heitor Cony, o Antônio Callado, que se reuniam no lindo apartamento de Marie e de Marcito na av. Vieira Souto. Essa foi minha verdadeira iniciação à política.

Depois, em 1967, eu fui para a França, não como exilado, mas com uma bolsa do governo francês para estudar Ciência Política, e fiquei lá até 1971. Meu orientador da bolsa era um jesuíta, que publicara em 1956 *O pensamento de Karl Marx*, padre Jean-Yves Calvez, que aprovou durante quatro anos meus relatórios de pesquisa sobre a Internacional Comunista, o Komintern.

No que diz respeito à repressão durante o período do regime do golpe de 1964, chama a atenção que nem tudo foi inovação, nem tudo foi criatividade. A repressão durante a ditadura militar se baseou nos aparatos policiais que haviam sido implantados desde a ditadura do Estado Novo, 1937–45. Pois é claro que o único precedente que pode ser comparado, no Brasil no século XX, com o regime de 1964, era o Estado Novo, e na realidade muitas das estruturas policiais em que vão atuar não foram criadas, já existiam. Nos anos 1930 os DOPS já estavam fundados, o DOPS de São Paulo foi criado em 1924. Há uma circular do então Centro das Indústrias de São Paulo aos industriais paulistas dizendo o seguinte, com grande contentamento: "Os senhores não precisam mais mandar as listas negras dos operários [militantes, que não deviam ser contratados] para o Centro da Indústria de São Paulo. O DOPS foi criado".

A novidade foi que, no Estado Novo, apesar de ter sido também estabelecido por um golpe militar, o Exército não entrou integralmente como instituição na repressão como a partir de 1964, ainda que em postos policiais ou repressivos houvesse oficiais militares superiores, como foi o caso de Felinto Muller. Há uma frase de um cônsul italiano nos anos 1920, comentando as greves de São Paulo, em que ele diz achar espantoso o governo e a burguesia no Brasil não conseguirem distinguir um protesto operário de uma revolução.

Depois de 1964, as Forças Armadas se envolvem diretamente na repressão. A polícia civil é utilizada integralmente, as Forças Públicas, o exércitos estaduais, são integrados e ganham também uma nova função sob a predominância do Exército. Então 1964 é a pá de cal sobre qualquer autonomia de força militar dos Estados, quer dizer, da Brigada Gaúcha, da Força Pública em São Paulo, tudo isso foi por água abaixo. Então, em 1964 já havia uma estrutura policial razoavelmente bem implantada nos estados e já havia tortura, especialmente para os suspeitos, presos comuns, pobres e afrodescendentes porque a tortura não foi inventada pelo golpe militar.

A tortura contra dissidentes políticos era rotina nas prisões do Estado Novo, logo depois do golpe militar-comunista de 1935, logo depois da prisão dos comunistas, dos agentes do Komintern, baseado em Moscou, que vieram para preparar o golpe. Sobral Pinto foi advogado de vários deles, que foram submetidos a suplícios bárbaros pelas polícias. As Forças Armadas não se meteram diretamente nessas práticas. Pode ser que oficiais das Forças Armadas fossem cedidos à polícia, mas não era propriamente o conjunto das Forças Armadas que exercia a repressão.

A primeira vertente da repressão do regime de 1964 foram as polícias civis, as polícias, os DOPS, as polícias de investigação. O segundo eixo da repressão foram as antigas Forças Públicas, brigadas de cada estado com nomes diferentes, uma espécie de exército muito bem organizado. São Paulo tinha um pequeno exército paulista, nos anos 1920 havia até pretensão de os estados terem aviação, São Paulo chegou mesmo a ter uma aviação. A ditadura de 1964 termina com a autonomia dessas forças militarizadas, como a Força Pública em São Paulo, e as submete ao comando das polícias estaduais sob o Exército. E o Secretário de Segurança e o comandante dessas forças militares anteriormente autônomas são submetidos ao comando de um oficial do exército. Há então a integração das estruturas da polícia civil, a submissão das polícias militares ao exército. E logo a criação de um sistema nacional de informação presente em toda a estrutura do Estado, e se intensificam sequestros, detenções arbitrárias, desaparecimentos, assassinatos, extermínio sistemático de militantes.

No período Castelo Branco a tortura já começara, tanto que o general Geisel, futuro presidente, foi enviado ao Nordeste, onde a repressão tinha sido muito pesada. Houve a famosa cena do Gregório Bezerra, importante líder sindical comunista, sendo arrastado nas ruas de Recife. O general Geisel fez esse relatório, nunca foi publicado, mas ele constatou a existência de torturas. Depois dessa primeira leva houve o sucessivo envolvimento das Forças Armadas, a criação da Operação Bandeirante [OBAN] aqui em São Paulo, basicamente uma operação financiada pelos empresários mas na qual os operadores eram policiais e militares. E depois a formação do Destacamento de Operações de Informações – Centro de Operações de Defesa Interna, DOI-CODI, que eram os departamentos de coordenação da repressão, abrigados nas três forças.

Repressão à passeata de estudantes em protesto à prisão do líder estudantil Wladimir Palmeiras (AESP).

A Comissão da Verdade no seu relatório vai mostrar muito claramente que apesar de a ditadura pretender passar a imagem de que aqueles crimes foram excessos, abusos, todos eram parte de uma política de Estado, e a cadeia de comando ia do general presidente da República, dos ministros do exército, da marinha, da aeronáutica até o operador dos choques nos presos. Todos os organismos de repressão e de informação estavam ligados a essa cadeia de comando. Vários dos principais chefes da tortura eram lotados no próprio gabinete do ministro do Exército. Essa estruturação não era tão bem definida no Estado Novo. É evidente que o ditador Getúlio Vargas e os ministros sabiam exatamente o que estava ocorrendo, mas não havia nenhuma estrutura militar das Forças Armadas integralmente posta a serviço da repressão. Esse foi o supremo estrago. Foi basicamente essa cooperação das forças policiais civis, antigos exércitos estaduais e aparatos de repressão em cada força armada que torturaram, sequestraram e assassinaram muitos brasileiros que estavam na oposição ou que, enfim, se transpuseram para a luta armada.

Devo dizer que quando comecei minhas pesquisas históricas julgava o sistema de informação muito pouco desenvolvido na primeira República, até 1930, então fiquei surpreendido quando pesquisei no arquivo do presidente Artur Bernardes uma quantidade enorme de transcrições de escutas telefônicas de políticos que chegavam ao Presidente da República, porque as chamadas de telefone eram por telefonista e facilmente controladas, quer dizer também que a ditadura não inovou nisso, mas o último estágio de aperfeiçoamento da repressão do Estado no Brasil foi no regime de 1964. E houve sucessivas levas.

Certamente um ponto alto foi depois do governo Costa e Silva, depois no governo Médici, e ainda quando praticamente todas as organizações, dissidências da oposição armada, estavam liquidadas no governo Geisel, foi a vez do Comitê Central do Partido Comunista, totalmente dizimado, e também dos jovens militantes do PCdoB enviados para a guerrilha do Araguaia, quase todos exterminados. A partir de um certo momento nos anos 1970 há uma determinação por parte do governo federal de uma política de extermínio em relação aos militantes na luta armada: ninguém deve ficar vivo.

Essas práticas ocorreram no governo Geisel. O que é um pouco paradoxal, porque durante a transição mais longa da história, os dez anos com a "abertura lenta, gradual e segura", como o general Geisel dizia, com o grande Severo Gomes, meu amigo querido, como ministro da Indústria e Comércio, com o general Golbery recebendo queixas das prisões do Fernando Henrique Cardoso e do pessoal do Cebrap, da Maria Conceição Tavares. Então nada é totalmente um monobloco, e especialmente o período Geisel é cheio de contradições. Mas foi nesse período que se aguçou, repito, a eliminação do Comitê Central do Partido Comunista, que tinha resistido e nem tinha entrado na luta armada até aquele momento; e também quando se determina a eliminação dos brasileiros que retornavam, muitos aliás com colaboração do Centro de Informações do Exterior, CIEX do Itamaraty, que fornecia várias informações das nossas missões no exterior sobre a volta de militantes Evidentemente todo esse acumulado de experiência não desapareceu por um passe de mágica em 1985 com a eleição do Tancredo Neves e depois com a posse de José Sarney.

EM TEMPO

ESPECIAL 32 páginas Cr$ 30,00

1979

As greves se espalham por todo o país e surge o Partido dos Trabalhadores

A CLASSE OPERÁRIA ARROMBA AS PORTAS DA POLÍTICA

Veja nesta edição

- Delfim, os pelegos e o Partidão querem dividir o movimento sindical
- Depois da abertura: Onde estão os torturadores?
- Entrevistas exclusivas com Apolônio de Carvalho, José Ibrahim, Paulo Skromov, João Paulo Vasconcelos, Paul Singer e Oposições Sindicais Metalúrgicas do Rio e de São Paulo.
- Um balanço das greves de 1979
- O movimento operário na década dos 70
- Nicarágua: A revolução aos domingos
- 1979: A explosão da imprensa nanica
- FFAAs uruguaias tramam massacre de presos políticos

Jornal Em tempo *anuncia criação do Partido dos Trabalhadores (dez. 1979)*

Quando o cardeal dom Paulo Evaristo Arns com o pastor Jaime Wright publicou em 1985 o *Brasil: Nunca Mais*, o primeiro relatório da verdade sobre esse período militar, várias pessoas torceram o nariz dizendo: "Logo agora que nós temos a abertura vão levantar essas coisas...". E uma anedota pessoal: em uma reunião da Comissão de Justiça e Paz à qual compareceu o senador Ted Kennedy, eu disse a ele "Olha, é verdade que hoje não há mais presos políticos, não há tortura de presos políticos, mas a tortura continua". E ele perplexo, irritado "Como? Ontem eu estive com o presidente Sarney e ele me disse que isso tinha terminado". "Bom, terminou em relação aos presos políticos, mas em relação aos presos comuns isso continua". "Então vamos imediatamente para uma delegacia"; eu respondi: "Senador, se o senhor sair para uma delegacia com os batedores, os carros da sua comitiva, quando chegar lá não vão encontrar nada.". Havia então essa sensação de que com a chamada Nova República isso tivesse terminado. Não terminou, porque a tortura não começou em 1937, nem em 1964, e ela continua em relação aos presos comuns, e continua hoje apesar de o Brasil ter ratificado a Convenção Contra a Tortura, fomos um dos primeiros países a assinar, quando o presidente Sarney vai à ONU ele a assina em 1985, e também o Pacto Internacional dos Direitos Civis e Políticos, que a ditadura não tinha assinado. Toda vez que encontro o presidente Sarney eu digo: "Eu não me esqueço da sua foto assinando à Convenção Contra a Tortura na ONU em 1985". E ele diz: "Não só a Convenção mas também o Pacto Internacional dos Direitos Civis e

Políticos". Isso é verdade, foi uma decisão simbólica importantíssima, porque muito da legislação de direitos humanos a ditadura não assinou, quanto mais ratificar. Tudo isso que os presidentes nos governos civis assinaram vai ser ratificado em 1992, depois de um longo processo. Hoje nós estamos praticamente quites com todos os tratados e convenções de direitos humanos. A normativa internacional ajuda a sociedade a ter uma referência para a luta e também para aqueles que no governo queiram agir efetivamente contra essa repressão.

O grande obstáculo para a situação, hoje, da política de segurança, foi a conciliação feita na constituinte em 1988, porque na realidade o capítulo sobre a segurança pública deixou intacta essa organização da ditadura sobre as polícias militares. Não só manteve a estruturação das polícias militares, subordinadas à inspetoria geral das polícias militares, como preservou algo que a ditadura tinha inventado, que é o poder da Justiça Militar das polícias estaduais de julgarem todos os crimes cometidos pelas polícias militares. Só no governo Fernando Henrique, quando Nelson Jobim era ministro da Justiça, o deputado Hélio Bicudo (meu "ícone" em termos de militância em direitos humanos) propôs uma lei que foi aprovada, de que os homicídios dolosos não são mais julgados por essa excrescência, como documentei e repeti durante trinta anos, desses tribunais estaduais militares que existem em poucos estados, Rio Grande do Sul, Minas Gerais, São Paulo; mas todos os outros crimes continuam a ser julgados pela justiça militar, o que é uma absolutamente indevido.

Os parlamentos dos governos democráticos não tiveram condições de rever essa estrutura. Hoje talvez no parlamento ainda possamos contar quinze projetos de reforma do aparelho de segurança e nada aconteceu, porque hoje os efetivos gerais das polícias militares são mais de 300 mil. 300 mil são os efetivos das três Forças Armadas do Brasil. Se multiplicarmos 300 mil pelas famílias e os votos, e o peso em termos de cada estado, evidentemente vai ser muito difícil, vai precisar de muita coragem política para mexer nisso.

O Brasil não é para principiante, já dizia o Tom Jobim. O Brasil é sempre diferente. Claro que o envolvimento das Forças Armadas com a repressão se repete na Argentina, no Chile e no Uruguai. De um certo modo, o Brasil compartilha esses modelos. É claro que os desafios foram muito mais intensos nesses países, porque enquanto nós temos oficialmente cerca de quinhentos desaparecidos, na Argentina há 30 mil, no Chile também dezenas de milhares, então o peso dessa repressão foi muito mais extenso do que no Brasil. Porque na verdade as Forças Armadas naqueles países do Cone Sul estavam exterminando organizações da luta armada bem estruturadas e com base social na sua implantação. Quer dizer, o Brasil participa de uma certa forma desse modelo militar de envolvimento das Forças Armadas, mas com uma certa especificidade. Primeiro por conta da dimensão continental do Brasil, nenhum desses países tinha esses exércitos de reserva, como as polícias militares são exércitos de reserva, na extensão que o Brasil tinha. Talvez porque os efetivos das Forças Armadas nesses países tiveram que se envolver muito mais do que no Brasil. Mas é preciso levar em conta que ainda que no Brasil, desde o general presidente da República até os ministros das Forças Armadas, todos tenham as mãos manchadas de sangue, os que puseram mesmo a mão nos crimes contra as dissidências armadas aqui não foram proporcionalmente tão numerosos como os militares nas ditaduras vizinhas. Apesar disso, insisto, as três Forças Armadas como instituições estavam integralmente comprometidas com a política de estado de repressão, tortura e morte. Quer dizer, há uma cadeia de comando muito sofisticada, mas o número de operadores militares, comparado a outros países, provavelmente é limitado, dada a enorme disponibilidade dos efetivos das polícias militares e civis. Daí ser pura ficção dizer que foi a "tigrada", que foram "erros" de poucos, "abusos" cometidos. Não. Para nós, hoje, depois de dois anos e meio de Comissão da Verdade, não paira nenhuma dúvida de que a repressão, da forma como foi exercida, foi uma política de Estado, definida nas alturas do poder, e os maiores responsáveis são justamente aqueles que estão nas posições de comando mais elevadas – claro, com a cumplicidade dos ministros e lideranças civis –, que são o general presidente, os ministros militares e os comandantes militares, infelizmente em sua maior parte já falecidos – não vão poder prestar contas um dia.

De certa maneira, houve um padrão na forma de execução da tortura. Como eram instituições muito burocratizadas, os métodos também o foram Não é necessária muita originalidade para usar o pau de arara, que já era conhecido, o choque elétrico. Há alguma sofisticação importada do Reino Unido, câmaras frias, programas de som, umas barbaridades um pouco mais sofisticadas. Mas na verdade era tudo muito brutal. Afogamento, essa coisa que causou tanto espanto nos Estados Unidos, no Iraque, o *waterboarding*, nosso popular "submarino", que é facílimo de fazer, basta ter um saco plástico ou então um balde com água, não é preciso grande equipamento. Agora, o que era mais sofisticado era a coleta de informações, e aí certamente a hierarquia militar e a burocracia militar e o Itamaraty, com sua sofisticada rede global de missões, inovaram e ajudaram.

A Operação Bandeirantes, OBAN, foi uma *joint venture* do governo do Estado de São Paulo com os empresários que financiavam os operativos e não estavam submetidos à hierarquia militar. Por que o general Geisel demite Ednardo D'Avila Mello, como se disse na época, "com vergonha"? Porque o general Ednardo tolerou, quando já não era mais do interesse daquele governo de transição, matar Vladimir Herzog e o operário Fiel Filho, que foram "suicidados" naquela época com grande publicidade. Então Geisel demite o general comandante do Segundo Exército. Eu não estava no Brasil (nesse dia almoçava em Genebra na casa do saudoso funcionário da ONU e meu querido colega de Paris, Guilherme Lustosa da Cunha, com dom Helder e Paulo Freire), mas foi um grande impacto. Eu também tinha conhecimento, graças ao Severo Gomes, de que o general Golbery transferira vários militares mais ligados à tortura para comandos na fronteira do Brasil, não sei o que eles faziam lá depois. Mas isso não quer dizer que o presidente Geisel fosse contra a tortura. Sempre achei que fosse, mas quando ele dá um depoimento para o CPDOC [Centro de Pesquisa e Documentação de História Contemporânea], Geisel afirma que a tortura em alguns casos, quando há uma pessoa raptada, essas historinhas, então "a tortura se justifica". Ele não era contra a tortura, mas somente se fosse praticada de forma totalmente desligada da hierarquia. O que ele não tolera não é tortura propriamente dita, mas o desrespeito à hierarquia. Esses criminosos da OBAN, essa "tigrada" toda, já não estava respeitando a cadeia de comando, e estavam realizando ações autônomas. Quer dizer, talvez o general Figueiredo tivesse tido informação do atentado do Riocentro, mas dado o nível de amadorismo e incompetência, felizmente ele falhou, mas as explosões que se fizeram – Dona Lyda Monteiro da Silva, secretária da OAB, é assassinada –, todas essas ações demonstram uma certa autonomia por parte dos aparelhos repressivos, que por certo momento estiveram submetidos à hierarquia militar.

Tudo isso vai estar no relatório da Comissão Nacional da Verdade. Não foi tão difícil registrar. Agora, o que acho que vai ser uma contribuição fundamental é demonstrar através dos depoimentos, dos documentos, que aqueles crimes eram uma política de Estado. Nunca esse aspecto ficou tão claro quanto ficará no relatório. De certa maneira, o registro que vai ficar é a contradição entre a organização da rede de repressão, com supremo controle dessa estrutura, e a luta pela autonomia por parte de muitos desses aparatos repressivos, por parte dos operadores. E essa tensão vai chegar a um nível intolerável tal que o governo Geisel, para se manter no poder, demitirá o ministro do Exército Sylvio Frota. Mas ao mesmo tempo que quer controlar o aparelho repressivo, Geisel crê ser importante dizimar o que resta das organizações políticas para ele poder fazer a transição “lenta, gradual e segura”. Claro, hoje não há nenhum preso político, a lei reconhece a tortura como crime, em julho a presidente Dilma instalou um mecanismo dentro do Comitê da Convenção sobre a Tortura que é um passo importante. Mas é constrangedor verificar que a tortura não foi debelada.

Esse é um dos legados maiores do autoritarismo do Estado brasileiro desde a monarquia, desde a tortura dos escravos até a tortura dos seus descendentes suspeitos de crime; outro legado é o número altíssimo de execuções sumárias pelas polícias militares do Rio de Janeiro e São Paulo, algo a que me dediquei por trinta anos a pesquisar e a denunciar, sem grande êxito. Agora mesmo alguém comparava de novo, o que eu sempre fazia, os milhares de execuções anuais no Brasil (quatrocentas no mês de junho de 2014 no Rio) com a cidade de Nova York, que é quase do tamanho do Estado do Rio, onde dezesseis pessoas foram mortas pela polícia em 2013. No período de mais alto terrorismo na Itália, o número de pessoas que foram mortas pela polícia é menor que o número de dedos das mãos. E durante anos houve ali uma guerra com terrorismo verdadeiro, e aqui se abatem suspeitos com uma facilidade enorme, com um viés que não é mais político, mas racista, pois os alvos são os afrodescendentes e os jovens.

Sobre se o regime deve ser chamado de ditadura ou autoritarismo, lembremos que a expressão "regime autoritário" referida ao Brasil aparece pela primeira vez em um importante constitucionalista alemão radicado nos EUA, Karl Lowenstein, que publica em 1942 um livro decisivo, que eu nunca consegui que fosse traduzido em português, chamado *Brazil under Vargas*. Ele veio ao Brasil e, apesar da colaboração com o governo, fez uma descrição devastadora sobre o DIP [Departamento de Imprensa e Propaganda], sobre a estrutura policial, e por fim escreve um prefácio em que caracteriza a ditadura de Vargas como um "regime autoritário", que nem é o fascismo, nem uma ditadura militar, é um regime autoritário. O cientista político Juan Linz, em 1975, quando nós o convidamos para uma conferência na Unicamp, fez uma conferência sobre os regimes autoritários, muito ligada à análise do caso espanhol, e ele classifica o Brasil como um regime autoritário. Mas isso eu acho que é mais para conversa entre nós, politólogos, historiadores, cientistas políticos. Na realidade, o autoritarismo não terminou com o final da ditadura. Em um certo momento, Guillermo O'Donnell falava, e eu também fui na mesma direção, de "um autoritarismo socialmente implantado", quer dizer, o autoritarismo de Estado termina com o fim da ditadura militar, mas as práticas da sociedade e as práticas do aparelho de Estado continuam autoritárias.

Agora, o mais fácil é considerar o regime de 1964, com suas diferentes fases, uma ditadura mesmo. No conceito da ditadura, desde a ditadura romana, cesarista e tudo, foi uma ditadura. Alguns colegas começaram a chamar de "ditadura civil-militar", mas isso também não agrega nada em termos de conceituação: foi uma ditadura em que o centro de ação do poder foi dada pelos militares. É claro que com a ajuda das lideranças civis, dos empresários, advogados, intelectuais etc. Mas quem detinha o controle política de Estado de extermínio e de repressão eram as Forças Armadas. Não agrega muito, chamar de "regime autoritário". Acho que a definição de regime autoritário talvez sirva mais para a transição, desde algumas fases e conteúdos do governo Geisel, o governo Figueiredo. Agora, a nossa ditadura é esquisita, não à toa o Linz aproximava o nosso modelo da Espanha. Por exemplo, o Congresso continua a funcionar. Nos sindicatos não se precisou fazer quase nada, porque da nossa legislação, de origem fascista, que continua até hoje, o regime de 64 utilizou os mesmos instrumentos que o governo Dutra, presentes na Consolidação das Leis de Trabalho para reprimir e fechar as organizações sindicais.

Houve as cassações, é claro, mas em 1974 o MDB vence as eleições para o Senado, tanto que imediatamente é criada a figura do senador biônico. Então o Brasil é sempre diferente. Isto vem de um artigo do Peter Fry, antropólogo e meu colega na Unicamp, publicado no *Times Literary Supplement*, "*Brazil is different*". No que diz respeito à raça, é diferente. Então é claro que o caso da Espanha ajuda a entender o Brasil, mas não essa combinação, e também a cereja do bolo foi a transição. Quer dizer, não existe transição mais imperial do que ver de repente o presidente Sarney, pelo qual eu tenho estima, que era o presidente da Arena e que ajudou nessa transição; acho que ele teria sido um excelente vice-presidente se o Tancredo Neves estivesse vivo. Vou contar uma anedota. Eu era assessor especial (este adjetivo me persegue, depois na ONU fui durante dez anos, relator *especial*) do governador Franco Montoro, e espantado com a presença na chapa do Tancredo do antigo presidente da Arena disse: "Governador Montoro, como vocês escolheram o senador Sarney para vice-presidente?", e ele respondeu: "Paulo, não fique com essas preocupações, Tancredo tem uma saúde de ferro!". Bom, as informações sobre a situação de saúde do presidente Tancredo não eram muito fidedignas, e o presidente Sarney se tornou presidente, e felizmente teve gestos memoráveis para a transição. A primeira política de Estado de segurança pública no contexto democrático no Brasil foi um mutirão contra a violência, determinado pelo presidente Sarney. Pois bem quem redigiu o programa foi o Fernando Gabeira, que era da Comissão Teotônio Vilela, e nós tínhamos levado para o Tancredo candidato a presidente nossas propostas para direitos humanos. Fomos a Brasília, o Severo Gomes, o Fernando Milan, Gabeira, José Gregori, João Baptista Breda. Aí, como o Sarney virou o presidente, também fomos conversar com o Sarney, e ele encarregou o Gabeira de redigir o Mutirão da Violência, que foi implementado pelo Fernando Lyra, então ministro. Depois, no governo Itamar Franco, o Maurício Corrêa, ministro da Justiça, após voltar da Conferência Mundial de Direitos Humanos em Viena, em 1993,(substituindo o José Aparecido de Oliveira, que não pode assumir o Itamaraty por problemas de saúde) retoma o mutirão e organiza uma mesa de debates sobre a violência.

O que acho fascinante no Brasil é essa repetição de governos mistos, para falar numa concepção clássica, onde convivem sempre elementos autoritários e elementos progressistas e inovadores. Eu não gosto muito de elogiar o presidente Collor, mas é preciso dizer que no discurso que ele faz na assembleia geral da ONU, está uma frase em que diz que a soberania dos Estados não pode ser o escudo para a impunidade das violações de direitos humanos. E ele cita a Anistia Internacional, que o Paulo Brossard, ministro da Justiça no governo Sarney, tinha acusado de ser uma organização subversiva internacional num comunicado na televisão. Foi também o presidente Collor quem fez uma circular aos postos diplomáticos dizendo que a partir daquele momento as nossas embaixadas tinham que dar explicações às organizações internacionais de direitos humanos. Então é evidente que a nossa transição foi uma transição enviesada *sui generis*, e na realidade esse processo segue até hoje, cada governo agregou elementos autoritários e democráticos à sua maneira.

Já a CNV seguiu mais ou menos o ritmo de outros países, às vezes até mais celeremente. Tivemos o *Brasil: Nunca Mais*, em 1985, graças à burocracia militar, porque todos os processos relativos aos crimes políticos na justiça militar chegavam do Superior Tribunal Militar [STM]. Agora se sabe quem fez o monumental levantamento e a cópia dos autos dos processos no STM (como contado por Lawrence Weschler no livro *A Miracle, a Universe*): Paulo Vannuchi e os advogados Luiz Eduardo Greenhalgh e Eny Raimundo Moreira, que foi colega do Sobral Pinto, grande advogado do Rio de Janeiro, e hoje esse acervo fantástico está na Unicamp e em outras universidades, inteiramente digitalizado e disponível. Depois disso houve uma intensa mobilização da sociedade civil. Se considerarmos, por exemplo, a França do regime fascista de Vichy, somente o governo de Jacques Chirac, em 1995 vai reconhecer, quarenta anos depois, que os crimes da ditadura fascista na França, como a expulsão dos judeus franceses, são da responsabilidade do Estado. Até lá, mesmo sob François Mitterrand, Vichy era como se tivesse sido um governo em órbita.

Em dezembro de 1995, a lei 9140, proposta por Fernando Henrique Cardoso, desencadeou a caminhada em direção à Comissão da Verdade, ao reconhecer, dez anos apenas depois do fim da ditadura militar, que os crimes da ditadura eram da responsabilidade do Estado Brasileiro. Foi também criada a Comissão Nacional dos Mortos e Desaparecidos, que reconheceu como mortos todo o elenco dos desaparecidos que estava no levantamento dos familiares, abrindo a possibilidade de reconhecer outros casos, pagando reparações às famílias, antes de qualquer outro governo sul-americano. Devo dizer que quando se pensa em criar a Comissão Nacional dos Mortos e Desaparecidos, a Comissão da Verdade não era ainda uma reivindicação clara. Então, evidentemente que do final da ditadura até agora, pode parecer muito tempo, mas na verdade não foi um tempo vazio, com essa lei 9140, que é a pedra de toque, que poucos países tiveram, a Comissão Nacional dos Mortos e Desaparecidos e as suas extensões no governo Lula e depois no governo Dilma, sempre com a militância e a mobilização das famílias dos desaparecidos.

Tanto no PNDH1 quanto no PNDH2 [Programa Nacional de Direitos Humanos] em que eu estive envolvido, nunca apareceu, que eu me lembre, em nenhuma das reuniões que nós fizemos no Brasil inteiro, a ideia da Comissão da Verdade. Ela só vem a aparecer nas conferências estaduais que o então ministro dos Direitos Humanos, Paulo Vannuchi, no segundo governo Lula, fez para o PNDH3, em que havia o eixo VII, em que colaborei, e no qual será proposto o projeto da Comissão da Verdade.

Houve uma resistência enorme a várias propostas e àquele projeto, levando o presidente Lula, a retirar a proposta de criação de uma Comissão da Verdade do decreto que publicava o PNDH3, e confesso ter ficado enraivecido, até escrevi um artigo na *Folha* bem irado. Mas depois eu acho que o presidente Lula tomou a decisão certa, ao criar um Grupo de Trabalho interministerial para estabelecer uma lei, do qual, apesar da minha fúria, também fui parte. Então com toda a liberdade nós fizemos um projeto que foi, enfim, uma negociação delicada com o Ministério da Defesa, cujo titular era então meu amigo Nelson Jobim, mas se chegou a um projeto tão bom quanto as melhores das quarenta Comissões da Verdade que já existiram. Com a vantagem, de ter sido uma lei do Congresso que as oposições apoiaram. Para se ter uma ideia, o relator da matéria no Senado foi o senador Aloysio Nunes Ferreira, da oposição (PSDB-SP), mas também eminente exilado (somos bons amigos desde Paris nos anos 1960) e militante político. Conto agora uma anedota. Eu, José Gregori, Gilberto Sabóia, Nilmário Miranda e Mário Mamede, os antigos ministros de Direitos Humanos, por iniciativa da então ministra Maria do Rosário Nunes, fomos visitar o presidente da Câmara de Deputados para fazer *lobby* para a aprovação da lei, que já estava demorando demais para ser aprovada, e fomos também ao presidente do Senado, José Sarney. E aí tivemos aquela conversa meio formal, sentados em volta do presidente e na saída eu vou me despedir do presidente Sarney e ele me abraça e me diz no ouvido: "Paulo, aqui não vai ter problema". E aí ele nomeou o Aloysio como relator da lei. Quer dizer, o Brasil também é feito dessas atitudes inesperadas, fundadas em articulações acima dos partidos. Depois que a lei foi aprovada, fui com meu colega da CNV, José Paulo Cavalcanti, visitar o presidente Sarney. As oposições na Câmara de Deputados e no Senado apenas alteraram uma vírgula ou outra: isso deu muita autoridade à lei, porque em muitos países ela é um decreto presidencial, e não uma lei do congresso, do parlamento.

Quando alguém pergunta se houve pressão dos militares sobre a CNV, eu penso: "Alguém vai ter coragem de pressionar o José Carlos Dias ou o José Paulo Cavalcanti?". Nem tentar, quer dizer, não dá. Pressionar como? O diálogo com as Forças Armadas para a negociação para a lei foi tenso, não por causa do Nelson Jobim, mas por conta dos três comandantes militares que não estavam muito encantados com a lei, para dizer o mínimo. Mas o governo apoiava e no final se chegou a um resultado que eu considero positivo Hoje nós temos diálogo até com o Clube Naval. Outro dia fomos tomar o depoimento de um adido naval na casa dele. Percebemos que ele estava extremamente doente e não podia dar nenhum depoimento, mas estavam lá o presidente e o vise-presidente do Clube Naval. São extremamente críticos à Comissão da Verdade, mas depois daquela visita eles lançaram até uma nota simpática, agradecendo a nossa sensibilidade. Então o Brasil sempre surpreende. O que não quer dizer que, até mesmo com o Clube Naval que tem uma posição muito crítica, nós não possamos ter diálogo.

Basicamente porque a comissão não é um tribunal, nem o Ministério Público, a aceitação da existência da CNV custou um pouco a passar. Também por parte dos familiares, com justíssimas e tantas razões, frustrados por conta de quarenta anos de busca e de luta, ao ver esse pessoal, todos esses torturadores e operadores do terror do Estado, impunes. Frustra muito, mas nenhuma Comissão da Verdade julga, nem condena.

Quanto às indenizações dadas pela Comissão Nacional dos Mortos e Desaparecidos, são reparações, porque a quantia é uma quantia simbólica por uma vida desaparecida. Eu estava na primeira fila na cerimônia no Planalto do lançamento do PNDH1,eu iria falar, e havia uma senhora do meu lado que me disse: "Eles mataram meu filho, e agora está aqui o presidente da República reconhecendo e dando essa reparação". E muita gente dizia: "Mas que mau gosto entregar um cheque em uma cerimônia", mas essa mãe de um desaparecido estava profundamente reconhecida Foi uma cerimônia superemocionante, o próprio presidente Fernando Henrique estava emocionadíssimo, ainda que haja frustração por não haver punição, mas foi um passo absolutamente decisivo. E quem foi o grande negociador disso foi o José Gregori, que não é amado pelos setores militares, porque foi ele quem negociou com os militares e com o Congresso a lei 9140, essa lei que determina que os crimes da ditadura são crimes do Estado brasileiro.

Essa longa caminhada é positiva porque, de uma certa forma ou outra, todos os presidentes da República contribuíram cada um a seu modo na boa direção. Agora, é evidente que as recomendações da CNV vão tratar de alguns temas de que falamos aqui, que é a questão da tortura, a questão da manutenção dessa estrutura da segurança militar herdada da ditadura, a questão da Justiça Militar estadual, a própria existência da Justiça Militar que é muito contestada na maioria das democracias consolidadas. Num livro de Brito Broca, *A vida literária no Brasil*, sobre a *belle époque* carioca, há o mote "O Rio civiliza-se". Quando vi aquele velório do Eduardo Campos no Recife eu disse: "O Brasil civilizou-se", porque todas as correntes políticas estavam lá. Ninguém era obrigado a ir, o protocolo não obriga, o presidente da República geralmente não vai nem a enterro nem a batizado nem a casamento. É uma decisão pessoal. E a presidente estava lá e fez uma nota autenticamente emocionada, acho que isso foi positivo.

Outra cena de civilidade nas rarefeitas alturas do poder: talvez pareça meio deslocado na atual saraivada de ataques natural em eleições, mas no velório de Ruth Cardoso em São Paulo, de repente, inesperadamente, surge o presidente Lula para abraçar Fernando Henrique, com vários ministros ("Todos queriam vir, mas não cabia no avião"), seguido de todos os empregados e seguranças do Palácio da Alvorada que serviram a Ruth. Foi uma emoção generalizada. Também é positivo não haver no Brasil nenhum preso político, não se pode dizer isso de outros países, não vou citar nenhum mas há aqui na América do Sul países em que há presos políticos.

Apesar de haver muitas críticas ao "monopólio" da imprensa dividido entre algumas famílias, há ausência de censura, e nenhum presidente, nem o presidente Lula nem a presidente Dilma, tomaram nenhum passo em cercear a liberdade de imprensa, ainda que haja algumas mortes de jornalistas e incidentes. Quando eu era relator para a Venezuela na Comissão Interamericana de Direitos Humanos, em Washington, eu pensava: "Se o presidente Lula seguisse a mesma política do presidente Chavez de fechamento de rádios que criticam o governo, no Brasil não haveria nenhuma rádio funcionando", porque a crítica é totalmente aberta, não há nenhuma censura, como em outro país andino em que há multas, uma de 40 mil dólares, que são impostas aos jornalistas pelo que escreveram, ou aos cartunistas. Isso não existe no Brasil. Avançamos muito desde a ditadura militar e desde seu fim.

Infelizmente, na representação política outro legado da ditadura que continua intocado é a super-representação política dos estados menos populosos. Por mais respeito que eu tenha aos meus antepassados do Piauí, não é possível os estados com baixa população no Norte e no Nordeste terem oito deputados como número mínimo. Então investir em uma carreira para ser eleito deputado é um ótimo rendimento. Franco Montoro foi um dos últimos que propôs um projeto bem razoável, quando era senador, para contrabalançar um pouco isso. Enquanto não se fizer isso, nossa representação política vai ser precária. Essa discrepância foi um estratagema dos generais ditadores, eles transformaram em Estado territórios que não tinham nenhuma condição de se transformar em Estado, e cada um ganhou oito deputados e três senadores, o que torna muito fácil ser eleito senador nos antigos territórios. É muito mais fácil do que ser eleito senador em São Paulo. Esse é um legado que ainda pesa. Enquanto não se mudar isso, a representação vai continuar profundamente enviesada.

Tivemos também avanços na Justiça Eleitoral, mesmo na ditadura ela tinha autonomia. Em relação ao mundo, o Brasil nisso é primoroso: a independência da Justiça Eleitoral, da não fraude, da maravilha técnica que é a votação eletrônica. Na questão eleitoral muita coisa continuou, avançou, se aperfeiçoou. Um legado em que não se avançou muito, ainda que todos os presidentes tenham contribuído com sua parte, é na efetiva criminalização do racismo. Um incidente recente em que um jogador de futebol negro foi chamado de macaco, não podia estar acontecendo no século XXI, em 2014, e isso ocorre porque esses racistas não são efetivamente punidos. Ou multa ou prisão, não tem outra solução. A polícia e os tribunais são lenientes com os crimes de racismo. E hoje nós, os brancos, felizmente somos minoria, porque 52% dos brasileiros são, pelas categorias esquisitas do Censo, pretos e pardos. Os branquelos como eu estão em minoria.

Última anedota com o José Gregori: nós estávamos na Conferência sobre Racismo em Durban, na África do Sul e o governo Fernando Henrique colocou como delegação oficial umas 250 pessoas das organizações de afrodescendentes. Então estávamos em um salão imenso e havia cinco brancos, que eram os diplomatas, e nós. Ai eu disse para o José Gregori: "Você está vendo? Pela primeira vez nas nossas vidas estamos em uma recepção do Brasil onde nós somos minoria". Então era aquela coisa extraordinária, foi a maior delegação oficial de um país na conferência, e essa questão do racismo esteve presente nos três PNDHS, mas o poder público ainda é muito tolerante em relação ao racismo.

A mesma coisa em relação à homofobia: a "temporada de caça" em relação aos homossexuais também continua aberta. Violência contra a mulher, homofobia, racismo são outros prolongamentos dos crimes impunes da ditadura e pré-ditadura que continuam, e já era para isso ter acabado, porque a lei Maria da Penha contra violência contra a mulher é formidável, mas há leniência demais. Agora conseguimos uma lei contra o castigo corporal das crianças, para o que também há uma tolerância enorme, casos horrorosos. No Brasil há vontade política para a proteção dos direitos humanos por parte do governo federal, mas os governos estaduais balançam. Eu acho que é como está também no índice da Freedom House, o problema brasileiro continua a ser mais de direitos civis. Em direitos políticos avançamos bastante, apesar desses problemas de representação. Nos direitos civis continuamos com problemas.

A grande novidade é a sociedade civil, a sociedade civil sempre nos surpreende. No ano passado, os protestos de junho de 2013 nos surpreenderam intensamente. Aqui também acho que ganhamos nessa competição internacional. Isso era impensável no período 1946–64, de democracia populista. E na defesa dos direitos humanos, que de certa maneira nós descobrimos durante a ditadura, somente avançamos. Não gosto de atribuir nada positivo à ditadura, mas de certa forma a gramática dos direitos humanos foi descoberta na defesa dos presos políticos. Lembro de uma foto linda com o Teotônio Vilela saltando uma poça d'água no pátio de uma prisão. Ele era presidente da Comissão Mista do Congresso Nacional sobre Prisioneiros Políticos, e em 1983 o Severo Gomes e outros que já mencionei fundamos uma comissão, que se chama "Teotônio Vilela", porque o Teotônio Vilela, cada vez mais era um símbolo dos direitos humanos. Algo fantástico, era um grande usineiro que de repente tem toda essa evolução e vai morrer no apogeu de um símbolo nacional. Repito: o Brasil sempre surpreende para melhor. Quer dizer, acho que era impensável na ditadura nós imaginarmos o Brasil hoje. Em 1964 e depois, quando eu estava na França, achamos que a ditadura ia acabar logo. Há um número especial da re-

Núm. 16 do Jornal Lampião de esquina *(set. 1979)*

vista *Temps Modernes*, de 1968, que foi traduzido em português pela Paz e Terra, em que estão Hélio Jaguaribe, Celso Furtado, Fernando Henrique... Quase todos previam que o regime militar iria durar cinco anos, que seria um arranjo como os da Primeira República. Mas afinal durou 21 anos...

Justiça de transição e a comissão da verdade
A voz das vítimas

Glenda Mezarobba

No discurso da justiça de transição, revisitar o passado é entendido como a maneira de mover-se para frente.[121]

Se a noção de justiça de transição (JT), para autores como Jon Elster, pode ser considerada tão antiga quanto a própria ideia de democracia – assentado o marco inicial na experiência ateniense, entre 411 e 403 a.C., quando a passagem para oligarquia, seguida da volta dos democratas ao poder, foi acompanhada de medidas punitivas contra os oligarcas e da promulgação de novas leis que visavam dissuadir futuras tentativas de tomada do poder –[122] e o ponto de partida da moderna justiça de transição situe-se na Primeira Guerra Mundial, foi somente após a Segunda Guerra, com a derrota de Alemanha, Itália e Japão em 1945, e a consequente instalação do tribunal de Nuremberg, o desenvolvimento de programas de desnazificação e a elaboração de legislação para compensar as vítimas do nazismo que o conceito passou a ser compreendido como "extraordinário e internacional".[123] A densidade, assinala Louis Bickford, viria nos últimos 25 anos do século passado, sobretudo quando sistemas judiciais domésticos tiveram êxito ao processar autores intelectuais de abusos do passado por seus próprios crimes, caso dos julgamentos de antigos integrantes das juntas militares, na Grécia, em 1975, e na Argentina, em 1983.[124]

De acordo com a *Encyclopedia of Genocide and Crimes against Humanity*, a noção de JT diz respeito à área de atividade e pesquisa voltada para a maneira como as sociedades lidam com o legado de violações de direitos humanos, atrocidades em massa ou outras formas de trauma social severo, o que inclui genocídio, com vistas à construção de um futuro mais democrático e pacífico:

O conceito é comumente entendido como uma estrutura para se confrontar abusos do passado e como componente de uma maior transformação política. Isso geralmente envolve uma combinação de estratégias judiciais e não-judiciais, complementares, tais como processar criminosos; estabelecer comissões de verdade e outras formas de investigação a respeito do passado; esforços de reconciliação em sociedades fraturadas; desenvolvimento de programas de reparação para aqueles que foram mais afetados pela violência ou abusos; iniciativas de memória e lembrança em torno das vítimas; e a reforma de um amplo espectro de instituições públicas abusivas (como os serviços de segurança, policial ou militar) em uma tentativa de se evitar novas violações no futuro. A justiça de transição vale-se de duas fontes primárias para fazer um argumento normativo em favor do confronto com o passado (assumindo-se que as condições locais suportem tais iniciativas). Primeiro, o movimento de direitos humanos influenciou sobremaneira o desenvolvimento desse campo, tornando-o autoconscientemente centrado nas vítimas. Os praticantes da justiça de transição tendem a perseguir estratégias que acreditam ser consistentes com os direitos e interesses das vítimas, dos sobreviventes e dos familiares das vítimas. Uma fonte adicional de legitimidade deriva da legislação internacional de direitos humanos e da legislação humanitária. A justiça de transição baseia-se na legislação internacional para argumentar que países em transição devem encarar certas obrigações legais, que incluem a interrupção dos abusos de direitos humanos, a investigação de crimes do passado, a identificação dos responsáveis por tais violações, a imposição de sanções àqueles responsáveis, o pagamento de reparações às vítimas, a prevenção de abusos futuros, a promoção e preservação da paz e a busca pela reconciliação individual e nacional.[125]

Dessa forma, parece claro que a ideia de justiça de transição tem a ver com uma "concepção de justiça associada a períodos de mudança política, caracterizada por respostas legais para confrontar os crimes dos regimes repressivos anteriores"[126]. Não se trata de uma forma distinta de justiça, observa Bickford, mas diz respeito à "justiça durante (determinada) transição". Isso não impede, no entanto, a constatação de que a ideia de JT transição tem certas características bem definidas.

Primeiro, inclui o conceito de justiça. Embora o campo dependa de princípios legais internacionais que exigem o julgamento de criminosos, também inclui outras formas mais amplas de justiça, tais como programas de reparação e mecanismos de busca da verdade. O segundo conceito-chave é o da transição, que diz respeito à principal transformação política por que passa um regime que muda de um governo autoritário ou repressivo para outro, democrático e eleito, ou de um período de conflito para a paz ou estabilidade.[127]

Trata-se, portanto, da necessidade de justiça que emerge em períodos de passagem para a democracia ou ao término de conflitos e diz respeito à violação de inúmeros direitos, individuais e coletivos. Por isso mesmo, aplica-se a experiências muito distintas como as atrocidades do *apartheid* na África do Sul, a sucessão de guerras civis e conflitos militares em países como a Nigéria ou o Egito; a ocupação, por um país vizinho, de uma nação como o Timor Leste; a reconfiguração que se seguiu à derrocada do comunismo e à queda do Muro de Berlim, nos países do leste europeu; disputas territoriais como as do conflito Israel-Palestina; e ao fim de governos autoritários iniciados a partir de golpes de Estado como os ocorridos nos anos 60 e 70 no Brasil, Argentina e Chile, com a ocorrência massiva de violações a inúmeros direitos, individuais e coletivos.

As sociedades que vivenciam tais tipos de transição costumam experimentar importante déficit entre suas instituições, normas e princípios vigentes, e a realidade. Não são raros os casos em que o sistema judicial, por exemplo, está muito debilitado, marcado pela corrupção ou ineficiência, e em que o número de acusados de graves violações de direitos humanos desafia anistias decretadas de forma a assegurar a impunidade dos violadores, ou extrapola a capacidade do sistema legal. Na maioria das vezes, também não é possível dimensionar o número de vítimas e sobreviventes que buscam uma oportunidade para narrar suas histórias, obter reconhecimento ou receber uma compensação financeira. Sem falar nos mais diversos enclaves autoritários, que persistem para além da transição de regime – não se pode esquecer que o próprio Estado e seus agentes estão envolvidos nessas graves e massivas violações de direitos humanos, o que torna praticamente impossível imaginar a realização de justiça antes do fim do regime de arbítrio e terror. Decorre daí, provavelmente, o crescente consenso entre pesquisadores e ativistas sobre o conteúdo básico do arcabouço de JT, em torno da importância das especificidades do contexto local para a construção de estratégias nacionais capazes de lidar com as graves violações de direitos humanos, ocorridas no passado. E o fato de, gradativamente, tais enfoques de JT terem se tornados imperativos – os chamados "princípios emergentes", na legislação internacional. "Em poucos anos", observa Juan Méndez, "a comunidade internacional fez consideráveis avanços em direção ao reconhecimento de que o legado de graves e sistemáticas violações gera obrigações dos Estados para com as vítimas e as sociedades".[128]

O Direito Internacional desenvolveu-se bastante e agora temos uma série de parâmetros, pelo menos. Não diria que são receitas estritas, mas objetivos que os Estados são obrigados a atingir, através de muitas decisões, por exemplo, da Comissão Interamericana de Direitos Humanos e de outros organismos de direitos humanos. Entendem-se agora as obrigações de tratados de direitos humanos como criando ou avalizando certas obrigações afirmativas, no que diz respeito a crimes contra a humanidade, por exemplo. Temos agora o marco normativo, que não estava tão explícito até pouco tempo. Há também práticas nacionais e sociais que permitem, pelo menos, aprender lições.[129]

As obrigações a que se refere Méndez são quatro: 1) investigar, processar e punir os violadores de direitos humanos; 2) revelar a verdade para as vítimas, seus familiares e toda a sociedade; 3) oferecer reparação adequada e 4) afastar os criminosos de órgãos relacionados ao exercício da lei e de outras posições de autoridade. Multifacetados, esses deveres constituem " 'obrigações de meios' e não de 'resultados' ", podem ser cumpridos separadamente, mas, assinala o estudioso, não devem ser vistos como alternativos, uns aos outros. "As diferentes obrigações não são um menu onde o governo pode escolher uma solução; elas são, na verdade, distintos deveres e cada um deles deve ser cumprido com a melhor das habilidades do governo."[130] No centro desse esforço, recorda Michel Feher, estão pelo menos três "dogmas da teoria liberal": 1) instituir um regime democrático leva à substituição de um reinado de força pelo Estado de Direito; 2) patrocinar o Estado de Direito implica em tornar cada cidadão responsável (*accountable*) por suas ações e 3) implementar o princípio de *accountability* individual leva a assegurar que nenhum grupo de cidadãos será beneficiado pelo privilégio da impunidade ou será coletivamente responsabilizado com base em sua identidade.[131]

A OBRIGAÇÃO DE REVELAR A VERDADE

O dever dos Estados, de revelar a verdade, está implícito em vários documentos da legislação humanitária internacional. Os artigos 32 e 33, da seção dedicada a pessoas desaparecidas e mortas, do Protocolo Adicional de 1977 às Convenções de Genebra, por exemplo, tratam do direito das famílias de conhecer o destino de seus entes queridos, ao término de períodos marcados por hostilidades, bem como a obrigação, de envolvidos em conflitos, de localizar as vítimas, ou os despojos das vítimas, cujo paradeiro permanece ignorado. De acordo com Juan E Méndez, "[...] está claro, ao menos quando se trata de violações que têm caráter de crimes contra a humanidade, que o direito das vítimas frente ao Estado não se esgota na obtenção de uma compensação pecuniária, mas que requer uma reparação integral que inclui o direito à justiça e o conhecimento da verdade".[132] Segundo ele, foi dessa forma, e em parte com base na doutrina do caso Velásquez, que no início dos anos 90 manifestou-se Theo Van Boven, então relator especial da ONU para restituição, indenização e reabilitação das vítimas de violações flagrantes aos direitos humanos e liberdades fundamentais, acerca do emergente direito à verdade que têm as vítimas e seus familiares.

Partindo de princípio estabelecido no preâmbulo da Declaração Universal dos Direitos Humanos, que identifica no desconhecimento e menosprezo aos direitos humanos a origem de atos de barbárie que ofendem a consciência da humanidade, o *Conjunto de princípios atualizados para a proteção e a promoção dos direitos humanos na luta contra a impunidade*[133] reconheceu que os povos têm não apenas o "direito inalienável" de conhecer a verdade a respeito de crimes do passado, o que inclui as circunstâncias e os motivos envolvendo tais atos de violência, independentemente de processos que possam mover na Justiça, como os Estados têm o dever de recordar. De acordo com a normativa, tornada pública pela Organização das Nações Unidas (ONU), em 2005, o conhecimento, por parte da sociedade, da história de determinado período de opressão, constitui patrimônio público. Cabe aos Estados preservar, do esquecimento, a memória coletiva, e evitar que surjam teses revisionistas ou de negação dos fatos. Além disso, e segundo tal conjunto de princípios atualizados, o exercício pleno e efetivo do direito à verdade proporcionaria salvaguarda fundamental contra a repetição de tais violências.

Às vítimas e seus familiares, a Corte Interamericana de Direitos Humanos também reconhece, em caso de graves violações, direito subjetivo de conhecer os fatos constitutivos da grave infração a que estão envolvidos e a determinação de seus responsáveis. Tal direito decorre dos artigos 8.1 e 25.1 da Convenção Americana sobre Direitos Humanos (Pacto de San José), muitas vezes tem sido denominado de "direito à verdade" e vem sendo impulsionado de maneira significativa por esse tribunal regional. A ideia desse direito está presente em importantes decisões da Corte, como o caso Kawas, o caso Castillo Páez vs. Peru e o caso Bámaca Velásquez, que estabelece

de todos modos, en las circunstancias del presente caso, el derecho a la verdad se encuentra subsumido en el derecho de la víctima o sus familiares a obtener de los órganos competentes del Estado el esclarecimiento de los hechos violatorios y las responsabilidades correspondientes, a través de la investigación y el juzgamiento que previenen los artículos 8 y 25 de la Convención.[134]

Além disso, o direito à verdade também consta da versão 2009 do *Annual report of the United Nations high commissioner for human rights.* Em suas conclusões, o documento estabelece:

The issues of archives of human rights violations and the issue of witness protection are complementary. With regard to archives, it should be noted that access to records is the key to combating impunity, to vetting officials, to discovering truth, and to providing reparations.[135]

No caso do Brasil, afora o compromisso com a normativa internacional, estabelecido a partir de declarações, tratados e convenções às quais o país está vinculado, o direito à verdade transparece em diversos artigos da Constituição federal que tratam do compromisso com a democracia, com a liberdade, com a justiça e a solidariedade – ainda que não explicitamente reconhecido. Afora isso, assinalam José Adércio Leite Sampaio e Alex Luciano Valadares de Almeida:

O código de Processo Civil prescreve que é dever das partes expor os fatos em juízo conforme a verdade (art. 14, I, CPC), considerando litigante de má-fé aquele que altera a verdade dos fatos (art. 17, II, CPC), assim como estabelece que ninguém se exime do dever de colaborar com o Poder Judiciário para o descobrimento da verdade (art. 339, CPC). Obriga, ainda, que a testemunha seja compromissada a dizer a verdade do que souber (art. 415, CPC), sob pena de cometer crime se faltar com a verdade (art. 342 do Código Penal), além de permitir que todos os meios legais, bem como os moralmente legítimos, sejam usados para provar a verdade dos fatos (art. 332, CPC).[136]

A sustentar o direito à informação estaria a premissa básica de que o poder público detém a informação em benefício de toda a coletividade, e não em seu próprio interesse, uma vez que a esfera pública está fortemente marcada pelas noções de transparência e publicidade[137]. Sampaio e Almeida aprofundam:

O princípio do Estado Democrático de Direito em que se constitui a República Federativa do Brasil também inspira a positivação da verdade como direito fundamental (art. 1º). Por mais indeterminado que seja o significado desse princípio, sabemos, com segurança, o que ele não é ou significa. E certamente não o é o Estado que sonega informações de seus atos ou de sua história a seus cidadãos. A publicidade e a transparência marcam o núcleo sensível do agir estatal sob o seu signo.[138]

O ESFORÇO BRASILEIRO

Em relação às graves violações de direitos humanos, ocorridas durante a ditadura militar (1964–1985), o exercício de manutenção da memória foi mantido principalmente por familiares e defensores da causa envolvendo mortos e desaparecidos políticos que nunca desistiram de lutar para esclarecer as circunstâncias e os responsáveis pelos crimes envolvendo seus entes queridos, e a localização dos despojos das vítimas fatais. A sociedade brasileira, que chegou a engajar-se de maneira significativa na luta em prol da anistia, parece ter acatado a sugestão dos militares, à época da aprovação da Lei 6.683, em 1979, de colocar "uma pedra sobre o assunto" e esquecer a questão. Pelo menos até abril de 1985, quando teve de encarar o lançamento do livro *Brasil: Nunca Mais*, pela Arquidiocese de São Paulo. A obra sintetiza esforço iniciado logo após a aprovação da anistia, quando advogados puderam ter acesso aos arquivos do Superior Tribunal Militar (STM), para preparar petições em nome de seus clientes, presos ou exilados, e decidiram tornar pública a informação encontrada, como forma de contribuir para que aqueles horrores nunca mais se repetissem.

Desenvolvido a partir de documentos oficiais, mas à revelia do governo, sob o patrocínio do Conselho Mundial de Igrejas (CMI), e coordenado pelo cardeal arcebispo de São Paulo, Dom Paulo Evaristo Arns, e pelo reverendo Jaime Wright, o projeto catalogou mais de um milhão de páginas, cópias da quase totalidade dos processos políticos (707 completos e dezenas de outros incompletos) que transitaram pela Justiça Militar entre abril de 1964 e março de 1979.[139] Trata do sistema repressivo, da subversão do Direito e das diferentes formas de suplício a que os presos políticos eram submetidos. Suas tabulações indicam que denúncias de tortura ocorreram em cerca de 25% dos processos. Também constam do livro, que rapidamente chegaria a 20 edições e entraria para a lista dos mais vendidos em toda a história do país, os nomes de 125 pessoas desaparecidas durante a ditadura (a prática começou a ser registrada no Brasil em 1965), boa parte delas no Araguaia. Em quase três décadas, a obra tem se mantido como a principal iniciativa de revelação da verdade a respeito daqueles graves acontecimentos do período, ainda que ações de outra ordem, em uma espécie de efeito não previsto do trabalho de duas comissões instaladas em Brasília, tenham contribuído sobremaneira para o esclarecimento de vários crimes do período.

Caso da criação da Comissão Especial sobre Mortos e Desaparecidos Políticos, que desde 1995 tem desmontado muitas versões fantasiosas da ditadura e revelado fatos novos, reunidos no livro *Direito à memória e à verdade*, lançado em 2007 pela Secretaria Especial dos Direitos Humanos (SEDH), síntese de onze anos de atividades da comissão e o primeiro documento oficial que incorpora a versão das vítimas e atribui a integrantes das forças de segurança crimes como tortura, estupro, esquartejamento, decapitação, ocultação de cadáveres e assassinato de opositores do regime militar que já estavam presos e, portanto, impossibilitados de reagir. Na Comissão de Anistia, estabelecida em 2001 por intermédio de medida provisória, os milhares de processos em tramitação também têm revelado importantes dados, muitos deles apoiados em documentos oficiais, sobre perseguições, prisões arbitrárias e a prática de tortura, cometidas por agentes do aparato de repressão. Além disso, e ao contrário do que sugere o senso comum, o país já abriu importantes arquivos referentes aos 21 anos de ditadura.

No início dos anos 1990, por exemplo, o então presidente Fernando Collor de Mello determinou a devolução dos arquivos do Departamento de Ordem Política e Social (DOPS) do Rio de Janeiro e São Paulo, que estavam sob controle da Polícia Federal, aos seus estados de origem. Só no arquivo paulista, havia 34 toneladas de papel, entre 1,5 milhão de fichas, 14 mil dossiês e 150 mil prontuários, de brasileiros e estrangeiros, franqueados ao público dois anos depois da restituição. Em Pernambuco e no Paraná, os arquivos foram abertos por recomendação dos respectivos governadores e permitiram a investigação de casos como o do ex-deputado estadual Paulo Stuart Wright (PSP) e o reconhecimento da morte de Virgílio Gomes da Silva. Os nomes de ambos estavam entre dezessete fichas de desaparecidos políticos, sob a rubrica "falecidos", encontradas em uma gaveta.[140] No final de 2005, foi a vez de mais de uma dúzia de arquivos de aço repletos de informações armazenadas por agentes do extinto Serviço Nacional de Informações (SNI), do Conselho de Segurança Nacional (CSN) e da Comissão Geral de Investigações (CGI), que estavam sob o controle da ABIN, serem enviados ao Arquivo Nacional, em Brasília.

A transferência de documentos ocorreu menos de dois meses depois de o Comitê de Direitos Humanos da Organização das Nações Unidas recomendar ao governo brasileiro "tornar públicos todos os documentos relevantes sobre abusos de direitos humanos" ocorridos durante a ditadura. O acervo reunia fotos, cartazes, filmes, livros, panfletos, revistas, 220 mil microfichas e 1.259 caixas-arquivo. Abertos, mantiveram invioláveis apenas informações sobre a honra, a imagem, a intimidade e a vida privada de cidadãos, seguindo determinação da legislação brasileira vigente. Os arquivos anteriores a 1975, cujo sigilo expirou, tornaram-se acessíveis, podendo ser consultados por indivíduos diretamente interessados, caso dos nominalmente citados, ou seus familiares.[141] A iniciativa foi recebida com reservas, mas logo depois, o Itamaraty e a Polícia Federal também enviaram para lá milhares de documentos secretos, produzidos entre 1964 e 1975.[142] Algum tempo depois, em maio de 2009, o governo federal lançou o portal Memórias Reveladas, denominação do Centro de Referência das Lutas Políticas no Brasil (1964–1985), com o objetivo de tornar disponíveis informações sobre a história política recente do país ao reunir toda a documentação em uma rede nacional administrada pelo mesmo Arquivo Nacional. Permanecem desconhecidos, entretanto, o conteúdo e a localização do principal arquivo do período, o das Forças Armadas. Há muito sua existência vem sendo negada, por sucessivos comandantes das tropas. Teriam sido destruídos, conforme previa a legislação arbitrária do período.

A COMISSÃO NACIONAL DA VERDADE (CNV)

A necessidade de verdade, observam Margaret Popkin e Naomi Roht-Arriaza, está relacionada aos tipos de violação cometida sob o antigo regime, sobretudo desaparecimentos e assassinatos envoltos em sigilo e negação.[143] No caso do Brasil, tal necessidade guarda relação direta com o espaço destinado à verdade no processo de acerto de contas do Estado com as vítimas e sobreviventes do período e a própria sociedade. Sua inevitabilidade resulta, naturalmente, do fato de o destino de inúmeras vítimas fatais do período seguir ignorado, e das circunstâncias em torno de graves violações de direitos humanos continuarem desconhecidas. Mas deriva, principalmente, da maneira como tal processo de *settling accounts* foi concebido e vem se desenvolvendo no país, com a sanção da Lei da Anistia e sua capacidade de escamotear a verdade, quando não de negá-la. Como se sabe, uma anistia é reconhecidamente uma forma de assegurar impunidade e a versão nacional não fugiu à regra. Para além de seu sentido amplo de esquecimento, a lei de 1979 foi pensada de forma a evitar *accountability* e 'concedida' antes que se conhecesse a verdade, com a qual não tinha nenhum compromisso, como evidencia seu texto elíptico, sem menção à tortura, por exemplo, mas interpretado, desde então, de forma a incluir agentes do Estado que violaram direitos humanos.

Foram necessários 25 anos até que um presidente da República decidisse constituir, em janeiro de 2010, grupo de trabalho destinado a elaborar anteprojeto de lei com o objetivo de instituir um órgão para investigar essa história de violações de direitos humanos. Integrado por representantes da Casa Civil e dos ministérios da Justiça, Defesa e da Secretaria Especial dos Direitos Humanos, pelo presidente da Comissão Especial de Mortos e Desaparecidos (CEMDP) e por um representante da sociedade civil, o grupo trabalhou durante três meses na redação daquela que viria a se tornar, em 19 de novembro de 2011, a Lei 12.528. Em 16 de maio de 2012, a CNV foi estabelecida com a finalidade de examinar e esclarecer as graves violações de direitos humanos praticadas entre 1946 e 1988, "a fim de efetivar o direito à memória e à verdade histórica e promover a reconciliação nacional." De acordo com a lei, constituem objetivos da comissão: esclarecer os fatos e as circunstâncias dos casos de graves violações de direitos humanos, ou seja, dos casos de torturas, mortes, desaparecimentos forçados, ocultação de cadáveres e sua autoria, ainda que ocorridos no exterior; identificar e tornar públicos as estruturas, os locais, as instituições e as circunstâncias relacionados à prática de violações de direitos humanos e suas eventuais ramificações nos diversos aparelhos estatais e na sociedade; encaminhar aos órgãos públicos competentes toda e qualquer informação obtida que possa auxiliar na localização e identificação de desaparecidos políticos; colaborar com todas as instâncias do poder público para apuração de violação de direitos humanos; recomendar a adoção de medidas e políticas públicas para prevenir novas violações e promover, com base nos informes obtidos, a reconstrução da história dos casos de graves violações de direitos humanos, bem como colaborar para que seja prestada assistência às vítimas. Para dar conta da tarefa, foram criados 13 grupos de trabalho.

São muitos os desafios enfrentados por uma comissão da verdade. No caso do Brasil, superada a etapa de tramitação do anteprojeto de lei no Congresso, os obstáculos começaram com a dificuldade de apreensão de seu significado. Órgão estabelecido para descobrir, esclarecer e formalmente reconhecer abusos do passado, por definição uma comissão da verdade não dispõe de poderes para processar ou julgar acusados de graves violações de direitos humanos, mas o desconhecimento dessa característica fundamental do mecanismo despertou temores acerca da eficácia da comissão, considerada débil por muitos de seus críticos. Cabe observar que, embora suas atividades não se confundam com as de um tribunal, uma comissão da verdade tem o dever de submeter evidências de crimes ao Judiciário, bem como proteger os direitos de acusados. À CNV foi assegurado por lei o poder de intimar acusados de graves violações. Outra questão que, em alguma medida, mobilizou o debate envolveu a composição do colegiado. Para ser reconhecida como imparcial, é sabido que os integrantes de uma comissão devem representar os diversos setores políticos e ter autoridade moral e independência. Na composição da CNV foram escolhidos, pela presidenta Dilma Roussef, sete comissionados, a maioria com formação jurídica, característica que marcaria de forma indelével suas atividades. Ainda que a não inclusão seja adequada, o fato de nenhum familiar de vítima fatal da ditadura ou integrante das Forças Armadas estar entre os sete gerou reclamações de grupos que se consideraram não representados.

A incompreensão em torno da verdade buscada opôs historiadores e juristas que, pouco familiarizados com o arcabouço em que se insere o mecanismo, consideraram impossível a realização da tarefa. A seis meses do término de suas atividades, parecia não estar claro que comissões da verdade constituem um fórum público de *accountability* histórica, relacionado a eventos traumáticos contestados. Nelas, como bem resume Ruti Teitel, aqueles que previamente sofreram nas mãos do Estado se tornam suas mais críveis testemunhas e confiáveis vozes.[144] Dois anos também não foram suficientes para que as peculiaridades envolvendo o funcionamento da comissão deixassem de representar um grande desafio à burocracia, confirmando o que a literatura acadêmica aponta como um dos grandes obstáculos a ser superado em empreitadas dessa ordem. Por outro lado, a Casa Civil assegurou os recursos necessários à efetividade dos trabalhos e, ao manter-se imparcial, a Presidência da República permitiu que a CNV efetivamente funcionasse como um órgão de Estado e não de governo. Além disso, atendendo a solicitação de sobreviventes e familiares de vítimas fatais, prorrogou em seis meses seu prazo de funcionamento, previsto para terminar em dezembro de 2014.

Essencial a uma comissão da verdade, a questão do tempo, aliás, adquiriu contornos específicos no caso brasileiro. Se por um lado os 27 anos decorridos entre o fim da ditadura e a instalação da comissão ou o meio século que separa o golpe de Estado da conclusão de seus trabalhos impediram que muitas vítimas e familiares de vítimas pudessem conhecer a verdade, por outro, propiciaram acesso a milhões de páginas de documentos elaborados não apenas pela estrutura nacional da repressão, mas também pela diplomacia internacional, em um momento em que a tecnologia oferece condições avançadas de análise dessa informação como, por exemplo, o que se convencionou designar de "extração digital de conhecimento". Outro aspecto que não pode ser ignorado diz respeito à participação das novas gerações no processo de *settling accounts.* Especialistas ou militantes, aqueles que não viveram a ditadura na fase adulta tem conseguido aportar uma forma nova de lidar com o tema, sem os 'compromissos' e o temor que ainda parecem assombrar as decisões daqueles que presenciaram a violência do período, lutaram pela anistia ou se sentem "comprometidos" com os pactos da transição.

Obviamente mudanças importantes só virão se, na conclusão dos trabalhos, a CNV conseguir indicar o primeiro passo nessa direção, dando voz às vítimas, explicitando a extensão e o padrão das graves violações do período, bem como suas causas e consequências. Nesse sentido, será preciso observar se o Relatório Final, a ser encaminhado à Presidência da Republica ao término das atividades, vai permitir à sociedade conhecer e entender histórias contestadas ou negadas. Naturalmente, o foco do relatório deverá estar naquilo que sobreviventes e vítimas consideram mais graves. No caso do Brasil, isso necessariamente passa pela questão da tortura. Além disso, cabe à comissão avaliar a possibilidade de fazer recomendações sobre as melhores formas de proteger os direitos humanos no futuro. [145] Teitel aposta no potencial que a disseminação de um relatório desse tipo tem, o de transformar a opinião pública em relação à tirania do Estado.

Truth reports generally reveal a high level of past societal acceptance of state terror. Societal acquiescence, particularly in the elite, reflects that rights abuses were an acceptable cost of increased control over the opposition; and, in part, it was this attitude that enabled the military's repressive hold in the region.[146]

Para a estudiosa, quanto mais precisa a documentação, mais forte o contraponto ao silêncio anterior do Estado e menos espaço à interpretação e negação.

In revealing a past truth, the account suggests things would have been different had it been previously know, adverting to the potential of individual action. This is the understanding represented in the contemporary political order of avoidable tragedy. Elucidation of the potential of individual choice and human action is itsclf liberalizing.[147]

BIBLIOGRAFIA

ARNS, Dom Paulo Evaristo (org.). *Brasil: nunca mais.* Petrópolis: Vozes, 1985.

______"Arquivo do DOPS é aberto para consulta". *Folha de S Paulo,* 25 ago. 1994. *Caderno Brasil,* p 4.

BICKFORD, Louis. "Transitional justice". *in* HORVITZ, Leslie Alan; CATHERWOOD, Christopher; *Macmillan encyclopedia of genocide and crimes against humanity.* Nova York: Facts on file, 2004, v. 3, p 1045–1047; ICTJ. "What is transitional justice?". Disponível em:
Acesso em: 08/07/2008.

CÂMARADOS DEPUTADOS. "Homenagem pelo transcurso do 12.º aniversário da Lei da Anistia e às famílias dos desaparecidos políticos brasileiros no período pós-1964". Brasília: Centro de Documentação e Informação, 1992.

CENTRODE DERECHOS HUMANOS. *Boletín trimestral com jurisprudencia de la Corte Interamericana de Derechos Humanos.* Santiago: 1/2009.

COMISSÃODE FAMILIARES DE MORTOS E DESAPARECIDOS POLÍTICOS, IEVE, GRUPO TORTURA NUNCA MAIS RJ E PE. *Dossiê dos mortos e desaparecidos políticos a partir de 1964.* São Paulo: Imprensa Oficial do Estado, 1995.

ÉBOLI, Evandro; JUNGBLUT, Cristiane. "Arquivos da ditadura são liberados para famílias". *O Globo,* 22 dez. 2005.

ELSTER, Jon. *Closing the books: transitional justice in historical perspective.* Nova York: Cambridge University Press, 2004.

FEHER, Michel. "Terms of reconciliation". *in* HESSE, Carla; POST, Robert. *Human rights in political transitions: Gettysburg to Bosnia.* Nova York: Zone Books, 1999, p 325.

GRUPOTORTURA NUNCA MAIS – RIO DE JANEIRO. "Decreto 5 584/05: mais uma tentativa de manipulação". torturanuncamais-rj.org.br então disponível em 22/11/2005.

MÉNDEZ, Juan E "Accountability for past abuses". *Human Rights Quarterly*. Baltimore, v. 19, n.2, p 255–282, maio/1997.

MEZAROBBA, Glenda. "A verdade e o processo de acerto de contas do Estado brasileiro com as vítimas da ditadura e a sociedade". *in* Flávia Piovesan; Inês Virgínia Prado Soares (org.). *Direitos humanos atual.* Rio de Janeiro: Elsevier, 2014, v. 1, p 185–201.

______. "De que se fala, quando se diz 'Justiça de Transição'?". *BIB. Revista Brasileira de Informação Bibliográfica em Ciências Sociais*, v. 67, p 111–122, 2009.

______. "Entrevista com Juan Méndez, presidente do Internacional Center for Transitional Justice (ICTJ)". *Sur Revista Internacional de Direitos Humanos.* São Paulo, n.7, ano 4, p 168–75.

______. "O preço do esquecimento: as reparações pagas às vítimas do regime militar (uma comparação entre Brasil, Argentina e Chile)". Tese (doutorado). Faculdade de Filosofia, Letras e Ciências Humanas, Universidade de São Paulo. São Paulo, 2008.

______. *Um acerto de contas com o futuro: a anistia e suas consequências – um estudo do caso brasileiro.* São Paulo: Humanitas/Fapesp, 2006.

"ONU cobra do Brasil abertura de arquivos". *O Globo*, 4 nov. 2005; "Arquivos secretos começam a vir à tona". *Gazeta do Povo*, 2 abr. 2006. Disponível em: canais.ondarpc.com.br/gazetadopovo/brasil/conteudo.phtml?id=551078. Acesso em: 02/04/2006.

POPKIN, Margaret; ROHT-ARRIAZA, Naomi. "Truth as justice: investigatory commissions in Latin American". *in* KRITZ, Neil (ed.). *Transitional Justice: how emerging democracies reckon with former regimes.* Washington: United States Institute of Peace, 1995, p 262–289.

RODRIGUES, Fernando. "Arquivos secretos abertos ao público; leia aqui lista de 28 mil nomes citados". Disponível em: noticias.uol.com.br/fernandorodrigues/docs.jhtm. Acesso em: 19/11/2005.

ROTTA, Vera. "Pouca coisa dos arquivos da ditadura estava na Abin". Agência Carta Maior, 6 fev. 2006. Disponível em: Acesso em: 06/02/2006.

SECRETARIAESPECIAL DOS DIREITOS HUMANOS; COMISSÃO ESPECIAL SOBRE MORTOS E DESAPARECIDOS POLÍTICOS. *Direito à verdade e à memória: comissão especial sobre mortos e desaparecidos.* Brasília: Comissão Especial sobre Mortos e Desaparecidos, 2007.

SOARES, Inês Virgínia Prado; KISHI, Sandra Akemi Shimada (coord.). *Memória e verdade: a justiça de transição no Estado Democrático brasileiro.* Belo Horizonte: Fórum, 2009.

SOUZA, Josias. "Itamaraty e PF liberam papéis secretos da ditadura". Disponível em: josiasdesouza.folha.blog.uol.com.br/index.html. Acesso em: 29/05/2006.

TEITEL, Ruti G *Transitional justice genealogy.* Nova York: Oxford University, 2000.

______"Transitional justice genealogy". *Harvard Human Rights Journal.* Cambridge (MA), v. 16, Spring/2003.

UN. "Annual report of the United Nations high commissioner for human rights and reports of the office of the high commissioner and the secretary-general. Right to the truth". 21 August 2009, A/HRC/12/19. Disponível em:. Acesso em: 28/09/2009.

UN. Commission on Human Rights. Report of the independent expert to update the Set of Principles to combat impunity, 18 February 2005, E/CN.4/2005/102. Disponível em Acesso em 01/09/2009.

Depoimento de Paulo Vannuchi

O golpe foi em 1º de abril de 1964, 31 de março, e eu não tinha completado ainda quatorze anos. Era uma criança, um adolescente muito precoce, que na cidade do interior ouvia as primeiras rodas de conversas nas festinhas, meu pai era professor na escola estadual e o círculo era esse. No círculo havia dois ou três professores alinhados com as reformas de base. E eu, menino, adolescente, ouvia falar pela primeira vez em reforma agrária e reformas de base, e pela minha formação anterior, muito cristã (meu pai tinha sido quase um padre, anos de seminário), então eu me alinhei com aquela ideia de defender os pobres, dividir as terras. Então sem entender quase nada de política tinha uma certa simpatia, e voltando da escola no dia 31 de março ou primeiro de abril, passando na praça da cidade, colegas me contam o que estava acontecendo e eu vou para a minha casa, desço da bicicleta, me tranco no banheiro e choro. Então é uma situação que quando eu tento me lembrar disso, eu lembro que se trata de um adolescente que não sabia quase nada de política e que um ano antes tinha chorado também na morte do John Kennedy. Então eu não tinha clareza, separação de blocos. Depois as notícias de que aqueles dois professores que tinham suscitado simpatia por reformas de base, defender os pobres, eles tinham sido presos, prisões de um dia. Essas prisões foram vastíssimas, as comissões da verdade não irão dar conta de adivinhar o número exato de quantos foram os presos. Porque quando se fala em 50.000 presos, a tendência é deixar de lado essa quantidade, que cada cidade como a minha teve dez, vinte presos, pessoas que ficaram presas um dia só, que ficaram presas por horas. Os professores foram levados à delegacia para uma unidade de Ribeirão Preto, que era a cidade grande da região, que era a unidade do DOPS. E semanas depois a notícia que o irmão do meu pai, padre de Sorocaba da JOC, Juventude Operária Católica, tinha sido preso também, preso por alguns dias e no silêncio dos pais eu vou perguntando, e aquele tio muito querido tinha sido preso como comunista. Então foi a primeira vez na minha vida que eu levei uma sacudida a respeito da verdade e da mentira. Não porque comunismo para nós naquela família não era uma coisa boa, era coisa ruim e aquele tio era o tio padre que se dedicava à igreja, e eu era o coroinha e ajudava às vezes esse meu tio padre quando ia a Sorocaba, e o regime militar aparece na minha vida como a derrota de um presidente que queria fazer alguma coisa pelos pobres e em seguida o primeiro impacto na família, esse tio querido que foi preso, não foi torturado, foi solto poucos dias depois.

E nos anos seguintes, na pequena cidade do interior, nós somos um grupo que se interessa talvez pela primeira ação mais palpável de resistência que houve ao golpe, que foi a resistência cultural. Então nós recebíamos (demorava, mas chegava) a revista "Civilização Brasileira", chegavam notícias sobre Opinião, Teatro de Arena, Boal, a música de protesto. Nos anos seguinte, 1966, já começam os festivais de música. Então foi uma juventude que não entrou nem por ações de organizações clandestinas, nem movimento sindical-operário, entrou por esse embate cultural. Nós fizemos o nosso grupo de teatro, de jogral de poesias, e na pequena cidade fazíamos alguma coisa alinhada com o espírito, que era o espírito com um centro muito claro na ideia da liberdade. Era censura, era proibição, militares mandando nas nossas vidas e etc. É claro que nessas apresentações de jogral, "O operário em construção", do Vinícius de Moraes, e outros poemas desse teor geram na cidadezinha um choque de "Olha, tem um grupo subversivo, vindo do Professor etc. e tal...". E lá por 1967 começamos a ter os primeiros contatos de grupos organizados que procuram a nossa cidade, um grupo de Ribeirão Preto e um de Uberaba, de duas correntes de esquerda diferentes, o pequeno grupo em 1967 já está procurando alternativas de engajamento. Eu mudei para São Paulo para fazer o cursinho vestibular de medicina, entrei na faculdade de medicina em 1969/1970, com o impacto de que na primeira semana de aula nós tivemos greve, porque tinha sido anunciada uma lista de cassação de professores: Caio Prado, Florestan, Fernando Henrique Cardoso; e na medicina, que já tinha tido o primeiro choque repressor em 1964, com o Luiz Hildebrando Pereira Da Silva e outros professores, agora nesse momento com Alberto Carvalho da Silva e Isaias Raw. Dois professores que não eram vistos na faculdade absolutamente como pessoas de esquerda. Um fisiologista e outro bioquímico, queriam fazer ciência. Então a noção de que a ditadura, agora a ditadura do AI-5 (que foi em dezembro), ela realmente sufocava qualquer possibilidade de contestação democrática, aberta e legal, e como parte enorme do movimento estudantil de 1968 os grupos começaram buscar alternativas de engajamento político, partidário, orgânico; e no meu caso muito numa rota que era a rota da simbologia, do impacto, representados pelo Che Guevara, que tinha morrido em 1967 em Outubro, pela revolução Cubana, criar dois, três, muitos Vietnãs, pela primeira vez na história os Estados Unidos começaram a ser derrotados numa guerra, primeira e única vez, em 1975 eles seriam expulsos do Vietnã, mas já no início de 68 houve uma grande ofensiva. Então há um incêndio latino-americano, e em meados do ano, eu então membro do Centro Acadêmico Oswaldo Cruz, o grupo todo nosso está dialogando com organizações de esquerda e em meados do ano nós nos vinculamos a uma das organizações de resistência clandestina, no caso a ALN de Marighela, e poucos meses depois Marighela é morto, ainda em 1969. Não convivi, não conheci o Marighela. Eu estava entrando na organização lá por agosto, ele morreu, eu não conheci.

Em 1970 nós mantemos uma militância em que algumas pessoas eram ligadas à ALN, dois dos meus colegas foram mortos, Antonio Carlos Nogueira Cabral, que era o presidente do Centro Acadêmico quando eu era o secretário, e Gelson Reicher que era nosso coordenador cultural. Também, em momentos diferentes, ambos foram mortos com a versão oficial de "mortos em tiroteio", um em São Paulo na Avenida Indianópolis, outro no Rio, mas hoje se sabe pelo trabalho das Comissões da Verdade que podem inclusive ter sido feridos na rua, mas foram levados com vida, os corpos têm várias marcas que a perícia aponta como resultado de tortura, então são considerados hoje formalmente como mortos sob tortura. A morte dos dois é depois que eu estava preso. Eu fui preso em São Paulo em fevereiro de 71 e fiquei cinco anos preso em São Paulo. A morte de Cabral e Gelson deve ser em 72.

A experiência na prisão é uma experiência mais ou menos conhecida na sua descrição geral. Eu fui preso por agentes do DOI-CODI, e

Movimento de tropas na missa da Candelária para o estudante Edson Luis Souto (AESP).

fui preso em uma situação delicada, difícil, porque um companheiro da organização tinha sido preso na véspera, torturado, terminou informando o local de encontro comigo, e era para me entregar o panfleto que eu levaria para outros companheiros da ALN. Esse panfleto descrevia algo assim... eu não sei bem porque eu não iria participar dessa ação armada, mas tinha havido um aumento da passagem de ônibus, então alguns ônibus seriam ocupados, incendiados, com um panfleto explicando que a ditadura impedia a população de se organizar e portanto as organizações clandestinas ocupavam esse papel de protestar, e para protestar naquele momento só era possível com armas na mão para deixar claro de que o Brasil não aceitava uma ditadura e etc. Então é claro, se eu ia entregar esse panfleto para os membros da organização, eles se atiram sobre mim de uma maneira desesperada, e como regra geral para todo mundo que era preso nessa situação, todo o processo de tortura que já foi amplamente relatado por numerosas pessoas e que eu não preciso repetir. Daí houve uma sequência em que cada um de nós resistia como podia, até o limite que podia, inventávamos uma história, eu inventei uma história muito esperta, muito plausível, dizendo que na hora da nossa prisão eles dispararam muitos tiros e eu falei que tinha uma pessoa ali perto me esperando, essa pessoa viu o que aconteceu, foi embora, e já avisou a organização inteira, então eu não tenha mais o que falar. Daí eles torturam bastante para ver se acreditam nessa versão ou não e eu consegui sobreviver como muitos não conseguiram sobreviver nessa hora, aí há também um problema de resistências físicas diferentes, e até situações em que muitas vezes eles não planejam matar mas acabavam matando, porque na hora que você tortura você não controla o funcionamento do músculo do coração, de outras coisas, e as pessoas morrem.

No presídio a minha estadia foi de cinco anos e a prisão tem várias épocas. A primeira é uma época terrível porque não apenas as torturas de que você está sendo alvo, mas a tortura dos companheiros, você já terminou aquela fase mais cruel dos seus interrogatórios, já passou três dias sem que te chamem, aí você começa a ouvir gritos a noite inteira de pessoas que foram presas. Então conversando depois, havia um fenômeno assim meio geral, todos os que estavam na cela ouvindo os gritos de tortura, tentando ouvir o que se falava para descobrir do que que se tratava, quem era, todos sentiam o seu nome sendo gritado lá, tamanho era o pavor. E às vezes não tinha nada a ver, pessoas completamente desconhecidas. E aí o convívio com pessoas que morreram, inclusive eu estive pessoalmente ali na Rua Tutóia com dois companheiros mortos, o jornalista Luiz Eduardo Rocha Merlino, conversei com ele, e com um líder sindical bancário de 1964 o Aluísio Palhano. Com esses dois eu conversei e foram retirados em algum momento de lá. Um terceiro também, o marinheiro Edgar Duarte de Aquino. E essa história é a história de centena de nós, é a história da Dilma, cada um viveu situações comparáveis.

Eu saí da prisão em fevereiro de 1976, cinco anos depois. Eu tinha contato com a organização durante a prisão, tinha, mas contatos muito irregulares, muito limitados. Porque a situação era uma situação de cerco, de vigilância. Os presos, como uma regra tradicional das militâncias, eles estão desafiados a se manterem articulados como militantes. A prisão também é local que você, enquanto militante, também tem missões, tarefas, tanto de resolver lacunas da formação, então nós promovíamos programas de intercâmbio, estudos, seminários, um grupo lia economia... em alguns momentos da conjuntura você conseguia ter no presídio "O Capital", fazia um seminário sobre "O Capital", em outros momentos coisas mais de ficção, mais... "A condição humana", de Malraux, sobre a China de 1927, então é a história de militantes, "Por quem os sinos dobram", de Hemingway, é a guerra civil, então livros e uma literatura que falava sobre a nossa vida, e fazíamos também programa de formação matemática, português, para os companheiros que não tinham escolaridade, línguas, grupos de história, e a articulação política: discutir a nossa experiência, discutir o que tinha acontecido antes de ser preso, como foi o processo de prisão, discutir conjuntura do país. Em momentos tinham jornais de fora e a gente lia, tentava analisar, interpretar. Quando se começa a falar em distensão do Geisel, se vai ou não haver distensão mesmo. O processo chileno que eu acompanhei todo de dentro da prisão. A vitória foi no final de 1970, eu fui preso no início de 1971, eu estava lá quando houve o golpe do Pinochet, então nós vivíamos o Chile como se o Chile fosse o Brasil, a gente sabia cada liderança, cada corrente, quais eram os debates políticos, então era uma militância e que nós tínhamos também como tarefa a ideia de lutar pelo respeito à dignidade de presos políticos. Exigíamos o presídio político, dizer que nós não éramos terroristas mas presos políticos (coisa que a ditadura nunca aceitou) que nós queríamos ter o direito de ter visita de familiares, de ter televisão, rádio. Foram lutas com diferentes resultados, situações que se arrastaram por anos e anos e em 1975, aqui em São Paulo, nós conquistamos um presídio político. Foi construído pra nós, lá na zona norte, no Barro Branco, academia da PM. E aí começou uma fase e que já havia uma situação mais regular, entrava tudo quanto era livro, televisão, então também dependendo da conjuntura as coisas se abrandavam ou radicalizavam.

Assim, tem dois processos: nesse final de 1975, e tem quem ficou preso em 1976 e 1977, eu já não estava, aí houve uma situação de mudança. O país estava mudando, começava a ter campanha eleitoral com o MDB vencendo eleições, derrotando Carvalho Pinto em São Paulo com o Orestes Quércia, o próprio regime falava em abertura, então isso se refletia em autoridades locais que começavam a fazer também gestos em que de repente advogados, ou o bispo, queria visitar o presídio fora da data de presídio, coisa que era impensável em 1970, 1971. Mas em 1975 não, era comum na hora, "chegou uma pessoa aqui que quer visitar", então, permitia, mais liberalidade. Então nessa fase final, O Capital entrou como O Capital. Nenhum disfarce. Agora, no início nós não tínhamos só O Capital como tínhamos Lênin, Mao Tse Tung, que entravam. Entravam como? Pelos canais que todo mundo sabe que a cadeia tem: tem o carcereiro que vai ficando amigo e que de repente pede uma graninha pra você, "Vem cá, eu posso trazer uma coisa para você...", então você faz testes, pede uma coisa que não tem muita importância, ele traz, e lá pelo quinto teste você pede um primeiro livro desses. E também em momentos de endurecimento, por exemplo o secretário de segurança de São Paulo, Erasmo Dias, uma figura muito conhecida, muito famosa e etc., ele um dia nos visita no Carandiru e fica assim indignado, porque ele nos encontra em uma situação em que estávamos soltos na ala, a gente ia para a cela umas cinco da tarde, e as cinco da manhã já abria e nós tínhamos 12 horas de trânsito livre. Então na hora da comida a gente se juntava quatro, cinco, em celas individuais de cada um. Então ele pega aquilo e fica chocado, porque acha que nós os terroristas perigosos estávamos em clima de liberdade, e cada uma das nossas celas tinha um desenho ou foto de um companheiro morto, e batizava-se a cela "Eduardo Leite", cela "Gelson Reicher", e cada um com os seus queridos que tinham morrido. Então ele mandou trancar, mandou deixar a gente dias trancados, acabar com aquelas regalias, e a linha dura dele também durou poucas semanas. Nesse momento uma blitz retira todos os livros, semanas depois os livros começam a ser devolvidos. Eu lembro do diretor do presídio me entregando... porque a gente tinha uma comissão de representantes, o coletivo de cinquenta presos elegia três, e eu era de uma comissão dessas e ele me entrega o livro que tinha uma capa... o livro estava "Sobre os Sindicatos – Ministro Júlio Barata", que era o ministro do Médici... acho que sim, e esse diretor me devolve o livro, dá uma piscada de olho e diz "Ministro Júlio Barata, hein?", assim! Aí o livro era sobre os sindicatos do Lênin. Ele viu. E essas coisas que existem também. Esse diretor, em especial, ele era um dentista do presídio que tinha virado diretor e comentava-se que ele tinha laços de simpatia com o Partidão. Aí então a ditadura mais perfeita nunca impede isso: a presença de figuras de esquerda em postos tal. Então também tem esses canais, e, com isso, o período de cadeia, como regra geral, foi um período em que nós estudamos muito, muito.

Quando sai da prisão, então, a primeira coisa é essa: o manual do militante é que você saindo, procurasse a organização. Com cuidado, porque quando você é solto você é vigiado, como foi no meu caso inclusive, liberdade condicional e eu tinha que ir uma vez por mês assinar um livro etc. e tal. Agora, no caso meu não é como a tradição do partido comunista do mundo inteiro, que o membro do partido comunista saía e acabava encontrando o partido. As nossas organizações foram extintas. Agora, nós não sabíamos disso. Também não havia nenhuma "certidão de morte". Então no primeiro período era ficar procurando informação para saber se a organização existia ou não, o que demora muito, para a gente, esse grupo preso, perceber que não tem mais a ALN. E aí cada um também com as suas condições foi arranjar sua vida profissional, educacional, familiar e política. Então eu não voltei para a medicina, até voltei com um mandado de segurança porque a medicina não queria aceitar, mas ai eu voltei com a auditoria e a auditoria exigia a volta a estudar ou trabalhar, e eu consegui, a faculdade rejeitou mas depois acatou, eu assisti uma semana de aula mas tinham se passado cinco anos eu entendi que eu não queria mais permanecer na medicina. Queria casar, queria ter um trabalho logo, medicina demoraria ainda mais quatro ou seis anos. E nesse trabalho que eu fui procurar eu me vali do que estava acontecendo naqueles últimos anos, que a repressão tinha atingido menos do que os demais veículos possíveis de inserção a Igreja. Então todas as minhas relações familiares, advogados dos presos políticos ligados à Igreja, e nesse ambiente eu vou trabalhar no Instituto Sedes Sapientiae, que tinha sido uma faculdade de filosofia, ciências e letras, na Rua Caio Prado, tinha sido foco do movimento estudantil de 1968. A freira que liderava, Madre Cristina Sodré Doria era uma pessoa muito avançada, uma freira que criou no Brasil as primeiras estruturas de psicanálise freudiana, quer dizer, rompendo um estigma religioso contra o freudismo, e muito próxima da AP, amiga do Alexandre Guimarães, ex-presidente da UNE e desaparecido político, escondeu gente... e esse Sedes Sapientiae, naquele momento, ele começava a preparar assim "um curso de dez aulas pelo Professor Florestan Fernandes", "um curso de dez aulas pelo Professor José Arthur Gianotti". Então aí pessoas das ciências sociais da USP, da PUC, o movimento estudantil que estava pré-renascente, é em 1977 que ele começa a ir para esses enfrentamentos, o Erasmo Dias lá no Congresso da UNE da PUC. Todo aquele massacre... Eu vou trabalhar nesse tipo de estrutura, fico trabalhando, nós criamos lá uma estrutura chamada "Centro de Educação Popular" e começamos a fazer um trabalho de formação política nas comunidades de base de São Paulo, a Igreja, dom Paulo Evaristo Arns, então trabalhando e tal quando começa também a pesquisa do projeto "Brasil: Nunca Mais", daí um dos advogados me chama e eu também trabalhei cinco anos nesse projeto. No trabalho de educação popular, a nossa cabeça de militantes de esquerda organizada, no meu caso, estava orientada no sentido da consciência de que nós tínhamos praticado uma ação de resistência embora legítima do ponto de vista de enfrentamento de um poder ilegítimo, (isso está na declaração universal dos direitos humanos, do direito de luta, à rebelião contra tirania e opressão), nós tínhamos desencadeado uma resistência vanguardista que não correspondia minimamente ao grau de organização, de pensamento consciência política da sociedade, do povo, das massas como a gente dizia; e que isso constitui um desvio político que condena mesmo ao isolamento e à derrota. Então muito motivado em fazer o contrário: inserção, meio operário, meio popular, meio camponês, Pastoral da Terra. Aí somos uma equipe de pessoas que começam a viajar pelo Brasil inteiro para ir falar sobre a situação fundiária do Brasil: Maranhão, Pará, Goiás; a questão do índio, a questão operária. E nesse processo parte de forças políticas que se encontraram no PT em 1979, "Então vamos construir um partido com essas características" e eu entrei então no PT.

Então teve O "Brasil: Nunca Mais". Foi um projeto que teve uma advogada do Rio que era a minha advogada, Eny Raimundo Moreira, uma advogada jovem que era do escritório do Sobral Pinto. O Sobral Pinto era a grande referência de advogados, ele tinha sido um advogado católico e até conservador, o conservadorismo católico, e foi advogado de Luiz Carlos Prestes quando ninguém queria ser advogado de Luiz Carlos Prestes, no Estado Novo. E ele ficou famoso por ter entrado com o pedido no judiciário de aplicação em defesa do seu cliente, Luiz Carlos Prestes, a lei de proteção aos animais, porque ele era mantido numa cela fétida, embaixo de uma escada, chegaram a fazer uma cela triangular para ele ter uma parede a menos, essas loucuras. Então ele era esse símbolo. De uma pessoa que não se curvou à ditadura, já estava bastante velhinho e aí a Eny é a advogada que começa a defender presos políticos e por algumas razões ela veio a ser minha advogada aqui em São Paulo, embora morasse no Rio. Então partiu dela a proposta de fazer um estudo sobre o processo judicial na ditadura, um estudo que ainda não está feito, porque o "Brasil: Nunca Mais" virou outra coisa e eu vou explicar o por quê. Mas é muito importante que esse estudo seja feito porque se você analisa o texto da sentença condenatória, sobretudo do juiz-auditor Nelson da Silva Machado Guimarães aqui de São Paulo, que lá em 1982 ou 1983 é o mesmo que condenou o Lula a três anos pela greve no ABC, você vai ver toda uma doutrina do direito, uma doutrina que realmente tem um inimigo que é o comunista subversivo. No caso desse Nelson que era cristão católico, mais raiva se a pessoa viesse com a história da origem na igreja. Ele fazia longos trechos em latim, Tomás de Aquino etc. e tal. Aí ele tinha essa proposta, e ela entendia que quem podia bancar não era o cardeal arcebispo do Rio de Janeiro, dom Eugênio Sales, mas era o de São Paulo. Falou com Luiz Eduardo Greenhalgh, que já era advogado de presos políticos em São Paulo e próximo a dom Paulo, e dom Paulo aceitou a ideia e conseguiu o apoio financeiro do Conselho Mundial de Igrejas, que inclusive não inclui a Igreja Católica, mas é um conselho mundial de igrejas evangélicas e protestantes sediado em Genebra. Então o seu presidente, Philip Potter, sobretudo uma espécie de secretário executivo que se chamava Charles Harper, eles se engajaram nisso e conseguiram doações das igrejas europeias que foram se repetindo, porque a ideia era uma pesquisa de um ano e ela durou cinco. E essas doações eram recolhidas por meios absolutamente informais, pelo problema do sigilo, não se podia descobrir. E eles também patrocinaram uma pesquisa equivalente no Chile, que ainda vivia em ditadura, lá se chamava "Vicariato", ligado à Igreja de Santiago. Então foram os dois processos. O nosso aqui começou então com o outro advogado, Luiz Carlos Sigmaringa

Seixas, que é muito conhecido hoje, foi vice-governador de Brasília, foi Deputado Federal constituinte, o Sigmaringa em Brasília montou um pequeno escritório com uma máquina gigantesca chamada Xerox, que hoje é desse tamanho onde existe, e começou a ir no Superior Tribunal Militar pegar os processos, e você pode pegar os processos e levar para casa e tem que devolver. Então ele começou a pegar processo por processo, xerocava, mandava pra São Paulo onde nós tínhamos então um escritório, e uma pequena equipe de cinco ou seis pessoas trabalhou examinando esses processos ao longo de uns três anos. Nós não sabíamos se os processos eram 50, 500 ou 5.000. E nós terminamos localizando 700 e poucos, e esse material hoje está todo digitalizado e acaba de acontecer o anúncio, pela nova Presidenta do Superior Tribunal Militar (pela primeira vez é uma mulher) de que ela vai digitalizar, mas eu estudei e avalio que o universo total dos processos não é os 703... 706 e que nós conseguimos, mas não é 1.000. Se for mais do que isso, vai ser 800, 900 processos que foram remetidos ao Superior Tribunal, porque muitos são arquivados em primeira instância e morrem ali, então tem que fazer um outro trabalho para ver se acha esse outro universo, se é que não foi queimado, destruído. E no exame desse processo, a grande descoberta foi que aqueles processos que eles rigorosamente não eram processos judiciais, eram uma grande farsa judicial, não tinham o contraditório, as penas não eram decididas ali, eram decididas em outras instâncias (se sabia disso tudo), mas com todo esse peneiramento a tortura estava lá, estava totalmente estampada: longos depoimentos de réus em juízo falavam "eu queria..."e tal, "eu fiz isso, o meu juiz aqui não deixou dizer nada", não, falavam "eu fui torturado pelo torturador tal tal tal...", "Declara que durante a fase de interrogatório no DOI-CODI recebeu sevícias". Eu falei "Doutor, por gentileza, eu quero declarar de outra maneira. Eu quero dizer que eu fui torturado, que essa confissão não tem validade porque ela é resultado de tortura, isso aqui é um processo judicial, eu tenho um advogado...", aí ele dava um esporro dizendo que "Eu dito o que eu bem entender, e se o senhor não quiser assinar, o senhor não assina o depoimento. Eu chamo duas testemunhas e elas assinam". Não havia justiça militar, havia uma definição lá no DOI-CODI que era consultada para saber quem podia ser solto, quem não podia, punir a dosimetria e tudo isso. E outras auditorias, não. Outras auditorias os juízes mandavam datilografar tudo o que se falava. Então a pessoa falava "Eu fui presa no dia tal, levada para tal lugar, fui amarrada em uma cadeira do dragão, fui despida e começaram a me torturar nos órgãos sexuais e tal, quero incluir o nome de Fulano, Fulano..." esses que estão aí nas vistas de hoje. Então essa descoberta mudou completamente, porque havia denúncias de tortura já, mas nunca as denúncias de tortura ali registradas na própria Justiça Militar farsante. Então isso virou aquela coisa. E a gente naquele período estudando, uma socióloga que nos ajudou no começo trouxe uma discussão sobre Foucault, nos fomos ler o Foucault, e ele trabalha muito a questão do corpo, das pistas, e a gente fez aquilo que é o prefácio do dom Paulo, dizendo que se ali, no exame dos processos montados pela ditadura, a tortura aparecesse, ela teria força de prova indiscutível, inquestionável. E é verdade. Nós lançamos o livro em meados de 1985, com toda uma incerteza pelo afastamento e morte de Tancredo, se Sarney como presidente iria ser uma coisa ou outra, sabíamos que a chamada "linha dura" tinha promovido, como Elio Gaspari conta nos seus livros, na tentativa de golpe do General Silvio Frota para derrubar Geisel, em outubro de 1977. E na transição política... é muito fácil discutir a transição como agora trinta anos depois, mas lá é evidente: toda vez que você falava "eu vou lá fazer uma denúncia contra o torturador" amigos falariam para você "não faça isso! Você vai CUTUCAR leão com vara curta, você vai promover um revanchismo do pessoal que está perdendo o terreno". Então dificuldades políticas como as dificuldades políticas de sempre. "Qual que é a melhor orientação..."etc. e tal. E o próprio processo do "Brasil: Nunca Mais" foi um processo em que nós, três vezes pelo menos, mudamos o nosso acervo e teve momento que era um caminhão inteiro daquela Lusitana, que já era um total de um milhão de páginas, é muita coisa. A gente mudava da noite para o dia, porque detectava durante o dia uma coisa estranha: "olha, uma pessoa foi vista nessa sala aqui..." ou "uma outra pessoa...", então havia sempre uma preocupação. E nós vivemos sem saber se um dia íamos ou não ser descobertos. Então o livro acabou não sendo uma análise jurídica, a primeira proposta, mas foi um abrangente relato da tortura dentro de uma construção que situa historicamente como foi o golpe, como era a justiça militar, como era o aparelho de repressão, e os relatos, relatos e relatos. Descobrimos no último ano de trabalho que havia uma importante vítima da violência que é o ex-presidente, hoje já morreu, do DCE da Federal de Pernambuco, Cândido Pinto. O Cândido era presidente do DCE lá e membro do PCBR, uma das organizações clandestinas. E no momento em que a repressão, a tortura lá, promoveu alguns ataques como o assassinato do Padre Antonio Henrique Pereira Neto, que era o braço direito de dom Elder, coordenador de pastoral e tinha 28 anos. Ele foi sequestrado e largado no matagal da cidade universitária da época, morto, torturado, castrado, brutalidades impressionantes. Hoje se sabe o nome, eram pessoas do DOPS mas não fizeram isso no DOPS e tal, e nesse momento passam no ponto de ônibus e dão uma rajada no presidente do DCE, e uma bala pega a coluna dele e ele ficou paraplégico. Mas ele tinha se mudado para São Paulo e ele era coordenador de informática do HC, e a informática naqueles anos ainda não era o que é hoje, que em qualquer lugar tem, mas lá tinha. Então nós falamos com ele e ninguém tinha em casa um PC, como todo mundo tem hoje. Ele falou "Não, nós vamos fazer..." e ele montou então um programa de quantificar tudo aquilo que a gente tinha estudado, porque a gente fez dois questionários, instrumento principal, instrumento sintético, e um era bastante qualitativo (a gente escrevia) e o outro era mais de múltipla escolha. Então aí deu também um conjunto de dez livros, porque o "Brasil: Nunca Mais" era um resumo de capa vermelha da Editora Vozes, mas o projeto mesmo são os dez livros que têm as primeiras listas de todas as vítimas e de todos os torturadores inclusive com gradações. "Membros do aparelho do Estado que atuaram, mas não como torturadores", "Torturadores..." e aí criava as diferenças. Então foi essa a história. E a grande verdade é que quando lançamos o livro, ninguém questionou. Anos depois os militares quiseram fazer uma resposta, fizeram um livro chamado "Orvil" que é a inversão de "livro", tem até o vil aí no fim, que é ainda a fonte que os sites dos torturadores, do Ustra, ficam usando o tempo todo, que é contar a história toda na linha de que nós éramos assassinos, o nome das pessoas do aparelho de repressão que foram mortas. Então eles tentaram fazer isso, o chefe do exército levou para o Sarney, presidente, e o Sarney desaconselhou "Não, não lança esse livro não...", agora ele foi lançado, faz dois, três anos, já no auge da Comissão da Verdade, mas não vende em lugar nenhum.

A gente era um grupo de pessoas que procurava construir uma articulação, "olha tem um pessoal que faz um trabalho sindical-rural no Pará muito importante", "tem um pessoal que trabalha no Rio Grande do Sul", então "ó, precisamos nos articular". Aí vem a lei de reformulação partidária e começa o debate, e você sabe, quer dizer, houve uma primeira ideia de partido em que ainda estava o Fernando Henrique, Almino Afonso, Lula, todo mundo junto. Aí eu não era desse núcleo. Mais distante, mas com a referência de "olha, se for surgir um partido com lideranças sindicais, um novo sindicalismo, é mais ou menos tudo aquilo o que a gente apontava e por aí e etc.". Então quando começa a se construir mesmo o PT a maioria de nós se engajou, e eu desde muito cedo comecei a trabalhar perto do Lula, desde 1980, assessoria e etc.

Eu não estava greves do ABC. E como tinha essa situação delicada ainda, a minha liberdade condicional foi até 1979, eu realmente não tive participação, eu me preservava.

Depois o que aconteceu tem a ver com a natureza humana, diferente de cada um de nós... eu falei "olha, foram cinco anos de prisão e cinco anos estudando prisão, chega!" Eu quero vida, eu quero ir para frente, eu quero alegria. E eu tenho muitos amigos e amigas que não são assim, que em um processo de prisão, de alguma maneira, prende lá naquele momento. Eu não sou assim, eu e muitos não somos assim. Foi muito importante, imprimiu marcas que não são apagáveis, mas a vida é para frente. E vamos construir. Aí quando me chamavam para os eventos eu ia em um ou em outro, eu moro na Alameda Casa Branca, quando se falava "vamos fazer uma homenagem ao Marighela no lugar onde ele foi morto" eu descia duzentos, trezentos metros e participava. Eventos distintos. Em um deles estava lá Antônio Cândido, estava Aloysio Nunes Ferreira, Clara Charf, essas figuras. Eu tinha essa orientação pessoal: vou em grandes eventos, quando for importante, mas eu não quero ter militância nisso. Porque eu me meti muito em uma atividade de formação sindical e análise política, e gosto de fazer isso, e a demanda é impressionante, tem demanda todos os dias, mais de um lugar, para eu ir falar com fulano e etc. Agora, quando eu, trabalhando aqui com o Lula, depois da eleição de 1989, decidimos fazer

o "Instituto Cidadania" que é hoje o "Instituto Lula", participando das campanhas eleitorais do Lula (algumas em nível de coordenação), e ele ganhou e foi pra Brasília e eu pedi para não ir, para ficar por razões pessoais, vocacionais, essa coisa de pessoas que gostam de terno e gravata e pessoas que não gostam, e a minha preocupação em seguir as coisas que eu acho que sei fazer melhor, e ainda constatando de que naquele momento todo mundo queria ir para o governo, o que não é bom, porque quem tem uma proposta de mudança estrutural não pode se concentrar só no aparelho de Estado, você tem que estar na sociedade, nos movimentos sociais. Quando eu fiquei eu fiquei cuidando do instituto, trabalhando alguns projetos, um dos argumentos que eu usei com o Lula para eu não ir para Brasília foi dizer que há anos ele queria fazer um trabalho com juventude, e nós não tínhamos conseguido, e eu então em 2003 faríamos e fizemos um projeto que durou um ano e meio chamado "Projeto Juventude" e levamos a ele como presidente, propondo uma política nacional de juventude que foi adotada. Criou-se uma secretaria nacional de juventude, um conselho nacional de juventude e um Pró-Jovem, um programa nacional. Depois que acabamos esse, eu propus um outro que a gente queria fazer muito, que se chama Política Nacional de Apoio ao Desenvolvimento Local. É o tema "Milton Santos", circuito inferior e circuito superior da economia. O circuito superior é discutido amplamente e quase nada sobre a experiência do pequeno empreendimento, da iniciativa autônoma na sociedade da pequena cidade que resolve como canalizar o córrego ou a merenda escolar. E isso tem experiências, a reconstrução alemã do pós-guerra teve na Baviera um papel fundamental dessa pequena empresa, a terceira Itália, aqui no Brasil o Sebrae faz um pouco isso nessa tentativa de criar um ministério novo. Nós fizemos aqui um programa de estudo muito interessante com o Marcio Pochmann, com o Ladislau Dowbor, Pedro Paulo Martoni Branco, juntamos e fizemos um seminário, aí temos um bom projeto.

Helicópteros militares sobrevoam o estádio de Vila Euclides na Assembleia da greve dos metalúrgicos, São Bernardo do Campo (02.04.1980)

Quando chegou em 2005, um belo dia o Luiz Dulci me liga, era secretário-geral da presidência, falou "Paulo, eu queria te avisar que nós tivemos uma conversa hoje e pintou o seu nome para vir para Direitos Humanos, então aguarde porque o Lula vai te ligar". Aí o Lula ligou, eu fui e fui pra lá e comecei a conversa com ele... bom, eu ia visitar o Lula com certa regularidade, ele vinha aqui às vezes, ele como presidente a gente sempre fazia um churrasco de Natal, mas ele uma ou duas vezes por ano vinha e tal. E eu ia uma vês por mês, mais ou menos, para conversar e tal. E eu me preparei e cheguei lá falando "Presidente, eu vou sair daqui hoje feliz de qualquer maneira, ou porque eu vou te convencer a não ficar, porque pápá..." de novo, eu tinha razões familiares, não era uma hora boa para eu vir e tinha uma lista de pessoas que eu sugeria, botei na mesa dele e tal, eu tinha que acabar algumas coisas ainda aqui. "Agora, se for uma ordem eu vou bater continência e vir mesmo contra essas minhas questões pessoais, porque eu vou me sentir muito honrado...". Era um ano difícil, o pior ano do Lula, era o ano de 2005. Impeachment, CPIS, então a minha ida também corresponde ao momento em que ele leva o Luiz Marinho para o Ministério do trabalho, e que ele quer trazer pessoas de um núcleo mais próximo. E nessa conversa o Lula vira pra mim e fala "Bom, esses nomes que você colocou aqui são pessoas boas, mas eu quero que você venha, sobretudo porque eu não estou satisfeito com a questão dos mortos e desaparecidos, eu já tentei duas vezes, já falei com o Zé Dirceu, falei com o Nilmário e duas vezes foi desmarcada na véspera a reunião porque eu não tenho o que apresentar para as famílias e eu confio na sua capacidade de trabalhar esse tema". Bom, então claro, embora eu tivesse a decisão minha de não voltar a esse tema mais, a maneira como ele me apresenta torna a convocação dele irrecusável e eu entendi "bom, então eu também venho com carta branca para mexer em um tema que estava bloqueado", e as famílias estavam muito insatisfeitas. Muita gente que tinha sido Lula desde criança, ajudou a eleger, esperava mais. Inclusive no contraponto com o Fernando Henrique, porque o Fernando Henrique até pelo vínculo pessoal dele em casos como Rubens Paiva, Eunice, a carta do Marcelo Rubens Paiva publicada na Veja ao Fernando Henrique, ele já tinha tomado as iniciativas da Comissão Especial de Mortos e Desaparecidos em dezembro

Coronel Carlos Alberto Brilhante Ustra na CNV

de 1995, em janeiro de 1996 José Gregori começou a trabalhar. Então foi um passo. Em 2002 a Comissão da Anistia, que tem até hoje. E o Lula? Então eu entendi isso e aceitei.

O balanço dos meus cinco anos como ministro tem a seguinte síntese: o tema do direito à memoria e à verdade, ele ocupou menos do que 5% da nossa estrutura, do nosso orçamento, e ocupou 95% do impacto de mídia. "Criança e Adolescente" é direitos humanos, tema central no Brasil, tem o Conanda [Conselho Nacional dos Direitos da Criança e do Adolescente], tem vários programas de proteção, metade do meu tempo era sobre isso. Mas esse tema não era notícia, isso não é conjuntura. "Pessoas com deficiência", é. "LGBT", é. "Pessoas idosas", é. E tem áreas e áreas para se fazer conferências nacionais e tal. O único tema de interesse era... por que? Porque era o tema não decifrado. Então há uma ditadura de 64 que é um tema de três de Julho de 2014, e o Elio Gaspari até usou uma comparação, "cinquenta anos depois o Brasil discutiu como nunca o golpe de 1°. de Abril de 1964. 50 anos depois da abolição, ninguém discutia abolição mais". 1932, em

São Paulo, vinte anos depois, ninguém falava de 1932 mais. Cinquenta anos depois, a ditadura de 1964 não está resolvida. Ontem eu abri a internet para ver notícias de internet. Na UOL tinha uma notícia do Aloysio Nunes Ferreira como vice do Aécio, três comentários, três daqueles de internauta, "Uma vergonha, como que nós vamos poder chamar a Dilma de terrorista se agora o Aécio botou o outro terrorista como...", sabe assim? Essa mentalidade existe por quê? Pelo processo de transição que o Brasil teve. Não vamos também querer refazer a história, provavelmente aconteceu o que podia ter acontecido na época, mas deu sim uma transição negociada e em que a anistia de 1979, ela é uma auto-anistia, O Eros Grau cometeu uma barbeiragem jurídica, que vai carimbar a memória histórica dele, quando ele faz aquela confusão do recurso lá da ADPF da OAB, dizendo que "as pessoas foram para a rua lutar pela anistia, ampla, geral e irrestrita", como se "ampla, geral e irrestrita" quisesse dizer pro Ustra também. Existe uma situação em que você tem uma discussão feita agora, que assim olha, não importa qual foi o impedimento de 1980, porque quem lutou pela outra anistia OAB, CNBB, CBA e perdeu, sabia que aquela anistia trazia o Paulo Freire de volta, o Darcy Ribeiro de volta, o Prestes, o João Amazonas, o Betinho, claro! Então ninguém ia ficar com fundamentalismo de dizer "recuso essa anistia", não! Até porque é um período de um novo ascenso cultural, as músicas... você vai para cima, a música da anistia, e claro, vamos fazer uma gradação: cada dia com a sua agonia. Só que o Brasil consolidou a democracia, quer dizer agora é um quarto de século, já deu 25 anos de constituição, é a primeira vez na história do Brasil que se tem um período democrático digno desse nome. Aquele período entre 1946–61 é curto demais. Nos sistemas partidários que eu aprendi lá com o Fernando Limongi, fala que você tem que ter vinte anos para consolidar, teve quatro ou cinco eleições. Duas eleições não caracterizam o sistema eleitoral, não tem curva, não tem ninguém descendo ou subindo. A de 1964 ela começava a ter uma primeira curva do PTB crescendo sempre. Agora não. É o momento histórico singular do Brasil: o que ele não conseguiu fazer sobre a escravidão, o que ele não conseguiu fazer sobre o genocídio indígena, sobre Canudos, sobre Contestado, sobre todas as rebeliões e a repressão, o Brasil hoje está fazendo sobre a ditadura. É a primeira vez. Então o significado desse debate ultrapassa muito o problema restrito de responsabilizar individualmente os torturadores e reparar adequadamente as vítimas, como responsabilidade do Estado. É a primeira vez que o país atinge a maturidade de fazer um exame sobre si mesmo, e a comparação que eu não deixo de fazer nunca é a comparação de que a Alemanha estuda Hitler no banco escolar, e ninguém deixa de ser menos alemão ou ter orgulho por conta disso. Então o Brasil tem que fazer algo com 1964, ele tem que resolver a ponto de incluir no currículo escolar, para que esse internauta de ontem não tenha mais essa noção, que a cabeça dele seja... ele pode e tem todo o direito de continuar sendo um defensor da ditadura, ele tem direito de dizer que a ditadura livrou o Brasil do comunismo, agora o que não pode acontecer é uma situação em que as crianças têm sequestrada a chance de ter um professor que fale "olha também teve aqui no Brasil de 1964 até 1985 uma situação que se caracterizou por isso, isso e isso..." e esse enigma não está resolvido até agora. Talvez em dezembro, com o relatório da Comissão da Verdade que virou dezenas, você consiga produzir um impacto novo. Eu já comemoro que no 31 de Março, primeiro de abril desse ano foi uma verdadeira virada de placar, é a primeira vez que predominou amplamente editoriais de jornal dizendo "é uma coisa ruim da história brasileira esse regime", e nós temos a tese de que nós martelamos, de que parte da violência de hoje, crescente e preocupante, um dos dois principais problemas que as pesquisas de opinião apontam, que é saúde e segurança; uma parte está do não-processamento adequado. Então a história do golpe de 1964, eu incluo como história da conjuntura brasileira de julho de 2014. Ou seja, você tem que discutir isso, tem que ter uma definição democrática, não existe pensamento único, não pode exigir que "quem defendeu o regime militar traiu a pátria...", isso não existe. E o não-processamento disso faz acontecer o que aconteceu esses dias, vocês viram: o livro do Mário Magalhães sobre o Marighela foi exibido no site da Veja como material apreendido pelos jovens que estão fazendo essas passeatas aí exigindo a soltura de dois deles que permanecem presos. Ou seja, foto do livro do Marighela é exatamente a foto do livro que a imprensa divulgava em 1970. Quando o release do DOI-CODI chegava nos jornais eles punham "material subversivo apreendido e tal", quer dizer então... o seminário do Cebrap, todos os debates que foram feitos, eles fazem parte dessa reconstrução que é para apontar um país que tem chances de completar os passos necessários e indispensáveis da justiça de transição. Reconhecimento pelo Estado da sua responsabilidade (já começou lá com o Fernando Henrique, a lei 9.140 é isso – mortos e desaparecidos, indenização, comissão de anistia, é isso), políticas de não-repetição, que é a última recomendação, também já tem. Ainda pequenas, mas as academias de polícia já começam a discutir direitos humanos, tem aulas, núcleos de direitos humanos nas várias polícias. O Nelson Jobim que se opôs à Comissão da Verdade, ele fez como defesa um plano estratégico de defesa nacional em que entrou o ensino de direito constitucional e direitos humanos em todas as etapas da formação militar, então na hora que começar a ser implantado isso, você prepara o oficialato daqui a dez anos. Porque o que você tem: ele fez a transição, ele acata o poder civil republicano, ele obedece, mas ele não engole. Então esse ano é um ano que temos alguns meses ainda, mas já está se esboçando um primeiro parágrafo do relatório final da Comissão da Verdade, que registra-se a não cooperação das Forças Armadas na elucidação. Não houve um gesto ali de marinha, aeronáutica e exército, e a Comissão da Verdade fez uma iniciativa muito habilidosa, eles criaram uma peça desse tamanho de direito administrativo, então dribla a decisão do supremo, e indaga sobre a afetação do prédio tal da rua Barão de Mesquita, no Rio de Janeiro, para práticas desviantes de função. E acaba de vir o relatório da sindicância que foi instalada nas três. Três relatórios dizendo "não se constatou nenhum desvio de função". Então é uma resposta terrível porque ela pode ser lida assim: "torturar naquele momento era a nossa função". E Argentina, Uruguai, Chile, até o Paraguai já fizeram essa transição, já têm pronunciamentos formais. Então nós temos até dezembro para ver se eles se convencem a fazer. E também olhando para trás, eu vou ter discordâncias com os meus companheiros de cadeia, com vítimas, pessoas muito queridas, que acham inegociável prender os torturadores. Eu acho que prender, não prender, não é a questão importante, a questão é ter a sanção. O judiciário vai fazer uma lista e dizer "reúnem-se indícios, provas, documentos, depoimentos suficientes para considerar que..." e por ordem alfabética "... torturaram opositores políticos, violando direitos humanos, violando as leis do próprio regime ditatorial...", e aí você faz uma

Raul Cortez na montagem da peça "Rasga Coração", Rio de Janeiro (1979)

condenação simbólica, a condenação simbólica que já existe hoje. Os vizinhos do Ustra comentam que ali mora um sujeito que matou, torturou etc. e tal. Porque é pra frente, nós temos que andar para frente. É ver dessa experiência o que precisa e pode ser colhido para melhorar, para que não aconteça nunca mais.

Apêndices

Cronologia

Flávia Rios e Rafael de Souza

25/08/1961
Jânio Quadros renuncia à Presidência da República.

27/08/1961
Início da Campanha pela Legalidade, em defesa da posse do vice-presidente da República, João Goulart.

30/08/1961
Manifesto dos ministros militares de Jânio Quadros contra a posse de João Goulart.

02/09/1961
Congresso aprova a emenda constitucional que estabelece o parlamentarismo, como condição para a posse de Goulart.

07/09/1961
João Goulart assume a Presidência da República.

09/07/1961
Tancredo Neves é escolhido Primeiro-Ministro, no novo sistema parlamentarista.

01/11/1961
Na abertura do 1º Congresso de Lavradores e Trabalhadores Agrícolas, Goulart defende "reformas de base". As principais medidas pro-

postas eram: desapropriação de terras improdutivas, concessão das terras devolutas aos trabalhadores rurais, incentivo à produção cooperativa dentre outras medidas ligadas à proposta de reforma agrária.

01/12/1961

Criação do Centro Popular de Cultura (CPC) da União Nacional dos Estudantes (UNE).

19/12/1962

O Ministro do Planejamento Celso Furtado submete ao Conselho de Ministros o Plano Trienal. O objetivo era estabilizar a inflação por meio de corte de gastos. O plano fracassou, pois desagradou setores industriais e financeiros, contribuindo para a polarização política no Congresso.

16/02/1962

O Governador do Rio Grande do Sul, Leonel Brizola, decreta a desapropriação da subsidiária norte-americana *International Telegraph and Telephone* (ITT).

01/05/1962

Criada a Frente de Mobilização Popular (FMP), sob a liderança de Leonel Brizola, agregando diversas associações políticas, tendências partidárias de esquerda, sindicatos e movimentos sociais.

26/06/1962

O Primeiro-Ministro, Tancredo Neves, renuncia ao cargo. Todo o gabinete ministerial se demite em virtude da pressão política provocada por declarações de Goulart em favor de uma reforma agrária.

05/07/1962

João Goulart sanciona a Lei do 13º salário. Deflagra-se a greve nacional contra o aumento dos preços de bens de consumo. A greve gera conflitos nas grandes capitais, resultando em 700 feridos e 42 mortos no Rio de Janeiro.

02/03/1963

Goulart promulga o Estatuto do Trabalhador Rural, dispositivo legal de proteção aos trabalhadores rurais.

01/06/1963

Realização de plebiscito sobre o sistema de governo. Vence o presidencialismo, que o que confere poderes adicionais a João Goulart.

12/09/1963

Revolta dos Sargentos, no Rio de Janeiro e Brasília. A rebelião foi motivada pela decisão do Supremo Tribunal Federal de reafirmar a inelegibilidade de militares de baixa patente para cargos em órgãos do Poder Legislativo.

10/01/1963

O Ministro da Fazenda, San Thiago Dantas, promove a criação da Frente Progressista de Apoio às Reformas de Base, em apoio a João Goulart.

04/10/1963

João Goulart solicita ao Congresso Nacional o Estado de Sítio. O Congresso nega o pedido.

13/03/1964

Em comício na Central do Brasil, Goulart defende a necessidade de amplas reformas de base.

19/03/1964

Marcha da Família com Deus pela Liberdade, em São Paulo, contra as reformas de base.

24/03/1964

Revolta dos Fuzileiros Navais, no Rio de Janeiro. Goulart, ao apoiar as reivindicações dos fuzileiros, perde apoio do alto oficialato das Forças Armadas.

31/03/1964

Golpe Militar depõe Goulart da Presidência da República.

01/04/1964

A sede central da UNE é incendiada e o acervo do CPC é destruído.

15/04/1964

Posse do general Castelo Branco na Presidência da República.

09/05/1964

Carlos Marighella, ativista do PCB, é preso no Rio de Janeiro.

13/06/1964

Criação do Serviço Nacional de Informação (SNI), comandado pelo general Golbery do Couto e Silva.

04/09/1964

Decretado o Ato Institucional n 1, que confere ao Presidente da República poderes de cassação política, cria dispositivos de produção legal do Poder Executivo, revoga garantias e direitos trabalhistas de funcionários públicos por 6 meses e confere ao Chefe do Executivo capacidade de decretar estado de sítio.

10/12/1964

Estreia do show *Opinião*, com Zé Ketti, Nara Leão e João do Vale, no Rio de Janeiro.

06/04/1965

I Festival de Música Popular Brasileira, da TV Excelsior.

27/10/1965

Decretado o Ato Institucional n 2, que reabre cassações, extingue os partidos políticos e estabelece eleições indiretas, por meio de um colégio eleitoral, para Presidente da República. O Ato também reforça o decreto-lei como dispositivo de produção legislativa.

05/02/1966

Decretado o Ato Institucional n 3, que revoga as eleições diretas para governadores, vices e prefeitos das capitais.

24/03/1966

Oficializados dois partidos, um governista, a Arena (Aliança Renovadora Nacional);outro de oposição, o MDB (Movimento Democrático Brasileiro).

28/07/1966

A UNE realiza clandestinamente o seu 28º Congresso em Belo Horizonte.

01/10/1966

Inauguração da Unicamp.

12/7/1966

Decretado o Ato Institucional n 4, que revoga a Constituição de 1946 e convoca o Congresso Nacional para votar nova carta constitucional.

02/05/1967

Estreia do filme *Terra em Transe*, de Glauber Rocha.

21/07/1967

Carlos Marighella rompe com o PCB e viaja para a Organização Latino-Americana de Solidariedade (OLAS), em Cuba. O evento, que reuniu ativistas de esquerda latino-americanos, propunha a criação de focos de guerrilha no subcontinente.

1967

Carlos Marighella funda a Aliança Libertadora Nacional (ALN) e colabora para difusão de focos de guerrilhas urbanas pelo país. Membros do Partido Comunista do Brasil (PCdoB) instalam-se em Goiás e iniciam a Guerrilha do Araguaia.

09/02/1967

A Lei de Imprensa recrudesce a censura aos meios de comunicação e estabelece penas para crimes de "abuso" no exercício da liberdade de expressão.

24/01/1967

Promulgada a Constituição de 1967.

12/03/1967

Posse do general Costa e Silva na Presidência da República.

07/1967

Criado o Centro de Informações do Exército (CIE), órgão responsável pela coleta de informação e repressão a sindicatos, movimentos sociais e outros tipos de grupos políticos.

17/07/1967

Marcha contra a Guitarra Elétrica.

21/10/1967

3º Festival da Música Popular Brasileira da TV Record, Caetano Veloso, Gilberto Gil e Os Mutantes lançam as bases para o Movimento Tropicalista.

17/01/1968

Sob direção de José Celso Martinez, estreia a peça *Roda Viva*, de autoria de Chico Buarque.

16/02/1968

Início da greve dos trabalhadores de Osasco.

28/03/1968

Morre o estudante Edson Luís Lima, em confronto entre estudantes e a PM, durante a invasão policial do restaurante Calabouço no Rio de Janeiro.

16/04/1968

Início da greve dos trabalhadores de Contagem.

26/06/1968

Acontece a "Passeata dos 100 mil" contra o regime militar e que reúne artistas, intelectuais, jornalistas, dentre outros.

02/10/1968

Confronto entre estudantes da USP e alunos do Mackenzie na Rua Maria Antônia, em São Paulo.

02/10/1968

Atentado à bomba em frente ao Teatro Opinião, no Rio de Janeiro, de autoria do Comando de Caça aos Comunistas.

29/09/1968

Geraldo Vandré canta "Pra não dizer que falei das flores" no III Festival Internacional da Canção.

02/10/1968

Fechamento da Faculdade de Filosofia, Ciências e Letras da USP.

12/10/1968

Durante congresso clandestino da UNE em Ibiúna-SP, 700 estudantes são presos pela polícia militar.

21/10/1968

Movimentos estudantis iniciam greve em protesto à prisão dos estudantes em Ibiúna-SP.

22/11/1968

Criação do Conselho Superior de Censura.

28/11/1968

Reforma Universitária institui a estrutura departamental nas universidades brasileiras.

13/12/1968

Decretado o Ato institucional n 5,que suspende garantias jurídicas, como o *habeas corpus*, estabelece a censura prévia aos veículos da imprensa, suspende eleições nos sindicatos e proíbe manifestações públicas de natureza política.

26/12/1968

Caetano Veloso e Gilberto Gil são presos no Rio de Janeiro.

27/04/1969

O Governo Federal anuncia aposentadoria compulsória de professores universitários da USP, Unicamp, UnB e de outras universidades públicas estaduais e federais.

22/05/1969

Grupo de professores compulsoriamente aposentados lidera grupo que cria o Centro Brasileiro de Análise e Planejamento (Cebrap).

02/07/1969

Criação da Operação Bandeirantes (Oban), cuja função era centralizar a repressão a indivíduos e organizações considerados "subversivos". Posteriormente, a Oban torna-se o Destacamento de Operações de Informações-Centro de Operações de Defesa Interna (DOI-CODI).

05/09/1969

A ALN e Movimento Revolucionário 8 de Outubro (MR-8) comandam o sequestro do embaixador norte-americano Charles Burke Elbrick.

29/09/1969

Promulgada a Lei de Segurança Nacional, que define crimes contra a ordem nacional, política e social.

26/06/1969

Lançado o jornal *O Pasquim*.

30/10/1969

Médici toma posse na Presidência da República.

1971

Início da publicação da revista *Estudos Cebrap*.

14/06/1971

O militante Stuart Angel é preso, torturado e morto em quartel do Rio de Janeiro.

17/09/1971

Carlos Lamarca, um dos líderes da Vanguarda Popular Revolucionária (VPR) e membro do MR-8, é morto durante a Operação Parajuçara.

04/12/1972

Primeira investida militar do Governo Federal contra a guerrilha do Araguaia.

26/04/1973

Os governos brasileiro e paraguaio assinam o Tratado de Itaipu.

10/23/1972

Lançado o jornal *Opinião*.

10/07/1973

Terceira ofensiva contra a guerrilha do Araguaia e intensificação do combate à luta armada.

15/03/1974

Ernesto Geisel toma posse na Presidência da República e inicia abertura política "lenta, gradativa e segura".

15/11/1974

Eleições para o Congresso Nacional. O MDB elege 16 de 22 senadores e conquista 44% das cadeiras no Congresso Nacional.

25/10/1975

Morte de Vladmir Herzog sob tortura no DOI-CODI.

31/10/1975

Ato Ecumênico em frente à Catedral da Sé reúne 10 mil em memória de Herzog.

01/07/1976

Promulgação da Lei Falcão, que impede candidatos a cargos públicos de veicular projetos políticos em programas de rádio e TV.

1976

Fundação do Centro de Estudos de Cultura Contemporânea (Cedec).

04/12/1976

Bomba explode em atentado contra o Cebrap. A Aliança Anticomunista Brasileira reivindica a autoria do ato.

07/06/1977

Mais de 2500 intelectuais, acadêmicos e jornalistas assinam manifesto da Associação Brasileira de Imprensa (ABI) contra a censura.

14/02/1978

Fundação do Comitê Brasileiro pela Anistia (CBA).

12/05/1978

Início de greves do ABC, as primeiras desde o AI-5.

15/11/1978

Eleições indiretas para governos estaduais, Câmara e Senado, regidas pela Lei Falcão. Arena e MDB travam disputa acirrada. O MDB 45% das cadeiras no Congresso.

01/01/1979

Entra em vigor emenda constitucional que revoga os dispositivos legais do AI-5.

15/03/1979

O general João Baptista Figueiredo toma posse na Presidência da República.

28/08/1979

Promulgada a Lei da Anistia.

22/11/1979

Aprovada no legislativo a reforma partidária, que extingue o bipartidarismo e permite a criação de novas siglas para a disputa eleitoral.

15/01/1980

O MDB torna-se Partido do Movimento Democrático Brasileiro (PMDB).

30/01/1980

A Arena torna-se o Partido Democrático Social (PDS).

10/02/1980

Manifesto de criação do Partido dos Trabalhadores (PT).

27/08/1980

Atentado à bomba em sede da OAB, no Rio de Janeiro, mata uma funcionária.

31/04/1981

Frustrado o atentado no Ricentro, ação terrorista orquestrada pela "linha dura" do regime militar.

12/1981

Lançada a revista *Novos Estudos Cebrap*.

15/11/1982

Eleições pluripartidárias para governadores e deputados. O governo perde maioria na Câmara dos Deputados e as oposições elegem 10 governadores.

05/04/1982

O filme *Pra frente Brasil,* de Roberto Farias, é censurado.

03/02/1983

Apresentada à Câmara dos deputados a emenda Dante de Oliveira, que previa eleições diretas.

03/04/1983

DOPS de São Paulo é desativado.

28/08/1983

Fundação da Central Única dos Trabalhadores (CUT).

14/12/1983

Decreto altera a Lei de Segurança Nacional e diminui os dispositivos ligados à Doutrina de Segurança Nacional.

10/4/1984

Começa a Campanha das *Diretas Já,* com Comício na Candelária, no Rio de Janeiro, que reúne 1 milhão de pessoas em favor das eleições diretas para Presidente da República.

16/04/1984

Comício em prol das *Diretas Já* reúne cerca de 1 milhão de pessoas na Praça da Sé, em São Paulo.

25/04/1984

O Congresso Nacional rejeita a emenda Dante de Oliveira.

11/08/1984

Paulo Maluf é indicado candidato à Presidência da República na convenção do PDS, derrotando Mário Andreazza. O resultado da convenção cria dissidências no PDS.

12/08/1984

Lançada a candidatura de Tancredo Neves à presidência da República pelo PMDB

15/07/1985

Dom Evaristo Arns publica o livro *Brasil: Nunca Mais,* documentando crimes cometidos pelo governo durante o regime militar.

15/01/1985

Tancredo Neves é eleito pelo colégio eleitoral para a Presidência da República. José Sarney é eleito vice.

24/01/1985

Criação do Partido da Frente Liberal (PFL).

15/03/1985

Tancredo Neves, doente, é internado e José Sarney assume a Presidência da República.

19/03/1985

Anistia para lideranças sindicais.

21/04/1985

Morte de Tancredo Neves.

08/05/1985

Aprovada emenda constitucional que estabelece eleições diretas para Presidente e prefeitos. Legalização dos partidos políticos comunistas.

28/02/1986

Lançado o Plano Cruzado.

01/02/1987

Instalada a Assembleia Nacional Constituinte.

24/06/1988

Fundação do Partido da Social Democracia Brasileira (PSDB).

22/09/1988

Promulgação da Constituição de 1988.

17/12/1989

Primeiras eleições livres para a Presidência da República. Fernando Collor de Mello vence Luis Inácio Lula da Silva.

15/03/1990

Extinto o Serviço Nacional de Informações (SNI).

04/03/1990

Congresso aprova primeiras medidas do Plano Collor.

4/09/1990

Abertura da vala clandestina de Perus, em São Paulo, onde foram encontradas ossadas de presos políticos, vítimas do regime militar.

31/01/1991

Lançado o Plano Collor, choque econômico, com congelamento dos preços e salários e confisco da poupança.

26/03/1991

Assinado o Tratado de Assunção que cria o MERCOSUL.

03/04/1992

Brasil sedia a Conferência das Nações Unidas para o Meio Ambiente e o Desenvolvimento (CNUMAD), a RIO-92.

23/12/1992

O CIE torna-se Centro de Inteligência do Exército.

29/12/1992

Presidente Fernando Collor de Mello, acusado de corrupção, sofre *Impeachment.*

29/12/1992

Itamar Franco toma posse na Presidência da República.

21/04/1993

Plebiscito sobre sistema de governo. Presidencialismo vence parlamentarismo.

12/07/1993

O Ministro da Fazenda, Fernando Henrique Cardoso, anuncia plano de estabilização monetária.

01/07/1994

Lançado o Plano Real.

15/10/1994

Fernando Henrique Cardoso é eleito Presidente da República.

04/12/1995

A Lei 9.140 reconhece como mortas pessoas desaparecidas em razão de participação em atividades políticas durante a ditadura militar. A lei garante indenização para familiares de presos e perseguidos políticos.

18/12/1995

Instituída por decreto a Comissão Especial de Mortos e Desaparecidos Políticos no âmbito do Ministério da Justiça.

07/08/1996

Eliminação do foro militar para julgamento de crimes cometidos por policiais militares, em atividades de policiamento, contra civis. A lei não vigora para militares federais.

13/05/ 1997

Criação do Grupo de Trabalho para Reestruturação das Polícias.

17/04/1997

Governo Fernando Henrique Cardoso cria a Secretaria Nacional de Direitos Humanos, ligada ao Ministério da Justiça.

10/04/1998

Fernando Henrique Cardoso é reeleito presidente da República

10/06/1999

Criado o Ministério da Defesa e extintos os ministérios do Exército, da Marinha e da Aeronáutica.

07/12/1999

Criada a Agência Brasileira de Inteligência (ABIN), em substituição ao SNI.

13/01/1999

O Banco Central libera o câmbio, iniciando a desvalorização do Real.

24/08/2001

Criada a Comissão da Anistia, no âmbito do Ministério da Justiça.

27/10/2002

Luís Inácio Lula da Silva é eleito Presidente da República.

01/07/2004

A Lei 10.875 amplia os critérios de reconhecimentos das vítimas da ditadura militar e vincula a Comissão de Mortos e Desaparecidos Políticos à Secretaria de Direitos Humanos.

18/05/ 2005

Estoura o escândalo do mensalão.

29/10/2006

Reeleição do Presidente Luís Inácio Lula da Silva.

04/30/2009

Revogada a Lei de Imprensa.

27/08/2007

Lançamento do livro *Direito à Memória e à Verdade,* síntese das atividades da Comissão Especial sobre Mortos e Desaparecidos Políticos.

21/12/2009

O Decreto Nº 7.037 cria a primeira versão do III Plano Nacional de Direitos Humanos.

24/03/2010

A Secretaria dos Direitos Humanos ganha *status* de ministério no Governo Lula.

31/10/2010

Dilma Rousseff, ex-guerrilheira da Vanguarda Armada Revolucionária Palmares(VAR-Palmares), é eleita Presidente da República.

16/05/2012

Instauração da Comissão Nacional da Verdade.

11/06/2013

Manifestações de junho.

27/01/2014

A sede do DOI-CODI é tombada pelo Patrimônio Histórico de São Paulo.

10/09/2014

Justiça brasileira reabre o caso Rubens Paiva, parlamentar assassinado no DOI-CODI no Rio de Janeiro em 1971.

10/12/2014

Comissão Nacional da Verdade divulga seus resultados no Dia Internacional dos Direitos Humanos.

Sobre os autores

Angela Alonso Professora Livre-Docente do Departamento de Sociologia da Universidade de São Paulo, Diretora Científica do Cebrap e pesquisadora PQ-2 do CNPq. É doutora em sociologia pela Universidade de São Paulo (2000), com Pós-Doutorado na Yale University (2009–2010). Foi pesquisadora do Development Research Centre on Citizenship, University of Sussex (2000–2010), membro do comitê editorial da *Revista Brasileira de Sociologia* (2008), *fellow* da Fundação Guggenheim (2009–2010), coordenadora do GT Pensamento Social no Brasil da Anpocs (2010–2012) e é, desde 2009, membro do comitê editorial do *Journal of Environment and Development* (University of California). É autora de *Ideias em movimento: a geração 1870 na crise do Brasil Império* (Paz e Terra/Anpocs. 2002; prêmio CNPq-Anpocs, 2000 de melhor doutorado em Ciências Sociais); de *Joaquim Nabuco: os salões e as ruas* (Companhia das letras, 2007; indicado para os prêmios Jabuti de biografia e Telecom Brasil-Portugal de Literatura); coautora (com Sérgio Costa e Sérgio Tomioka) de *Modernização negociada: expansão viária e riscos ambientais no Brasil* (Cebrap/Inama, 2001) e coeditora (com D K Jackson) de *Joaquim Nabuco na República* (Hucitec, 2012). Publicou vários artigos sobre intelectuais, cultura e ação política e movimentos sociais. Atualmente prepara livro sobre o movimento pela abolição da escravidão no Brasil e um *handbook* sobre movimentos sociais.

Argelina Cheibub Figueiredo PhD pela Universidade de Chicago, professora do Instituto de Estudos Sociais e Políticos da Universidade do Estado do Rio de Janeiro (IESP-UERJ) e pesquisadora sênior do Cebrap. É autora dos livros *Democracia ou reformas? Alternativas democráticas à crise política* (1993) e, com Fernando Limongi, *Executivo e legislativo na nova ordem constitucional* (1999).

Brasílio Sallum Jr. Professor Titular de Sociologia da Universidade de São Paulo. Coordena o Consórcio de Informações Sociais (CIS), projeto da USP/Anpocs. Seus trabalhos se concentram nas áreas de Teoria Sociológica, Estratificação Social e Sociologia Política. Autor de *Labirintos – dos generais à Nova República* (1996) e *Capitalismo e cafeicultura – Oeste Paulista (1888–1930)* (1982).

Elza Berquó Demógrafa com pós-graduação em Bioestatística pela Columbia University, New York. Professora Titular de Estatística, Universidade de São Paulo. Membro Fundador, em 1969, do Cebrap, onde coordena o Núcleo de População e Políticas Públicas. Fundadora do Núcleo de Estudos de População da Universidade Estadual de Campinas (Nepo/Unicamp). Membro da Comissão Consultiva dos Censos Demográficos de 1991, 2000 e 2010, do IBGE. Organizou, entre outros livros: *Sexualidade, reprodução e saúde* (2009).

Fernando Henrique Cardoso Presidente da República por dois mandatos consecutivos (1995–2002), presidente da Fundação Instituto Fernando Henrique Cardoso e presidente de honra do Diretório Nacional do Partido da Social Democracia Brasileira (PSDB). Preside a Comissão Global sobre Política de Drogas e é um dos doze membros dos Elders, grupo independente de líderes globais que trabalham juntos pela paz e os direitos humanos, criado em 2007 por Nelson Mandela. Autor de mais de quarenta livros, em autoria e coautoria. Seu livro mais recente é *Pensadores que inventaram o Brasil* (2013).

Fernando Limongi Doutor em Ciência Política, University of Chicago (1993). Atualmente é professor titular da Universidade de São Paulo, pesquisador sênior do Cebrap, coordenador do Núcleo de Estudos Comparados e Internacionais (NECI). É autor de *Executivo e Legislativo na nova ordem constitucional* (1999) e de *Política orçamentária no presidencialismo de coalizão* (2008), ambos em coautoria com Argelina Figueiredo.

Francisco de Oliveira Possui graduação em Ciências Sociais pela Universidade Federal de Pernambuco (1956), especialização em Desenvolvimento Econômico pelo Banco do Nordeste do Brasil (1956), doutorado em Sociologia pela Universidade de São Paulo (1992) e pós-doutorado pela École des Hautes Études en Sciences Sociales (1984). Atualmente é Professor Titular da Universidade de São Paulo. Dentre diversas obras, publicou *Noiva da Revolução / Elegia para uma Re(li)gião* (2009) e *O elo perdido: classe e identidade de classe na Bahia* (2003).

Glenda Mezarobba Mestre e doutora em Ciência Política pela Universidade de São Paulo. Especialista em justiça de transição. É autora de *Um acerto de contas com o futuro: a anistia e suas consequências – um estudo do caso brasileiro* (2006) e de quatro verbetes da *Encyclopedia of Transitional Justice*, publicada em 2012 pela Cambridge University Press. Desde 2012 é consultora do PNUD para a Comissão Nacional da Verdade.

Ismail Xavier Professor do programa de pós-graduação da Escola de Comunicações e Artes da Universidade de São Paulo; foi Professor Visitante da University of Chicago (2008) e Universidad Nacional de La Plata (2009), entre outras. Publicou *O discurso cinematográfico: a opacidade e a transparência* (1977), *Sertão Mar: Glauber Rocha e a estética da fome* (2007), *Alegorias do subdesenvolvimento: Cinema Novo, Tropicalismo, Cinema Marginal* (1993, 2012), *O cinema brasileiro moderno* (2001).

Jorge Ferreira Professor Titular de História do Brasil na Universidade Federal Fluminense (UFF). Obteve o título de Doutor em História Social na Universidade de São Paulo (USP). É pesquisador 1 do CNPq e da Faperj. É autor entre outros de *João Goulart, uma biografia* (2013); coautor, com Angela de Castro Gomes, de *1964 – o golpe que depôs um presidente, pôs fim ao regime democrático e instituiu a ditadura no Brasil* (2014) e organizador de *O populismo e sua história, debate e crítica* (2013).

José Artur Giannotti Professor Titular Emérito do Departamento de Filosofia da Faculdade de Filosofia, Letras e Ciências Humanas da Universidade de São Paulo. Membro fundador do Cebrap, tendo sido presidente da instituição nos períodos de 1984 a 1990 e 1995 a 2001. Membro do Conselho Editorial da *Revista Novos Estudos Cebrap* e do Grupo de Trabalho Wittgenstein da Associação Nacional de Pós-Graduação em Filosofia (Anpof). Publicou, entre outros livros, *Notícias no espelho* (2011) e *Lições de filosofia primeira* (2011).

José Carlos Dias Formado pela Faculdade de Direito da Universidade de São Paulo. É conselheiro da Comissão Justiça e Paz, tendo sido membro efetivo e presidente. Foi Secretário da Justiça do Governo Montoro (1983–1987); Ministro de Estado da Justiça do Governo Fernando Henrique Cardoso (1999–2000). Foi Presidente do Conselho Superior de Coordenação do Ilanud – Instituto Latino Americano das Nações Unidas para a Prevenção do Delito e Tratamento do Delinquente. É autor de dois livros de poesia: *Miragens do meu deserto* (1957) e *Vozes perdidas* (1957). É membro da Comissão Nacional da Verdade.

Marcos Napolitano Doutor em História Social pela Universidade de São Paulo. Foi professor no Departamento de História da Universidade Federal do Paraná e professor visitante do Instituto de Altos Estudos da América Latina da Universidade de Paris III. É professor de História do Brasil Independente na USP. É pesquisador-bolsista do CNPq. Autor dos livros *1964: história do regime militar brasileiro* (2014), *História e música* (2002), *Seguindo a canção: engajamento político e indústria cultural na MPB – 1959–1969* (2001), entre outros.

Marcos Nobre Professor de filosofia da Universidade Estadual de Campinas e pesquisador sênior do Cebrap. Em seu trabalho de pesquisa, conta com o apoio da Fapesp (linha Projetos Temáticos) e do CNPq (Bolsa de Produtividade em Pesquisa). Suas publicações e intervenções se dedicam a tentar atualizar a Teoria Crítica em suas muitas dimensões. Seu livro mais recente é *Imobilismo em movimento – da abertura democrática ao governo Dilma* (2013).

Maria Hermínia Tavares de Almeida Pesquisadora sênior do Cebrap e professora titular aposentada do Departamento de Ciência Política da FFLCH-USP e do Instituto de Relações Internacionais. Cientista Política, tem experiência nas áreas de políticas públicas e instituições políticas, especializando-se principalmente nos seguintes temas: políticas públicas, federalismo e opinião pública e política externa. Entre suas publicações destaca-se o livro *Crise econômica e interesses organizados* e o artigo "*Privatization: reform through negotiation*".

Miriam Dolhnikoff Professora do departamento de História da Universidade de São Paulo e do Instituto de Relações Internacionais da Universidade de São Paulo, pesquisadora do Cebrap e pesquisadora PQ-2 do CNPq. É doutora em História pela Universidade de São Paulo (2000) e membro do comitê editorial da revista *Novos Estudos*. É autora de O *pacto imperial: origens do federalismo no Brasil* (Globo, 2005) e de *José Bonifácio: o patriarca vencido* (Companhia das Letras, 2012). Publicou vários artigos sobre história política do Brasil no século XIX.

Paulo Sérgio Pinheiro Membro da Comissão Nacional da Verdade e presidente da comissão independente internacional da ONU de investigação sobre a República Árabe da Síria. Professor Adjunto de Estudos Internacionais da Brown University, professor titular de Ciência Política (aposentado) da Universidade de São Paulo e pesquisador associado do Núcleo de Estudos da Violência (NEV/USP). Foi ministro da Secretaria de Estado de Direitos Humanos.

Paul Israel Singer Nasceu em Viena, em 1932. Refugiado do nazismo, chegou ao Brasil em 1940. Formou-se em Economia na Universidade de São Paulo em 1959. Foi professor da Faculdade de Economia, Administração e Contabilidade (USP) e, mais tarde, da Faculdade de Higiene e Saúde Pública (USP). Foi um dos fundadores, em 1980, do Partido dos Trabalhadores. Entre 1989 e 199, durante o mandato da prefeita Luiza Erundina, foi Secretário de Planejamento de São Paulo.

É Secretário Nacional de Economia Solidária desde 2003. Publicou, entre outros, *Introdução à economia solidária* (São Paulo, Fundação Perseu Abramo, 2002).

Paulo Vanucchi Jornalista e Mestre em Ciência Política pela Universidade de São Paulo. É membro da Comissão Interamericana de Direitos Humanos (mandato 2014–2017). Foi ministro dos Direitos Humanos entre dezembro de 2005 e dezembro de 2010.

Rodrigo Patto Sá Motta Professor Associado da Universidade Federal de Minas Gerais e pesquisador do CNPq. Atuou como professor visitante nas Universidades de Maryland (2006–2007) e de Santiago de Chile (2009). Publicou, entre outros, *Em guarda contra o perigo vermelho: o anticomunismo no Brasil* (2002); *Jango e o golpe de 1964 na caricatura* (2006); e *As universidades e o regime militar* (2014).

Wanderley Guilherme dos Santos PhD em Ciência Política pela Universidade de Stanford, professor titular (aposentado) de Teoria Política da Universidade Federal do Rio de Janeiro, membro fundador do Instituto Universitário de Pesquisas do Rio de Janeiro (Iuperj) e membro titular da Academia Brasileira de Ciências. Publicou, entre outros, *O ex-leviatã brasileiro – do voto disperso ao clientelismo concentrado* (2006); *Governabilidade e democracia natural* (2007); *O paradoxo de Rousseau – uma interpretação democrática da vontade geral* (2007) e *Acervo de maldizer* (2008).

Notas

[1] Somos gratas à equipe do SESC-Consolação, a Fabio Kerche, do BNDES, a Paulo Pires, Samuel Titan Jr., a Flávio Pinheiro, do ims – que transmitiu o evento ao vivo em seu site – e a Monica Teixeira e Rodrigo Simon de Moraes, que o registraram no acervo digital da Univesp e filmaram os depoimentos colhidos depois do evento, e aqui transcritos.

[2] Outra explicação de natureza política para o golpe de 1964 foi a de Santos (1986, 2003).

[3] Ver *O panfleto* (16-3-1963), jornal que circulou nos meses de fevereiro e março de 1964; controlado por Brizola e seu grupo, funcionou como porta voz da Frente de Mobilização Popular.

[4] Ver *Diário de Notícias*, 12-3-1964.

[5] O texto integral da ordem do dia é reproduzido em Dines et al (1964: 332-3).

[6] Citado em *Digesto Econômico* 177, maio-junho de 1964, pp 40-1.

[7] Segundo o relato de Paulo Schilling, participante do evento (Schilling, 1979: 233).

[8] Ver a discussão sobre a análise teleológica do golpe de 1964 na "Introdução" de FERREIRA, Jorge e GOMES, Ângela de Castro. *1964: o golpe que derrubou um presidente, pôs fim ao regime democrático e instituiu a ditadura no Brasil.* Rio de Janeiro: Civilização Brasileira, 2014.

[9] A FMP foi articulada por Leonel Brizola no início de 1963 e dela participavam o movimento sindical urbano com o Comando Geral dos Trabalhadores (CGT); a Confederação Nacional dos Trabalhadores na Indústria (CNTI); a Confederação Nacional dos Trabalhadores nas Empresas de Crédito (Contec); e o Pacto de Unidade e Ação (PUA). Os estudantes organizados na União Nacional dos Estudantes (UNE) e na União Brasileira de Estudantes Secundaristas (UBES). Também integravam a frente o Comando dos Trabalhadores Intelectuais (CTI), as Ligas Camponesas e os subalternos das Forças Armadas, como sargentos, marinheiros e fuzileiros navais. Nela igualmente estavam organizações da esquerda revolucionária como a Ação Popular (AP) e o Partido Operário Revolucionário – Trotskista (POR-T), além de grupos da extrema-esquerda do PCB. Na FMP participavam ainda o Grupo Compacto do PTB e a Frente Parlamentar Nacionalista (FPN), bem como parlamentares do Partido Socialista Brasileiro (PSB), do Partido Social Progressista (PSP) e os nacional-revolucionários petebistas que seguiam a liderança de Brizola. Por fim, o grupo político de Miguel Arraes também participava da FMP, embora mantivesse independência em relação à liderança de Brizola. Sobre a Frente de Mobilização Popular, ver FERREIRA, Jorge. "A estratégia do confronto: a Frente de Mobilização Popular". In *Revista Brasileira de*

História. São Paulo: Anpuh, vol. 24, n.47, jan-jun, 2004.

[10] Não são poucas as análises que, pela pressa em defender seus pontos de vistas, afirmam que a UDN apoiou o veto dos ministros militares à posse de Goulart. Trata-se de erro de ordem factual. A UDN, no Congresso Nacional, apoiou a posse do vice-presidente e a legalidade democrática. Entre os udenistas foi o governador da Guanabara, Carlos Lacerda, contrariando seu próprio partido, que apoiou o veto militar. Mas não se deve confundir Carlos Lacerda com a UDN.

[11] Sobre a Campanha da Legalidade, ver BARBOSA, Vivaldo. *A rebelião da legalidade*. Rio de Janeiro, FGV, 2003; FERREIRA, Jorge. *O imaginário trabalhista: getulismo, PTB e cultura política popular (1945–1964)*. Rio de Janeiro: 2005. LABAKI, Amir. *A crise da renúncia e a solução parlamentarista*. São Paulo, Brasiliense, 1986; MARKUN, Paulo e HAMILTON, Duda. *1961: que as armas não falem*. São Paulo: Senac, 2001.

[12] MOTTA, Rodrigo Patto Sá. *Em guarda contra o "perigo vermelho": o anticomunismo no Brasil (1917–1964)*. São Paulo: Perspectiva/Fapesp, 2002, p 268.

[13] *O Globo*. Rio de Janeiro, 12 de abril de 1962, 1ª página.

[14] *Folha de S Paulo*, 11 de dezembro de 1962, p 4

[15] MOTTA, Rodrigo Patto Sá. Op.cit., p 252.

[16]MOTTA, Rodrigo Patto Sá. "João Goulart e a mobilização anticomunista de 1961–1965". In FERRERIA, Marieta de Moraes (coord.). *João Goulart: entre a memória e a história*. Rio de Janeiro: FGV, p 136.

[17] Citado em Aspásia Camargo, "A questão agrária: crise de poder e reformas de base (1930–1964)". In Boris Fausto (dir.). *O Brasil republicano*, tomo III, *Sociedade e política*, 3º volume. São Paulo: Difel, 1983, p 173.

[18] *Jornal do Brasil*, 5 de fevereiro de 1962, p 5.

[19] *Correio da Manhã*, 1º de setembro de 1963, p 8.

[20] Idem.

[21] Citado em Antônio Lavareda. *A democracia nas urnas: o processo partidário-eleitoral brasileiro (1945–1964)*. Rio de Janeiro: Iuperj/Revan, 1991, p 177.

[22] *Novos Rumos*. Rio de Janeiro, n 163, 30 de março a 5 de abril de 1962, 1ª página.

[23] A tese é defendida por FIGUEIREDO, Argelina. *Democracia ou reformas? Alternativas democráticas à crise política. 1961–1964*. Rio de Janeiro: Paz e Terra, 1993.

[24] Ver FERREIRA, Jorge. *João Goulart: uma biografia*. Rio de Janeiro: Civilização Brasileira, 2011, capítulo 7.

[25] Sobre o apoio de importantes comandos militares à antecipação do plebiscito, fato gerador de grave crise política e militar, ver BANDEIRA, Moniz. *O governo João Goulart: as lutas sociais no Brasil: 1961–1964*. Rio de Janeiro: Civilização Brasileira, 1977, p 61–62 e MIR, Luís. *A revolução impossível: a esquerda e a luta armada no Brasil*. São Paulo: Best Seller/Círculo do Livro, 1994, p 77–78.

[26] FERREIRA, Jorge. Op.cit., p 322.

[27] *Jornal do Brasil*. Rio de Janeiro, 3 de janeiro de 1963, p 6

[28] Sobre a crise econômica e o Plano Trienal ver ABREU, Marcelo de Paiva. "Inflação, estagnação e ruptura: 1961–1964". In ABREU, Marcelo de Paiva (org.). *A ordem do progresso*. Cem anos de política econômica republicana, 1889–1989. Rio de Janeiro, Campus, 1990; DUTRA, Pedro Cezar Dutra Fonseca. "Legitimidade e credibilidade. Impasses da

política econômica do governo Goulart". *Estudos Econômicos.* São Paulo, v. 34, n.1 (93), 2004; FIGUEIREDO, Argelina. Op.cit.; SILVA, Hélio. *1964: golpe ou contragolpe?* Rio de Janeiro, Civilização Brasileira, 1975; MELO, Hildete P.; BASTOS, Carlos P.; ARAÚJO, Victor L "A política macroeconômica e o reformismo social: impasses de um governo sitiado". In FERREIRA, Marieta de Moraes (coord.). Op.cit.; VICTOR, Mario. *Cinco anos que abalaram o Brasil.* Rio de Janeiro, Civilização Brasileira, 1965.

[29] *Folha de S Paulo.* São Paulo, 9 de fevereiro de 1963, p 8.

[30] *O Globo.* Rio de Janeiro, 8 de fevereiro de 1963, 1ª página.

[31] MORAES, Denis de. *A esquerda e o golpe de 64: vinte e cinco anos depois, as forças populares repensam seus mitos, sonhos e ilusões.* Rio de Janeiro, Espaço e Tempo, 1989, p 153.

[32] A tese também é defendida por Argelina Figueiredo. Para ela, o Plano Trienal foi um ensaio de pacto social. Ver FIGUEIREDO, Argelina. Op.cit., capítulo 3.

[33] Ver FIGUEIREDO, Argelina. Op.cit., p 114–15.

[34] Sobre a revolta dos sargentos ver PARUCKER, Paulo. *Praças em pé de guerra: o movimento político dos subalternos militares no Brasil (1961–1964) e a revolta dos sargentos de Brasília.* São Paulo: Expressão Popular, 2009.

[35] ABREU, Alzira Alves. "1964: a imprensa ajudou a derrubar o governo Goulart". In FERREIRA, Marieta de Moraes (coord.). Op.cit., p 117.

[36] Sobre o pedido de estado de sítio pelo presidente e as oposições de direita e esquerda ver FERREIRA, Jorge. Op. cit., 364–71.

[37] HIPPOLITO, Lucia. *De raposas e reformistas: o PSD e a experiência democrática brasileira (1945–64).* Rio de Janeiro: Paz e Terra, 1985, p 239.

[38] Sobre a Frente Progressista ver. FERREIRA, Jorge. "História e biografia: as escolhas de João Goulart". *Cadernos Arquivo Edgard Leuenroth.* Campinas: Unicamp, v. 17, 2010; FIGUEIREDO, Argelina. Op.cit.; GOMES, Ângela de Castro, "Trabalhismo e democracia: o PTB sem Vargas". In idem (org.). *Vargas e a crise dos anos 50.* Rio de Janeiro: Relume-Dumará,1994.

[39] Entre os trabalhos que se dedicaram ao golpe militar cito BANDEIRA, Moniz. Op.cit., SILVA, Helio. Op.cit. e FERREIRA, Jorge; GOMES, Ângela de Castro. Op.cit.

[40] Ver Introdução de D'ARAUJO, Maria Celina; SOARES, Gláucio Ary D.; CASTRO, Celso. *Visões do golpe: a memória militar sobre 1964.* Rio de Janeiro: Relume-Dumará, 1994.

[41] Em filosofia cabe a pergunta se é o Estado que funda a política ou esta que funda aquele. Estas considerações se movem nesse universo, levando em conta a ambiguidade da noção de fundar.

[42] Este texto é versão modificada de um dos subcapítulos do livro *As universidades e o regime militar.* MOTTA, Rodrigo P.S Rio de Janeiro: Zahar, 2014.

[43] Cf. entrevista de Bolivar Lamounier. São Paulo, fev. 2009.

[44] Cf. Rodríguez, Laura Graciela. "Los nacionalistas católicos de *Cabildo* y la educación durante la última dictadura en Argentina". *Anuario de Estudios Americanos,* v. 68, n.1, jan-jun. 2011, p 253–77; Rodríguez, Laura Graciela e Germán Soprano. "La política universitaria de la dictadura militar en la Argentina: proyectos de reestructuración del sistema de educación superior (1976–1983)". *Noveaux Monde. Mondes Nouveaux.* Paris: EHESS, 2009; Garretón, Manuel A e Javier Mar-

tinez. *Universidades chilenas: historia, reforma e intervención.* Santiago: Ediciones del Sur, s/d.; e Levy, Daniel C "Chilean universities under the Junta: regime and policy". *Latin American Research Review*, v. 21, n.3, 1986, p.95–128.

[45] A mais conhecida dessas iniciativas, cuja experiência tornou-se célebre devido à carreira acadêmica e política posterior de seus integrantes, foi o grupo organizado na USP no final dos anos 1950 para discutir *O Capital* de K Marx. A esse respeito ver as entrevistas organizadas por Montero, Paula e Flávio Moura (org.). *Retrato de grupo: 40 anos do Cebrap.* São Paulo, Cosac Naif, 2009.

[46] Sobre essa questão ver MOTTA. Op. cit, capítulo 1.

[47] SAUNDERS (pp.147–63) apresentou dados sobre a cooperação da Fundação Ford e congêneres com operações da CIA para financiar intelectuais europeus da esquerda anticomunista, bem como sobre outros exemplos do bom relacionamento da entidade com a liderança do governo dos EUA. Saunders, Frances. *Quem pagou a conta? A CIA na Guerra Fria da cultura.* Rio de Janeiro: Record, 2008. Cf. também MacCarthy, Kathleen. "From Cold War to cultural development: the international cultural activities of the Ford Foundation, 1950–1980". *Daedalus*, n.116, inverno de 1987, p.93–117.

[48] Além dos cursos nos Estados Unidos, outra fonte de disseminação dos conceitos das Ciências Sociais norte-americanas foi a FLACSO (Facultad Latinoamericana de Ciencias Sociales), cujos programas foram frequentados por estudantes brasileiros desde o início dos anos 1960, em Santiago do Chile.

[49] No caso de financiamentos para cursos de pós-graduação da FIPE/USP e da UFV, por exemplo. Sobre a atuação da Fundação Ford no Brasil ver Miceli, Sérgio. (org.). *A Fundação Ford no Brasil.* São Paulo: Fapesp/Sumaré/Idesp, 1993.

[50] Em outubro de 1969, a Fundação Ford respondeu negativamente uma solicitação de auxílio do curso de Comunicação da UFMG, apontando como razão a situação política, que levara a agência a "reexaminar a provável produtividade de investimentos adicionais da fundação nessas instituições nas circunstâncias presentes". Caixa 10, maço 41. Arquivo AESI/UFMG. Para a reunião em que se discutiu a possibilidade da Ford sair do Brasil, ver entrevista de David Fleischer. Para o rompimento da Universidade de Berkeley com o IPEA, ver Castro, Celso e Maria Celina D'Araujo (org.). *Tempos modernos: João Paulo dos Reis Velloso, memórias do desenvolvimento.* Rio de Janeiro: FGV, 2004, p 88.

[51] É interessante mencionar que o apoio financeiro da F Ford gerou polêmicas entre os integrantes iniciais do grupo Cebrap, e teria levado ao afastamento de Florestan Fernandes. Cf. Sorj, Bernard. *A construção intelectual no Brasil contemporâneo: da resistência à ditadura militar ao governo FHC.* Rio de Janeiro: Zahar, 2001.

[52] Em 1974, alguns órgãos da "comunidade" investigaram o Cebrap, como a 2ª Seção do Iº Exército, o Serviço de Informações da PF e o SNI. Cf. ACE 7612/83 e ACE 75750/74. Fundo SNI, Arquivo Nacional-Coreg. Na amarga (e exagerada) análise da agência do Exército, o Cebrap abrigava professores aposentados pela "Revolução" que, com os proventos pagos pelo Estado "tem tempo e salário para se dedicarem a atividades intelectuais da esquerda".

[53] Cf. entrevistas de Bolivar Lamounier, Francisco Weffort, Maria Her-

mínia Tavares, José Álvaro Moisés e Maria Victoria Benevides.

[54] No caso de Albuquerque, que fora aposentado pelo AI-5, ele foi liberado após interrogatório e instruído a comparecer semanalmente às dependências do Exército e, no segundo, o Diretor da Faculdade responsável respondeu ao SNI que Marx não entendia nada de arte e que não era relevante para o curso. ACE 47131/72 e ACE 1099/80. Fundo SNI, Arquivo Nacional-Coreg. Sobre o aumento da circulação das ideias marxistas ver também SORJ, 2001.

[55] Permitir que professores comunistas atuassem nas universidades, desde que evitassem o proselitismo político. Cf. MOTTA. Op.cit.

[56] O problema surgiu quando OI questionaram o uso de certos autores e a existência de grupos de estudos do marxismo em residências particulares. A recomendação de usar Marx somente em sala significava também facilitar a vigilância, evitando-se, assim, o uso "revolucionário" do pensador alemão. Cf. Entrevistas de Roque Laraia e David Fleischer.

[57] *Veja*, nº 492, 8/02/1978, p 4.

[58] Cf. entrevistas de Eunice Durham e Francisco Weffort.

[59] Entre os convidados estavam também Guillermo O'Donnell, Rudolf de Jong e Kenneth Erickson. Os dados sobre a conferência foram retirados de *Veja*, edição nº 352, 4/06/1975, pp.59–64.

[60] No mesmo dia (1/11/1975) em que o jornal *O Estado de São Paulo* publicou manifesto (pago) assinado por centenas de professores da USP, protestando contra o assassinato de Herzog, saiu também artigo do professor Roque Spencer, explicando porque se recusara a assinar o texto. Ele argumentou que não era apropriado criticar Geisel naquele momento, e sim apoiá-lo em benefício da distensão, e que se os professores e alunos fizessem protestos e passeatas estariam ajudando os radicais da direita e da esquerda.

[61] Para o caso da Editora da UnB ver Associação dos Docentes da Universidade de Brasília (AdUnB). *Sonho e realidade: o movimento docente na Universidade de Brasília, 1977–1985*. Brasília: UnB/AdUnB, 1994; para a UFMG ver caixa 30, maço 18, Arquivo AESI/UFMG.

[62] Schwartzman há havia sido impedido de trabalhar no IBGE em 1970, por razões políticas. Cf. entrevista de Simon Schwartzman.

[63] CASTRO D'Araújo. Op. cit, p.150. Cf. também ACE 6336/81. Fundo SNI, Arquivo Nacional-Coreg; e Dias, José Luciano de Mattos. *Finep: trinta anos de projetos para o Brasil.* Rio de Janeiro: FGV, 2002, p 130.

[64] Cf. Entrevista de Mario Brockmann Machado, que gentilmente cedeu documentos da Finep para a área de C Sociais, sobretudo a lista de projetos aprovados para o período 1977/79.

[65] REIS, Elisa. In MICELI. Op. cit, 1993, p.120.

[66] Cf. "Projetos e Programas na área de Ciências Sociais apoiados pela Finep/FNDCT, 1977/79" e também entrevista de Mario Brockmann Machado. O informe do SNI está em ACE 21832/82, Fundo SNI, AN-Coreg.

[67] Esta hipótese foi sugerida por Bolivar Lamounier em entrevista para este trabalho.

[68] MAIA, Tatyana A *Os cardeais da cultura nacional: Conselho Federal de Cultura da ditadura civil-militar (1967–1975).* São Paulo: Rumos Itaú Cultural/Iluminuras, 2013. Neste livro, a autora examina o projeto e os limites da

ação dos ideólogos do regime no plano cultural.

[69] Neste sentido, destacamos o *corpus* bibliográfico que estabeleceu os termos do debate sobre a cultura do período. Ver, por exemplo: SCHWARZ, Roberto. "Política e Cultura...". Op.cit.; MOSTAÇO, E *Teatro e Política: Arena, Oficina e Opinião.* São Paulo: Proposta Editorial, 1982; FAVARETTO, Celso. *Tropicália: alegoria, alegria.* Cotia: Ateliê Editorial, 1995 (2ªed); HOLLANDA, Heloisa B *Impressões de Viagem: CPC, vanguarda e desbunde.* São Paulo: Brasiliense, 1979; XAVIER, Ismail. *Alegorias do subdesenvolvimento: Cinema Novo, tropicalismo e cinema marginal.* São Paulo: Brasiliense, 1990. A estes, juntamos o influente livro de Marcelo Ridenti, *Em busca do povo brasileiro: artistas da revolução, do CPC à era da TV.* Rio de Janeiro: Record, 2000.

[70] Nesta linha, ver: NAPOLITANO, M *Seguindo a canção: engajamento político e indústria cultural na MPB (1959–1979).* São Paulo, Annablume/Fapesp, 2001 (disponível em scribd.com); FREITAS, Artur. *Arte de guerrilha: vanguarda e conceitualismo no Brasil.* São Paulo: Edusp, 2013; GARCIA, Miliandre. *Do teatro militante à canção engajada.* São Paulo: Fundação Perseu Abramo, 2007.

[71] NAPOLITANO, Marcos. *Coração civil: arte, resistência e lutas culturais durante o regime militar.* Tese de Livre Docência em História do Brasil Independente, USP, 2011.

[72] NAPOLITANO, Marcos. *Seguindo a canção.* Op.cit.

[73] HABERMAS, Jurgen. *L'Espace Public.* Paris: Payot, 1978.

[74] MICELI, Sergio. "O papel político dos meios de comunicação de massa" *in* SOSNOWSKI, Saul et al (org.). *Brasil: o trânsito da memória.* São Paulo: Edusp/Universidade Maryland, 1994, p 41–68.

[75] IANNI, Octavio. *A sociedade global.* Rio de Janeiro: Civilização Brasileira, 1992, p 48.

[76] É preciso certo cuidado com a generalização da categoria "consumo" como problema teórico. Nela podem caber várias posturas diante da obra-mercadoria, cuja formulação também não pode ser resumida ao modelo adorniano, embora tenda a ele no processo histórico. Neste caso, estamos diante de uma indústria em construção, ainda não completamente calcada em monopólios e no controle total do produto. Meio artesanal, em outras palavras.

[77] Um caso que nos oferece mais um índice do comportamento da censura em 1967 é a liberação de *A derrota*, de Mario Fiorani, filme que, sem definir o contexto da ação, se passa num cárcere onde seguimos a tortura e morte de prisioneiros; os interrogatórios deixam clara a natureza política do confronto.

[78] Termo cunhado por Glauber Rocha em comunicação no Festival de Pésaro, Itália, em 1965, para se referir à forma agressiva como o cinema realizado num país de desigualdade social extrema recusava os códigos da indústria cultural e inventava um estilo a partir da escassez de recursos técnicos.

[79] Naquele contexto, um caso grave de censura e prisão de cineasta foi o de Olney São Paulo, realizador do curta-metragem *Manhã Cinzenta* (1969) que, dentro de uma estética afinada ao Cinema Marginal, faz uma reflexão amarga sobre a agitação política do momento e as vicissitudes de militantes de uma organização revolucionária atingida pela repressão; uma denúncia de que seu filme tinha sido exibido num voo, de outubro

de 1969, em que avião foi sequestrado e desviado para Cuba agravou a sua situação e gerou uma experiência de tortura que deixou sequelas ligadas à sua morte em 1978, com 41 anos.

[80] Esta conexão entre cinema e movimento estudantil não se reduziu ao CPC do início dos anos 1960; há exemplos de filmes realizados por estudantes que focalizaram episódios de luta do próprio movimento contra a ditadura, como *Universidade em crise* (1966), de Renato Tapajós, então estudante, mais tarde um militante da ALN, Hoje, escritor e cineasta bem conhecido.

[81] Trata-se de uma experiência distinta da encontrada na Argentina (que foi de curta-duração), quando Fernando Solanas e Octavio Getino conduziram a proposta do "Terceiro Cinema", que buscava a formatação de filmes políticos baseada na montagem de circuitos alternativos e debates em sindicatos e outros espaços de militância, proposta que se concretizou no filme *La hora de los hornos* (1968).

[82] Cito alguns títulos: *O padre e a moça* (Joaquim Pedro, 1965), *Menino de engenho* (Walter Lima Jr., 1965). *A grande cidade* (Carlos Diegues, 1966), *A falecida* (Leon Hirszman, 1965).

[83] *O bravo guerreiro* (Gustavo Dahl), *Fome de amor* (Nelson Pereira dos Santos) e *Vida provisória* (Maurício Gomes Leite) são filmes produzidos em 1968.

[84] Em maio de 1967, quando *Terra em transe* foi lançado nos cinemas, estava exposta no MAM do Rio de Janeiro a estrutura de "arte ambiental" (como se dizia na época) de Hélio Oiticica, *Tropicália*, obra que já prefigura muito do que vimos ganhar expressão em outras formas de arte nos anos que se seguem. Haverá a retomada de Oiticica na música de Caetano, como parte da montagem do Tropicalismo, haverá ecos de Oiticica no teatro, no cinema e na provocação comportamental trazida pelo novo estatuto da teatralização de corpo e da voz, incluída a performance dos cantores nos shows de música.

[85] Um exemplo de escuta radical é *Tarumã* (Aloysio Raulino, 1975), todo ele a potente fala imprevista de uma camponesa com quem o cineasta se depara na ocasião de uma filmagem.

[86] Dentro desta equação que envolve "primeiros passos" no confronto e/ou partilha de pontos de vistas, vale lembrar um retorno mais recente, feito em 2010, por Cacá Diegues. Diretor de um episódio de *Cinco vezes favela* (1962), ele produziu o filme-experimento de uma nova versão em que os cinco episódios deveriam ser criados e dirigidos por cineastas pertencentes a grupos artísticos das comunidades em foco, Cidade de Deus, Vidigal, Parada de Lucas e Complexo da Maré. *Cinco vezes favela: agora por nós mesmos* (2010), dirigido por Manaíra Carneiro, Rodrigo Felha, Cacau Amaral, Luciana Vidigal, Cadu Barcelos e Luciana Bezerra, faz um giro de 180° graus no olhar, condensando essa inversão de pontos de vista que resultou do longo processo acima descrito; temos um cotejo que, ressalvada a distância entre as duas épocas, confirma o quanto a inversão no ponto focal, na escolha de temas, de enredos e de formas de representação produz uma diferença reveladora; no entanto, não para sublinhar a oposição entre ideologia do intelectual e verdade da comunidade, mas para nos propiciar uma reflexão sobre o que, de fato, acontece: um deslocamento significativo de esquemas e formas didáticas ajustadas ao formato curta-metragem e escolhidas

para contar histórias exemplares, com tema bem definido, que evidenciam os valores se quer afirmar e que estereótipos se quer combater.

[87] Roberto Farias iniciou sua carreira um pouco antes do pessoal do Cinema Novo; era um interlocutor próximo do grupo, embora fosse outro o seu estilo, mais afinado aos parâmetros do mercado, numa variedade de gêneros, de comédias de costumes a musicais. Realizou dramas sociais de impacto – *Cidade ameaçada* (1960) e *Assalto ao trem pagador* (1962) – no momento da emergência da nova geração.

[88] Outro movimento que simboliza este clima de desejada "despedida", foi feito por SilvioTendler em seus documentários apoiados na montagem de material de arquivo sobre focalizando momentos políticos chave que antecederam a ditadura, *Os anos JK: ma trajetória política* (1980) e *Jango* (1984).

[89] As disputas institucionais que esboçamos e, especialmente, a ação da oposição "oficial" foi sustentada por mudanças notáveis ocorridas na estrutura social brasileira e pela grande expansão e renovação da vida associativa das camadas populares e médias ocorridas a partir dos anos 1970.

[90] Texto apresentado no Seminário "1964: 50 anos depois", organizado pelo Cebrap e pelo SESC em São Paulo, em março de 2014. Trata-se do "Posfácio" a *Imobilismo em movimento: da abertura democrática ao governo Dilma* (São Paulo: Companhia das Letras, 2013), que, por sua vez, incorporou muitas formulações presentes em uma publicação imediatamente anterior, *Choque de democracia. Razões da revolta* (livro eletrônico, São Paulo: Companhia das Letras, junho de 2013). Alguns poucos trechos do livro podem ter sido por vezes retomados textual ou aproximativamente, com finalidade de ilustração do argumento. Agradeço a Adriano Januário, Fernando Rugitsky e Ricardo Terra pelas críticas e sugestões a versões anteriores deste texto.

[91] A opção pelo termo "revoltas" remete à tradição brasileira de chamar assim movimentos como o que se viu em junho de 2013 (como, por exemplo, a "Revolta do Vintém", a "Revolta da Vacina", ou, mais recentemente, a "Revolta da Catraca"). A opção pelo plural ("revoltas") pretende indicar não apenas o caráter diverso e diversificado das manifestações e dos objetivos, mas igualmente que se trata de Revolta realizada em condições democráticas.

[92] Marcos Nobre, "A volta da polarização?". Revista *Piauí* n.86, novembro de 2013, p 31.

[93] De maneira ainda programática e esquemática, apresentei o projeto de crítica e atualização do que chamo de paradigma da "formação" no texto "Depois da 'Formação' " (revista *Piauí* n.74, novembro de 2012). Um resumo desse projeto está ali enunciado nos seguintes termos: "se já não é mais da 'formação da nação', com sua unidade e homogeneidade, que se trata, é do sedimento virtuoso de seus desenvolvimentos intelectuais e políticos a partir da década de 1950 que se deve alimentar essa nova prática crítica de compreensão do momento atual. E esse sedimento virtuoso não pode ser outro senão o da união dos dois momentos fundamentais do paradigma da 'formação' em novo patamar. Não se constrói um país decente fazendo terra arrasada, mas reconhecendo uma série de pequenos avanços ao longo de décadas. O projeto da 'formação' se ancorou em processos sociais e históricos

reais, e não na tabula rasa das pranchetas planejadoras. Ao mesmo tempo, sem deixar de lado a positividade e o sentido progressista próprios dessas primeiras formulações, o momento 'reflexivo' do paradigma da 'formação', nos anos 1960 e 1970, insistiu na negatividade que também deve necessariamente lhe pertencer, afiando o gume crítico. E, como no caso do momento anterior, com uma originalidade de amplas consequências: formulou esse 'negativo' e essa 'negatividade' *não* como *falta* ou *carência*, mas em termos de *elementos constitutivos de uma modernização forçada em condições de subdesenvolvimento*" (p 77).

[94] Cf. NOBRE, Marcos. "Depois da 'Formação' ", op.cit., p 75.

[95] Sobre a ideia dos "consórcios", consulte-se NOBRE, Marcos. "A Filosofia da USP sob a ditadura militar". In *Novos Estudos Cebrap*, n.53, março de 1999.

[96] Sobre isso, veja ainda uma vez Marcos Nobre, "Depois da 'Formação' ", artigo citado.

[97] Note-se que originalmente o diagnóstico era social. O problema teria origem na explosão de demandas características das sociedades em transição de uma ordem tradicional a moderna. Reformas institucionais eram defendidas como respostas, como formas de canalizar ou moderar as demandas dos mais pobres. Huntington e Sartori foram os principais defensores desta engenharia institucional. Lentamente, o eixo da explicação se alterou e as instituições ganharam o status de variáveis independentes.

[98] Ver FIGUEIREDO, Argelina e LIMONGI. Fernando. "O processo legislativo e a produção legal no Congresso pós-constituinte". *Novos Estudos*, v. 38, p 3–38, 1994. Este texto foi seguido de outros dois, publicados em 1995, a saber: "Mudança constitucional, desempenho do legislativo e consolidação institucional". *Revista Brasileira de Ciências Sociais*, pp 175–200 e "Os partidos políticos na Câmara dos Deputados". DADOS, v. 38, n.3, p 497–526, 1995. A data de publicação é relevante. As evidências empíricas que constituem o cerne destes trabalhos são anteriores ao governo Fernando Henrique Cardoso.

[99] Faço referências aos artigos escritos por Figueiredo e Limongi porque quero tratar de uma questão muito específica. Mas é sabido que esta segunda geração de estudos não se resume aos nossos artigos. A renovação foi bem mais ampla e profunda. Cito alguns nomes: Fabiano Santos, Octávio Amorim Neto, Lucio Renno, Marcus Melo, Fatima Anastasia, Carlos Ranulfo, Jairo Nicolau. Por certo há outros e me desculpo antecipadamente por omissões

[100] "Mudança constitucional, desempenho do legislativo e consolidação institucional". *Revista Brasileira de Ciências Sociais*, p 175–200.

[101] Em "Poder de agenda na democracia brasileira: desempenho do governo no presidencialismo pluripartidário", publicado em Glaucio Ary Dillon Soares e Lucio Rennó (org.), *Reforma política: lições da história recente* (Rio de Janeiro: Editora FGV, 2006, p 249–280), Argelina e eu afirmamos (pag. 252) que a comparação entre os dois períodos se constituiria em uma espécie de experimento natural.

[102] Discuti estes pontos em "O poder executivo na Constituição de 1988", in OLIVEN, Ruben George, RIDENTI, Marcelo e BRANDÃO, Gildo Marçal (org.). *A Constituição de 1988 na vida brasileira.* São Paulo: Hucitec, 2008, v. 1, p 23–56.

[103] Vale observar que por muito tempo, exemplares da tese de Lafer eram raridades. Só com muito esforço era possível obter uma cópia. A tradução da tese e sua publicação datam de 2002. Ver *JK e o Plano de Metas (1956–1961): processo de planejamento e sistema político no Brasil.* Rio de Janeiro: FGV.

[104] Lafer (2002) afirma: "Tornou-se evidente que uma reforma administrativa global seria politicamente impraticável"(p 84). Adiante, reitera que a implantação do plano "exigia considerar a intransigência conservadora do Legislativo" (p 85).

[105] São sete leis listadas nas páginas 90 e 91.

[106] A contribuição original de Octávio Amorim Neto encontra-se em "*Cabinet formation and party politics in Brazil*", trabalho apresentado a XIX Congresso da LASA, Atlanta, 1995.

[107] FIGUEIREDO, Argelina. "*Coalition Government in the Brazilian Democracy*". *Brazilian Political Science Review*, v. 1, 2007, p 182–216.

[108] A omissão de Janio Quadros é deliberada: seu governo foi tão curto e parco de iniciativas que não pode ser avaliado.

[109] ZULLINI, Jaquelini Porto. "Partidos, facções e comportamento parlamentar na democracia de 1946". Tese de mestrado, Departamento de Ciência Política, USP, 2011.

[110] *Estado e Partidos Políticos no Brasil (1930–1964).* São Paulo: Alfa-Omega, 1990.

[111] MAYHEW, David. *Divided we Govern*, New Haven: Yale University Press, 2005.

[112] Baseada em diferentes pesquisas – Datafolha, ESEB-Cesop, Cesop-NUPPES –, Meneguello (2013:95) encontrou valores diferentes e bem mais favoráveis à democracia. A porcentagem dos brasileiros que preferiam a democracia à ditadura ou eram indiferentes foi de 43,6%, em 1989; 57,7,% em 1990; 57,9%, em 1993; 59,1%, em 2002; e 64,8%, em 2006.

[113] Na questão sobre confiança nas instituições, o entrevistado é solicitado a localizar sua opinião em uma escala que vai de 1, significando nenhuma confiança, a 7, que corresponde a muita confiança. Não há legenda para os valores entre 2 e 6.

[114] A mesma tendência já havia sido encontrada por Veiga (2009).

[115] O governo representativo é constitutivamente flexível. Reside aí a fonte de sua adaptabilidade e resiliência. O sistema é flexível porque alguns dos princípios que o organizam não são totalmente especificados, particularmente no que diz respeito à influência dos cidadãos sobre as políticas. Os princípios do governo representativo implicam que as preferências dos cidadãos devem ter alguma influência sobre as políticas. Todavia, esses princípios não determinam exatamente quanto peso os anseios dos cidadãos devem ter. A representação implica que os governos sejam responsivos aos anseios dos representados. Mas a responsividade admite graus, diferentemente do assentimento, por exemplo" (Manin, 2013: 8).

[116] Morlino (s/d:4) observa que a qualidade pode ser pensada no plural e em termos de resultados, de conteúdos e de procedimentos. E define democracia de qualidade como aquela que "apresenta uma estrutura institucional estável que assegura liberdade e igualdade aos cidadãos por meio do funcionamento legítimo e correto de suas instituições e mecanismos". Não está claro, na definição se

estabilidade, legitimidade e correção são qualidades discretas e dicotômicas – existem ou não existem – ou contínuas. De outra parte, Tampouco é claro como caracterizar, em termos de qualidade, um sistema democrático real quando as três qualidades não apontarem no mesmo sentido.

[117] "Embora as instituições representativas ocupem um terreno menos articulado às noções de apoio ao regime democrático, a avaliação das instituições em geral, incluindo partidos e Congresso, tem papel primordial para o entendimento do desempenho do regime. As percepções sobre sua atuação, bem como da atuação do Estado por meio da execução dos serviços públicos, são as principais dimensões constitutivas da satisfação como o desempenho do sistema" (Meneguello, 2013: 114).

[119] Em artigo recente, Melo (2014) argumenta que embora o presidencialismo brasileiro obrigue à formação de coalizões, seu tamanho e nitidez programática dependem de decisões do Presidente seu partido, responsáveis, em última instância, por " coalizões oportunistas" que gerariam "cinismo cívico".

[120] Este artigo busca desenvolver reflexão sistematizada em pelo menos outros dois textos da autora, cujos trechos aparecem reproduzidos aqui: "De que se fala quando se diz justiça de transição?" e "A verdade e o processo de acerto de contas do Estado brasileiro com as vítimas da ditadura e a sociedade", referenciados na bibliografia anexa.

[121] TEITEL, Ruti G *Transitional justice genealogy.* Nova York: Oxford University, 2000, p 86. [tradução da autora].

[122] ELSTER, Jon. *Closing the books: transitional justice in historical perspective.* Nova York: Cambridge University Press, 2004, p 3–4, 21–22, 24, 45–47.

[123] TEITEL, Ruti G *Transitional justice genealogy.* Op. cit. p.69.

[124] BICKFORD, Louis. "*Transitional justice*". *in* HORVITZ, Leslie Alan; CATHERWOOD, Christopher. *Macmillan encyclopedia of genocide and crimes against humanity.* Nova York: Facts on file, 2004, v. 3, pp 1045–47; ICTJ. "What is transitional justice?" Disponível em: ictj.org/en/tj/>. Acesso em: 08/07/2008.

[125] Ibidem (tradução da autora).

[126] TEITEL, Ruti G *Transitional justice genealogy.* Harvard Human Rights Journal. Cambridge (MA), v. 16, Spring/2003, p 69. [tradução da autora].

[127] BICKFORD, Louis. *Transitional justice.* Op.cit.; ICTJ. "*What is transitional justice?*", op. cit. [tradução da autora].

[128] MÉNDE, Juan E "Accountability for past abuses". In *Human Rights Quarterly.* Baltimore: v. 19, n.2, maio de 1997, p 255 [tradução da autora].

[129] MEZAROBBA, Glenda. "Entrevista com Juan Méndez, presidente do Internacional Center for Transitional Justice (ICTJ)". *Revista Internacional de Direitos Humanos.* São Paulo: n.7, ano 4, p 169–170.

[130] MÉNDEZ, Juan E *Accountability for past abuses.* Op.cit., pp 261, 255 e 264. [tradução da autora].

[131] FEHER, Michel. "Terms of reconciliation". *in* HESSE, Carla; POST, Robert. *Human rights in political transitions: Gettysburg to Bosnia.* Nova York: Zone Books, 1999, p 325. [tradução da autora].

[132] *Idem,* p 522.

[133] UN. Commission on Human Rights. "Report of the independent expert to update the Set of Principles to combat impunity", 18 February 2005,

E/CN.4/2005/102. Disponível em: Acesso em 01/09/2009.

[134] Centro De Derechos Humanos. *Boletín trimestral com jurisprudencia de la Corte Interamericana de Derechos Humanos.* Santiago, Chile, 1/2009.

[135] UN. *Annual report of the United Nations high commissioner for human rights and reports of the office of the high commissioner and the secretary-general. Right to the truth.* 21 August 2009, A/HRC/12/19. Disponível em: Acesso em: 28/09/2009.

[136] SAMPAIO, José Adércio Leite; ALMEIDA, Alex Luciano Valadares de. "Verdade e história: por um direito fundamental à verdade". *in* SOARES, Inês Virgínia Prado; KISHI, Sandra Akemi Shimada (coord.) *Memória e verdade: a justiça de transição no Estado Democrático brasileiro.* Belo Horizonte: Fórum, 2009, cap. 13, p 262.

[137] OLIVEIRA, José Roberto. "Princípio da publicidade, arquivos públicos e justiça de transição". *in* SOARES, Inês Virgínia Prado; KISHI, Sandra Akemi Shimada (coord.) *Memória e verdade: a justiça de transição no Estado Democrático brasileiro.* Belo Horizonte: Fórum, 2009, cap. 15, p 293–315.

[138] SAMPAIO, José Adércio Leite; ALMEIDA, Alex Luciano Valadares de. "Verdade e história: por um direito fundamental à verdade". *in* SOARES, Inês Virgínia Prado; KISHI, Sandra Akemi Shimada (coord.) *Memória e verdade: a justiça de transição no Estado Democrático brasileiro.* Belo Horizonte: Fórum, 2009, cap. 13, p 264.

[139] ARNS, Dom Paulo Evaristo (org.). *Brasil: nunca mais.* Petrópolis: Vozes, 1985, p 22.

[140] "Arquivo do DOPS é aberto para consulta". *Folha de S Paulo,* 25 ago. 1994. *Caderno Brasil,* p 4; COMISSÃO DE FAMILIARES DE MORTOS E DESAPARECIDOS POLÍTICOS, IEVE, GRUPO TORTURA NUNCA MAIS RJ E PE. *Dossiê dos mortos e desaparecidos políticos a partir de 1964.* São Paulo: Imprensa Oficial do Estado, 1995, p 31; CÂMARA DOS DEPUTADOS. "Homenagem pelo transcurso do 12.º aniversário da Lei da Anistia e às famílias dos desaparecidos políticos brasileiros no período pós-1964". Brasília: Centro de Documentação e Informação, 1992, p 21.

[141] ÉBOLI, Evandro; JUNGBLUT, Cristiane. "Arquivos da ditadura são liberados para famílias". *O Globo,* 22 dez. 2005; RODRIGUES, Fernando. "Arquivos secretos abertos ao público; leia aqui lista de 28 mil nomes citados"; disponível em: http://goo.gl/4S9tX3; acesso em: 19/11/2005; ÉBOLI, Evandro; JUNGBLUT, Cristiane. "Arquivos da ditadura são liberados para famílias". O Globo, 22 dez. 2005; RODRIGUES, Fernando. "Arquivos secretos abertos ao público; leia aqui lista de 28 mil nomes citados"; disponível em: http://goo.gl/r7YR77; acesso em: 19/11/2005; SECRETARIA ESPECIAL DOS DIREITOS HUMANOS; COMISSÃO ESPECIAL SOBRE MORTOS E DESAPARECIDOS POLÍTICOS. "Direito à verdade e à memória: comissão especial sobre mortos e desaparecidos". Brasília: Comissão Especial sobre Mortos e Desaparecidos, 2007, p.44; GRUPO TORTURA NUNCA MAIS – RIO DE JANEIRO. "Decreto 5 584/05: mais uma tentativa de manipulação"; disponível em: torturanuncamais-rj.org.br; acesso em: 22/11/2005.

[142] "ONU cobra do Brasil abertura de arquivos". *O Globo,* 4 nov. 2005; "Arquivos secretos começam a vir à tona". *Gazeta do Povo,* 2 abr. 2006; disponível em: canais.ondarpc.com.br/gazetadopovo; acesso em: 02/04/2006; SOUZA, Jo-

sias. "Itamaraty e PF liberam papéis secretos da ditadura"; disponível em: http://goo.gl/FQnerf; acesso em: 29/05/2006; ROTTA, Vera. "Pouca coisa dos arquivos da ditadura estava na Abin". Agência Carta Maior, 6 fev. 2006; disponível em: http://goo.gl/cqKN5x; acesso em: 06/02/2006.

[143] POPKIN, Margaret; ROHT-ARRIAZA, Naomi. "*Truth as justice: investigatory commissions in Latin American*". *in* KRITZ, Neil (ed.). *Transitional Justice: how emerging democracies reckon with former regimes.* Washington: United States Institute of Peace, 1995, p 263.

[144] TEITEL, Ruti. *Transitional justice.* Nova York: Oxford University, 2000, p 82–84.

[145] ALBON, Mary. "Truth and justice: the delicate balance: documentation of prior regimes and individual rights". *in* KRITZ, Neil (ed.). *Transitional Justice: how emerging democracies reckon with former regimes.* Washington: United States Institute of Peace, 1995, p 290–291.

[146] TEITEL, Ruti. *Transitional Justice*, op.cit., p 83, 90–91.

[147] Idem, p 116.

A454 Alonso, Angela, Org.; Dolhnikoff, Miriam, Org.
1964: do golpe à democracia. / Organização de Angela Alonso e Miriam Dolhnikof. - São Paulo: Hedra, 2015.

Seminário 1964: 50 anos depois. São Paulo: março de 2014.

ISBN 978-85-7715-403-6

1. História do Brasil. 2. Golpe Militar de 1964. 3. Movimento Político. 4. Sistema Político. 5. Ditadura. 6. Democracia. I. Título. II. Do golpe à democracia. III. Alonso, Angela, Organizadora. IV. Dolhnikoff, Miriam, Organizadora. V. Cebrap.

CDU 981
CDD 981

Adverte-se aos curiosos que se imprimiu este livro em nossas oficinas, em 16 de março de 2015, em tipologia Libertine, com diversos sofwares livres, entre eles, LuaLaTeX, git & ruby.